표상의
정치학

**일본 텔레비전 다큐멘터리와
아이누의 표상**

최은희 崔銀姬 | Choi Eunhee

전공은 미디어연구. 일본 동경대학교 대학원 인문사회학계열 사회문화전공 사회정보학전문 박사과정에 재학 중이던 3년 차에 홋카이도 도우카이대학(北海道東海大学) 국제문화학부의 전임강사로 부임했다. 그 3년 후인 2006년부터는 교토에 있는 붓쿄대학(佛教大学) 사회학부로 전임하여 준교수(准教授)를 거쳐 2015년부터는 교수로 재직중이다. 한국에는 짧은 일정의 출장이 대부분이나, 2010년 봄학기부터 2011년 3월까지 서울대학 언론정보연구소에서 객원연구원으로 재직하며 일정 기간 체재했다. 현재는 한국방송과 역사인식에 관련된 연구를 진행 중이다. 저서로는 『表象の政治学―テレビドキュメンタリーにおけるアイヌへのまなざし』(明石書店, 2017), 『日本のテレビドキュメンタリーの歴史社会学』(明石書店, 2015) 그리고 공저에 『社会情報学ハンドブック』(東京大学出版会, 2004) 등이 있다.

표상의 정치학
일본 텔레비전 다큐멘터리와 아이누의 표상

초판인쇄 2018년 11월 8일 **초판발행** 2018년 11월 20일
지은이 최은희 **펴낸이** 박성모 **펴낸곳** 소명출판 **출판등록** 제13-522호
주소 서울시 서초구 서초중앙로6길 15, 1층
전화 02-585-7840 **팩스** 02-585-7848
전자우편 somyungbooks@daum.net **홈페이지** www.somyong.co.kr

값 24,000원 ⓒ 최은희, 2018
ISBN 979-11-5905-290-3 93300

일본 텔레비전 다큐멘터리와
아이누의 표상

The Politics of Representation:
Representation of the Ainu on Documentaries
of Television Broadcasting in Japan

표상의
정치학

최은희 지음

한국어판 간행에 부치며

한국에 재일在日에 관한 연구는 많고 그 인식도 높지만 아이누라는 에스니시티의 소수자에 관한 연구는 아직 부족한 상태이니 꼭 한국어로 출판할 것을 추천하고 싶다고 하시며 등을 떠밀어주신 분은 다름 아닌 요시미 슌야吉見俊哉 선생님이셨다. 저자는 현재 일본에서 교직을 잡고 있기 때문에 한국에서 출판하는 것은 생각지도 않고 있었으나, 한국에 연고지도 없고 여러 가지로 부족한 글임에도 불구하고 한국어 번역판 출판의 뜻을 선뜻 받아주신 소명출판의 박성모 대표님과 애매한 한국어 표현을 열심히 교정해주신 정필모 님 등 출판사의 여러분들께 감사의 말씀을 올린다.

이 책을 계기로 일본 사회와 역사, 그리고 일본 방송문화에 대한 이해가 넓어지고, 저자가 한국 독자들에게 조금 가깝게 다가설 수 있게 된다면 영광이다.

책머리에

2013년 2월의 마지막 날, 나는 미국 미주리주 세인트루이스의 포레스크파크에 서 있었다. 이 시기 미국의 중부내륙지방은 아직 춥고 그날은 눈발이 흩어지고 있었다. '여기 서면 백 년 전의 기억을 느낄 수 있을까.' 그러나 난 이곳에 가지 않으면 아무것도 쓸 수 없을 것 같은 근거 없는 충동에 내몰리고 있었다.

이 공원은 한눈에 다 볼 수 없을 정도의 면적을 할애하고 있었다. 박람회의 자취는 다 없어진 지 오래이고 넓디넓은 공원에는 인적조차 없었다. 잠시 나는 걸었다. 백 년 전 그 옛날, 역사상 처음으로 아이누로서 미국을 방문해서 여기 박람회에서 자신들의 생활상을 보여주던 아이누들은 무엇을 생각하고 있었을까. 공원 한 구석에 설치된 1904년의 박람회 관련 기념 전시회장에는 아이누 관련으로는 흑백의 오래된 사진 한 장만이 남겨져서 전시되어 있었는데, 당시 박람회에는 아이누와 그 외의 지역에서 온 민족들이 참가했었다는 사실을 조용히 말해주고 있었다. 너무도 자료가 부족했다. 더욱이 아이누 자신들의 감상이나 기록은 전무한 상태였다. 난 공원을 다시 걷기 시작했다. 겨울 끝자락의 바람이 차갑게 볼에 닿았다. 이 땅에서 백 년이란 세월이 흐르고 있으나, 그 당시 아이누 사람들은 새로운 역사를 새기고 있었다. 역사라고 하는 무게를 다시 한번 새기면서 자신에게 물었다. 내가 태어나기 전에 돌아가신 조부모의 기억조차 전혀 없는 나 자신이, 그 옛날 아이누 민족의 역사를 말한다는 것은 정말로 고민이 끊이지 않는 작업이었다. 그러나, 역사를, 그 역사 안의 표상의 문화를 지속적으로 언급하는 것의 중요성을 다시 한번 느꼈다. 그러한 이야기들을 없었던 것으로 해서는 안 된다. 나는 작은 이야기의 편린과 편린이 맞물려 하나의 역사의 표상이 된다는 것을 다시 배웠다. 작은 관찰이 없는 커다란 전망은 허무한 것이다. 아이누들이 보냈던 이 토지에 서 있자니 복잡하면서도 감개무량했다. 이러한 감상을 이 책을 손에 든 독자들과 함께할 수 있다면 행복하겠다.

동년 12월, 일본 내각부가 실시한 아이누 정책에 관련한 최초의 여론조사 결과가 신문에 조그맣게 기사화되어 있었다(『아사히신문』, 2013.12.22 조간. 이 여론조사는 2013년 10월 24일부터 11월 3일에 걸쳐 일본 전국 성인 남녀 3천 명에 대한 면접 형식으로 이루어져 1,745명(58.2%)의 응답을 얻었다). 그 기사에 따르면 아이누를 '알고 있다'고 답한 사람이 95.3%, '차별이나 편견이 없고 평등한가'라는 질문에 대해서 '평등하지 않다고 생각한다'고 답한 사람이 33.5%였다. 그리고 아이누와 관련한 일본의 정책 등이 별로 알려지지 않은 실태도 적혀 있었다. 2008년 6월 6일에 아이누를 선주민족으로 일본 국회에서 인정한 이후, 아이누에 관련된 '목소리'는 실로 갑자기 조용해진 듯하다. 이미 미디어나 최근 텔레비전 다큐멘터리에서 아이누가 등장하는 건 매우 드물어졌다. 여론조사에서 알 수 있듯이 여론은 '아직 끝나지 않았다'고 말하고 있는데 이미 다 정리된 듯한 것이 지금의 미디어의 실정이다. 그런 불완전연소와 같은 감각이 이 책을 마지막까지 정리하게 할 수 있도록 했는지도 모르겠다.

　이 책은 영상 연구, 방송 연구, 혹은 텔레비전 연구, 프로그램 연구, 구체적으로는 다큐멘터리 연구로 분류될 것이다. 21세기는 영상문화의 세기이기도 하다. 하지만 한 마디로 '영상문화'라고 해도 영화, 텔레비전, 비디오, 인터넷, 핸드폰, 스마트폰 등의 매체에 따라, 혹은 CM, 드라마, 뉴스, 스포츠, 음악 프로모션, 비디오, 다큐멘터리 등 미디어의 장르에 의해 그 해석은 다양하게 분류된다. 그리고 21세기의 미디어 기술의 진보는 퍼스널한 미디어의 소비를 가속화시켜 기존의 매스미디어뿐 아니라 여러 공익단체나 개인 참여의 대안적 미디어도 급증시키고 있다. 이 중에서도 시대의 변화를 실감하는 양상으로는 역시 '스마트폰' 등에 의한 텔레비전의 일상화일 것이다. 지하철 안에서 스마트폰으로 텔레비전 프로그램을 보면서 낄낄거리는 청년의 모습은 일반화된 풍경이다. 일본의 1960년대 중반 이후의 '가족 단란'의 상징이었던 텔레비전 문화는, 개인 한 사람 한 사람의 '손 안의 문화'로까지 온 것이다.
　돌아보면 일본에는 텔레비전 초창기부터 키워온, 독특한 텔레비전 다큐멘터리의 방송 공간이 존재한다. 그 공간의 한 구석에는 아이누의 갈등과 고뇌, 모색의 역사가 있다. 이 책의 목적 중 하나는 '텔레비전을 보는' 일상적 행위에서 '텔레비전을 읽는' 문화적 실천에의 초대이다. 텔레비전 의 경우 방송 초창기에 비해서 미디어 기술의 발전은 대중의 미디어 생산 과 소비를 상당한 수준으로 변모시켜 왔음에도 불구하고 미디어에 관련 된 문화적 실천의 연구는 아직 늦어지고 있는 것이 지금의 실정이다.

또 한 가지 목적은 이 책에서 말하고 있는 시대인 '전후'에 대한 이해이 다. 여기에는 3가지의 의미가 포함되어 있다. 첫 번째는 '시대'이다. 이 책 의 소재가 텔레비전 다큐멘터리이기 때문에 1950년대부터 시작된 일본 의 텔레비전 방송의 역사를 시간의 축으로 검토한다는 단락적인 출발점 의 경계로서의 '전후'를 의미한다. 그러나 이것은 저절로 '전쟁 전'이라는 역사적 배경의 연속성이라는 문제와 연결되어 있다. 이 책에서는 역사적 배경을 설명해야 할 필연성이 있는 메이지明治시대까지 거슬러 올라가 전 쟁 전의 역사적 사실들도 언급하고 있다.

두 번째는 '민족성'이다. 이 책의 주된 연구 대상인 아이누 관련 미디어 란 저작물이나 신문, 잡지 등 매체가 아니다. 전후에 탄생한 일본 사회의 가장 중심적인 일상 생활의 미디어인 텔레비전 영상미디어에서 다루어 진 아이누 민족으로서의 '전후'이다. 다시 말해 '전후'에 등장한 텔레비전 이라는 영상미디어 속에서 아이누를 고찰하는 것으로 '전후'의 일본 사회 에 있어서의 '민족성'의 해석에 도전하고자 했다.

세 번째는, '공공성'이다. 이 책에서는 과거 약 50년간의 NHK 다큐멘터리 중에서 엄선한 7개의 프로그램을 중심적으로 고찰했다. 이러한 영상문화, 즉 NHK라고 하는 일본의 공공방송이 쌓아왔을 전후의 공공적인 방송 공간의 유효성으로서의 '전후'의 의미가 포함되어 있다.

　본문에서도 언급했듯이 저자가 일본의 아이누 다큐멘터리를 처음으로 보게 된 것은 2004년이었다. 삿포로의 방송국 사람들과 운영하던 연구회 회원 중의 한 민간 방송국 제작자가 지방 방송 다큐멘터리를 보여준 적이 있는데, 여기에 등장하는 주인공인 아이누 여성을 보고 '만나고 싶다'고 생각했던 것이 계기가 되었다. 그 여성과 만난 것은 그로부터 오랜 시간이 지난 2011년이었으나, 지금 돌이켜보면 2004년이 이 책의 출발점이었다. 이후 홋카이도^{北海道}를 방문하면서 다양한 아이누 사람들을 인터뷰할 수 있었다. 그들은 연구 대상인 다큐멘터리가 제작된 당시 미비한 기록 때문에 사실 확인이 어려웠던 문제들에 대해서 자신들의 경험을 많이 들려주었다. 그분들의 협력이 없었다면 이 책은 탄생하지 못했을 것이다.

　그리고 몇 번씩 의뢰해도 바쁜 중에도 시간을 내주어 귀중한 증언을 들려주신 미네노^{嶺野晴彦} 씨를 비롯해, 사쿠라이^{櫻井均} 씨, 오오노^{大野兼司} 씨, 요네하라^{米原尚志} 씨, 그리고 아라이^{荒井拓} 씨 등 제작자 여러분들께 많은 도움을 받았다. 제작자분들의 제작 배경에 관한 증언은 연구를 진행하는 데 중요한 도움이 되었다.

그리고 책을 완성해 나가는 과정에서 관련 영역의 선생님들께서 조언을 해 주셨다. 특히 저자가 '일본인'도 '아이누'도 아니며 경험도 많이 부족함에도 도중에 포기하지 않고, 방대한 시대를 배경으로 하는 아이누 다큐멘터리에 있어서의 시각의 역사적인 전환을 인문사회과학의 '지(知)'로서 포착할 수 있었던 것은, 누구보다도 저자의 의도를 깊이 이해해주시고 항상 정중하게 지도해주신 동경대학 대학원 정보학관 요시미 순야(吉見俊哉) 선생님 덕분이다. 요시미 선생님은 자극적인 코멘트와 적절한 조언으로 탈선하는 사고의 전개를 논리적으로 이끌어주셨다. 요시미 선생님께 다시 한번 깊은 감사의 말씀을 드리고자 한다.

그리고 간행에 도움을 주신 아카시(明石)출판사 여러분께도 감사드린다. 이 연구는 'NHK아카이브스 학술 이용' 지원과 'JSPS과학비' 지원을 받은 성과물이다. 여러 지원과 도움을 주신 모든 분들께 다시 한번 깊은 감사의 말씀을 드리며, 마지막으로 이 책을 존경하는 돌아가신 부친께 올리고 싶다.

2018년 7월
최은희

제2부

주체화하는 '타자'

범례

- PC 사회적 코드(Presentational Codes)
  = Appearance, Dress, Makeup, Environment, Behavior, Speech, Gesture, Expression, Sound, etc.
- TRC 기술적 코드(Technical Representational Codes)
  = Camera, Lighting, Editing, Music, Sound Effects, Casting
- CRC 관습적인 표현적 코드(Conventional Representational Codes)
  = Narrative, Character, Action, Dialogue, Setting, etc
- IC 이데올로기적 코드(Ideology Codes)
  = Individualism, Patriarchy, Race, Class, Materialism, Capitalism, etc

음성 음악 음향	쇼트사이즈와 앵글		
A=Audio TM=Theme Music BGM=Back Ground Music M=Music EM=Effect Music Int=Interview ES=Effect Sound Na=Narration On=On mike	BS=Bust Shot WS=Waist Shot NS=Knee Shot FS=Full Shot LS=Long Shot MS=Mddle Shot	CU=Close Up LA=Low Angle ZI=Zoom In ZO=Zoom Out HA=High Angle PAN=Panoramic View	IS=one Shot 2S=two Shot 3S=three Shot GS=group Shot

* 상기 표기를 본문의 방송분석에서도 통일적으로 사용한다. 각 장의 텍스트분석을 볼 때에는 이 표를 참조.

일본 TV방송의 아이누 표상

1. '아이누' 표상이라는 물음

과거 약 60년간의 아이누 관련 다큐멘터리 제작진은 아이누의 취재를 통해 무엇을 생각하고 무엇을 밝혀 왔을까. '일본국민'으로서 '아이누'라는 표상은 어떻게 TV라는 매체 속에 구축되어 왔을까. 그리고 이러한 표상의 구축전략에 혹 전쟁 이전부터의 연속성이 있다고 한다면 그 연속성은 어디서 유래한 것일까. 즉, 메이지 일본 이후 근대화 정책의 산물인 아이누에 대한 '국민'으로서의 통합정책은 제2차 세계대전 후의 일본사회와 미디어, 특히 TV방송 속에 어떻게 연결되고 있으며 또한 어떻게 변용·전환되어 온 것일까. 본서에서는 이러한 문제의식을 토대로 전후 TV방송, 특히 다큐멘터리 방송 속의 아이누 표상에 관한 표상의 정치적 문제를 전쟁 전부터의 연속성, 그리고 연속성의 절단이라고 하는 관점을 축으로 몇 가지 단계를 통해 살펴보고자 한다.

　주지하다시피 일본에서는 1953년 TV방송이 시작되었다. 그 4년 뒤인 1957년에는 본격적인 TV다큐멘터리 시리즈가 탄생하였으며 일본사회의 다양한 모습을 보여 주었다. 그렇다면 이러한 TV다큐멘터리의 역사 속에서 아이누 표상에 관한 다양한 정형적인 이미지의 계승과 전환, 그리고 방송 제작자들이 쏟은 방대한 에너지의 사회문화적 의미를 인류학과 미디어연구를 잇는 어떤 지적 활동으로 규정할 수 있지 않을까. 지금까지의 방송연구에서 개별적인 논의는 있었지만 총체적이고 구체적인 고찰은 그다지 이루어지지 못했다. 이러한 문제설정에 대해 본서는 방송의 역사적 배경과 제작경위, 당시의 정치·경제·사회적 상황 등에 주목하면서 아이누표상에 대해 고찰하고자 한다. 이러한 기초작업은 협의의 방송연구라고 하는 틀을 넘어, 향후 일본 TV방송의 소수자 표상에 대한 분석을 발전시키기 위해 중요한 과제가 될 것이다.

　본서에서는 전달자인 방송 제작진이 그려 내고자 했던 아이누 표상을 중심으로 다음과 같은 논점에 대해 검토하고자 한다. 아이누를 소재로 한 다양한 다큐멘터리 방송을 통해 ① 방송에서 그리고 있는 '타자로서의 아이누'에 대한 이미지는 어떤 것이며, 지금까지의 정형적인 '아이누' 이미지가 어떻게 변화했는지, 혹은 변화하지 않았는지, ② 이러한 '아이누' 이미지의 배경에는 어떤 정치권력이 작용했다고 상정될 수 있는지, ③ 이러한 '아이누' 이미지의 변화를 수십 년간에 걸친 시간적 경과 속에서 조망할 경우, 본토의 '일반적인 일본인'과 '타자로서의 아이누' 사이의 사회적 거리에 대한 묘사방식은 어떻게 변화되었는지, ④ 이렇게 '타자로서의 아이누'에 대한 방송공간에서의 표상 변화를 긴 시간축 속에서 해석하는 것의 전

략적 의미는 무엇인지 등 네 가지 논점에 대해 분석하는 것이 그것이다. 본
서에서는 이러한 논점에 대한 논의를 진행하면서 일본 TV방송의 아이누
표상에 대한 변용을 종합적이고 구체적으로 밝힐 실마리를 찾고자 한다.
이를 위해 서장에서는 방송 프로그램에 대한 연구와 몇 가지 관련 영역을
학제적으로 분석하는 새로운 접근방식을 제안하고자 한다.

2. TV다큐멘터리의 '아이누'에 대한 시선

　　본서가 연구대상으로 삼은 것은 일본에서 최초로 TV방송이 시작된
1953년부터 TV방송이 변곡점을 맞이하는 2010년대까지의 약 반세기에
걸쳐 제작된 아이누를 중심소재로 한 다큐멘터리 방송이다.[1] 자료상의 제
약으로 본서에서는 NHK TV방송만을 대상으로 한다. 그 이유는 NHK
만이 과거 방송분에 대한 방대한 아카이브를 정비하고 있기 때문이며, 본
연구의 가능성은 이러한 공개된 정보를 통해 획득되었기 때문이다. 본 연
구에서는 NHK아카이브에 수록된 이들 다수의 방송에 대해 검토하고 있
는데, 특히 '다큐멘터리'라는 미디어표현상의 장르와 소수자로서의 '아이
누'와의 유연적인 관계성과, 최근의 다큐멘터리가 기존 장르와의 경계를
허물고 있는 다양한 시도와 변화가 내포하는 의미, 그리고 나아가 전달자
로서의 방송 제작진의 아이누 담론discourse 혹은 표상의 생산 과정과 아이
누 해석에 대한 고찰을 심화하고자 한다.

1) 아이누 관련 다큐멘터리란 무엇인가?

일본 최초의 TV다큐멘터리인 〈일본의 민낯日本の素顔〉 시리즈 중에서 1959년에 방송된 〈코탄의 사람들コタンの人たち〉을 시작으로, 편수는 많지 않지만 아이누를 소재로 한 다큐멘터리는 지속적으로 제작되었다. 본서에서는 약 반세기에 걸쳐 제작된 다수의 아이누 관련 다큐멘터리를 열람하면서 후술할 바와 같은 방식으로 특히 주목할 만한 몇몇 방송을 선정하여 각각의 방송이 그려내고 있는 '아이누'를 둘러싼 표상 공간과 이들의 역사적 연속성 및 비연속성에 대해 검토할 것이다.

사실 아이누에 관한 민족학적 연구의 경우, 역사적으로는 메이지 시대에서 현재에 이르기까지 많은 연구가 축적되어 왔다. 이러한 연구 속에서 아이누문화에 대한 기술은 일본인과 아이누 자신의 양 측면에서 이루어지고 있다. 또한, 이러한 연구에는 지리학적 관점을 가진 것에서부터 경제 체제에 대한 분석(주로 아이누의 수렵과 농업, 관광업), 문화 면에서의 서술(아이누의 노래와 언어, 춤, 축제, 의복) 등이 있다. 사용된 언어에 있어서도 일본어와 함께 아이누어에 의한 것이 있으며 이러한 민족학을 기반으로 이루어진 아이누 연구의 실적은 결코 적지 않다.[2]

아이누는 이전부터 신문이나 잡지 속에서도 표상되었다. 1960년대 이후부터는 TV를 비롯한 영상미디어의 비약적인 보급과 발전 속에서 다양하게 전개되어 왔음에도 불구하고 이러한 미디어 속 아이누 표상에 대한 연구는 그리 많지 않았으며, 특히 이러한 표상의 정치성을 오리엔탈리즘, 즉 미디어 속 '타자'[3]로서의 아이누가 어떻게 묘사되었는지를 비판적으로 고찰한 연구가 충분히 전개되었다고 볼 수는 없다. 이러한 점에서 아이누를 소재로 한 TV다큐멘터리 연구는 커다란 잠재적 중요성을 가지고 있음에도 불구하고 상당히 뒤처져 있는 실정이다.

본서는 바로 이러한 잠재적 가능성을 지향하고 있으며 다큐멘터리 속의 당사자와 타자, 그리고 제작자와 분석자, 각각의 정체성 질서가 어떻게 구축되고 있는지 등에 초점을 맞추고 있다. 본서의 전제로서 필자는 현대 일본사회 속에서 아이누를 조명한 백 편 가까운 영상을 시청했다. 이렇게 많은 방송을 시청한 이유는 방송에서 '아이누'의 표상과 묘사방식이 어떻게 변화해 왔는지 재차 질문하는 작업을 통해 개별 방송에서 표면적으로 그려지고 있는 에피소드의 배경에 일관적으로 감춰진 역사와 사회의 관련성, 복잡하게 얽힌 각각의 측면에 대한 새롭게 도출해낼 가능성이 있다고 생각했기 때문이다.

그렇다면 왜 '아이누' 관련 '다큐멘터리'인가. 예를 들어, '단일민족신화'의 외부로 취급되었다는 점에서는 '류큐'도 '아이누'와 마찬가지지만, 류큐가 '찬푸르 문화'(姜尙中, 2001 : 202)라는 독특한 생활권을 지키며 혼성적인 문화를 지켜내고 있는 데 비해, 아이누는 '예전에는 존재했지만 현재는 존재하지 않는' 형태로 부정적인 낙인(차별)이 부여되고 나아가 존재 자체가 부정되는 이중의 타자화를 겪고 있다. 즉, 아이누는 예전에는 (부정적인 것이든 긍정적인 의도를 가진 것이든) 가시적인 형태로 표상되었으나, 현재는 '예전에 존재했었던', 비가시적인 민족으로 표상되고 있다. 이는 또한 가시화 자체가 정체성 정책의 중요한 문제였던 부락 차별이나 재일교포 차별과도 연결되는 것인데, 압도적인 문화적 지배를 토대로 일상언어로서의 언어를 사실상 빼앗긴 아이누는 빼앗긴 기억 그 자체를 만들어 간다는 것이 당사자에게 커다란 과제가 될 수밖에 없다.

본서 제1장에서 검토하겠지만 관광지화 등으로 길들여진tamed 아이누의 타자상은 단순히 '차별의 대상'일 뿐만 아니라 '기억을 부활시킨다'고 하는 정체성 정책과 투어리즘Tourism이 접합된 지점에 존재한다. 홋카이도 붐이라고 하는 일본 내 투어리즘의 논리가 '지금은 존재하지 않는다'고 하는 망각성을 고정화시켰다고 볼 수 있을지도 모르겠다. 필자는 이러한 타자상의 변위를 파악하기 위해 다큐멘터리에 주목한다. 다큐멘터리는 '사실fact로서의 사회문제'를 구축하는 미디어 장르이다. 이는 다른 장르와는 달리 '사실을 전달한다'는 것 자체에 주안점을 두고 있으며, '망각'과 '풍화' 또한 '사실'로서 보도한다. 이러한 문제들을 수행적으로 창조하는 다큐멘터리에 초점을 맞춤으로써 '사실의 사회적 구축'이라는 사회구축주의적 관점을 명확히 할 수 있다. 더욱이 '현존하지 않는다'는 '사실', 부재라고 하는 '사실'을 구축해 가는 타자화 과정(혼선 혹은 흔들림)을 파악하는 데 있어 다큐멘터리는 중요한 매체가 된다.

서두에 언급한 바와 같이 과거의 아이누 관련 TV다큐멘터리는 1950년대 말부터 제작되었다. 과거에서 현재에 이르기까지 제작 편수와 내용을 살펴보면 그 시간적, 공간적 흐름은 그야말로 일본의 현대사와 연관된 발자취를 보이고 있다고 생각한다. 이는 각각의 시대적 배경 속에서 각각의 방송에 묘사되고 있는 '아이누'에 대한 표상은 방송 전달자와 그 대상인 아이누인들이 상호작용하면서 창조된 것이며, 각 시대의 미디어 속 '아이누'상은 이러한 과정을 거치면서 만들어진 표상의 정치학 속에서 구축된 것이다. 과거 약 60년간의 변화를 거치면서 창조된 '아이누'에 대한 각각의 표상을 잇거나 혹은 해체해 가면서 그 안의 관계성과 질서, 의미, 분기점, 전환 등 변용을 찾아가는 시도는 표상의 정치를 규명한다는 점에서 중요한 과제가 될 것이다.

앞서 기술한 바와 같이 필자가 본서에 활용하기 위해 시청한 아이누 관련 다큐멘터리 방송의 수는 NHK와 민간방송을 합해 100편 가까이에 달한다. 당초 아이누 관련 다큐멘터리에 주목하게 된 것은 삿포로에 살고 있는 지역 방송국 제작진들과의 스터디 모임[4]에서 상영된 1990년대의 젊은 아이누 여성에 관한 다큐멘터리[5]를 시청한 것이 계기가 되었다. 본서의 연구대상인 다큐멘터리 방송은 NHK아카이브에 의한 연구자료의 정책적 지원[6]이 도움이 되었다. 그 이유는 본서에서는 거의 반세기에 걸친 아이누 관련 영상 전체를 대상으로 하고 있는데 이들 모두를 개인적인 역량으로 시청하는 데에는 한계가 있었기 때문이다.

2) 주요분석대상의 선택기준과 시대구분

상기한 전제적 검토와 다수의 다큐멘터리 방송에 대한 시청을 토대로 본서에서는 다음과 같이 3가지 선택 기준에 따라 시대적, 단계별로 중심적인 분석소재를 선택하고 있다. 우선 첫 번째로, 방송 텍스트와 사회적 배경의 연관성이 강하다는 것을 들 수 있다. 본서에서 선택한 것은 현대 일본의 역사 속에서 동시대의 사회적 변화와 움직임이 내용에 반영되었거나 혹은 적어도 그 가능성이 있다고 여겨지는 방송군이다. 즉, 동시대의 제2차 텍스트, 제3차 텍스트에서 언급되고 있듯이 다양한 동시대의 사회 상황과 방송 텍스트 사이에 서로 반향적인 관계가 인정된다고 할 수 있다 (〈표 0-2〉 참조).

구체적으로 본 연구에서 분석의 대상으로 삼은 방송의 제작 배경에는 1950년대 일본 내에서 일었던 홋카이도 관광 붐, 1980년대의 인류학 비판과 지적인 각성, 소·일 화해무드의 도래, 1990년대의 '구토인보호법[II]

土人保護法' 폐지와 '아이누문화의 진흥 및 아이누의 전통 등에 관한 지식의 보급과 계발에 관한 법률(이하 아이누 신법)' 제정, 나아가 2000년대 '선주 민족의 권리에 관한 UN선언'과 일본의 '아이누 선주민족의결의' 채택 등 동시대의 일본사회에서 벌어진 획기적인 사건들이 존재하고 있다. 물론, 각 방송은 단순한 시대의 변화에 대한 반응만으로 제작되는 것은 아니다. 권말 'NHK아카이브' 자료를 통해서도 알 수 있듯이 본서에서 대상으로 한 방송의 주제에는 NHK의 아이누 관련 다큐멘터리가 시대를 넘어 지속적으로 제작되어 왔다는 사정 또한 작용하고 있다. 따라서, 앞서 기술한 시대적 상황과의 대응은 한편으로는 방송국 안에서 '아이누'에 관한 문제 의식이 지속적으로 이어져 왔다는 전제가 되며, 이러한 전제 속에서 생성 된 결과물이라 할 수 있다. 이렇게 본서에서는 아이누 관련 방송이 주제 의 계승과 시대상황에 대응한 변화 및 형성이라고 하는 두 가지 측면에서 대상을 선택하고 있다는 점이 중요한 관점이라고 할 수 있다.

두 번째로, 연대별로 아이누 관련 다큐멘터리 제작 편수가 변화해 온 것 도 인식해 둘 필요가 있다. 〈표 0-1〉에서도 1960년대와 1970년대에 비해, 1980년대 이후 아이누 관련 다큐멘터리 제작 편수가 두 배 이상 증가하고 있는 것을 볼 수 있다. 여기에는 1970년대까지의 방송이 비디오테이프의 문제나 보존환경의 문제로 충분히 보존되지 못했다는 점, 1980년대 이후 채널의 증가와 미디어 환경의 변화에 따라 방송 제작 편수 자체가 증가한 점 등이 작용했다고도 볼 수 있는데, 여기서 중요한 것은 아이누 관련 방송 의 제작 편수가 증가했다고 한다면, 그 자체로 방송제작의 관점에 대한 어 느 정도의 자유도가 확대되었을 가능성이 있다는 점이다.

또한, 1990년대 들어 아이누 관련 다큐멘터리가 NHK아카이브에 남

<표 0-1> 'NHK 아카이브'의 아이누 관련 다큐멘터리 현황

연대	장	제작편수	방송의 성격
1950	1	1	기초자료, 기록, 다큐멘터리
1960	2	26	기초자료, 특방, 보도리포트, 기록, 다큐멘터리, 문화재수집영상
1970		21	문화재수집영상, 보도리포트, 기록, 다큐멘터리, NHK 문화시리즈, 기행시리즈
1980	3·4	43	보도리포트, 교양세미나, 다큐멘터리
1990	5·6	100	다큐멘터리, 저널, 기행
2000	2	65	다큐멘터리, 보도리포트, 기행

아 있는 것이 100편에 이른다는 점이다. 즉, 대상으로 삼을 수 있는 방송의 절대 편수가 격증하고 있는 것이다. 〈표 0-1〉의 편수는 'NHK아카이브'에서 검색한 결과에 지나지 않으며, 이를 통해 실제 제작 편수를 확정하는 것은 불가능하다. 즉, 60년대, 70년대에도 90년대 이후와 마찬가지로 다수의 아이누 관련 방송이 제작되었지만, 그 대부분이 이미 소실되었을 가능성을 부정할 수 없다는 것이다. 하지만, 제반 사회상황과 영화나 소설 이상으로 사회 일반의 관심과 직결되는 TV미디어의 특성을 종합적으로 고려할 때, 1990년대 이후에 아이누 관련 방송의 제작 편수가 실제로 증가했다고 보는 것이 설득력 있는 판단이라 생각된다.

따라서, 이러한 양적 변화 속에서 1980년대 이후의 대상 방송을 선택하기 위해서는 반드시 일정한 분석시점의 기준이 되는 관점을 명확히 해둘 필요가 있다. 1970년대까지 잔존하는 분석대상 중 시청 가능한 방송 편수에 한계가 있다는 점에서 선택 가능한 방송의 폭이 한정적인데 비해, 1980년대 이후로는 선택의 폭이 넓기 때문에 연구대상을 설정하기 위한 목적적인 관점을 통한 방송 선택이 필요해진다. 이를 위해 본서에서는 1980년대 이후의 대상 방송을 선택하는 데 있어서 1950년대와 60년대 방송과의 차이가 보다 분명한 방송에 가능한 주목하여 역사적인 변화를 보다 명확하게 파악하는 데 주안점을 두었다.

세 번째로, 권말 첨부자료 'NHK아카이브'와 〈표 0-1〉을 통해서도 알 수 있듯이 아이누 관련 방송에는 방송 속에 아이누인들과 아이누의 문화, 인물 등이 등장하고 있는데 이러한 '아이누'의 문화와 근현대 일본 속에서의 표상, 정체성을 중심 주제로 두고 있지 않은 방송일 경우에는 본서의 주요 분석대상에서 제외시켰다. 왜냐하면 이는 어디까지나 ① 자료로 사용하기 위한 '기초자료' 영상류(〈유카라의 세계〉 시리즈(1964) 3부작, '특별방송' 시리즈 3부작 등), ② 뉴스, 보도리포트 형식의 방송 속에 삽입된 '미니 리포트' 영상류(〈부인의 시간〉(1964), 〈화제의 광장〉(1965), 〈홋카이도의 창〉(1970), 〈홋카이도 7:30〉(1973) 등), ③ 아이누 부락과 전통문화를 단순히 기록한 '기록영상'(〈고향의 노래〉(1962), 〈아이누의 장례〉(1963), 〈아이누의 춤〉(1963) 등), ④ 아이누의 유명인을 소개하기 위한 '인물소개' 방송류(〈교양특집-치리 마시호〉(1971) 등), ⑤ 아이누문화재의 수집과 관련된 기록영상 등 방송류(〈문화재수집영상-아이누의 장식〉(1968), 〈문화재수집영상-치세 아카라〉(1974) 등)로 분석대상을 분류하였기 때문이다 따라서, 본서의 대상은 '아이누'를 단순한 방송의 '소재'로 다룬 '기초자료영상'이나 '보도방송', 혹은 '기록영상'이 아닌, 일본사회와 현대사회 속 아이누인들의 존재방식에 관한 사회적 문제의식을 중심축에 두면서 '다큐멘터리'의 중심주제로서 '아이누'를 창조, 탐구한 방송 텍스트만을 대상으로 했다.

이상의 세 가지 선택 기준을 통해 본서에서는 다음의 방송 7편을 주요

연대	장	텍스트	제2차 텍스트, 제3차 텍스트
1950	1	〈코탄의 사람들〉	홋카이도 개발, 홋카이도 관광 붐, 아이누 엽서, 아동문학, 가요, 관광광고
1960	2	〈페우레 우타리〉	관광 아이누 붐, 아이누 풍속술집, 집단취직, 도쿄
1978	3·4	〈환상의 이오만테〉 〈이타오 마치프여 바라를 향하라〉	이오만테, 축제, 의식, 이타오 마치프, 조선, 고문서, 박물관
1990	5·6	〈잃어버린 자장가〉 〈아이누 태평양을 건너다〉	소·일 화해, 고르바쵸프 방일, 노래, 박람회, 영자신문, '구토인보호법' 폐지, '아이누 신법' 제정
2000	2	〈우리들의 아이누 선언〉	'페우레 우타리', 젊은이, 힙합, 아이누 의상, 춤, 선주민족의 권리에 관한 UN 선언, 아이누 선주민의결 채택

분석대상으로 하였다. 제1장에서는 〈코탄 사람들〉을 다룬다. 그리고 제2장에서는 〈페우레 우타리〉와 〈우리들의 아이누선언〉을 비교분석의 대상으로 삼고 있다. 제3장과 제4장에서는 1980년대 방송된 〈환상의 이오만테〉와 〈이타오 마치프여 바다를 향해〉를, 제5장과 제6장에서는 1990년대 방송된 〈잃어버린 자장가〉와 〈아이누 태평양을 건너다〉를 다루게 될 것이다(〈표 0-2〉 참조).

위와 같은 선택 기준은 본서의 목적이 각 시대의 다큐멘터리 방송을 소개하는 개별적인 연구가 아닌, 전후 일본사회의 TV방송이 소수자를 둘러싼 사회적 시선에 대해 보다 광범위하게 재고하고 있다는 점에 기인한다. 이를 위해 본서에서는 NHK의 아이누 관련 다큐멘터리의 다양한 서술방식을 비교하면서 그 연속성과 비연속성을 밝히게 될 텐데 특히 NHK방송으로 대상을 좁힌 이유에 대해서는 약간의 설명이 필요할 듯하다. 우선 첫 번째로, 본서는 표상의 역사를 고찰하기 위해 방송 초창기부터의 영상을 필요로 한다. 하지만, 초창기의 경우 NHK에서만 다큐멘터리 방송이 지속적으로 제작되었으며 일부는 현재 남아있지도 않은 상황이다. 두 번째로, 공공성의 표상으로서의 방송공간의 성격을 고찰하기 위해 공영방송인 NHK 영상을 우선적인 연구대상으로 삼고자 했다. 그리고 세 번째로, 지역방송국과 중앙방송국 네트워크의 시스템적 측면을 보면 지리적, 역사적 조건에 따라 아이누 관련 다큐멘터리를 다수 제작해 온 NHK 홋카이도北海道 방송국이 중앙인 NHK 도쿄東京와의 인적 이동(7편의 방송 제작자 중에서 사쿠라이桜井, 미네노嶺野, 오오노大野, 요네하라米原는 NHK 홋카이도 방송국 근무경험이 있음), 방송의 방영(제3장과 제4장, 제5장의 방송은 '지역발' 다큐멘터리로 전국적으로 방영됨), 방송국 간의 연계(홋카이도 안에서도 NHK 삿포로札幌만이 아닌 NHK 하코다테函館와 NHK 쿠시로釧路, NHK 오비히로帯広 등이 산재해 있어 취재편의와 인적, 물리적 지원이 용이함)가 활발했다는 점 등에 있어 다른 민간방송보다 NHK가 비교적 우위에 있었다고 하는 점을 들 수 있다. 이에 따라, 반세기 동안의 역사 속에서 아이누 표상의 변용과 구축을 검토하는 데 있어서 NHK 방송을 중심에 두는 것이 좋겠다고 판단하였다.

본서에서 다룬 것은 TV다큐멘터리 방송의 아이누 표상인데, 본래 라디오와 영화 등의 다큐멘터리에도 주목할 필요성이 있다는 점, 나아가 이들 세 가지 미디어가 가진 각각의 특징을 비교하고 상호 연관성에 대해 검토할 필요가 있다는 점 또한 인식하고는 있지만 본서에는 포함시키지 않고 향후 과제로 남겨두고자 한다.

3) '다큐멘터리'의 변용

최근 인류학과 미디어연구를 접합한 학술적 관점에 대한 관심이 높아지고 있다. 그 중에서 주목받고 있는 주제는 거시적 관점에서의 탈식민주의 재고이며, 미시적 관점에서의 '타자' 담론의 생산과 소비의 정치에 관한 문제이다.

실제, 미디어 기술은 급속히 진보하고 있으며 인류학의 관찰기법으로 시작된 필름을 활용한 영상기록도 시대의 변화와 함께 그 수단과 목적이 고도로 기술화, 다양화하고 있다. 오늘날 미디어에 의한 영상의 생산과 소비는 인류학의 관찰기록자료로서도 이용되고 있으며, 또한 그 과정에 누구나 참여할 수 있게 되었다. 이러한 기술적 환경의 변화 속에서 기존 미디어 표현상의 장르로서의 '다큐멘터리'도 종래적 의미의 미디어 세계를 넘어 다채롭게 '월경越境' 및 변용되고 있다. 따라서, 기존 다큐멘터리에 한정된 '다큐멘터리'의 사전적인 정의에 얽메이지 않으면서도 21세기 미디어기술과 사회의 결합을 재편성하는 등 새로운 시점에서 다큐멘터리를 해석해야만 한다. 이러한 '월경'의 내용은 다음과 같이 4가지로 나누어 생각해 볼 수 있겠다.

우선, 매체(미디어)의 월경을 들 수 있다.[7] 미디어의 역사를 조사해 보면 다큐멘터리는 TV뿐만이 아닌 라디오나 필름, 사진 등 미디어에서도 공유되어 왔다. 최근에는 미디어 기술의 진보를 통해 인터넷상에서도 다큐멘터리를 볼 수 있게 되었으며, 장소와 시간에 관계없이 자유로이 접속 가능한 환경이 되었다. 매체의 변화에 따라 '다큐멘터리'의 제작과 편집, 송출 등이 변하는 것은 피할 수 없다. 다큐멘터리가 다양한 매체를 월경하고 있는 것이다.

두 번째로, 목적(의도)의 월경이다. 과거로 거슬러 고찰해 보면 1895년 뤼미에르 형제에 의해 최초의 '필름'으로 상영된 것은 일상을 기록한 다큐멘터리였다. 당시의 다큐멘터리는 19세기 자본가에 의한 사업확대의 욕망과 부르주아지 계층의 취미생활, 노동자의 여가, '이종' 민족의 기록[8] 등 중층적인 사실의 결합에서 출발하였다. 그 후, 다큐멘터리의 양상은 때로는 프로파간다Propaganda의 모습으로, 때로는 아방가르드Avant-garde의 모습으로, 그리고 때로는 시네마 베리테Cinema Verite의 모습으로 월경과 횡단을 반복해 왔다. 근래의 저널리즘Journalism과 르포르타주Reportage, 스쿠프Scoop, 그리고 최근의 표현형식에 구애받지 않는 자유로운 다큐멘터리의 출현 등 그 내용과 의도가 상당히 다양한 모습으로 창조되고 있는 것이 현실이다.

세 번째로, 영역(계보)의 월경이다. 인류학 분야에서는 연구 자료의 일환으로 조사 대상의 지역과 민족, 생활을 기록하는 민족지 필름(에스노그래피 필름Ethnography Film)의 매체로 다큐멘터리를 유용appropriation[9]해 왔다. 민족지 필름이라고 하면 로버트 플래허티Robert J. Flaherty가 20년에 걸친 에스키모의 기록을 통해 1922년에 완성한 〈북극의 나누크〉가 그 효시로 알려져 있는데, 다큐멘터리 연구에서도 '다큐멘터리'라는 명칭은 〈북극의 나누크〉에서 시작되었다고 한다. 그 후, 민족학과 문화인류학에서는 영상미디어를 활용한 민족기록의 유효성, 즉 정보의 정확성과 구체적인 실사성이 평가되어 널리 활용되었다.

한편, 미디어 문화 연구에서는 다큐멘터리를 '기록'이 아닌 '표현'의 측면, 즉 '담론'과 '표상'의 매체로서 영상의 의미에 대한 해석을 시도한다. 하지만, 민족지 필름과 다큐멘터리를 '기록'과 '표현'의 경계에서 선을 긋거나 학문 영역에서만 구분하고자 하는 것은 이미 그 의미가 사라졌으며,

민족지 필름의 '주체'와 '타자' 문제, 다큐멘터리의 '작위성作爲性' 문제 등을 포함한 논의의 경계선을 둘러싼 인류학과 미디어연구와의 접합과 월경에 대해서는 아직 논의의 여지가 남아 있다고 생각된다.

네 번째로, 표상의 공간적인 월경을 들 수 있다. 다큐멘터리는 구축된 텍스트의 담론으로서 일상적으로 소비, 생산이 반복되는 다성적[10]인 표상 문화이다(吉見俊哉, 2003). 지금은 누구나 다큐멘터리 제작이 가능한 시대이며 기존 미디어가 다큐멘터리의 성역(존재방식)을 고집하는 것은 무리가 있다. 따라서 현대 다큐멘터리의 표상공간은 중복과 이탈, 또는 생성과 망각이라고 하는 복잡한 움직임이 더욱 증가한 듯 보인다.

본서에서는 이상과 같은 다큐멘터리를 둘러싼 월경적 상황을 토대로 반세기 이상에 걸친 일본 TV다큐멘터리의 역사 속에서 아이누 표상의 문제를 고찰하고자 한다.

4) 분석관점으로서 텍스트의 '타자성'을 둘러싼 담론

다큐멘터리 영화의 초창기인 1920년대, 이미 '다큐멘터리는 현실의 창조적인 해석'[11]이라고 정의되고 있었다. 그렇다고 한다면 다큐멘터리는 제작자(전달자)에 의해 해석된 사회에 대한 이미지이다.[12] 따라서, 다큐멘터리를 활용해 고찰함에 필요한 것은 각각의 다큐멘터리를 문화적 구조물로 파악하는 것이다. 또한 이러한 인식과 사람들 속에서 경험된 일이 다큐멘터리라는 사회적인 공간 속에서 교섭해 가는 과정으로, 상상력의 집합소로서 다큐멘터리를 파악할 필요가 있다. 이를 바탕으로 우리는 다큐멘터리 속 일상의 정치성을 도출해 낼 수 있는 것이다. 이렇게 사회적인 대화의 장으로서 다큐멘터리를 해석하기 위해서는 우선 다큐멘터리가 만들어 내는 담론과 표상의 상호관계와 변용과정에 주목하고 이를 비판적으로 재고하는 일부터 시작하지 않으면 안 된다.

대중적인 청중을 상대로 할 수밖에 없는 TV라는 매체를 중심으로 이러한 것들을 생각해보면, TV다큐멘터리의 소위 '리얼리즘Realism'이라고 하는 특징이 중요한 의미를 가지게 된다. 이러한 리얼리즘은 분명 표상에 의해 만들어진 하나의 이데올로기 실천이라 할 수 있다. 본서에 수 차례에 걸쳐 등장하는 '지배적 이데올로기'라는 담론적 실천은 리얼리즘의 헤게모니임과 동시에 문화이다. 다시 말해, '리얼리즘'은 "지배적 이데올로기를 촉진시키면서 이를 자연화하는 반동적인reactionary 표현양식"(John Fiske, 1987 : 36)인 것이다. TV다큐멘터리의 경우 종종 '래디컬radical 텍스트'로 파악되는데, 이 용어에 대해서는 부차적인 설명을 해 둘 필요가 있다. 지배적 이데올로기에 대한 메타담론의 관계로서의 '프로그레시브progressive 텍스트'와 대립하는 '래디컬 텍스트'에 대해 존 피스크는 다음과 같이 기술하고 있다.

래디컬 텍스트는 현실을 표상할 때의 지배적 규약성conventions을 거부하고, 텍스트에서 의미가 생성되는 과정으로부터 지배적 이데올로기가 수행하는 역할을 배제하고자 시도한다. 하지만, 우리의 문화생활이 산업화된 문화의 생산분배에 지배당하고 있는 대중산업사회 속에서는 지배적 이데올로기와 밀접하게 결합되고 있는 문화산업의 규약성이 친화되기 쉽고, 가까이하기 쉬우며 이해하기 쉽다. 따라서 이러한 규약성이야말로 대중문화 내부의 일반적인 의미작용에 관한 이론을 통해 설명될 수밖에 없다. (John Fiske, 1987 : 46~47)

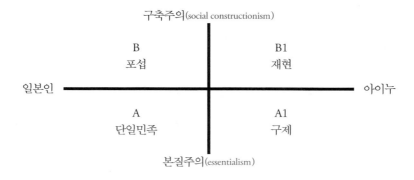

〈그림 0-1〉 **분석시각으로서의 텍스트의 '타자성'과 지배적 이데올로기**

즉, 가장 대중적인 미디어인 TV가 가지는 '리얼리즘'의 성격은 지배적인 규약성에 의한 일반적인 의미작용이론을 지탱하고 있는 '프로그레시브 텍스트'의 지배적 이데올로기와, 동시에 이러한 지배적인 규약성을 거부하는 '래디컬'한 작용('래디컬 텍스트'의 이데올로기)의 담론적 투쟁도 내포(교차)하고 있다는 것이다.

이후 본문에서 존 피스크의 이론에 대해 상세히 검토하겠지만 여기에서는 우선 가설로서 약 반세기에 걸쳐 생산된 NHK의 아이누 관련 다큐멘터리 속에서 '아이누'의 표상체계가 어떻게 생성되었는지, 그 전반적인 분석시각의 구도를 제시해 두고자 한다. TV다큐멘터리의 '아이누'에 대한 시선은 대략 〈그림 0-1〉과 같은 배치로 정리될 수 있다고 생각한다. 이러한 구도를 염두에 두고 앞으로 본문에서 고찰과 검증을 진행하고자 한다. 즉, 이러한 분석시각의 구도는 본서에서 다루고자 하는 방송, 텍스트의 선택과 분석, 그리고 관련된 각각의 논의와 연결되고 있다.

우선, 2개의 축을 설명하겠다. 세로축은 '국민'의 표상을 둘러싼 2개

의 관점인 '본질주의'와 '구축주의'의 대립으로 설정된다. 이때, '구축주의 constructionism'란, 소위 베네딕트 앤더슨의 "국민이란 이미지로 마음 속에 그려진 상상의 정치공동체"(Benedict Anderson, 白石さや・白石隆 訳, 1997 : 24)라는 접근방식을 토대로 설정된 것이다. 구축주의의 배경에는 자크 데리다Jacques Derrida의 '탈구축'론을 필두로 하는 포스트 구조주의Post structuralism와 포스트모던 사상Post modernism이 영향을 미치고 있다. 즉, 구축주의는 궁극의 진리와 구조적 결과론을 거부하고 "변화무쌍한 다수의 상황−의존적인 생활양식의 공존"(Vivien Burr, 田中一彦 訳, 1997 : 21)을 지지하는 것이다.[13]

한편 '본질주의Essentialism'란, 특정 사물을 결정적인 본질의 요소로 환원시켜 파악하고자 하는 것을 의미하는 어휘인데, 여기에서는 베네딕트 앤더슨이 소개한 바와 같이(Benedict Anderson, 白石さや・白石隆 訳, 1997 : 22~24) 내셔널리즘을 둘러싼 세 가지 영역(역사, 사회문화, 정치)에 있어서의 파라독스를 둘러싼 문제점에서 본질적이고 결정적인 특징을 주장하는 이데올로기로 파악하였다.

이렇게 구축주의와 본질주의를 대립하는 구도를 설정한 근거로는 구축주의의 '가변성'을 들 수 있다. 즉, TV다큐멘터리의 텍스트에서 '타자성'에 관한 담론의 변용을 검토하기 위해서는 다음과 같은 견해가 유효했던 것이다.

'사물이 사람들의 주관적인 의식의 모습과는 독립적으로 실재한다'고 하는 견해를 객관주의, '사물에는 변화하기 어려운 보편적인 본질이 있다'고 하는 견해를 본질주의라 할 수 있다면, 구축주의는 이러한 사물에 대한 견해에 이견을 제시하면서 다른 견해를 제시해 왔다. 즉, '보편'과 '본질'과 '실재'라고 여겨지는 사물이 사람들의 인식과 활동에 따라 사회적, 문화적, 역사적으로 '구축'된 것이라는 점, 따라서 가변적이라는 점을 구축주의는 강조하고 있다. (赤川学, 2006 : 53)

그리고, 구축주의가 본질주의와 대립하는 구도를 설정한 이유를 구체적으로 말하자면, 구축주의의 인식론 및 방법론이 소위 미디어나 문학 텍스트의 '담론분석'에 깊이 관련되어 있기 때문이다. 아카가와는 다음과 같이 말한다.

담론분석은 구축주의라고 하는 인식론 방법론에 있어서 그 학문적 풍요성을 담보하는 거점이 될 수 있다. 물론 한마디로 담론분석이라고 해도 언어학적인 어휘분석에서 민족지연구와 같은 회화분석, 상호행위장면의 분석, 신문, 잡지, TV, 라디오 등 미디어 보도의 내용분석, 과거에는 문학연구자가 담당했던 텍스트분석, 미쉘 푸코의 『언어와 사물』과 같이 과학적 지식에 대한 인식양식의 수 세기에 걸친 변용 등 극히 거시적인 분석까지 상당히 광범위한 범위를 가지고 있다. (赤川学, 2006 : 54)

본서의 연구대상 전체가 앞서 기술한 바와 같이 '일본의 공영방송국'인 NHK가 일본 전역에 있는 '일본국민'을 위해, '일본인' 제작자에 의해, '일본어'로 제작, 방송한 텍스트를 전제하고 있다는 점, 〈그림 0-1〉의 텍스트에서 '타자성'과 지배적 이데올로기 구도의 관점은 다름 아닌 이러한 연구대상인 텍스트 속 시선을 전제로 하고 있다는 점을 재차 환기하고 싶다.

다음으로 가로축은 아이누와 일본인을 각각으로 배치하였다. 일본인을 의미하는 것은 소위 '아이누이면서 일본인'을 포함한 '표상된 일본인'을 말한다. 다른 한편의 아이누가 의미하는 것은 실재하는 경험과 인물, 언어, 춤문화 등을 계승하면서 살아온 '아이누'를 말한다. 이렇게 '일본인'과 '아이누'를 이항대립적으로 설정하는 것의 이론적 한계는 분명하다. 과거 반세기 이상의 역사 속에서 전개된 TV다큐멘터리의 본토 일반인으로서의 '일본인'과 타자로서의 '아이누'를 둘러싼 표상의 정치학의 특징과 변모를 고찰하기 위해서는 '일본인' 대 '아이누'라고 하는 두 가지 표상에 의한 분석틀의 설정이 필연적인데, 이는 이후 본문에서 검토할 바와 같이, 소위 '타자성'을 둘러싼 시선의 변용 과정이 문제가 되고 있기 때문이다. 이러한 타자를 통해 창조된 '차이'의 담론과 표상의 동요를 〈그림 0-1〉에서는 '타자성'[14]이라고 하였다.

한편, 텍스트의 '일본인' 대 '아이누'를 둘러싼 내셔널리즘 이데올로기의 구도 기준에서 A는 '단일민족'의 영역으로 상정하였다. '단일민족'으로 창조된 '일본인'과 '본질적'으로 다른 것이 타자, 즉 '아이누'로 상상^{想像}되고 있으며, A1은 '구제'되어야만 하는 미개하고 야만적인 차별적 표상의 영역과 구별된다. 이렇게 구도적으로 배치된 A와 A1, B와 B1은 아이누를 둘러싼 정치적 공방의 역사적 움직임을 대표적인 담론으로 표기한 것이다. 우선, A1의 '구제' 영역은 1950~60년대의 다큐멘터리에 창조된 아이누의 표상을 대표하는 담론이라 할 수 있다. 본서 제1장에서 소개할 〈코탄의 사람들〉에서 그려진 연구대상인 아이누는 일본인에 의해 '차별·멸시'당하는 '불쌍하고 다른 타자'였다. 이러한 관념의 근저에는 일본국민이 '단일민족'이라는 뿌리깊은 환상이 있었다. 이것이 A의 영역이 된다. 이 A와 A1의 영역은 특정 사물을 결정적인 특질로 환원시켜 설명하고자 하는

'본질주의'의 시선이라 할 수 있다.

한편, 1980년대 이후의 다큐멘터리에서 창조된 아이누는 새로운 길을 모색하고 있다. 기존의 '아이누=차별' 등식에서 탈피하여 새로운 아이누상을 발굴한 것이다. 여기에서 탄생한 것이 아이누의 '의식의 재현'을 시도한 다큐멘터리였다(제3장의 〈환상의 이오만테〉). 여기에 아이누 표상은 B는 '포섭', B1은 '재현'의 영역이었다. 그 후, 1990년대에 제작된 다큐멘터리(〈아이누 태평양을 건너다〉)에서는 아이누문화에 관한 해외와의 접점을 찾아가면서 아이누문화의 역사와 그 가치를 재구축하고자 했던 방송이 등장하였다. B '포섭'보다 강한 심정으로 새로운 아이누상을 창조하고자 했던 모색이었다고 생각한다. 제2장에서 소개하는 2000년대의 다큐멘터리(〈우리들의 아이누선언〉(2008))에서는 '시부야渋谷 거리를 걷고 있는 평범한 요즘 아이누 젊은이'가 표상되고 있다. 이러한 표상 속에서 '평범함'이 주장하고자 했던 점은 '타자성'의 개념과 그 의문을 다시 돌아보고 우리들이 고집하고 있었던 기존의 관념을 의미 없는 것으로 만드는 것이었다.

단락적인 분석관점의 구도인데 이러한 흐름을 시간축에 따라 생각한 〈그림 0-1〉의 도식을 통해 본다면, 'A/A1 → B/B1'과 같은 표상공간이 창출되고 있으며, 각각의 시대배경과 정치사상의 변화가 반영된 것이라고 생각한다. 특히, A/A1영역의 배경에는 '배제'의 지배적인 이데올로기 표상이, B/B1영역의 배경에는 '망각'이라는 역사적인 '단절'의 표상이 자리하고 있다.

그리고, 아이누 표상을 둘러싼 TV다큐멘터리에서 타자에 대한 시선의 커다란 변화 '분곡점'은 1980년대였다고 볼 수 있다. 이른바, 세계화의 확장과 함께 식민주의와 내셔널리즘 등 기존 담론에 대한 비판과 각성이라

는 인문사회과학의 지각변동이 TV다큐멘터리에서도 1980년대를 기점
으로 기존 방식의 변화에 연속적으로 이어졌다고 상정할 수 있다.

이후, 본문에서는 이러한 '타자성'을 둘러싼 각각의 텍스트 담론실천에
대한 일종의 분석시각을 '문제'의 출발점으로 삼아가면서 기존 이론의 실
효성을 검증하기 위해 각각의 텍스트를 상세히 고찰하고자 한다.

3. 인류학(비판)과 다큐멘터리 연구의 가교를 위해

1) 인류학 속의 '아이누'

일본 아이누 관련 TV다큐멘터리의 역사와 문화의 변용을 고찰하고자
하는 본서의 목적은 일본의 '타자성'에 관한 역사와 문화적 변용에 관한
고찰이라 할 수 있다. 소위 '정체성'을 둘러싼 '주체성'과 '타자성'의 문제
는 문화에 관한 이데올로기의 문제로서, 방법은 다르지만 인문사회과학
에서는 실로 긴 세월동안 주시해 왔다. 본 연구의 주제인 '타자성' 문제를
둘러싼 아이누의 정체성과 변용문제에 대해 과거 선행연구와의 연관성
을 중심으로 학제적으로 음미함과 동시에 마지막으로 필자의 연구시점
을 제시하고자 한다.

아이누라는 '타자'를 고찰하기 위한 선행연구로 가장 많은 관련이 있는
영역은 '인류학'이다. 주지하다시피 일본의 인류학 연구는 도쿄대학 이학
부 학생이었던 츠보이坪井正五郎[15]가 1884년에 인류학회를 설립하면서 시작
되었다. 일본의 인류학 역사에 관한 문헌에서는 당시 츠보이를 중심으로 한
인류학의 특징을 "박물관 인류학"이라 기술하고 있다(坂野徹, 2005:26).

그렇다면 초기의 인류학과 아이누는 어떻게 연결되어 있는가. 아이누에 대한 인류학적 관심의 시작은 근대 이전으로 거슬러 올라가는데 인류학에 있어서 아이누의 존재는 '일본인 기원론'의 영역과 깊은 연관을 갖는다. 즉, 초기 인류학에서는 '주체'로서의 일본인과 '타자'로서의 아이누와의 관계성을 명시화한다는, '일본인이란 무엇인가'라는 자기 정체성에 관한 욕망에 의해 그 관심이 높아졌던 것이다. 특히, 제6장에서 거론되고 있는 방송의 시대적 배경이 되었던 세인트루이스 박람회가 개최된 1904년, 일본 인류학의 세계에서는 1887년부터 길게 이어져 온 츠보이에 의한 '코로보쿠르Korpokkur설'과, 일본 선주민족은 아이누라고 하는 '아이누기원설'의 논쟁이 '아이누설' 쪽으로 기울어진 시기이기도 했다.

한편 이 시대에는 영국 유학 경험을 가진 츠보이와는 달리 독일에 유학했던 인류학자가 등장하여 '자연(형질)인류학'이라는 학풍도 싹을 틔웠다. 자연인류학자로는 코가네이小金井良精와 아다치足立文太郎가 있었다. 이러한 일본 인류학의 자연인류학으로의 이행은 1973년 츠보이의 급사로 인해 가속화되었는데, 1990년대에는 자연인류학자 중에서 언어와 문화의 측면에서도 아이누와 일본인이 같은 조몬시대 사람을 선조로 두고 있다는 설(梅原·埴原 1993)과, 인류진화사 속에서 일본인의 성립을 둘러싼 2중구조의 설(埴原 1995) 등을 주장하는 사람도 등장하였다.

다른 한편으로는, 야나기다 쿠니오柳田國男를 중심으로 하는 『향토연구郷土研究』(1913~1917)의 간행을 시작으로 1920년대 문화인류학Cultural Anthropology과 일본민속학회日本民俗学会로 이어지는 기반 조성이, 그리고 "1930년대 후반경에는 자연인류학, 민족학, 민속학 등 현대로 이어지는 학문영역의 분화가 각각 성립"(坂野徹, 2005 : 409)되었다. 그 후, 1945년의 패전 후에는 특히 민족학의 '전쟁협력' 책임문제의 발발과 조사할 지역에 대한 접근곤란 등으로 실질적으로 인류학 조직붕괴의 위기에 처하게 되었으나, GHQ$^{General\ Headquarters}$(미국총사령부)시대에 『민족학연구^{民族学研究}』가 복간(1946)되고 미국으로부터 문화인류학이 도입되면서 1950년대 이후 민족학을 대신해 일본의 인류학은 새로운 학풍의 문화인류학으로 발전하였다.

1970년대에는 새롭게 등장한 『호스트와 게스트-관광의 인류학(*Hosts and guests : the anthropology of tourism*)』(L. Smith Valene ed., 1977)의 간행되면서 '관광인류학'이 주목받기 시작했으며, 1980년대 들어 '관광'은 미국에서 문화인류학의 연구, 교육 분야의 하나로서의 지위를 확립하게 된다. 또한, 일본에서도 1988년부터 이러한 분야에 대한 본격적인 연구가 시작되었다(江渕, 2002 : 118).

이렇게 1980년대 이후, 인문사회과학의 사상적 전환은 문화의 '주체성'을 둘러싼 기존 인류학에 대한 비판과 반성적 추찰로부터 새로운 인류학에 대한 접근방식을 가져오게 되었다. 이러한 흐름은 본 연구의 주제로도 이어지는 중요한 관점을 제시해 준 선행연구이다. 예를 들어, 인류학의 학문적 정체성을 스스로 돌아본 중요한 인류학 선행연구인 오오타 요시노부^{太田好信}의 「문화의 객체화-관광을 통한 문화와 정체성의 상상^{文化の客体化} $^{-観光をとおした文化とアイデンティティの創造}$」(1993)과 『트랜스포지션 사상-문화인류학의 재상상$^{トランスポジションの思想-文化人類学の再想像}$』(1998), 『민족지적 근대에 대한 개입-문화를 이야기할 권리는 누구에게 있는가$^{民族誌的近代への介入-文}$ ^{化を語る権利は誰にあるのか}』(2001)는 시사하는 바가 크다. 또한, 히가시무라 다케시^{東村岳史}의 『전후기 아이누 민족-일본인관계사서설-1940년대 후반에서 1960년대 후반까지$^{戦後期アイヌ民族-和人関係史序説-1940年代後半から1960年代後半ま}$

で』(2006)는 비교적 최근의 아이누 연구로서 전후 현대사회의 '타자'로서의 아이누와 소위 '주체'로서의 일본인과의 역사에 관한 다양한 주제를 다각적인 관점에서 고찰한 희소성 높은 선행연구이다.

그리고, 기존 이민족을 참여·관찰하면서 단순기록하는 방법의 반성의 일환으로서 등장하기 시작한 새로운 영상인류학의 영역에서는 이토 슌지伊藤俊治·미나토 치히로港千尋 편, 『영상인류학의 모험映像人類学の冒険』(1999)을 시작으로, 앞에서 서술한(서장 2.2) 다큐멘터리 장르의 '월경'적 변화에 대한 배려의 필요성) 내용과 관련되어 있는 이이다 타쿠飯田卓·하라 토모아키原知章 편, 『전자미디어를 정복하다—이문화를 연결하는 현장연구의 시점電子メディアを飼いならす—異文化を橋渡すフィールド研究の視座』(2005)와 같은 기존 이민족의 '역사'와 이문화 '기록'으로서의 다큐멘터리 방식을 디지털미디어 시대의 변화와 함께 재해석, 재평가하는 인류학과 미디어연구와의 보완적이고 학제적인 시도 또한 등장하고 있었다.[16] 이에 더해, 21세기 아이누문화의 의의와 가치, 아이누 예술품의 역사적 해석을 둘러싼 심포지엄 보고서인 사사키 시로佐々木史郎·오오츠카 카즈요시大塚和義 편, 『연구포럼—'이슈레츠조夷酋列像'와 동부 아이누研究フォーラム—'夷酋列像'と道東アイヌ』(2008)[17]는 '타자'를 둘러싼 학술적인 접근의 문제 등을 포함한 현재 일본의 인류학과 역사학의 과제를 제시하고 있다고 생각한다.

한편, 소위 '민족'으로서의 '타자'에 주목한 아이누 민족의 정책, 지역적 접근의 대표적인 초기연구로서 다카쿠라 신이치로高倉新一郎의 업적은 빼놓을 수 없다. 다카쿠라는 아이누 민족의 산업과 문화, 생활에 관한 민족학적이고 역사학적인 연구를 수행했다. 특히, 『홋카이도 문화사서설北海道文化史序説』(1942)과 『아이누 정책사アイヌ政策史』(1972)는 현대에 이르기까지의 아이누와 일본인과의 관계성을 이해하는 데 상당히 귀한 자료라 할 수 있다. 그 외에도, 아이누 민족에 의한 출판물인 아이누문화보존대책협의회アイヌ文化保存対策協議会 편,『아이누 민족지アイヌ民族誌』(1970)와 홋카이도 우타리협회北海道ウタリ協会 편,『아이누사—홋카이도 아이누협회, 홋카이도 우타리협회 활동사アイヌ史—北海道アイヌ協会・北海道ウタリ協会活動史』(1994)가 충실한 기록을 남기고 있다. 특히, 오가와 마사토小川正人의『근대 아이누 교육제도사연구近代アイヌ教育制度史研究』(1997)와『아이누 민족, 근대의 기록アイヌ民族, 近代の記録』(1998)은 귀중한 역사적 자료와 충실한 검증의 기록으로서 아이누 연구자들 사이에서는 자주 인용되는 선행연구이다.

또한, 동아시아와 북동아시아 아이누 민족의 역사적인 전개와 그 관계성을 역사적으로 고찰한 선행연구로는 키쿠치 이사오菊池勇夫,『아이누 민족과 일본인—동아시아 속의 에조치アイヌ民族と日本人—東アジアの中の蝦夷地』(1994)와 쿠도 마사키工藤雅樹,『고대 에조古代蝦夷』(2000), 키쿠치 이사오菊池勇夫 편,『일본의 시대사 19—에조섬과 북방세계日本の時代史19—蝦夷島と北方世界』(2003)가 있으며, 일본뿐만이 아닌 아시아 지역과 아이누, 그리고 '그 외의 민족' 간의 관계와 변천을 역사적인 관점에서 고찰한 연구로서 본서에서도 사적 자료로 참조하고 있다.

1980년대 이후, 고고학과 역사학에서도 타자로서의 아이누 민족의 의례에 관한 연구가 지속적으로 보고되었다. 예를 들어, 우타가와 히로시宇田川洋,『이오만테의 고고학イオマンテの考古学』(1989)과 사사키 토시카즈佐々木利和,「이오만테를 생각하며イオマンテ攷」(1989), 아미노 요시히코網野善彦 외,『열도의 신들—다케토미지마의 씨앗줍기 축제, 가미카와 지방의 이오만테列島の神—竹富島の種子取祭上川地方のイヨマンテ』(1992), 아마노 테츠야天野哲也,『곰 축제의 기원クマ祭りの起源』(2003)은 이오만테와 관련된 많지 않은 귀중한 기록임과 동시에 아이누 민족의 전통과 생활문화를 중심으로 한 고고학적 연구로서 중요하다. 우타가와 히로시와 사사키 토시카즈, 그리고 아마노 요시히코의 논저는 특히 본서의 제2장의 연구대상인 '이오만테'와 관련된 것이며, 시사적이다. 그럼에도 불구하고 모두가 의례를 충실히 기록하고만 있을 뿐 '타자'로서의 아이누 의례를 둘러싼 권력과 이데올로기라고 하는 정치적 측면에 대한 고찰에는 이르지 못하고 있으며, 민속 보존자료의 기록적인 성격에 머물고 있다.[18]

보다 폭넓은 관점에서는 탈식민주의, 정체성, 민족을 키워드로 하면서 미디어와 타자의 표상의 정치성을 고찰한 선행연구에 대해서도 검토가 필요할 것이다.[19] 주지하는 바와 같이, 이러한 분야의 영역에서 선구자 격인 사이드Edward W. Said는 미디어 표상이 자기와 타자의 문화적 정체성으로서 구축되는 강력한 이미지 공간을 가능하게 한다고 논하고 있다(Edward W. Said, 今沢紀子 訳 1993). 또한, 탈식민의 정치적, 문화적 약자에 대한 정체성과 관련된 명저로는 가야트리 스피박Gayatri C. Spivak의 『서발턴은 말할 수 있을까Can the Subaltern Speak?』(1988), 호미 바바Homi K. Bhabha의 『문화의 위치Location of Culture』(1994), 스튜어트 홀Stuart Hall의 Introduction:Who Needs "identity?"(1996)를 빼놓을 수 없다. 스튜어트 홀이 엮은 Representation:Cultural Representation and Signifying Practices(1997)는 입문서이기는 하지만 다양한 각도에서 미디어와 표상의 문제를 다루고 있으며 현대사회와 문화표상의 권력작용을 이해하기 위한 귀중한 문헌이다. 그리고, 최근 테사 모리스-스즈키는 세계화의 관점에서 아이누 문제를 다각적으로 검토했다고 평가할 수 있다.[20] 또한, 특히 아이누의 미디어와 표상과의 관계를 예리하

게 고찰한 논저로는 키나세 다카시木名瀨高嗣,「표상과 정치성−아이누를 둘러싼 문화인류학적 담론에 관한 소묘表象と政治性−アイヌをめぐる文化人類学的言説に関する素描」(1997)와 「타자성의 헤테로포니−현대의 아이누 이미지를 둘러싼 고찰他者性のヘテロフォニー−現代のアイヌイメージをめぐる考察」(1998)들이 있다.

그리고, 타자를 둘러싼 사회학, 정치학적 관점에서 '일본'이라는 나라의 정체성을 뒤돌아보며 박람회를 둘러싼 문화정치학 연구를 견인해 온 요시미 슌야,『박람회의 정치학博覧会の政治学』(1992)과, 후쿠마 요시아키福間良明,「이민족의 박람異民族の博覧」(2004), 그리고 일본 속 아이누의 입지 변화를 역사적으로 치밀하게 제시하고 있다는 점에서 중요한 선행연구로서 오구마小熊英二의 「'일본인'의 경계−오키나와·아이누·타이완·조선식민지 지배에서 복귀운동까지'日本人'の境界−沖縄·アイヌ·台湾·朝鮮植民地の支配から復帰運動まで」(1998)를 들 수 있다. 오랫동안 아이누 민족의 정체성 관련 연구에 관여한 하나사키 코헤이花崎皋平의 업적(花崎皋平 2008)도 아이누라는 '타자성'을 고찰하는 데 있어서 빼놓을 수 없는 선행연구이다.

2) 미디어연구 속의 '다큐멘터리'

이와 같이 인류학적 연구는 풍부하다고 할 수 있다. 그렇다면 미디어연구에서 소수자 표상이라는 과제는 어떻게 심화되어 왔는가. 여기에서는 우선 '다큐멘터리 연구'를 중심으로 한 미디어연구의 영역에서 주체성에 관한 선행연구를 검토하고자 한다.

그 전에 다큐멘터리의 역사를 간단하게 개관하면 해외의 경우, 일본과는 달리 TV다큐멘터리에 관한 연구가 이미 오래 전부터 진행되고 있었다. 특히 영국에서는 이미 1930년대부터 '다큐멘터리 필름' 연구가 진행되었으며 세계적인 반향을 불러 일으켰다. 1930년대 중엽부터 존 그리어슨John Grierson의 주도하에 영국에서 제작된 다큐멘터리가 미국에 소개되었고, 1935년에 폴 로사Paul Rotha의 『다큐멘터리 영화Documentary Film』가 출판되면서 존 그리어슨의 사상이 초기 미국의 다큐멘터리계에 전해지게 되었다. 이러한 흐름에 따라 TV다큐멘터리 연구도 발전하게 되었으며 레이먼드 윌리엄스Raymond Williams은 1975년 TV다큐멘터리 장르의 새로운 수법의 도래와 변용에 주목하고, 이에 대한 기술과 문화의 양 측면에 대해 기술하고 있다.

한편, 미국의 경우 초창기부터 뉴스 다큐멘터리 형식이 자리잡고 있었으며, TV의 저널리즘적 성격이 다큐멘터리에 활용되고 있었다. 주제 다큐멘터리도 1950년대 말부터 서서히 제작되었다. 미국의 윌리엄 블루머A. William Bluem도 'TV다큐멘터리사'의 연구에서 빼놓을 수 없는 저작 『미국 TV다큐멘터리－형식, 기능, 방법Documentary in American Television』(1965)을 남겼다. 윌리엄 블루머는 "'기록'과 '예술'의 경계는 주제의 관점과 편집, 나레이션, 음악에 따라 변한다"(A. William Bluem 1995)고 하였다. 요컨대 다큐멘터리의 표현수법과 표현양식은 그 작품의 성격에까지 영향을 미치는 중요한 요소가 된다는 것이다. 또한, 다큐멘터리 영화에서 TV다큐멘터리로 이어지는 역사적 흐름을 몇 가지 획기적인 TV다큐멘터리 방송의 내용과 표현수법과 함께 소개하면서 다큐멘터리를 기록의 예술로 파악하고 있는 존 코너John Corner[21]의 사례분석을 활용한 연구(John Corner 1996) 또한 주목할 만하다.

그리고 다큐멘터리 연구에 오랫동안 관여해 온 연구자 브라이언 윈스턴Brian Winston, 『미디어 환상Misunderstanding media』(1983)과, 특히 영어권 기존 다큐멘터리에 관한 개념의 확장과 다양한 다큐멘터리 형식의 등장을 설파한『리얼의 구축–그리어슨 다큐멘터리와 합리성*Claiming the real : the Griersonian documentary and its legitimations*』(1995)은 구미지역만이 아닌 일본의 최근 횡단적 다큐멘터리의 새로운 움직임을 시사한다는 점에서 중요한 선행연구라 할 수 있다. 브라이언 윈스턴의 미디어 역사해석에 관한 관점을 엿볼 수 있는『미디어 기술과 사회–전송영상에서 인터넷까지*Media technology and society : a history:from the telegraph to the internet*』(1998)에서는 미디어 발명의 역사와 발전에 관한 이론 및 접근방식이 기술결정론적인 관점에 치우치고 있다는 점이 눈에 띈다.[22] 또한 빌 니콜스*Bill Nichols*는『다큐멘터리와 보이스*The Voice of Documentary*』(1985)와『리얼리티의 표상*Representing Reality*』(1991)에서 다큐멘터리의 서술장치를 '보이스*Voice*'라 칭하면서 다큐멘터리의 서술장치를 설명적 모드*Mode*, 관찰적 모드, 상호작용적 모드, 자기언급적 모드, 상연적 모드로 분류·제시하였다. 이러한 빌 니콜스의 '보이스'논쟁은 존 피스크가 콜린 맥케이브*Colin MacCabe*(Colin MacCabe 1981)의 '특권적 관점*dominant specularity*'을 인용하여(John Fiske, 1987 : 40·129) 다큐멘터리라는 텍스트로 특화시켜 논술한 것과 관점이 중첩되고 있는 것을 알 수 있다.

일본의 경우, 초기의 TV시대에 활약해 온 사람들이 제작 현장의 경험을 살려 기술한 방송관련 회상집·에세이 등이 초기 방송사정을 이해하는 데 도움이 된다.[23] 그리고 1900년대 중반 일본사회의 환경문제와 미디어와의 관계를 밝히고자 했던 다큐멘터리 연구로는 고바야시 나오키*小林直毅* 편,『'미나마타'의 담론과 표상*水俣'の言説と表象*』(2007)이라는 사회·시사적인 환경문제를 고찰한 연구가 있다. 고바야시 나오키는 '미나마타'의 문제를 실마리로 '미나마타병'에 걸렸던 당사자들을 '타자'로 인식하면서〈일

본의 민낯〉의 초기 다큐멘터리 시리즈에서 당사자가 출연한 고발형식의 내용을 다룬 텍스트 담론과 표상의 분석을 실시했다. 또한 2011년에는 '태동하는 아카이브 연구'로서 TV다큐멘터리의 오키나와 농촌, 중국, 조선 등 소위 대표적인 '타자'의 이미지 변천에 대해 시간축을 가지고 분석한 연구가 등장하기 시작했다. 연구대상과 연구방법의 확대 및 확립은 향후 과제로 하고, 이러한 주제의 연구가 현 시점에서는 시간적으로 뒤늦은 점을 지적할 수 있으나 방송 아카이브가 학술적인 연구에 활용될 수 있도록 정비되고 있으므로 향후 폭넓은 주제를 통한 다양한 관점의 연구가 기대된다.

3) 아이누연구와 다큐멘터리론의 가교를 위해

지금까지 학제적 관점에서 선행연구를 확인했는데 특히, 아이누와 다큐멘터리의 두 가지 키워드를 만족시키는, 즉 '아이누'를 대상으로 한 '다큐멘터리' 선행연구의 사례는 거의 전무하다. 또한, 특히 일본에서 아이누 동화정책이 실시되고 백 년 이상이 지나고 있음에도 불구하고 아이누와 관련된 '표상연구'와 '정체성 연구', '민족지·미디어 연구' 영역은 그다지 역사가 길지 않으며 그 성과 또한 많지 않다는 것을 알 수 있다. 나아가 방송 다큐멘터리에 그려진 아이누의 표상을 통한 문화적인 고찰의 학제적 연구는 상당히 뒤쳐지고 있는 것이 현실이다.

예를 들어, 최근의 아이누와 미디어 관련 '문화연구Cultural Studies(이하 CS)'[24]로서 히가시무라東村岳史(東村岳史 2010) 등이 있지만 이는 '사진'이라는 매체에 머물고 있으며, 남겨진 아이누 관련 방송연구의 과제는 크다고 할 수 있겠다. 이는 방송미디어의 저작권 문제와 초상권의 확보, 아카이브의 미정비, TV의 일회성이라는 특징 등에서 오는 연구환경의 어려움이 장애가 되고 있기 때문인지도 모르겠다.

　거듭 말하자면, 상기 선행연구의 검토를 통해 알 수 있듯이 본 연구의 목적을 수행하기 위해서는 기존 영역의 관점을 넘어 영역 월경적인 관점을 견지할 필요성이 있다. 본서의 목표는 바로 이러한 인류학 비판과 다큐멘터리 연구를 가교할 실증적인 지평을 획득하는 데 있다. 이를 위해, 주로 다음과 같은 쟁점에 유의하면서 고찰을 진전시키고자 한다. 우선, 과거의 인류학과 탈식민주의 연구에서 아이누라고 하는 '타자'를 둘러싼 '정체성' 관점에 대한 반성을 충분히 고려한 인식의 지평에 설 필요가 있다. 또한, 고고학과 역사학, 언어학, 민족학, 민속학, 사회학, 정치학이 성장시켜 온 아이누 연구와 표상 연구의 관점을 배경으로 교차시켜 가면서, 그리고 아직 충분히 개척되지 않은 아이누 관련 TV다큐멘터리 방송연구의 자료 발굴과 함께 진전시켜 나갈 필요가 있을 것이다. 나아가, 텍스트의 '주체성'을 둘러싼 지배적 이데올로기의 문제를 기호론에서부터 CS에 대한 접점과 응용을 활용한 존 피스크의 선구적 이론(제4절 참조)을 인용, 일본의 미디어사회에 있어서 소수자와 관련된 이데올로기적 표상분석의 방법을 착실히 정리해 가야 할 것이다. 본서는 이상과 같은 쟁점에 가능한 유의하면서 구체적인 방송 텍스트의 분석을 진행해 갈 것이다.

4. TV다큐멘터리의 텍스트분석

　이 책에서는 TV다큐멘터리 아이누 표상의 역사적 변용을 고찰하기 위해 존 피스크의 『텔레비전 문화-대중문화의 정치학Television culture : popular pleasures and politics』(이하 『텔레비전 문화』, John Fiske 1987)에서 다뤄지고 있는 상호텍스트성과 TV의 코드, 텍스트의 장치, 담론이라는 분석도구를 축으로 할 것이다. 이러한 피스크의 TV연구이론과 분석방법을 뒷받침 할 관점의 두 가지 축은 '사회적 구축주의'[25]와 CS이다. 여기에서는 우선 본서에서 활용할 연구방법인 텍스트 분석에 관해 기술하고자 한다.

1) 기본개념-텍스트, 담론, 표상, 코드

TV다큐멘터리를 파악하기 위해 구체적으로 어떤 관점이 필요한가. 본서에서는 존 피스크가 『텔레비전 문화』에서 전개한 이론에 주목하였다.

그 이유는 본서의 목적이 아이누와 관련된 TV다큐멘터리의 '타자성'을 둘러싼 표상의 정치성을 해명하는 것이며, 이를 위해서는 각각의 텍스트 담론과 표상의 변용, 그리고 이를 유발한 배경을 검토하는 것이 필요하기 때문이다. 또한, 이러한 미디어문화의 정치성을 해독하기 위해서는, 존 피스크가 기술한 바와 같이 "(피스크의 저서가-인용자) 문화에 관한 텍스트이론과 사회이론의 양쪽 모두를 포괄하고 있으며, 비판적이면서도 생산적인 형태로 양자의 이론을 접목시킴으로써 이론적인, 분석적인, 그리고 경험적인 접근이 될 수 있기를 바란다"(John Fiske, 1987 : 1)고 하는 관점의 방법론이 효과적이라고 생각하기 때문이다.

한편, TV다큐멘터리의 아이누 담론과 표상의 변용은 방송을 하나의 문화적 과정으로 바라본다는 것을 의미하고 있으며, 이러한 문화적 코드 속의 이데올로기적 실천을 파악해야만 한다. 그 전에 본서에서 활용하고자 하는 연구방법을 좀 더 상세히 설명하기 위해 그 연구관점과 방법론이 가

리키는 몇 가지 키워드(텍스트, 담론, 표상, 코드)의 의미범주를 간략하게 정의해 두고자 한다.

텍스트와 담론의 개념에 관해서는 1990년대 기존의 매스커뮤니케이션 개념과 미디어연구의 효과이론効果理論의 문제점을 비판하면서 재고의 필요성을 제시한 후지타의 논문(藤田 1993)이 있는데, 본서에서는 '텍스트'를 '독자의 생산물'로 파악하고자 한다. 엄밀하게 말해 '방송은 산업에 의해 생산되는 것으로, 텍스트는 그 독자에 의해 생산된다'는 태도를 취하는 것이다. '텍스트'의 입장에서 중요한 점은 '문화적 의미작용(개방력과 폐색력)의 투쟁의 장'으로 파악하는 것이다.

그리고 '텍스트'를 이해하기 위해서는 '담론'의 의미범주와 개념을 명확히 해야만 한다. 담론이란, "문장의 레벨을 넘어선 언어의 조직체the organization of language이다. (…중략…) 담론이란, 항상 화제가 되는 중요한 영역별로 일관된 의미의 조합을 만들어 내고, 축적하기 위해 사회적으로 전개되어 온 언어나 표상의 체계system of representation이다".(John Fiske, 1987 : 14) 본서에서는 이상의 피스크의 '담론'에 대한 견해를 TV다큐멘터리 '담론'의 의미범주로 파악하고 있다.

앞서 기술한 피스크 '담론'의 관점은 구조주의적 기호론에서 탈피하여 사회적 문맥 속에서 문화적인 언어의 실천을 찾고자 한 미셸 푸코Michel Foucault의 담론이론으로 이어지고 있다고 생각된다. 이러한 미셸 푸코의 담론이론에서, 문화는 담론의 편제와 그 집합체로 파악하고, 여기에 2000년대 일본에서 등장한 담론을 만들어 내는 미시적 규칙을 통제하는 시스템으로서 '언어태態'의 존재가 주목된다.[26]

분명 기호학에서 '언어'의 의미적 확장성은 인정되지만, 특히 존 피스크의 '담론'의 접근은 '사회적 경험'이라는 미디어담론과 그것이 놓여진 '사회적 실천'으로서 담론을 파악하고자 하는 태도가 전면적으로 강조되고 있으며, 이러한 점이야말로 '아이누담론과 표상의 변용의 역사'를 묻는 본서의 취지와 의의에 깊이 관련된 것이며 방법론적으로 가장 근접한 것이라 생각된다.

한편, 존 피스크는 "TV메시지를 파악함으로써 보다 큰 문화의 과정을 전망할 수 있을 것"이라 기술하고 있다(John Fiske · John Hartley, 池村六郎 訳, 1991 : 88). 텍스트 담론을 분석하는 것은 방송에 피스크가 말하는 TV의 코드(사회적 코드 (이하 PC), 기술적 코드(이하 TRC), 관습적 표현적 코드(이하 CRC), 이데올로기적 코드(이하 IC), 〈그림 0-2〉 참조)와 레벨(현실, 표현, 이데올로기)의 분석, 텍스트 장치,[27] 그리고 상호텍스트성에서 각각의 텍스트 담론의 실천을 파악한다는 것을 의미한다.

20세기 초두의 소쉬르Louis Ferdinand Saussure의 언어학과 퍼스Charles Sanders Peirce 의 기호론, 1960년대 야콥슨Roman Jakobson의 메타언어로서의 코드,[28] 그리고 1970년대 바르트Roland Barthes의 예술문화에 관한 현대기호론 논쟁[29]에 이어 이러한 흐름은 드디어 1980년대에 발표된 스튜어트 홀Stuart Hall의 논문 "Encording/Decording"(Stuart Hall 1980)의 등장에 따라 미디어의 존재양식에 관한 기존의 인식에 새로운 각성을 가져왔다. 스튜어트 홀의 지적은 야콥슨의 커뮤니케이션의 '코드'의 존재와 미디어 커뮤니케이션의 사회적인 문맥과 배경의 중요성을 다시금 각성시켰다. 스튜어트 홀이 말하는 소위 텍스트의 3가지 독해방식(우선적 독해dominant reading, 교섭적독해negotiated reading, 대항적독해oppositional reading)은 시청자의 능동성만이 아닌, 본래 텍스트에는 잠재적인 의미에서 지배적인 코드에 의해 만들어진다고 설정하고

An event to be televised consists of *presentational codes, e.g.*:
Appearance, Dress, Makeup, Environment, Behavior, Speech, Gesture, Expression, Sound, etc.

Which are encored electronically by *technical representational codes, e.g.*:
Camera, Lighting, Editing, Music, Sound Effects, Casting

Which transmit *the conventional representational codes, e.g.*:
Narrative, Conflict, Character, Action, Dialogue, Setting, etc.

Which are organized into coherence and social acceptance by the *ideology codes, e.g.*:
Individualism, Patriarchy, Race, Class, Materialism, Capitalism, etc.

〈그림 0-2〉 **The process of codification in television**

John Frisk, "Code", Tobia L. Worth ed., *International Encyclopedia of Communication* 1, New York : Oxford University Press, 1989, p.315.

있었다는 점을 알 수 있다.

한편, 존 피스크는 상기 스튜어트 홀의 우선적 독해dominant reading 관점의 한계로서 "다른 사회적 요인에 비해 계급의 영향을 과대평가하고 있으며, 3가지 타입의 독해가 거의 동등한 존재"라고 비판했다(John Fiske, 1996 : 97). 그리고, "실제 TV시청에서 우선적 독해와 절대적인 대항적 독해는 거의 볼 수 없으며, TV시청은 그 텍스트와 사회적으로 다양하게 위치한 독자 사이에서 볼 수 있는 전형적인 타협과정accept the dominant ideology in general" 이라고 지적하였다(John Fiske, 1987 : 64).

하지만, 의미의 가치를 텍스트 자체에만 구속되지 않고 독자에게 열린 텍스트로서 파악한 이 스튜어트 홀의 이론을 필두로 하는 영국의 CS의 관점을 TV미디어연구에 이식했던 인물이 바로 존 피스크이며, 그 성과가

집대성된 책이『텔레비전 문화』인 것이다.

그렇다면 구체적으로 피스크는 TV에서 문화적인 '의미작용'을 어떻게 파악했을까. 피스크는 "TV는 주체主体의 위치설정을 이상적으로 행하도록 해준다고 했다. 이는, 우리가 주체의 위치설정을 획득하도록 인도하고, 그 결과 지배적인 이데올로기의 실천dominant ideological practice의 경험을 통해 얻을 수 있는 이데올로기상의 쾌락the ideological pleasure을 준다"고 하였다(John Fiske, 1987 : 51). 또한, "거의 모든 코드는 동적activity인 체계의 것이다. 끊임없이 진전하고 있으며, 코드 사용자의 요망要望과 습속習俗의 변화를 따르고 있다"고 설명하고 있다(John Fiske · John Hartley, 池村六郎 訳, 1991 : 77). 존 피스크의 '코드'에 대한 관점은 롤랑 바르트의 '코노테이션Connotation'에 상당히 근접한 관점을 제시하고 있으며, 피스크의 '이야기物語'는 바르트의 '신화神話'의 의미작용과 유사하다는 것을 알 수 있다. 즉, 피스크의 텍스트에 의한 의미작용이란, 코드화와 이야기, 그리고 텍스트 외부의 텍스트와의 상호작용 속에서 지배적인 계급의 이데올로기 코드가 "사회적 기관과 그 의미를 서로에게 조화coherence되도록 조직하고, 보다 광범위한 텍스트 외부의 이데올로기 실천 속에 이러한 텍스트상의 조화를 도입하여 일반적인 의미common sense를 만들어내며, 정착시키고자 하는 것"이라고 할 수 있다(John Fiske, 1987 : 51). 요컨대, 소위 '담론실천'(및 담론의 작용)인 것이다.

또한, 피스크는 코드화codification(코드의 동적인 측면)에서 "사람이 무언가를 하거나 만들거나 할 때에 반드시 그 사람이 속한 문화코드에 근거한 기호가 포함되어 있으며, 사람이 무언가를 만들거나 하는 방식은 상당한 정도까지 속한 문화의 관습이 규정하고 있다"고 서술하면서(John Fiske · John Hartley, 池村六郎 訳, 1991 : 77), 문화의 관습성에 의한 코드의 자의성Which are orfanized into coherence and social acceptance by the ideology codes에 대해 강력히 서술하고 있다. 그리고, 피스크는 이러한 문화적 체계의 작용 아래에서 만들어진 코드는 관습적인 것이며, 특히 TV야말로 "극히 관습적인 미디어"라고 말했다(John Fiske · John Hartley, 池村六郎 訳, 1991 : 88). 또한 "기호론적 분석이 TV 경험에 약간 거리를 둠으로써 TV를 독해하도록, 그야말로 TV메시지를 독해함으로써 보다 큰 문화의 과정을 전망할 수 있을 것"이라 서술하였다(John Fiske · John Hartley, 池村六郎 訳, 1991 : 88).

피스크의 이론을 통해 텍스트가 놓인 사회에서 관습적이면서 표현적인 '코드'가 수용되고 구축되고 있는 '이야기', 텍스트와 상호텍스트성의 다성성多声性, Heteroglossia(복수성)을 통해 볼 수 있는 통일성과 일관성을 가진 의미의 문화과정으로서의 '담론'과 특권적 관점으로서의 이데올로기 파악의 중요성을 제시하고 있다는 점을 배울 수 있다. 즉, 텍스트의 지배적인 이데올로기를 생산하는 '담론적 실천'을 해독하기 위해서는 '특정 문화 속에서, 특정 문화에 대해, 항상 의미작용을 생성하고 순환시키는 규칙과 규약성의 기호 시스템인 코드화'를 이해하는 것이 중요하다 할 수 있다.

본서에서는 피스크의 기호론에서 CS에 대한 접속이라고 하는 개념적이고 분석적인 방법론을 토대로 일본의 문화적 체계 속에서 TV다큐멘터리에 의한 의미생산을 고찰하고자 한다. 이러한 아이누 관련 TV다큐멘터리의 해석을 통해 일본 TV의 아이누 관련 대중문화와 관습, 역사 등 이야기에서의 이데올로기 변용의 역사를 짐작할 수 있을 것이다.

2) 상호텍스트성 – 대중문화와 의미의 순환

본서에서 텍스트 분석에 피스크의 이론을 인용함으로써 얻을 수 있는 또 하나의 유효성은 '상호 텍스트성' 이론의 제시라고 생각한다.

피스크는 "상호텍스트성intertexuality이 텍스트 사이의 공간space에 존재한다"고 했다(John Fiske, 1987 : 108). 요컨대, 텍스트는 반드시 다른 텍스트와의 관계 속에 있으며 따라서 텍스트의 '다성성'이 개척될 수 있다. 하지만 이때 "제작자와 텍스트와 수용자를 연결하고, (…중략…) 다양한 텍스트를 서로 관련 짓는, 상호텍스트성의 대리인the agents"이 다름아닌 '코드'이다 (John Fiske, 1987 : 4).

피스크는 상호텍스트적 관계를 수평적 차원과 수직적 차원의 2가지 관계로 분류하여 설명했는데(John Fiske, 1987 : 108~127), 본서에서는 TV다큐멘터리라고 하는 텍스트에만 한정하여 고찰하고 있기 때문에 피스크의 이론을 응용하여 〈표 0-3〉과 같은 상호텍스트 관계의 구도로 파악하고자 한다.

〈표 0-3〉의 구도에 대해 보충하면 '제1차 텍스트'는 본서의 연구대상인 TV다큐멘터리가 된다. 제1텍스트 '대상언어object lingual의 텍스트'는 레이몬드 윌리엄즈가 'TV를 시청하는' 것을 '법칙과 인과관계 없이 지속적으로 방송되는 영상의 연속체'로 설명한 해석을 토대로, '영상의 연합적인 시퀀스로서의 흐름'으로서 분석한다(예 : S1, S2, S3, S4⋯⋯). 또한, 제1차 텍스트의 '메타언어적meta lingual 텍스트'는 앞서 설명한 피스크의 TV코드에 의한 '복합적이고 상호적인 코드화의 흐름'으로 파악한다.

'메타언어적 텍스트'의 표현에 대해 피스크의 저서(John Fiske 1987)에서는 언급되지 않는데, "어떤 문화에서도, 현실이라고 여겨지는 것은, 그 문화의 코드의 생산물the product of that cultures codes"[30]이며(John Fiske, 1987 : 5), 특히 "코드화된 현실의 일부가 TV에 방영될 때, 그 미디어의 기술적 코드와 관습적, 표현적 규약성이, 한편에서는 현실을 기술적으로 송신가능한 것trans- mittable technologically으로 만들고, 또 한편에서는 현실을 시청자에게 알기 쉬운 문화적 텍스트appropriate cultural text로 만드는 것"(John Fiske, 1987 : 5)이라고 했다는 점에서 피스크에게 'TV'란, 현실의 '메타언어적 텍스트'를 의미한다고 볼 수 있다. 따라서, 필자는 〈표 0-3〉의 '메타언어적 텍스트'를 피스크의 코드와 코드화에 의해 창조된 '다양한 담론과 표상의 흐름'으로 파악하고 적용하였다.

그리고, 메타언어적 텍스트 속 의미생성과정은 〈표 0-4〉과 같이 레벨(현실-표현-이데올로기)을 횡단하는 일정한 동적과정을 내포하고 있으며, "이러한 레벨이 자연체naturalness적인 통일체로 나타날 때 비로소, 의미가 산출된다"(John Fiske, 1987 : 6). 우리는 여기서 메타언어적 텍스트의 이데올로기 코드는 관습적으로 일관성을 가진다는 점에 주목할 필요가 있다.

본서에서 다루는 텍스트(다큐멘터리)의 경우, 의미작용을 하는 '이야기= 쇼트shot'의 전개는 나레이션Na과 나레이션의 결합에 의해 진행되는 경우가 많았다. 이러한 점은 텍스트 분석에서 상당히 중요한 점이며, 본서에서는 나레이션과 나레이션의 결합 속의 '갈등Conflict(CRC)'에 특히 주목하였다.

그 이유는, TV 텍스트를 '폐색력'과 '개방력'과의 긴장관계로 파악한 피스크와 다양한 시청자가 각각에 상응하는 다양한 의미와 교섭하는 힘을 생산하는 장치로서 네 가지의 '텍스트 장치(아이러니Irony, 메타포Metaphor, 조크Joke, 모순Contradiction)'의 방법을 다루고 있는데(John Fiske, 1987 : 85~95), 이러한 '텍스트 장치textual devices'로 거론되고 있는 아이러니, 메타포, 조크, 모

〈표 0-3〉 텍스트와 '상호 텍스트성'의 구도

제3차 텍스트	
시청자 개인 또는 집합적인 반응 (예 : 신문투고, 인기투표, 회화, 에스노그래픽한 연구조사결과로부터 텍스트 유통의 내용을 통찰)	
제2차 텍스트	
제1차 텍스트에 관련된 TV 이외의 문화생활 (예 : 신문, 잡지, 광고, 회화, 라디오, 패션, 메이크업, 댄스 등 제작자 인터뷰 내용과의 관계성을 해석)	
제1차 텍스트	
대상언어(object lingual)의 텍스트	메타언어적(meta lingual) 텍스트
연속적인 시퀀스 흐름	다양한 코드의 복합적인 실천의 흐름
시퀀스(S0) 시퀀스(S0) …… 시퀀스(S0) ……	TV의 코드 (사회적코드, 기술적 코드, 관습적인 표현적 코드, 이데올로기적 코드)

〈표 0-4〉 제1텍스트의 코드와 코드화

레벨1 현실	TV에서 영상화되고 있는 사상은 다음의 '사회적 코드'에 의해 이미 코드화되고 있다(등장인물의 외견, 의상, 메이크업, 무대장치, 행동, 이야기, 몸짓, 표정, 음성 등).
레벨2 표현	상기 '사회적 코드'는, 다음과 같은 '기술적 코드'에 의해 전자기술적으로 코드화되고 있다(카메라, 조명, 편집, 뮤직, 음향). 이러한 '기술적 코드'는 다양한 표현을 구성하는 '관습적인 표현적 코드'를 전달한다(내러티브, 갈등, 등장인물, 연기, 대화, 장면, 배역 등).
레벨3 이데올로기	상기 '관습적인 표현적 코드'는, 다음과 같은 이데올로기적 코드에 의해 일관성을 가진 것으로, 사회적으로 수용되기 쉬운 것으로 조직되고 있다(개인주의, 가부장제, 인종, 계급, 실리주의, 자본주의 등).

순 중에서 다큐멘터리의 텍스트에 있어서 소위 이데올로기와 관련된 중요한 장치가 다름아닌 '모순'이라 생각했기 때문이다. 이는 우선 "이데올로기는, 그 주체가 직면한 현실과 상상의 사회적 관계 사이의 모순을 제거하도록 작용한다"고 적고 있는 바와 같이(John Fiske, 1987 : 88), 텍스트의

"계급과 이해를 둘러싼 모순과 투쟁을 배제하고 억제한다고 하는 반동적인 이데올로기 실천의 고찰이 '모순'의 텍스트 장치를 분석함으로써 보다 명시화"(John Fiske, 1987 : 88)되기 때문이다.

두 번째로, '모순'은 '다성성'과, '다의성Polysemy' 등과 상호관계를 가지고 있는 개념으로, 사회적 상이와 불평등이 텍스트로 재편되는 '방법way'이기 때문이다(John Fiske, 1987 : 90).

세 번째로, '모순'의 텍스트 장치는 아이누 관련 다큐멘터리의 텍스트에 있어서 '타자성' 담론을 창조하기 위해 상당히 자주 사용되고 있는 표현수법이었기 때문이다.[31]

그리고 마지막으로, '모순'의 장치는 분석의 결과, 실제 본문에 거론된 아이누 관련 다큐멘터리 전체의 텍스트 속에서 확인되고 있으며, '모순'의 텍스트 장치의 연합은 이야기를 전개시키는 중요한 이데올로기 장치였다는 점이 확인되었기 때문이다. 바꿔말하면, "이데올로기란 무의식적으로 수용되고 있는 추상적이고 안정된 개념의 장치an abstract가 아닌, 하나의 실천a practice 행위"(John Fiske, 1987 : 25)이기 때문에 분석방법의 하나로 피스크의 '모순'의 텍스트 장치의 담론과 표상에 관련된 '갈등conflict'에 주목하는 것은 텍스트 독해의 실천에서 이데올로기의 재생산과 유지, 정당화의 과정이 검토 가능한 유효한 방법이라고 생각한다.

본서에서는, 이상의 논쟁을 응용하여 다수의 TV다큐멘터리를 대상으로 하는 텍스트 분석에 있어서 〈표 0-3〉의 '메타언어적 텍스트'의 접근방식을 기술한 〈그림 0-1〉에서 거론한 4가지 담론인 '단일민족', '구제', '포섭', '재현'을 기준(분석 관점)에 비춰보면서 각 텍스트 안에서 관련된 각 담론이 어떻게 전개되고 있었는지를 검토한다. 요컨대, 이러한 접근방식은

TV다큐멘터리 텍스트에서 '아이누'를 둘러싼 '타자성'의 4가지 담론의 코드화를 파악하는 방법이라 할 수 있겠다.

한편, 〈표 0-3〉의 구도는 대상언어의 텍스트와 메타언어적 텍스트의 '제1차 텍스트', 제1차 텍스트에 관련된 TV 이외의 텍스트(신문, 잡지, 광고 등)의 '제2차 텍스트', 그리고 제1차 텍스트에 대한 시청자의 반응을 분석하는 '제3차 텍스트'의 '상호 텍스트성intertextuality'에서 소위 '텍스트 속의 어떤 담론이 가장 활성화되고 그 텍스트가 놓인 문화영역 속에서 어떻게 조직되고 있는지'의 문제, 즉 텍스트의 문화적이고 정치적인 의미작용의 '담론의 실천(이데올로기)'을 제시하고 있다. 한편, 피스크도 인정하는 것처럼 텍스트에서의 코드는, "동적인 체계"이며 "지속적으로 진전되고 있으며, 코드 사용자의 요망과 습속의 변화에 상응한다"(John Fiske · John Hartley, 池村六郎 訳, 1991 : 77). 그럼에도 불구하고, 〈표 0-3〉과 같은 텍스트 구도를 제작, 제시한 것은 본서의 목적인 텍스트의 관습화되고 있는 지배적 이데올로기의 역사적 변용의 이야기를 파악하기 위해서는 이러한 구조적인 다성성 텍스트의 구도를 제시할 필요가 있다고 판단했기 때문이다.

요컨대, 〈표 0-3〉을 작성한 필자의 목적은 지금까지 기술해 온 피스크 이론의 유효성을 유지하면서도 '코드화'는 영상텍스트의 '최소의 의미단위'의 작용인 '이야기Narrtive'로 이어지고 있으며, 이러한 '이야기'와 '이야기'의 '결합'과 상호텍스트성에 의해 맥케이프의 특권적 관점dominant spicularity의 메타영역과 영상 담론의 현실성의 확보, 그리고 이데올로기 실천이라고 하는 텍스트의 의미작용과 문화과정의 구조적 과정과 순환을 종합적으로 가시화하기 위함이다.

하지만, 텍스트의 의미산출에 있어서 〈그림 0-2〉와 같이 TV코드의 중요성을 안다고 해도 〈표 0-3〉의 제1차 텍스트 속의 코드와 코드화가 텍스트 안에서 어떻게 그려지고 있는지를 검토하기 위해, 각 텍스트의 분석에 하나하나 코드의 분류를 적용하는 것은 이미 의미가 없다는 점을 주의해야만 한다. 즉, 언어와 언어 이상의 메타언어(다양한 코드)에 의해 구성된 텍스트 표상의 체계로서의 '담론'은, 각각의 코드의 상호지지작용의 과정 속에서 결합적으로 진행되고 있는 이야기와 그 이야기의 구조와 기능을 통해 사회적으로 수용되고 있는 일관성 있는 '질서'를 파악함으로써 가능하다. 요컨대 언어와 메타언어에 의해 서술된 제1차 텍스트 담론, 제2차 텍스트와 제3차 텍스트라는 문맥과의 순환적인 상호 텍스트의 관계성 안에 용해되어 있는 지배적 이데올로기와 시선을 판단하는 것이야말로, 본서의 텍스트 분석의 가장 중요한 목적이기 때문이다.

이상, 텍스트 분석방법에 대해 기술하였다. 하지만, 시청각적으로 호소하는 TV다큐멘터리를 문자화하는 논문상의 분석방법론은 미디어 자체의 특징을 고려한다는 측면에서 본래 한계가 있을 수밖에 없다. 요컨대 '영상을 영상으로 분석하는' 것이 무엇보다 바람직한 방법론인지도 모르겠다. 이러한 한계를 가지면서도 텍스트를 해석하는 것의 공통적인 의미는 사회적 상상력을 추구한다는 점에 있다고 볼 수 있다.

3) 메시지분석에서 피스크 이론의 위치

다음으로 본 연구에 인용된 피스크의 이론과 분석방법이 지금까지의 미디어연구의 메시지 분석과 어떤 관계를 가지면서 어떻게 전개되었는지, 그 개괄적인 위치를 검토하고자 한다. 이는 검토 과정 안에서 피스크의 이론과 방법의 의의가 자명해질 것이라 생각하기 때문이다.

2004년에 '메시지분석의 가능성'을 주제로 특집으로 다뤄졌던 『매스 커뮤니케이션연구ᵐᵃˢ·ᶜᵒᵐᵐᵘⁿⁱᶜᵃᵗⁱᵒⁿ研究』 64호에서 후지타 마후미藤田真文는 "'메시지분석'의 용어 자체에 꼭 규정적인 정의가 있는 것"은 아니라며 내용분석ᶜᵒⁿᵗᵉⁿᵗ ᵃⁿᵃˡʸˢⁱˢ과 담론분석ᵈⁱˢᶜᵒᵘʳˢᵉ ᵃⁿᵃˡʸˢⁱˢ을 총괄하는 의미로서 '메시지분석'을 활용한다고 했다.[32] 피스크 이론의 위치를 설명하고자 하는 목적에 지장이 없다고 판단했기 때문에 본서에서도 같은 의미로 사용하고자 한다.

내용분석은 제1차, 제2차 세계대전 당시에 미국에서 전개된 전시 프로파간다ᵖʳᵒᵖᵃᵍᵃⁿᵈᵃ, 宣伝 연구가 시작된 1930년대 이후, 지속적으로 사회과학 안에서 전개되었다. 한편, 1990년대에는 과학적이고 객관적인 방법을 뒷받침하기 위해 인용된 양적인 조사의 내용분석에서 종래의 전통적인 내용분석의 '양화量化'를 주장하고, 비판한 논문이 등장했으며(藤田真文 1992), 그 후 20세기 중반부터의 언어학과 기호학, CS의 전개에 의해 기존의 메시지분석의 범위와 방법을 둘러싼 반성으로부터 새로운 방법론의 등장을 가져오게 되었다. 예를 들어, 일본의 내용분석연구의 역사적 전개와 그 논점에 대해서는 히요시 아키히코日吉昭彦의 논문(日吉昭彦 2004)에 총괄적으로 개관되고 있는데, 본 연구의 연구대상인 'TV'의 경우, 1950년대 최초의 내용분석의 대상이 된 장르는 뉴스미디어였다고 한다(日吉昭彦, 2004 : 9). 당시의 방법은, 방송종목분류와 등장인물의 수, 성별, 연령, 직업, 계층 등의 조사항목이 활용되어, 각 조사항목의 조사결과를 기술하는 형식이었다. 그 후에 등장한 영상의 내용분석은 '센서스ᶜᵉⁿˢᵘˢ'적인 방법을 도입하고 있으며, 인구학적 관심영역과 내용분석의 영역이 유사했는데, 또한 이러한 센서스적 방법은 1970~1980년대까지 지속되었다고 한다(日吉昭彦, 2004 : 9). 1990년대에는 메시지분석에 의한 '제작자연구'가 제작자의 행동과 인식, 태도, 행위performance로 분류하여 분석하고 있었으며, 내용분석방법을 활용한 새로운 가능성을 제시하였다.[33]

다른 하나의 메시지분석방법인 담론분석은 1970년대 유럽에서 언어학linguistics과 현대사상의 분야에서 제시되기 시작했으며, 현재는 비판적 담론분석Critical Discourse Analysis(이하 CDA)으로 정착했다고 한다(岡井崇之, 2004 : 26). 담론분석의 일본도입은 1990년대인데, 예를 들어 CDA는 1990년 전후에 노멀 페어클러프Norman Fairclough(*Discourse and Social change*(1992), *Media Discourse*(1995), *Critical Discourse Analysis*(1995))와 루트 보닥Ruth Wodak · Michael Meyer(*Method of Critical Discourse Analysis*(2001)), 텐 반 디크Teun Adrianus van Dijk(*Discourse and Context*(2008), *Society and Discourse*(2009))를 중심 연구자로 하는 많은 연구자의 업적이 출판되는 것으로 주목을 받았다. 2000년대에는 CDA를 발전시킨 론 스콜론에 의한 PCDAPublic Consultative Discourse Analysis라고 하는 이론도 새롭게 제창되는 등, 이론의 범주가 확대되었다.[34] 이러한 CDA는, 하나의 방법론이 아닌, 하나의 접근방식으로서 이해되어야만 한다고 주로 언어학자들에 의해 주장되고 있는데, 이는 CDA가 문화와 사회, 이데올로기 등 언어 이외의 요인을 중요한 인자로 참조하고 있기 때문이라고 한다.[35] 또한, 언어학적 분석과 기호론적 분석, 그리고 담론분석의 공통언어의 하나는 '비판적Critical'인 관점을 축으로 , CDA가 반드시 관여하는 영역은 권력과 역사, 이데올로기의 세 가지 개념이라고 한다(Ruth Wodak · Michael Meyer 2001).[36]

한편, 오카이 다카유키岡井崇之는 CDA의 큰 특징 두 가지는 자기언급성과 독자적 분석틀을 가지지 않는다는 점인데, 현재는 텍스트의 상호작용분석과 담론질서의 구조분석방법이 되고 있지만 텍스트의 정치성과 이데올로기 분석의 방법론에 대한 비판은 지속되고 있다고 한다.[37] 오카이는 일본 담론연구의 위치설정에 대해서도 다음과 같이 경종을 울리고 있다.

> 일본의 미디어연구에서, 이론연구에는 어느 정도의 축적이 있지만, 젠더gender와 에스니시티ethnicity 등 사회적 불평등과 차별문제를 둘러싼 담론편성을 다룬 사례연구는 아직 시작된 지 얼마 되지 않았으며, 미디어연구에서 보자면, 담론분석과 친화성을 가지고 있다고 여겨지는 CS의 미디어 텍스트분석에 있어서도, 담론분석은 텍스트에 갇힌 한정적인 접근방식이라 할 수 있으며, 이러한 잠재적인 가능성이 간과되어 왔다고 생각한다. (岡井崇之, 2004 : 25)

상기 지적을 바탕으로 담론분석연구 전개의 특징을 본 연구의 분석방법의 측면에 다시금 비춰볼 때, 주목받는 중요한 점은 세 가지로 들 수 있다. 우선, 상기 담론분석의 일환으로서 전개된 CDA의 관심영역이 1990년대 이후, 급속하게 미디어로 이행했다는 점과 그 배경이다. 그리고, "CDA의 특징이 개별 텍스트를 분석하고 있기 때문에 독자적 분석틀을 가지지 않는다"(岡井崇之, 2004 : 27)는 점이 강조되고 있다는 점과, 마지막으로 사회구축주의적 영향과 관점에 의한 것인데, CDA는 담론질서는 변화하는 것이며, 미디어의 매체(신문, TV, 라디오 등)에 따라 담론질서의 구조분석은 달라진다는 점이다. 이러한 한계에 대한 지적과 비판은 CDA의 이론연구와 사례연구 속에서 지속적으로 언급되었던 것이 사실이다. 그리고, CS 내부에서도 CDA의 방법론적 텍스트지향성은 마찬가지로 비판받아 왔다.

그렇다면, CS의 미디어연구에서 텍스트분석은 어떤 가능성이 있는가. 1980년대 이후, CS의 텍스트 분석연구에는 스튜어트 홀의 이론연구와 몰리D. Morely, 앙그 I. Ang의 수용자연구, 하틀리John Hartley의 사례분석연구와 함께 본 연구에 인용된 피스크의 TV연구가 1980년대에 등장하였다. 1980년대의 CS에서 TV의 CS와 현재에 이르는 매스 커뮤니케이션 연구 안에서 피스크의 연구의 가장 중요한 업적은 '상호 텍스트성' 이론이라고 필자는 생각한다. 이러한 '상호 텍스트성'이야말로, 피스크가 텍스트를 '닫힌' 텍스트가 아닌, 외부로 '열린' 이데올로기 실천의 장으로서 파악한 결정적 이유였다고 생각하기 때문이다. 이러한 피스크의 상호텍스트성과 텍스트 장치와 관련된 분석방법이 본서의 연구대상의 방법론으로 유효했다.

즉, 본 연구의 '전후 반세기 이상의 일본 TV방송사에서 사회적 소수자인 아이누를 그 주제로 한 다큐멘터리의 담론과 표상의 변용과 그 성격을 개관한다'는 범위에서 고찰할 목적을 달성하기 위해서는 미디어 텍스트 안의 텍스트분석에 한정된 방법만으로는 힘들다는 것을 알 수 있다. 이에, 피스크가 말한 '상호 텍스트성'이 매우 중요한 개념이 된다는 점을 이해할 수 있다. 피스크가 하틀리John Hartley와 공저한 『TV를 읽다』의 9년 후 저작인 『텔레비전 문화』(1987)에는 상호텍스트성 이외에도 텍스트 각각의 코드 사이를 횡단하는 의미작용과, 텍스트 장치, 이야기의 다성성에 의한 텍스트의 의미작용과 문화과정이 설명되고 있다.

한편, 피스크를 필두로 초기 CS의 담론분석연구는 다양한 문화주의 학자와 CS 내부로부터, 그리고 피스크도 인정하는 것처럼, CS의 텍스트분석도 텍스트가 놓인 맥락과 청중의 능동성도 충분히 고려되지 않은 채 텍스트 지향적인 연구경향이 강하다는 점을 비판받아 왔다(岡井崇之, 2004 : 32).

실제, 피스크와 『TV를 읽다』를 저술한 하틀리의 1980년대 연구는 주로 TV의 텍스트 사례분석[38]을 진행한 것인데, 그는 피스크와 함께 미디어의 언어분석에 기존의 문학이론을 응용하는 것의 한계를 강조하면서 미디어의 언어란 '쓰는 언어'가 아닌, '말하는 언어'라는 점을 주장하고 있다 (岡井崇之, 2004 : 38). 요컨대, TV연구의 텍스트분석에서 언어학과 기호론의 영향은 중요한데, 일반적으로 개방적인 대중미디어인 TV의 특징을 살린 독자적 분석도구가 필요했을 것이다. 또한, 1990년대 들어 '수용자'에 관한 피스크의 주장은 개방적인 미디어로서의 접근방식을 강조한 나머지 지배적인 의미에 의한 시청자의 종속화가 강화되었다고 하는 의구심 속에 피스크와 그 후계자들은 그 후 미디어를 둘러싼 문화와 권력의 사회 장치와 구조의 문제로 그 범위를 넓혔던 것이다(John Fiske, 1997 : 511).

뒤돌아보면, CS의 텍스트분석이 주장했던 '문화산물'과 '사회적 실천''제도'라고 하는 폭넓은 텍스트의 독해가 사회적이고 역사적인, 그리고 공간적인 접근방식을 횡단하는 관점에 이르지 못하고, 결국 단순히 텍스트를 파악하는 경향만으로 이어져 연구대상에서 방법까지 한계가 분명해졌다는 것을 알 수 있다. 이는, CS의 미디어연구의 사례연구의 실적에서 예를 들어 봐도 분명하다. CS의 미디어연구의 축적은 신문 등의 문자 매체 쪽이 많고, 그 이외의 영화나 TV연구의 텍스트분석 관련의 사례가 충분하지 않은 상황이다. 또한, TV연구 안에서도 부분적인 고찰은 있어도 체계적인 다큐멘터리 텍스트분석의 사례연구는 극히 부족한 상황이며 주로 뉴스방송 장르의 텍스트분석에 상당히 편중되고 있는 실정이다.

일본의 경우, CS의 텍스트분석과 함께 CDA를 포함한 포스트 구조주의적 담론분석도 충분히 검토되지 않은 채, 성립 초기의 단계에서 사상된 것이라 여긴다. (岡井崇之, 2004 : 33)

이상, 메시지분석에서 피스크 이론의 위상을 검토하였다.

본 연구가 기호론과 CS 초기 이론을 흡수하면서 피스크 이론과 방법의 공적 측면(문화과정으로서의 TV텍스트의 코드(화), 텍스트의 장치, 주체성, 상호텍스트성, 이야기의 개방성 등)을 살리면서도 비판적인 측면(수용자에 의한 복잡한 담론편성, 부족한 사례 등)은 반성하면서 여전히 미디어연구에서 시도되지 않았던 TV의 다큐멘터리라는 장르와 아이누라는 민족에 초점을 맞춰, 시대별 문맥에서 피스크가 말하는 이데올로기 실천을 해석하면서, 그러한 역사의 공간적인 전개를 개관하는 고찰은 CS의 텍스트분석에 있어서 하나의 문을 연다는 의미에서 그 의의가 있다고 생각한다. 이러한 텍스트 CS의 이정표가 된 것은 다름아닌 피스크의 체계적이고 통괄적인 TVCS 이론과 분석방법이었다는 것은 다시 거론할 필요가 없을 것이다. 시대와 사회, 사례 등의 부분은 논쟁이 필요하겠지만 피스크 이론과 방법론은 현대 미디어에서도 응용 가능한 부분이 많다고 생각한다.

5. 텍스트를 둘러싼 '타자성'의 타이폴로지Typology(유형학)와 본서의 구성

1) 3가지 타이폴로지

본론에서 고찰할 7개의 텍스트를 가지고, 각각의 텍스트의 구조적 성격과 텍스트의 역사적 전개를 교차시켜 전체적으로 검토해 보면, 그 분석 관점의 구도 속에서 주요한 3가지 시점이 도출되었다. 이러한 3가지 시점을, 역대 NHK의 아이누 관련 다큐멘터리를 대상으로 한 '텍스트를 둘러

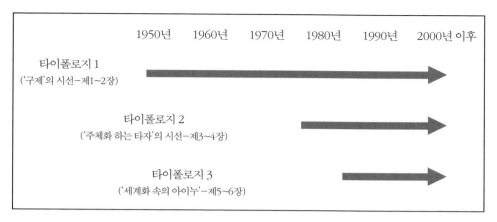

<그림 0-4> **3가지 타이폴로지의 관계도**

쌴 3가지 타이폴로지(1, 2, 3)'로 분류할 수 있다고 생각하여, 이를 본서의 하나의 작업가설로 삼아 고찰해 가고자 한다. 소위, 작업가설로서의 3가지 타이폴로지(1, 2, 3)란, 〈그림 0-4〉와 같다.

첫째, 타이폴로지 1은 1950~1960년대의 텍스트를 "구제'의 시선'으로 범주화할 수 있다고 생각한다. 필자는 전쟁 전 제국주의 이념에 의한 '단일민족'의 담론은 아이누에 대한 '차별'의 시선으로서, 전후 얼마 지나지 않은 1950년대의 다큐멘터리에서는 '차별'의 별칭 담론으로서 '구제'의 시선으로 이어졌다고 생각한다. 이러한 아이누에 대한 '구제'의 시선은 1950년대 다큐멘터리에서도 변함없이 발현되는 유형이었다.

둘째, 타이폴로지 2는 1980년대의 텍스트를 '주체화하는 '타자'의 시선'으로 범주화할 수 있다고 생각한다. 본서에서는, 1980년대의 텍스트로 2개의 다큐멘터리를 거론하면서 분석한다(〈환상의 이오만테〉와 〈이타오마티프여 바다를 향해〉, 〈표 0-2〉참조). 타이폴로지 2로 구분된 1980년대의 텍스트에 있어서의 시선의 전환적 변화는, 본 장의 2절에서 이미 기술했는데, 주목할만한 시사적인 전환기로서 파악해야만 한다.

셋째, 타이폴로지 3은 1990년대의 텍스트를 '세계화 속의 아이누'로서 범주화할 수 있다고 생각한다. 본서에서 거론된 1990년대 다큐멘터리에서는, 국내가 아닌, 해외와의 접점을 모색하면서 새로운 아이누에 대한 시선을 표상화하였다. 여기서 '해외'란, 하나는 '카라후토樺太'이며, 다른 하나는 '미국'이었다(〈잃어버린 자장가〉, 〈아이누 태평양을 건너다〉, 〈표 0-2〉 참조).

한편, 상기 세 가지 타이폴로지의 특징으로서, 시선의 유형은 일시적이면서 순간적인 유행으로 종식된 것이 아닌, 그 여세가 약해지기는 했어도 시대를 거치면서 그 맥은 끊임없이 잠재적이고 중층적으로 이어지고 있다는 점도 간과해서는 안 된다고 생각한다. 이러한 연속성에 대해서도 본론에서 각각의 사례분석을 통해 고찰하고자 한다.

이후 본론에서는, 상기 가설의 '텍스트의 '타자성' 타이폴로지(1, 2, 3)'를 분명히 하고자 텍스트의 '타자성'을 둘러싼 다양한 다이나미즘^{dynamism}을 공간적이고 시간적인 축을 교차시켜 가면서 상세히 고찰하고자 한다.

2) 각 장의 개요

본서는, 이상의 세 가지 타이폴로지의 역사적 추이에 따라 3부로 구성하고, 6개의 장으로 구성되었다. 여기에서는 각 장의 개요를 간단히 소개하고, 본서의 목표달성을 위해 어떤 소재와 인물, 그리고 이야기가 동원되었는지 설명하고자 한다.

우선 제1장은, 1950년대 아이누를 둘러싼 사회적 문제를 '관광 아이누'라는 당시의 사회현상을 통해 본격적으로 다큐멘터리로 다뤄진 〈코탄의 사람들〉을 중심소재로 하였다. 이 방송은, 전후 얼마 지나지 않은 시대의

'아이누 표상'을 창조하고 있으며, 이러한 표상의 구축에 감춰진 정치적 배경과 역사의 강제적인 '타자만들기' 문제를 서술하고 있다. 1950년대 '타자' 표상의 특징이라면, 우선 '차별'이라는 본질주의적 입장이 전제가 된다는 점일 것이다. '아이누'가 아닌, '동화'나 '단일', '농민', '국민'이라는 거시적 일본사회의 시스템 담론과 표상이, 아이누의 '타자성'으로 구축되고 있었다는 것을 알 수 있다.

제2장은, TV에서는 처음으로 시도된 당시의 일본사회의 살아있는 아이누 젊은이들을 중심 인물로 한 〈페우레 우타리〉를 거론하였다. 이 방송은, 아이누를 둘러싼 차별과 편견의 문제에 대해 당사자의 증언과 직접적인 표현의 나레이션으로 호소하는 수법으로 만들어진 다큐멘터리다. 이러한 1960년대의 텍스트 분석에서는 '아이누'의 담론과 표상을 둘러싸고 제1장에서 고찰한 1950년대의 다큐멘터리에서 그려진 '구제'의 시선과의 연속성 유무가 고찰의 주요 쟁점이 되고 있다.

또한 제2장에서는, 이러한 1960년대의 사회상황을 엿볼 수 있는 귀중한 영상에 더해, 약 40년 뒤에 방송된 2000년대의 다큐멘터리 〈우리들의 아이누 선언〉을 비교대상으로 삼아 분석하고 있다. 담당 프로듀서는, "시부야 거리를 거니는 평범한 젊은이들의 다양한 군상을 그리고 싶었다"고 제작배경을 설명하고 있다. 처음부터 '아이누'를 찾아 '아이누 다큐멘터리'를 제작한 것이 아닌, '젊은이들의 다큐멘터리'를 기획하던 중 발견한 젊은이가 '아이누'였던 것이다. 이 방송에서는, 1960년대 아이누의 젊은이들과 대조적으로 비교 가능한, 지금까지는 '보지 못했던', 기존의 스테레오타입의 이미지를 파괴하는, 상당히 새로운 표상의 아이누가 등장하는 것이었다. 1960년대의 '일본인 아닌 일본인'으로 숨죽이며 살아가는

'숨겨진 사람'이 아닌, 2000년대의 다큐멘터리에서는 '평범한' 아이누가 구축되었던 것이다. '범인凡人'이면서 실제적인 '정체성의 간극' 속에서 지금을 살아가는 아이누의 젊은이는 신선한 카타르시스와 리얼리티를 전해 주었다.

제3장은, 1980년대 다큐멘터리 〈환상의 이오만테〉의 새로운 표상의 창조를 중심으로 다루었다. 여기서는 '의례와 기억'이라는 주제를 중심으로 문자를 갖지 않는 민족의 구승문화의 계승과 보존의 문제와, 정책적으로 '타자'로 살아 온 아이누 사람들의 번뇌와 좌절, 민족애, 정열 등을 보여 주면서 '민족이란 무엇인가'라는 문제에 대해 논하고 있다.

제4장은, 제3장의 연장선으로 아이누문화의 '복원'을 주제로, 1980년대에 홋카이도 지역에서 방송된 다큐멘터리 〈이타오마치프여 바다를 향해〉를 소재로 하면서, '역사와 기억'의 문제에 대해 생각하고자 하였다. 선조가 일상적으로 행해왔던 생활문화에 '전승은 물론 재현조차도 불가능한 채', 고전하는 현실의 아이누. 이 다큐멘터리는 아이누의 전통적인 배인 '이타오마치프'의 복원을 그린 것인데, 아이누가 고전을 하게 됨에 따라 다큐멘터리 제작 자체도 상당히 고전하게 되었다. '왜 재현이 쉽지 않았는가'하는 막연한 의문은, 기나긴 역사 속에서의 다양한 균열과 틈새의 깊이를 말해 주고 있다는 생각이 든다.

제5장은, 1990년대에 방송된 다큐멘터리 〈잃어버린 자장가〉에 주목하였다. 이 방송의 커다란 특징은, 지금까지의 아이누 관련 다큐멘터리가 '홋카이도 아이누'를 주로 다루고 있는 반면, 여기에서는 '카라후토 아이누'를 다루고 있다는 점이다. 지금까지의 일본사회에서는 일반인에게 인식되지 않았던 '카라후토 아이누'의 발굴과 이를 전후로 한 일본과 소

련의 주도권 다툼, 그리고 전쟁과 국민, 정치범, 선주민, 외국인 등과의 문제, 아이누와 인류학, 아이누의 자장가 등의 수많은 이야기가 역사 속에서 소용돌이 치고 있다. 이러한 배경과 문제점에 의문을 제기하며, 제5장에서는 '국민'과 '민족', '디아스포라' 등의 문제를 제기하면서, 아이누를 둘러싼 새로운 표상의 창조와 아이누상의 구축, 그 의미에 대해 논하고 있다.

마지막으로 제6장에서는, 1990년대에 방송된 다큐멘터리 시리즈 중에서 미국과 아이누의 접점에 주목한 방송 〈아이누 태평양을 건너다〉를 고찰하였다. 이 방송은 1904년에 개최된 세인트루이스 세계박람회에서 홋카이도의 아이누 9명이 전시된 사실을 소개하면서, 아이누에 대해 아직 알려지지 않았던 100년 전의 일과, 그 후 현재에 이르는 이야기를 구성한 것이다. 20세기 초 제국주의의 융성과 신흥학문인 인류학에 의한 폭력적 인권침해, 또한 아이누 안에 있는 일본인 아동의 존재 등 지식의 진위를 둘러싼 정치학이라 할 수 있는 근대 말 위험한 흐름이 예리하게 표상되고 있다. 이러한 표상이란, 무지하고 야만적인 아이누의 '차별'의 기억으로서 잔상이 최종적으로 많이 남겨질 수도 있지만, 궁극적으로 구축된 표상이란, 소위 '지식'의 세계에서, 그리고 '사회' 속에서의 '진위'에 대한 질문이었을 것이다. 제6장에서는 이러한 문제를 논하고 있다.

이상과 같이 본서의 각 장의 목적과 내용에 대해 그 개요를 소개하였다. 제1장부터 '아이누와 일본의 TV다큐멘터리 반세기'에 대해 보다 상세한 고찰을 시작하고자 한다.

1   권말의 '아이누 관련 다큐멘터리(NHK아카이브)' 참조.

2   메이지시대의 일본인에 의한 아이누 기록과 전후 『北海道史』, 北海道アイヌ協会 참조. 구체적으로는 본서 '선행연구' 참조.

3   여기에서는 문화개념인 'Others'로 사용하고 있다. C. 쿨리(C.H. Cooly, 1902)가 말하는 거울에 비친 자아는 '타자'에 의해 보여지는 자아와 자아상, 즉 자기자신을 의미한다. 이러한 담론은 근대 이후의 오리엔탈리즘과 탈식민주의, CS에서 주목받고 있다.

4   ドキュメンタリーとローカルメディア研究会, 「ライバルが集い放送を語る」, 『月刊民放』, 2004.9, pp.30~33 참조.

5   〈アイヌブランドを作りたい〉(2001.6.3)

6   2012년부터 시작된 'NHK아카이브 학술이용─트라이얼 연구' 실행위원회 좌장은 요시미 순야로, 요시미는 '아카이브로 문화창조를'이라는 메시지를 내걸었다. 이 프로젝트는 방대한 NHK아카이브 영상자료를 학술연구와 교육분야에서 재이용할 수 있는 길을 개척한 것으로, 특히 저작권과 초상권 등 제약이 많은 영상을 대상으로 한 것이기 때문에 연구자와 교육현장에서는 의미있는 의욕적인 시도였다고 평가받고 있다.

7   2000~2001년에 걸쳐 간행된 시리즈 『월경하는 지(越境する知)』1-6 참조. 이 시리즈의 편집자 중 한 사람인 요시미는 "장치란 물론 학교와 감옥, 공장, 법정과 병원 등 건설적으로 공간화된 제도로서만 작동하는 것은 아니다. 이는 예를 들어 TV와 영화, 광고나 만화에서부터 TV게임 등 미디어의 모든 형태, 혹은 일본어 교육과 전문가의 담론, 예술표현의 모든 형식까지를 표함하는 이야기 속에서 다양하게 구조화된 신체와 담론, 권력의 복잡한 배치로서 작동하고 있다"고 말한다. (栗原彬 編, 2000 : 3~6).

8   19세기 마지막 엑스포라 불린 1900년의 파리엑스포.

9   여기에서는 『sub-culture』에서 D. 헵지디(Dick Hebdige, 1979)가 말하는 "기존의 의미를 재문맥화하여 새로운 의미를 생산하는 과정"의 의미로 사용하고 있다. 헵지디는 젊은이가 자신의 정체성을 구축하기 위한 요소를 "유용=특정 사물의 의미를 변형해, 별도의 다른 의미를 만드는 실천=의미산출적 실천(signifying practice)"하는 전술을 활용해, sub-culture라는 표현형태를 만들고 있다고 지적하였다.

10 스튜어트 홀의 엔코딩 디코딩의 텍스트 소비과정에서의 다성성(polysemy)을 가리킨다 (吉見俊哉, 2003 : 78).

11 존 글리어슨(John Grierson)은 다큐멘터리를 "The creative treatment of actuality"로 정의하였다(Jack C. Ellis, 1989 : 3~7).

12 연구대상인 TV방송의 분석을 위해 전제하고 싶은 부분은 우선 〈그림 A〉와 같은 표상의 생산 단계이다. 〈표 A〉는 면접이나 조사를 통해 축적된 지식을 토대로 전달자의 영상제작 과정과 피스크의 『TV 코드화 과정(The process of codification in television)』을 융합하여 필자가 고안한 아이누 관련 다큐멘터리 제작자들에 의한 표상의 생산과정을 제시한 것

이다. 이는 일반화된 도식이지만, 필자는 이러한 단계를 거치면서 아이누에 관한 다큐멘터리의 표상이 생산된다고 생각하며 본문에서 다루고 있는 방송을 실제로 검증할 때 참조 가능할 것으로 본다.

〈표 A〉 아이누 다큐멘터리 제작과 '타자'의 생산(John Fiske(1989 : 312~316))

1st stage	조사, 자료, 현지방문, 기획
	정보수집 : 신문, 서적, 영화, 축제, 문자, 가요곡, 그림 등
	참고인, 증인 : 학자, 지식인(인류학자, 역사학자, 고고학자 등)
	촬영대상 : 에스니시티(아이누), 일본인, 기타
2nd stage	구성, 촬영
3rd stage	편집(텍스트(방송), 담론, 표상), 방영

〈표A〉에 대해 보충설명을 하자면, 아이누 관련 다큐멘터리에 관심을 가진 제작자는 우선 자료수집을 하게 된다. 이는 신문과 잡지, 소설, 문학, 축제, 영화, 가요곡 등의 미디어를 통해 수집하는 것이 일반적인데 소위 아이누와 관련된 저명한 연구자의 서적과 그 연구자에게 직접 조언을 듣는 경우도 많다. 방송 내용을 고려하면 특히 인류학자와 역사학자, 고고학자, 민족학자 등의 지식이 다수 인용되고 있는 것을 알 수 있다. 그리고 아이누 사람들 자신의 기억과 지식, 경험 등에 대한 청취를 들 수 있다. 이러한 정보수집 과정이 끝나면 제작자는 방송의 '그림'과 '내용'의 방향성을 어느 정도 이미지로 그려낼 수 있게 된다. 이 단계가 소위 사회적 코드(현실)의 표면화 단계로서 제1단계가 된다.

제2단계에서 제작자는 보다 구체적으로 현장취재와 청취, 방문을 거듭하면서 촬영과 편집작업을 반복하고 방송을 완성시킨다. 이 단계가 TV 고유의 독특한 기술적 코드(음향, 배경음악, 나레이션, 카메라조작, 조명 등)과 관습적인 표현적 코드(이야기의 맥락, 갈등 모순, 연기, 대화, 장면 등)에 의해 새로운 아이누 담론과 표상이 창조되는 단계라 할 수 있다.

제3단계에서는 아이누의 실재하는 민족적 경험과 기억, 이야기와 함께 소위 사회적으로 검증된 지(知)의 세계, 그리고 완성된 방송의 방영을 통해 세상에 '아이누'라는 또다른 타자의 표상 및 TV적 이데올로기 코드의 표상문화가 창조되고 소비되는 순환과정 속에서 다른 하나의 '타자성' 구축으로 이어지게 된다.

이상과 같이 TV다큐멘터리 아이누 표상의 생산 단계는 〈표A〉와 같은 과정(단계의 왕복이나 반복도 있겠지만)와 요소적 레벨에 의해 TV다큐멘터리의 이데올로기 실천으로 이어지는 것이다.

13 사회적 구축주의에 커다란 학문적 영향을 미친 것은 포스트 구조주의이다. 특히 그 영향의 관계성은 '텍스트'와 '맥락'의 유동적 관점, 즉 탈구축(de-construction)에 대한 사고 방식이었다. 이는 '역사'에 대한 서술에서 거시적인 텍스트의 생산에 대한 반성이기도 했는데, 이것을 구체적으로 설명하기 위해서는 사회적 구축주의의 '담론'의 위상에 대한 검토가 필요하다. 윌리엄 버는 '담론'에 대해 "일정한 형태로 집약되어 특정 버전을 만

들어 낸다는 의미, 메타포, 표상, 이미지, 스토리, 진술 등을 가리킨다"고 서술하고 있다 (Burr Vivien, 田中一彦 訳, 1995 : 74). 한편 자크 데리다(Jacques Derrida)는 포스트 구조주의 연구자임에도 이분법적 논쟁에 이의를 제기하며 '기표(signifier)'는 "결국 다른 기표를 지시할 수 있음에 지나지 않는다"고 생각했다.

14 '타자성'이라고 하면 본서의 목적인 '일본 TV다큐멘터리의 약 반세기의 역사 속에서 아이누라는 소수자 표상의 창조와 그 변용에 관한 정치성'을 생각하기 위해 필연적으로 요구되는 문제('아이누는 누구인가', 반대로 '일본인은 누구인가', '어떤 표상을 생산해 왔는가', '본래 누가 무엇을 위해 이런 방송을 제작해 왔는가', '이를 통해 창조된 표상은 본래 어디(지식 사람 미디어 등)에서 어떤 영향을 받아 왔는가', '각각의 방송에서 당시의 상황(역사적 배경 정치적 상황 사회정세 등)은 어떤 것이었나', '표상은 어떻게 변화해 왔는가', '변화가 있었다고 한다면 그 이유는 무엇인가' 등)와 관련되어 있으며, 이를 해결하기 위해 중요한 방향성을 제시하고 있는 것이 사회적 구축주의 접근방식이라고 생각한다. 그 이유로 우선 '국가'와 '국민', '인종', '민족' 등을 둘러싼 기존의 사상과 시스템에 관한 자명한 지식에 대한 의문, 즉 '반본질주의'의 입장이 우선조건이라는 점을 들 수 있다. 또한, 아이누와 제작자, 일본인 등 '사람'의 문제는 결국 그 '사람'들이 생활하고 있는(있었던) '사회'와의 관계성 속에서 고찰해야만 한다고 생각했다는 점을 들 수 있다. 그리고, 본서의 소재인 다큐멘터리에서 일본 소수자의 표상을 연구하기 위해서는, '역사'의 '진실'은 누구에 의해 어떻게 구축되어 왔는가'라는 사회적 구축주의의 '역사서술의 계보'에 대한 관점이 가장 적합한 접근방식이라 생각했기 때문이다. 마지막으로, 본서의 주제와 연구대상을 둘러싼 사안은 역사적, 문화적, 그리고 정치적 '힘'의 공간으로서 종합적으로 파악할 필요가 있다고 생각했기 때문이다.

15 坪井正五郎, 「人類学当今の有様」, 『東京人類学会雑誌』 18, 東京人類学会, 1887; 「アイヌ歴」, 『理学協会雑誌』 6, 理学協会, 1888; 「風俗測定成績及び新案」, 『東京人類学会雑誌』 3-28, 東京人類学会, 1888; 「パリー通信」, 『東京人類学会雑誌』 4-43, 東京人類学会, 1889; 「アイヌの生涯」, 『社会』 4, 1899; 「アイヌの風俗」, 『学窓余談』 3-3, 1899, 「アイヌの争論と決闘」, 『中央公論』 10, 1900; 「北海道旧土人」, 『東京毎週新誌』 1900; 「人類学と人種地図」 『東洋学芸雑誌』 20-259, 1903; 「カラフトの子供」, 『日本の少女』 12, 1907; 「アイヌの家」, 『中央公論』 20-11, 1905

16 그 외에도 오모리 야스히로(大森康宏) 편, 『20세기 민족문화의 전통과 변용 2-영상문화(二〇世紀における諸民族文化の伝統と変容 2—映像文化)』, 2000; 무라야마 쿄이치로(村山匡一郎), 『영화는 세계를 기록한다-다큐멘터리 재고(映画は世界を記録する : ドキュメンタリー再考)』, 2006; 키타무라 · 아라이 · 가와세(北村皆雄 · 新井一寛 · 川瀬慈) 편, 『보고, 찍고, 매력적인 아시아 아프리카-인류학의 지평선(見る、撮る、魅せるアジア · アフリカ！—人類学の地平線)』, 2006; 사사키 · 가토(佐々木史郎 · 加藤雄三) 편, 『동아시아의 민족적 세계-경계지역의 다문화적 상황과 상호인식(東アジアの民族的世界—境界地域における多文化の状況と相互認識)』, 2011 등이 있다

17 그 포럼에서 인용된 '이슈레츠조'는 약 225년 전인 1789년 쿠나시리 메나시 전투를 역사적 배경으로 한 것인데, '이슈레츠조'의 화려한 색채와 복장, 과장된 모습의 아이누 수장

들 12명의 초상화 속의 '아이누'와 '일본인'의 역사는 사실 연출과 조작에 의해 만들어진 것이었다. 이 선행연구는 본 연구의 제2장과 3장의 주제와도 관련되는데, 소수자 의례의 재현과 전승에 관한 현실적 한계의 문제뿐만이 아닌 은폐되고 있던 과거의 시대적 배경을 파악하는 데 중요한 문화자원으로서의 가치와 의의에 대해 생각할 수 있었다는 점에서 주목받고 있다.

18 아이누 민족의 언어와 노래, 서정시를 중심으로 아이누 민족을 고찰한 언어학자, 문학자에 의한 선행연구로는 대표적인 아이누어 연구가인 킨다이치 쿄스케(金田一京助)의 『아이누어 연구(アイヌ語研究)』(1960)와 『아이누어(アイヌ語)』(1993), 그리고 치리 마시호(知里真志保)의 『아이누어 입문(アイヌ語入門)』(1956), 『분류 아이누어 사전(分類アイヌ語辞典)』(1975)을 들 수 있다. 또한 일반적으로 인지도가 높은 인물의 연구로는 치리 유키에(知里幸恵)의 『아이누 신요집(アイヌ神謡集)』(1978)과 카야노 시게루(萱野茂)의 『카야노 시게루의 아이누어 사전(萱野茂のアイヌ語辞典)』(1996), 야마다 히데조(山田秀三)의 『아이누어 지명연구(アイヌ語地名研究)』(1982)가 대표적이다.

19 한편 관점을 넓혀 '민족', '국가주의', '근대'라는 키워드를 중심으로 살펴보면 '에스니시티', '내셔널리즘', '정체성'의 입문서로는 다음과 같은 대표 저작들을 들 수 있다. Anthony D. Smith, *The Ethnic Origins of Nations*, 1986; Thomas Hylland Eriksen, *Ethnicity and Nationalism*, 1993; Ernest Gellner, *Nations and Nationalism*, 1983; Etienne Balibar · Immanuel Wallerstein, *Race, Nation, Classes*, 1990 등

20 「작위적 정체성에 대한 권리-어떤 탈식민주의 이야기(偽りのアイデンティティへの権利-あるポストコロニアルの物語)」, 『월경하는 지 6-지의 식민지(越境する知 6-知の植民地)』, 2001; 『변경에서 바라보다-아이누가 경험한 근대(辺境から眺める-アイヌが経験する近代)』, 2000 등.

21 코너는 1960년대 비판적인 주목을 받았던 새로운 형식의 '드라마 다큐멘터리'와 'Verite', 1980년대 이후의 '재구축'에 대해 소개하면서 "다큐멘터리는 세 가지의 연계된 주제, 즉 예술-기록, 진실-관점, 제도-형식이 긴장과 충돌의 관계 속에서 존재하는 것"이라 하였다.

22 그 외에도 윈스턴의 저서는 *Technologies of seeing : photography, cinematography and television*(1996), *Claiming the real II : documentary : Grierson and beyond*(2008) 등이 있다.

23 예를 들어, 1950년대의 민간방송국 다큐멘터리 제작시대에서 현재에 이르기까지 의욕적으로 활동중인 콘노 츠토무(今野勉)의 『TV의 거짓을 간파하다(テレビの嘘を見破る)』 (2004), 『TV의 청춘(テレビの青春)』(2009), 콘노 츠토무가 하기모토 하루히코(萩元晴彦)가 키무라 요시히코(村木良彦)와 같이 엮은 『너는 단순히 현재에 지나지 않는다(お前はただの現在にすぎないテレビに何が可能か)』(2008), 마찬가지로 1980년대 드라마 세계에서 다채로운 재능을 발휘했던 와다 츠토무(和田勉)의 『TV자서전-그렇다면 나의 사랑(テレビ自叙伝-さらばわが愛)』(2004)을 생각할 수 있다.

24 키타다 아키히로(北田暁大, 2001 : 179)는 각주 26에서 검토한 사회적 구축주의와 같은 문제에 대해 CS에서는 ① 당사자의 경험에 대한 조준(당사자에 의한 능동적인 의미해

석, 민족지연구=구축주의의 당사자 담론 중시), ② 인과론에서의 이탈(반인과론, 반본 질주의=구축주의의 반본질주의), ③ 재귀성 문제의 첨예화(분석자 자신이 처한 맥락을 문제시=구축주의에서 재귀성에 대한 재질문)로 파악할 수 있다고 적고 있다.

25 '사회적 구축주의'는 일반적으로 '구축주의'라고 불린다. 그리고 '구성주의'와는 구별되고 있다. 사회적 구축주의에 관한 대표적인 연구자 비비안 바(Vivien Burr)는 "근년의 심리학과 사회심리학만이 아닌 사회과학과 인문과학의 다른 학문 분야에서도 래디컬한 비판적 변화방식을 제공하고 있는데, 많든 적든 이러한 새로운 접근방식을 지탱하고 있는 하나의 이론적 지향은 사회적 구축주의"라고 기술하고 있다(Vivien Burr, 田中一彦 訳, 1997).

26 하지만 '언어태(態)'는 분명 자극적인 개념이기는 하지만, 이론의 접근방식이 기호론에 한정된 관점에서 출발한다는 점에서 (피스크의 담론이 마르크스주의와 기호론, 구조주의, 민족지연구 등 사상의 영향을 배경으로 하는 문화연구에 기반하는데 반해), 적어도 살아있는TV문화의 다의성과 다성성, 다층성의 역사적 변용을 텍스트에 비추어 생각하기 위해서는 아직은 불충분하며, 보다 깊은 사유와 부연이 필요할 것으로 생각된다. 이시다 히데타카는 "TV기호는 ① 사회적 코드, ②TV고유의 기술적 코드, 그리고 ③TV기호의 생성을 조건으로 하는 이데올로기적 코드 등 3개의 코드를 포함하고 있으며, 복잡한 기호표현체계를 만들게 된다"고 말한다(石田英敬, 2003 : 294).

27 피스크는 텍스트의 맥케이프의 특권적인 관점의 메타담론에 의한 이데올로기의 실천을 자주 인용하고 있는데, 본서에서 피스크의 4가지 텍스트 장치를 분석의 도구로 활용한 이유는 텍스트를 폐색과 개방의 투쟁의 장으로 재인식함으로써 본서의 목적인 텍스트의 지배적 이데올로기의 대중(popularity)에 대한 수용 용이성의 역사를 고찰하고자 했기 때문이다.

28 Roman Jakobson, "Closing statements : Linguistics and Poetics", T. A. Sebeok ed., *Style in Language*, Cambridge, Massachusetts : MIT Press, 1960; 川本茂雄 監訳, 『ローマン・ヤーコブソン 一般言語学』, みすず書房, 1973에서 재인용.

29 2차적인 기호작용의 '코노테이션(conotation)'이라고 하는 언어의 의미확장과 문화형성의 양식과 의미체계에 관한 작법(신화작용)이라는 설명으로 이어진다..

30 '현실'이 이미 코드화되어 있다는 점, 다시 말해 우리가 현실을 지각하고 의미부여를 할수 있다는 것은 이미 우리의 문화코드가 존재하고 있기 때문이다(John Fiske, 伊藤守ほか訳, 1996 : 8).

31 실제 본서 각 장의 본문 중에는 텍스트 별로 '제1차 텍스트'의 분석을 위해 '모순' 등의 텍스트장치를 읽어내고 있는데, '모순'의 텍스트장치는 어휘와 담론, 표상으로 실천되고 있으며 "이러한 모순은 맥케이브가 말하는 메타담론을 통해 작용하는 이야기에 의해 해결된다(John Fiske, 伊藤守ほか訳, 1996 : 132)."

32 藤田真文(2004 : 2~4) 참조.

33 李(1998 : 53~64) 참조.

34 Ron Scollon(2008 : 14~41) 참조.

35 Ruth Wodak · Michael Meyer(2001 : 27~28) 참조.

36 CDA의 역사에 관해서는 노로(野呂)가 번역한 책에서 상세히 설명되어 있다.

37 岡井崇之(2004 : 26~29) 참조.

38 *Understanding news*(1982); *Television and Power of Dirt*(1983); *Regimes of Pleasure*(1984) 등.

제 1 부

연속하는 '구제'의 표상

제1장

'관광 아이누'란 무엇인가

시선의 역사적 변용을 중심으로

1. 제작배경과 문제의식

'관광 아이누'란 무엇을 의미하는 것일까. 일본 TV에서 처음으로 방송된 아이누 코탄(부락) 사람들에 관한 다큐멘터리 〈코탄의 사람들〉에서는 '관광 아이누'가 그려져 있다. 본 장에서는 이 다큐멘터리 속 '관광 아이누'의 표상과 함께 이와 관련된 담론에 대해 살펴보고자 한다. 그리고, '관광 아이누'에 대해 일반적으로 알려진 것처럼 '관광에 종사하는 아이누를 비하하는 야유적인 호칭'이라는 언어의 표면적인 해석에 머무는 것이 아닌, 그 말의 생성과 보급까지의 과정을 파악함으로써 역사사회적 의미와 변용의 자장磁場, 그리고 그 자장 속에서 아이누가 어떤 사회적 경험[1]을 해왔는지 밝히고자 한다.

이를 위해 본 장에서는 방송의 구체적인 분석에 들어가기에 앞서 우선

1950년대 일본에서 '관광 아이누'에 대한 이미지가 전국적인 유행과 사회적 붐을 초래하기에 이르는 역사를 되짚어 보고자 한다. 동족에게서조차 야유적으로 불렸음에도 불구하고 '관광 아이누'로서의 자신을 지속적으로 연기하는, '보이는' 경험은 과연 어디에서부터 이어져 온 것일까. 아이누를 '보여준다'고 하는 제국주의의 제전(제5회 내국 권업박람회(1903) 등)은 아이누의 '보이는' 경험과 어떻게 교차되면서 전개되었을까.

이를 위해 근대 후반부터 현대사에 걸친 약 60년 동안(1899년의 '홋카이도 구토인보호법' 제정부터 〈코탄의 사람들〉까지)의 시대 속에서 '관광 아이누란 무엇인가'라는 문제를 단순히 '차별'과 '동화'로 귀결시키는 대신, 20세기 초반부터 중반까지의 미디어의 성립과 그 속에서 제시되는 사람들의 시간적, 공간적 경험을 미디어 문화연구의 관점에서 조감적鳥瞰的으로 검토하고자 한다. 이를 통해 신체를 통한 아이누의 '보여주는/보이는' 경험 속에 숨겨져 왔던 역사사회적 지평과 그 의미, 나아가 그 변용의 과정이 드러날 것이다.

사실, '아이누'와 '관광'에 관한 문제를 검토한 선행연구는 적지 않다. 이들 선행연구는 주제와 연구영역, 시대, 지역 등 몇 가지의 경향과 특징으로 분류할 수 있다. 그 중에서도 특히 "1990년대 들어 예전에는 '유사품'으로 취급되었던 관광현상을 인류학과 사회학의 본격적인 연구대상으로 다루려는 분위기가 생겨났다"(東村岳史, 2006 : 104)는 점에서 아이누를 둘러싼 관광의 시선이 주목을 받게 되었다. 예를 들어, 인류학에서는 '관광인류학'적 접근방식을 통한 참여조사를 통해 다른 나라의 사례를 소개한 인류학자[2]가 다수 등장했다. 이 시기에 발표된 대표적인 논문으로는 太田好信(1993)와 木名瀬高嗣(1997), 東村岳史(2002; 2006)의 아이누 민족과 관광에 관한 분석이 있다. 여기에는 민족적 정체성을 둘러싼 그 진정성과 타자성에 대한 비판적 고찰이 포함되어 있다. 특히 히가시무라는 1940년대 후반부터 1960년대 후반까지에 초점을 맞추고 '관광이라는 자장 속에서 아이누의 이미지에 관한 사회적 현상의 특질과 일본인과 아이누 간 관계의 양상'에 대해 심도 깊게 검토하고 있다(東村岳史, 2006 : 104~132).

인류학적 연구에서 '관광 아이누'에 대한 높은 관심은 특히 1990년대 이후에 현저하게 나타나지만, '관광 아이누' 자체가 일본사회에 붐을 일으킨 것은 1950~1960년대였다. 이 장에서 검토할 〈코탄의 사람들〉도 실은 이러한 사회적 현상을 반영한 '현황보고'적 성격을 가진 영상이기도 하다. 근대 제국주의가 만들어낸 '내면적 타자'의 표상은 패전 후에도 간단히 지워진 것이 아니다. 제국으로서의 일본이 붕괴하고 약 15년 뒤인 1950년대 말의 TV다큐멘터리 대부분은 여전히 '일본인 대 비일본인'이라는 이항대립적 구도 속에서 '아이누'의 표상이 구축되어 있다. 이러한 의미에서 본 장은 전후 최초의 TV다큐멘터리에서 포스트 식민주의와의 차이점과 유사성을 발견할 수 있다는 가능성으로 이어진다.

본래 '관광'이라는 어휘의 사전적 정의는 '일반적으로 일상생활에서는 볼 수 없는 풍경이나 풍속, 습관 등을 돌아보는 여행'이지만, 어원적인 의미를 따지면, '타국의 제도와 문물을 시찰한다'에서 유래된 '타국을 여행하고 견문을 넓힌다'는 의미를 가진다. 한편 '観(보다)'에는 '示(보이다)'는 의미가 포함되어 있어 외국 요인要人에게 나라의 문물을 자랑스럽게 '보인다'로 해석될 수 있다는 설도 있다.[3] 즉 본래의 '관광'이란 현재의 일반적인 인식과 달리 '놀이'나 '휴식', '여가'라는 의미가 아닌, 적극적인 목적의식을 포함하는 행위를 의미한다. 이상에서 추론할 수 있는 것은 '관광 아이누'는 '일상적으로는 볼 수 없는, 다른 인종인 아이누의 풍경과 풍속, 관습을 일본인에게 '보인다''는 함의를 가진다고 추론할 수 있다. 그렇다면 어떻게 이러한 '관광 아이누'를 둘러싼 시선이 일본의 담론공간 속에 성립될 수 있었는가. 또한, '관광 아이누'를 둘러싼 시선과 담론은 근대 이후의 일본사회 속에서 어떤 연속성과 비연속성을 보여 왔는가. 이후, 구체적으로 검증해 가면서 그 해답을 찾고자 한다.

그 다음 절에서는 우선 본 장의 주요 소재인 다큐멘터리 〈일본의 민낯〉 시리즈와 〈코탄의 사람들〉에 대해 소개하고자 한다. 이들 다큐멘터리는 당시의 '관광 아이누'라는 타자와 이를 둘러싼 시선의 현황을 처음으로 일본 국민에게 생생하게 소개한 기념비적 영상이었다. 그 다음으로 본 장에서 문제의 소재를 분명히 하기 위해, 역사적으로 분기점이 되었던 사건들을 중심으로 3기(1기 : 1899~1926년, 2기 : 1927~1945년, 3기 : 1946~1959년)로 구분하여 각 시기의 '관광 아이누' 표상의 특징과 변용에 대해 각 절에서 설명하고자 한다.

2. 텍스트분석 : 1950년대의 다큐멘터리

– 〈코탄의 사람들〉과 '관광 아이누'

1) 〈일본의 민낯〉[4]의 탄생

〈일본의 민낯〉은 1957년 11월부터 1964년 4월까지 이어진 일본 최초의 본격적인 다큐멘터리 시리즈였다. 당시의 역사적, 사회적 상황은 TV

최초의 다큐멘터리 탄생에 깊이 관련되어 있다. 미디어의 측면에서는 1952년 연합군의 점령과 연합총사령부의 지휘하에서 제정된 방송법제(전파 3법)의 주축이었던 전파감리위원회 설치법이 요시다吉田茂 내각에 의해 제정 2년 반 만에 폐기되었다. 1950년대 후반부터 1960년대에는 TV계에서 저속한 방송문제가 대두되어 방송심의회의 설치라는 법에 의한 규제와 함께 방송사업자의 자주적 규제가 시작되었다. 사회적으로는 자위대의 증강과 1952년의 파괴활동방지법, 1953년의 파업규제법 등을 통해 보수세력이 그 힘을 키워 나갔으며, 자유주의 세력을 주축으로 1954년 이후 원자·수소폭탄 금지운동과 모친母親운동, 스나가와砂川투쟁, 소선거구제 반대운동 등이 일어났다. 자유주의 세력들의 이러한 운동들은 1957년 근무평정제 반대운동과 1958년 경직법警職法투쟁, 1960년 안보반대투쟁으로 정점에 이르게 된다. 또한 TV수신기의 보급과 NHK 계약자의 증가함에 따라, 제작자들 역시 다양한 방송을 제작하고자 하는 의욕이 상승되고 있었다. 이러한 배경 속에서 TV 제작자들은 라디오의 '녹음구성錄音構成'과 같은 사회방송제작에 대해 고민하기 시작했다.

한편, 제2차 세계대전을 거치면서 '문화영화'에서 '기록영화'로 그 명칭을 바꾸고 기술적, 내용적인 변화를 모색하던 '다큐멘터리 영화'는, 특히 같은 시청각 미디어인 TV에 그 물적, 기술적 자원을 양보하게 된다. 초기의 다큐멘터리 영화의 '필름 구성' 방송은 16mm 필름 카메라로 제작되었는데, 초창기 TV계 종사자 대부분은 '그림畵'에는 초보자여서 영상을 보여주기 위해서는 영화계에 종사했던 카메라맨을 필요로 했다. 1960년대가 되자 '기록영화'는 점차 사양길로 접어 들었으며, 영화관에서 영화 상영 전에 방영되었던 '뉴스영화' 역시 폐지되었다. NHK는 '기록영화'와

'뉴스영화'의 카메라맨들을 대거 고용하여, 이들을 영화부 '촬영과'에 배치시켰다.

하나다는 방송이라는 경관이 만들어 내는 시공간은 장소성과 함께 초월성을 가지고 있다고 말한다(花田達郎, 1996 : 326). 이는 이념과 구상, 커뮤니케이션에 대한 욕구와 바람이라는 표상적 공간이 물리적인 방송공간으로 편입되는 것을 가리킨다. 하지만, 이러한 이념성과 초월성은 일회성 방송으로는 성립하기 어렵다. 〈일본의 민낯〉이 가진 강력한 호소력은 TV 초창기에 등장한 이래 6년 반 동안 306편의 방송 제작 편수와 각 방송을통해 축적된 문맥의 연속성을 통해 구축된 것이다. 또한 이는 TV만이 아닌 라디오의 '사회방송'과 '기록영화'에서부터 반세기에 걸쳐 내려온 흐름을 통해 구축된 것이라 할 수 있다.

또 하나 초월성과 관련된 것으로 소재를 들 수 있다. 〈일본의 민낯〉은 일요일 오후 9시 반부터 30분 정도 방영되었는데, 방영 시간의 덕택으로 다룰 수 있는 소재의 범위는 상당히 넓었다. 따라서 당시 방송 소재로 기피되었던 사회적 암운과 모순, 문제점을 대담하게 제시할 수 있었다. 〈일본의 민낯〉 중 본 장의 분석 소재가 되는 것은 제87회 방송인 〈코탄의 사람들〉이다. 이 방송의 프로듀서는 오구라小倉一郎였다. 오구라는 종전 뒤 얼마 지나지 않은 1949년 NHK에 입사하여 라디오의 '녹음구성' 방송을 거쳐 TV로 이동, 같은 시기부터 실황중계방송 및 〈일본의 민낯〉에 관여해왔다.[5] 오구라는 초기의 〈일본의 민낯〉을 제작하기 위해 〈니치에이日映 뉴스〉에서 전직해 온 사람들이 NHK에 많이 있었는데, '영상편집'과 '녹음구성', '필름구성' 각각에 미묘한 차이 때문에 상당한 혼란이 있었다고 회상했다.[6] 어쨌든 그의 회상록에도 적고 있는 바와 같이, 오구라가 다큐멘터리 〈일본의 민낯〉에서 시도하고자 했던 것은 그림들을 연결해 구성하고, 검증해 완성된 하나의 '그림논리' 같은 것이었다.

오구라가 여기에서 '그림논리'라고 하는 것은 다음과 같은 사고방식에서 나온 것이다.[7]

(라디오의) 녹음구성이라는 것은 우선 '플롯'이 머리 속에 있는 것입니다. '플롯'이란 '이야기의 줄거리나 논리의 전개'를 말하는데, 취재현장에서는 이것을 현실에 맞게 계속 변화시켜 갑니다. 편집할 때에는 이 '플롯'에 따라 녹음컷을 순서대로 나열하고 방송 틀에 맞는 길이로 단축시킵니다. (…중략…) 따라서, 녹음구성이라는 것은 코멘트 선행형 내지는 플롯 선행형이었습니다. 나를 포함한 모든 이들이 그런 방식을 택했습니다.

그런데 필름을 편집할 때는 다릅니다. 필름의 '플롯'은 이러한 것들에 전혀 구속받지 않습니다. 그보다는 '어떻게 하면 좋은 구성이 될지', '어떻게 하면 주제에 좀 더 다가갈지'를 지속적으로 고민해야 합니다. 앞서 말한 '플롯'은 참고로 하되 어디까지나 참고일 뿐입니다. 이렇게 취재를 하고 편집에 들어가면 '플롯'과는 다른 모습이 되어 갑니다. 여기에 상당한 저항감이 있었습니다. 프로듀서는 '방송을 만들고 있는 게 카메라맨인지 자신인지. 프로듀서의 권한은 도대체 무엇인지' 등을 생각하며 고민해야 했습니다. (…중략…)

필름편집 작업에서는 '언어의 논리'만이 아닌, '그림의 논리'를 생각해야만 했습니다.

그러나 본 장의 분석대상인 〈일본의 민낯〉 속 〈코탄의 사람들〉이 TV 초창기인 1959년에 제작된 방송이었다는 점을 고려한다면 오구라가 말하는 '그림의 논리'는 아직 실천적인 구호에 가까웠다. 이 방송에는 초기 다큐멘터리의 일반적인 형식인 나레이션으로 제작자가 모든 사건을 개관하고 설명하며, 검증하는 방식이 주요한 표현수법으로 활용되고 있었다는 점을 지적해 두고자 한다.

2) 〈코탄의 사람들〉과 '관광 아이누' 대 '농민 아이누'의 표상

〈코탄의 사람들〉은 일본의 다큐멘터리 방송 역사상 최초로 아이누 민족문제를 본격적으로 다룬 1950년대 유일한 방송이다. 이 방송에서는 크게 두 가지의 아이누 표상이 대립적인 구도로 그려져 있다. 하나는 '관광 아이누'이며, 다른 하나는 '농민 아이누'이다. 이 방송의 특징은 1950년대 후반 일본 속 '이異민족(특히, 아이누)'의 동화문제에 관한 사회적 시선이 명료한 방향성을 가지고 표상되었다는 점이다.

먼저 〈코탄의 사람들〉에서 '일본인' 대 '비일본인'의 구도를 전제로 등장하는 '농업 아이누' 대 '관광 아이누'라는 구도와 이에 관한 담론 및 표상에 대해 방송 텍스트의 도입 장면과 마지막 장면의 연속성을 통해 살펴보자. 우선, 방송 도입부에 등장하는 것은 소위 '문제'[8]의 대상 그룹인 '관광 아이누'이다.

방송 도입부에 등장한 '관광 아이누'에 대한 시선은 상당히 엄격했으며, 이에 대해서는 비교적 긴 시간(약 7분 30분)을 할애해 소개하고 있다. 이러한 소개 방식에는 다음과 같은 특징을 지적할 수 있다. '기념품'과 '그림엽서', '기념촬영', '연기', '모델료' 등의 전형화된 '관광'과 '관광지' 담론에 '아이누' 표상이 일체화되었다는 것이 그것이다(〈표 1-1〉 참조).

한편 '관광 아이누'와는 대조적으로 소위 일본인으로의 '동화同化'라는 시

〈표 1-1〉

제1차 텍스트				
대상언어의 텍스트 (연속적인 시퀀스플로우)		메타언어적 텍스트 (다양한 코드의 복합적인 실천플로우)		
		V(영상)		A/N(음성 나레이션)
S2 홋카이도 관광붐	s5 아이누와 홋카이도 관광붐① 3:07~	CU 아이누의 그림 PC TRC CU 시라오이쵸白老町 PC CU/ES 달리는 열차 PC CRO TRC LSMS/ES 시라오이 아이누 코탄으로 가는 관광객을 태운 마차 CRO TRC PC MS '추장의 집'이라고 적힌 간판의 기념품 매장 PC CRO PAN/WS 민족의상을 입고 서 있는 노인 PC CRO TRC BGM TRC FS 문화주택에서 민족의상으로 옷을 갈아 입고 초가집 치세チセ로 가는(출근하는) 아이누 노인 PC CRO	Na	여름엔 홋카이도로, 이국의 정취가 넘치는 아이누의 고향으로 PC 이렇게 올해도 변함없이 찾아온 관광객 CRO
		WS 아이누 민족의상을 입은 여성 판매원 PC CRO TRC CU 수많은 관광객들의 신발 PC WS/A 관광객에게 설명하는 노인 CRO TRC PC WS 모델료를 받고 기념촬영에 응하는 아이누 노인 PC	Na	설명이 끝나면 기념품 매장에서 그림엽서에 싸인을 합니다. PC 그 다음은 기념촬영입니다. PC 이 사람들은 아이누처럼 이른바 연기를 함으로써 생활하고 있는 것입니다. IC (Race)
		CU 포스터 TRC PC	Na	1회 모델료 30엔. 이런 포스터가 부락 곳곳에 붙어 있습니다.
			Na	보이고, 사진 찍히기 위해 앉아 있는 할머니. IC (Race)

대의 요구에 확실하게 응답하고자 하는 '바람직한' 그룹으로서 '농민 아이누'가 소개되고 있다. 메이지 초기부터 정부가 아이누 민족에게 장려한 정

책[9] 중 하나가 아이누의 생업이었던 '수렵과 어업'을 벗어나 일본인의 '농업'을 가르키는 것이었던 만큼 '농업 아이누'는 일종의 '동화'의 상징적인 의미를 가지는 것이었다. 다음 장면(s7, s8, s19)에서는 '농민 아이누'가 '분배된 공여지'에서 '땅을 일구려는' 자세를 '일본인답다'고 코드화하고 있다 (〈표1-2〉 참조).

그리고 방송을 맺고 있는 것은 다음 장면이다(〈표1-3〉 참조).

이상의 장면에서는 장면의 구성과 나레이션에 관해 다음과 같은 특징을 찾아볼 수 있다. 먼저 이 장면(s8) 나레이션 "관광객을 상대하여 생활하고 있는 일부 동족들에 대해 동족을 팔아먹는 놈들이라며 비판적입니다"라는 말은 특히 주목할 만하다. '관광 아이누'로서의 아이누인에게 "동족을 팔아먹는 놈들"이라는 언급은 '관광 아이누'가 아이누 안에서도 인정받지 못했다는 것을 의미한다.[10] 요컨대 20세기 중반 '관광 아이누'는 동족에게도 '모욕의 대상'임과 동시에, 일본인에게는 '호기심의 대상'이었다는 구도가 제시되고 있는 것이다. 이 구도에 따르면 '관광 아이누'는 본래 아이누 민족과 아이누문화 속에 존재했던 정체성과는 점점 더 멀어지게 되었으며, 오히려 '아이누'를 볼거리로 전락시킨다는 부정적인 인식을얻으며, 이들에게 불투명한 자존감만을 부각시켰다. '농민 아이누'의 '관광 아이누'에 대한 비판은 '모조품'인 아이누 표상이 '관광'이라는 출구를 통해 분출된 것이며, 이에는 아이누 자신도 참가하고 있다는 인식이 존재했다고 추측할 수 있다.

하지만, '관광 아이누'는 본래 아이누 민족 스스로가 나서서 관여한 자주적 자기표상화 행위였을까. '관광 아이누'의 자학적인 '보임'이라는 아이누의 경험은 언제부터 누구에 의해 시작된 것일까. 여기에는 '관광화'된

〈표 1-2〉

제1차 텍스트			
대상언어의 텍스트 (연속적인 시퀀스플로우)		메타언어적 텍스트 (다양한 코드의 복합적인 실천플로우)	
		V(영상)	A/N(음성 나레이션)
S3 아이누 민족의 생활과 산업	s7 아이누 민족의 역사 ② 9:00~	CU 수렵민족으로서의 아이누의 그림 PC CU 일본인과 아이누의 그림 PC CU→LS 벌목하는 사진 TRC PC CU 아이누 민족의 묘(비라토리쵸^平 ^{取町}) PC TRC CU 홋카이도 구토인보호법의 법 령(법령집) PC CU 노상에서 잠자고 있는 아이누 인의 사진 PC CU → PAN 토인^{土人}학교의 집합 사진 PC TRC	Na	홋카이도가 아이누의 땅이었던 시 절, 사람들은 곰과 사슴을 쫓아 산 으로 향했으며, 강과 바다에서 물 고기를 잡는 생활을 이어왔습니 다. PC 당시에는 사냥감이 풍부해 각 부 락은 한 가족과 같은 분위기를 가 진 공동체였습니다. CRC
	s8 코탄의 가옥들 10:10~	PAN 작은 초가집 PC TRC FS 물을 긷는 중학생 CRC	Na	아이누계 사람들이 살고 있는 코 탄. 이런 코탄은 지금도 홋카이도 각지에 산재합니다. PC 이어진 가옥들은 모두가 풍족하지 못한 생활을 가능케 합니다. PC 현재 대부분의 아이누계 사람들은 농업에 종사하고 있습니다. PC
		FS 밥을 짓는 여성 CRC LS—CU—WS 말을 이용한 경작 PC TRC PC BS 감자를 캐는 여성 CRC LS—CU→LS 펌프를 이용해 논에 물을 대는 부자^{親子} TRC	Na	이들은 옛 복장을 하고 관광객 을 상대하며 생활하고 있는 일부 동족들에 대해 동족을 팔아먹는 놈들이라며 비판적입니다. CRC (Conflict) ← '모순'의 텍스트장치로 서 CRC

'민족'을 '보여주는' 행위와 '제국주의 제전'과 이어지는 역사적 담론이 있
었다.[11]

제1차 텍스트		
대상언어의 텍스트 (연속적인 시퀀스플로우)	메타언어적 텍스트 (다양한 코드의 복합적인 실천플로우)	
	V(영상)	A/N(음성 나레이션)
에필로그	s19 가을수확 과 행복 한 '농업 아이누 (일본인이 된)'들 28:26~	BGM 경쾌한 음악 TRC BS→MS 짚을 마차에 싣는 농민 들 CRC TRC PC WS 웃으며 농업에 종사하는 아이 누들 CRC PC	Na 가을바람이 불어오는 홋카이도에 서는 가을걷이가 한창입니다. PC 편견과 싸우면서 땅을 일구는 농 민들. 과거를 잊고 일본인으로서 행복하게 살아가는 것 그것이 모 든 코탄 사람들의 바람입니다. PC IC(Race) CRC(Conflict) ← '모 순'의 텍스트장치로서 CRC
	s20 엔드 ~29:45	TM TRC (자막) 제87집 코탄 사람들―일본 의 소수민족 TRC (자막) 구성 오구라 이치로 TRC (자막) 〈일본의 민낯〉 끝 TRC	

다음 절에서는 일본에서 최초로 사람을 '보여주고', '전시하는' 계기가 되었던 20세기 초 박람회를 소재로 특히 아이누와의 관련성에 주목하면서 '보이는' 경험의 연속성 속에서 '관광 아이누'의 사회적 의미에 대해 검토하고자 한다.

3. '관광 아이누'의 신체와 사회적 경험의 변용

일본에서 최초로 개최된 박람회는 1871(메이지明治 4)년 교토京都의 니시혼간지西本願寺대서원을 회장으로 한 '교토박람회'[12]였다. 기록(橋爪紳也·中

谷作次 1990)에 따르면 입장자수는 11,400명 정도였다. 한편, 1871년은 아이누에 대한 메이지정부 개척사의 농업 장려, 여자의 문신과 남자의 귀걸이 금지, 일본어 학습의 강요 등 '신민화臣民化'정책이 본격적으로 법제화되었던 해이기도 하다. 그 후, 1899년 시행된 '홋카이도 구토인보호법' 공포까지 약 30년간 메이지정부의 근대화 정책은 아이누의 신민화 정책의 확대를 포함하여 그 기세를 강화해 왔다.

여기서는 정부가 주최한 아이누를 '보여주'는 제전이 처음으로 개최된 '제5회 내국권업박람회'(1903)에서부터 '홋카이도대박람회'(1958)까지 '인간의 전시'에 대해 검토하고자 한다. 그리고 20세기 초부터 중엽에 이르기까지 철도와 미디어 성립의 역사를 거슬러 올라가며 사람들의 신체적인 경험의 변모를 관광 아이누와 관련시켜가며 고찰하고자 한다. 이러한 고찰은 '시선의 제도로서의 박람회가 유럽에서 일본에 어떻게 수용되고 병용되었는지'를 논술한 요시미 순야의 선행연구(吉見俊哉 1992)와 함께, 아직은 논쟁의 여지가 남아 있는 '박람회와 아이누'에 초점을 맞추고자 한다. '홋카이도 구토인보호법'이 제정된 1899년부터 〈코탄의 사람들〉이 방송된 1959년까지 각 항의 시대적 구분은 근대 천황 체제 속 아이누의 지위에 대해 4개의 시간축을 통해 설명하고 있는 카이호의 논고(海保洋子, 1992 : 116~134)를 참고하였다.

1) 제1기 : 박람회와 '전시되는' 아이누(1899~1926)

435만 명 이상의 입장자를 기록한[13] 제5회 내국권업박람회의 목적은 기존의 내국권업박람회와 전혀 달랐다. 때문에 기존의 박람회에서는 금기사항이었던 보여주기식 전시를 적극적으로 도입함으로써 박람회의 주체는 '선전하는 생산자'에서 '일반적 소비자'까지 확대되었다. 이러한 변화는 결과적으로 사람들의 일상적인 경험에도 큰 영향을 가져오게 되었다. 또한 이를 통해 '학술인류관'에서의 '인간의 전시'라는 커다란 특징도 나타나게 되었다.[14]

당시 '학술인류관'의 전시관에는 '이인종'이 모여 그 풍속과 기구, 생활 모습 등이 전시되었으며, 이 전시관은 "아이누인 5명, 대만 고산족生蕃 4명, 류큐琉球인 2명, 조선인 2명, 시나支那인 3명, 인도인 3명, 기린인종 7명, 자바인 3명, 뱅갈인 1명, 터키인 1명, 아프리카인 1명 총 32명의 남녀가 각국의 지역을 대표한 구역 내에서 단란한 일상을 보내는 모습을 바라보"는(吉見俊哉, 1992 : 213) 제국주의의 상징적 장치가 되었다. 이 장치와 담론에 대해 제기된 반발은 소위 '인류관 사건'으로 이어졌다.

하지만, 이에 반발했던 사람들은 '아이누'가 아니었다. 게다가 당시 오키나와인들에 의한 반발의 취지라는 것은 제국의 식민지주의에 대한 이의나 인권보호를 운운하는 차원이 아닌, 오키나와인의 '내부적인 또 하나의 차별'의식에 의한 것이었다. "'일본인'과 '우리들', '아이누', '대만 고산족' 사이의 경계선은 납득할 수 없다. 경계선의 위치는 '우리 오키나와인'을 '일본인'쪽에 포함시킨 뒤에 그 이외의 '아이누', '대만 고산족' 사이에 그어져야 한다."[15] 즉, 오키나와인의 항의 요지는 '일본인'과 풍속개량이 필요한 '특종特種 민족' 사이, 예컨대 '아이누'와 '대만 고산족' 등과 함께 '오키나와인'을 경계지었다는 점이다.[16] 주목해야 할 문제는 이러한 '오키나와인'에 의한 내부적인 인종적 차별의식이 그 후 봉인되고 묻혀 버렸다는 점, 이러한 항의에 대한 '일본인'의 박애적인 반응에 감춰진 '일본인은 문명인이고, 특종 민족은 미개인'이라는 이중구조가 재구축되는 결과를 가져왔다는 점이다.

　제5회 내국권업박람회의 '학술인류관'에 참가했던 아이누는 토카치十勝의 수장이었던 후시네伏根安太郎 외 16명이었다. 박람회 전시를 계기로 그가 연설을 통해 관람객들에게 호소한 것은 '아이누 민족 자손들의 교육을 위한 토카치 학교설립 지원'이었다. 일부에서는 이러한 아이누에 대해 "박람회라는 장에서 '자기규정이 불명확'하고, 오키나와인들의 항의와는 또 다른 의미에서 '개척지新開地아이누'와 '홋카이北海아이누'라는 아이누 내부의 민족적 이미지를 팔고 있다"고 지적하였다(海保洋子, 1992 : 162).

　요컨대 제5회 내국권업박람회에서 인종을 '보여주는' 제국주의 주체의 뒷면에는 다른 하나의 '보여주는' 실질적인 욕망의 주체가 존재하고 있었다. 즉 당시 해당 아이누들에게 있어서 '보여주는/보이는' 것에 대한 인식은 살아있는 '인간의 전시'를 운운하는 모욕적인 사상에 대한 비판적 시선과는 동떨어진 것이었다는 점을 알 수 있다. 이러한 원인으로는 우선 메이지 유신 이전 막부체제에서는 아이누 촌락에 대한 일반인의 진입이 규제되었기 때문에 아이누의 전통과 문화가 온전히 보존될 수 있었지만, "1869(메이지 2)년 이후 철저한 동화정책에 의해 아이누의 전통생활의 파괴와 경제적 곤궁이 극에 달한 시점에서 아이누를 관광대상으로 하려는 경향이 강해져 1890년대 이후에는 아이누 관광이 성립될 수 있었"기 때문이다(石森秀三 編, 1996 : 102). 즉 아이누의 전통과 문화는 '일상'의 장에서 분리되어 '보여주기' 위한 장의 대상으로 공식적으로 활용되기 시작되었던 것이다.

　또한 오가와는 아이누의 대표적인 의례의 하나인 '이오만테イオマンテ'를 예로 들며, 그 행사를 진행할 때 일본인을 '손님'으로 초대해 '보여주는/

보이는' 경우가 있었다는 점(1881), 볼거리로서 '흥행'화되었다는 점(도쿄(1876), 교토(1881)), 1890년 무렵부터는 '여흥'과 '흥행'이 증가하는 경향이 있었다는 사실을 서술하고 있다(小川正人 1997). 이러한 메이지정부의 동화 정책 아래, 아이누 자신에게 '보여주는/보이는' 아이누로서의 신체의 경험과 의식이 서서히 각인되고 있었다고 추측할 수 있다.

또 다른 원인의 하나는 아이누에 대한 신민화 정책이라는 '교육의 개입'을 들 수 있다. 1871년부터 시작된 메이지 정부의 '아이누를 동화하는' 교육정책은 아이누의 전통 모두를 금지, 폐지하는 것으로 아이누를 또 하나의 '일본인'으로 계몽하는 것이 그 목적이었다. 일상에서 사라져가는 아이누의 전통과 풍속, 문화는 일본인만이 아닌 아이누인들에게도 '볼거리'가 되었으며 '보여주는/보이는' 아이누로 신체를 만들어가는 시대에 돌입하게 되었다. 이러한 시대상황은 이후의 '아이누'라는 민족의 왜곡된 위치설정을 공적으로 고정화시켰던 제5회 내국권업박람회 속 '학술인류관'의 전시와 함께 이후로도 계속되는 박람회에서의 전시[17]로 이어지게 되었다.

20세기 초 러일전쟁의 승리와 함께 일본은 근대화 정책을 가속화했다. 홋카이도의 호쿠테츠北鉄 전면개통(하코다테函館―오타루小樽, 1904)[18]과 1906년 일본의 철도 전국망 완성, 그리고 전국지와 지방지[19] 등의 신문이 속속 발간되는 과정에서 이러한 미디어 공간을 통해 제국주의의 '일본다움'과 '신민화' 정책의 전파 역시 빠르고 치밀하게 진행되어 갔던 것이다.

2) 제2기 : 민족의식의 고양과 아이누에 의한 미디어 간행(1927~1945)

1932년 8월 30일에 창간된 『우타리의 빛ウタリ乃光リ』(1932.8.30~1933.8.20)이라는 아이누 기관지는 홋카이도의 각 지구에서 진행되고 있는 아이누 활동의 연락지라는 성격을 가졌다. 한편, 1931년에 출판되었던 카이자와^{貝澤藤}^藏의 『아이누의 절규^{アイヌの叫び}』가 출간되었고, 이어서 1933년에는 『우타리의 친구^{ウタリ之友}』(1933.1.20~1933.12.18)라는 월간 기관지가 창간되었다. 또한, 바츄라야에코^{八重子}의 『젊은 우타리에게』(1932), 누키시오^{貫塩法枕}의 『아이누의 동화^{同和}와 선례^{先蹤}』(1934), 모리타케^{森竹竹市}의 『원시림』(1937) 등 아이누에 의한 저작들도 다수 등장하였다. 이러한 출판물에 공통된 주제는 메이지정부의 동화 정책에 대한 비판과 아이누의 민족적 자립을 호소하는 내용이었다(海保洋子, 1992 : 128~129).

특히 『아이누의 절규』는 이러한 움직임에 불을 지핀 결과로 이어져 주목할 만하다. 책의 서두에는 다음과 같이 출판의 취지를 밝히고 있다(小川正人, 1998 : 373~399).

짧은 학식에도 불구하고 본서를 발행하게 된 이유는 내 안에 피끓는 동족애가 살아 숨쉬고 있기 때문이며 격렬한 생존경쟁 속에서도 사랑하는 내 아이들을 위해, 보다 나은 미래를 건설하고자 노력하고 있는 우타리 사람들의 진심을 전하고 삐뚤어진 아이누관을 타파하고자 하는 염원을 가지고 있기 때문이다.

또한 인용문의 "비뚤어진 아이누관" 등의 내용에서 알 수 있듯 이렇게 활자를 매체로 한 아이누에 의한, 아이누에 대한 호소는 아이누의 민족의식을 고양시키기에 충분한 촉매제가 되었다. 이는 '홋카이도 구토인보호법' 후에 실시된 동화정책이 강화되면서 '아이누'와 '일본인' 사이에서 정체성 문제로 흔들리고 있었던 사람들(平村芳美, 1930 : 24~25)의 심경표현에 대한 반응으로 볼 수 있다.

이 시기에 놓쳐서는 안 될 중요한 변화는 각 기관지나 신문 등에 투고
되었던 아이누의 '목소리' 속에 '보여주는' 아이누문화에 대한 비판적인
움직임이 나타나기 시작했다는 점이다. 예를 들어, 1934년『오타루 신문』
의 투고란 '만화경'에 실린「구경거리 취급을 중지하라」는 기고이다. 여기
에는 "곰축제(熊祭り)와 아이누 무도를 장병에게 관람하게 한다는 것인데, 나
는 전체 1만 5천여 아이누 민족의 이름을 걸고 이것이 중지되기를 희망한
다"고 적혀 있다. 또한 시기적으로 약간의 차이는 있지만『오타루 신문』
보다 뒤에 창간된『아이누신문』(1946.3.1~1947.5.25)에는 아이누의 풍속을
구경거리로 삼는 것을 경계하는「아이누를 팔지 마라」는 제목의 기사가
있었다(『아이누신문』, 1947.5.25). 그 시대 아이누 동족의 '보여주는' 행위에
관한 1930년대 아이누 속 인식은 제1절에서 검토한 바와 같이 1950년대
다큐멘터리 속 '관광 아이누'에 대해 아이누가 보여줬던 감정과 상당히
유사하다는 것을 알 수 있다. 이러한 의견들이 공적 미디어를 통해 보도
된 것은 그 이전의 역사서나 신문 등의 미디어는 발견되지 않았던 것들이
다. 즉, 이 시기에 들어서 처음으로 아이누의 민족의식이 높아지고, 아이
누가 '보여주는' 것에 대한 사람들의 의식 역시 서서히 변화한 것으로 볼
수 있다.[20]

구체적인 기록이 없어 아이누가 산 채로 전시되었다고 하는 사실(史實)은
확인할 수 없지만, 이 때도 역시 전국 각지에서 박람회가 지속적으로 개
최되고 있었다. 예를 들어, 홋카이도에서는 오타루해항박람회(1931)나 홋
카이도대박람회(1937) 등이 연이어 개최되었다.

한편 이 시기 아이누의 의식을 검토하는 데 있어서 잊어서는 안 될 것
은 수많은 아이누 젊은이가 만주사변에 차출되었다는 사실과 만주개척

단에 포함되었다는 사실이다. 특히 만주사변을 계기로 결성된 소위 '아이누병^兵'의 존재(친청년단 : 1932.8.30 결성, 홋카이오고리^{小郡}갱생단 : 1933.2.3 결성)는 두 차례의 세계대전을 거치며 기존의 '비일본인'에서 '황국신민'으로 아이누 정체성의 변화를 모색한 사건이었다. 이와 관련해 전쟁 중 미디어의 아이누 이미지에 대한 변화의 검토는 향후의 과제로 삼겠지만, '제국의 병사^{兵士}'로서의 아이누 자신에 의한 주체적 동화 활동은 끊이질 않았다. 이후의 전쟁에서도 '군인'으로 차출되었으며, 태평양전쟁 중에는 '아이누병'의 '수훈^{殊勳}'이 찬미되었다는 기록을 통해 확인할 수 있다.[21] 제국주의 종반이 되면서 아이누는 '보여주기' 위한 '특종의 민족'이 아닌, 동화된 당당한 '일본인'으로 취급받았다는 사실 또한 당시 아이누의 신체가 경험한 역사였던 것이다.

3) 제3기 : 홋카이도 '관광 붐'과 미디어사회의 성립(1946~1959)

이 시기의 다큐멘터리 〈코탄의 사람들〉 속 '관광 아이누'의 표상은 새로운 사회적 경험도 함께 '보여주는' 아이누로 정착했다. 그 배경으로는 '산업적'인 정책들을 들 수 있다. 우선 1946년에 '홋카이도 관광연맹'이 설립[22]되면서 아이누 관련 행정은 '관광' 사업에 본격적으로 돌입하게 되었다. 1950년에는 제1회 '삿포로 눈축제' 제1회가 개최되었다(이는 현재까지 이어지고 있다). 1952년에는 '삿포로 그랜드호텔'이 영업을 재개했고, '일본항공'(1951)과 '북일본항공'의 설립(1953)되면서 도내 항공노선이 개설(1957)되었다. 한편 다큐멘터리에서 '관광 아이누'로 등장했던 홋카이도 아칸^{阿寒} 주변은 1934년에 아칸호^湖가 국립공원으로 지정되면서, '관광'을 통한 지역살리기라는 명목으로 급속히 관광지화되었다. 전쟁 전부터 이런 다양한 변화를 겪은 사람들의 신체의 사회적 경험[23] 역시 자연스럽게 급속한 변화를 겪게 되었다. 이러한 상황을 '종합적'으로 살펴보면, 1945년 패전 후부터 부흥의 바람을 타고 지속된 1950년대 후반까지의 시대상황 속에서 '관광 아이누'를 부추겼던 당시의 사회적 동향의 특징은 크게 3가지로 요약할 수 있다.

첫 번째로, 다양한 '미디어'의 등장(신문과 엽서, 유행가, 문학, 영화 등)이다.

두 번째로, '박람회'의 개최이다. 이 시기에 홋카이도에서는 홋카이도 대박람회가 두 차례(1950, 1958) 개최되었는데, 특히 1958년에 삿포로시가 주최한 홋카이도 대박람회는 195만 명의 입장객수를 기록하는 등 그야말로 '홋카이도 붐'을 예언하는 듯 했다.

세 번째로, '아이누'와 '관광'이 철도회사와 신문사, 광고회사 등의 '산업'과 접목된 소위 관광사업의 본격적인 전개를 들 수 있다. 이러한 상황속에서 '관광 아이누'는 전형화된 아이누의 표상으로 고착화되었으나, 1970년대 이후가 되면서 새로운 국면을 맞이하게 된다. 이상의 3가지 동향과 특징에 대해 아래에서 좀 더 구체적으로 검토해 보기로 하자.

우선 다양한 미디어의 등장과 '관광 아이누'의 관계이다. 앞서 기술했던 바와 같이 아이누에 의해 창간된 『아이누신문』에 이어, 일본 전국에 아이누 붐을 일으킨 계기가 된 이시모리石森延男의 『코탄의 휘파람』[24]이라는 문학작품이 1957년에 출판되었다. 전후 아동문학의 명작으로 지금까지도 유명한 『코탄의 휘파람』은 이후 영화화되었다. 여기에 등장하는 인물들의 구도는 '차별에 굴하지 않고 자신을 연마하여 이를 극복하고자 하는 아이누 소년들'과 '아이누에 동정하는 마음씨 착한 일본인'의 이중구조였으며, 이는 2년 뒤에 방송된 다큐멘터리, 〈코탄의 사람들〉 속 '구제의 시선'과 연속되고 있다. 한편 『코탄의 휘파람』에서 표상된 아이누의 이미지

〈그림 1-1〉 박람회 기간중 단체모집 신문광고
『요미우리신문』, 1985.7.22 석간

〈그림 1-2〉 관광지 코스가 게재재 신문광고
『요미우리신문』, 1985.9.12 석간

는 당시 일본사회에 감동을 불러 일으켰다는 긍정적 평가에도 불구하고, 1970년대에 들어 "본질적으로 차별을 부정하지 않는"(長谷川潮), "선의의 한계"(乙骨淑子) 등 일본사회의 차별의 구조적 측면을 '동정'으로 미화시켰다는 비판을 받았다(砂田弘 1985).

그 외에도 1950년대 미디어 속에서는 예를 들어 가요인 〈이요만테의 밤イヨマンテの夜〉이나 〈아름다운 아이ピリカメノコ〉 등 유행가가 인기를 얻으면서 '관광 아이누'라는 현상은 일본 전체로 확산되었다.

하지만 가장 크게 홋카이도의 관광 붐에 기여한 것은 〈코탄의 사람들〉이 방송되기 1년 전에 개최된 '홋카이도대박람회'였다. 삿포로 나카지마中島공원과 소엔楚園을 무대로 한 이 박람회는 홋카이도의 행정부가 주최한 박람회로는 전례가 없을 정도로 대규모였으며, 입장객 195만 명이라는 압도적 호응을 불러 일으켰다. 기록[25]에 따르면 아이누에 관한 전시로, 나카지마공원 내 '향토관' 구역에 '아이누 초가집'이 설치되었고, "일본인이 홋카이도에 이주하기 전 아이누 민족의 풍속을 전시하고 아이누의 복장, 장신구, 무기, 보석 등 실물과 함께 학술적 고증에 근거한 가옥 등으로 구성하여 당시의 생활문화를 재현한다"고 적혀 있었다.

이 시기부터 다이쇼大正시대의 박람회에서 전시되었던 아이누의 '생생한 전시'와 같은 기획은 사라졌다. 당시 박람회의 목적은 이전 제국의 인종주의 이념보다는 산업으로서의 홋카이도 '관광'의 육성에 있었으며, 이에 따른 홋카이도의 매력에 관한 선전과 경제적 효과의 최대화에 있었기 때문이다. 이러한 홋카이도 붐과 그 정책에 힘입어 홋카이도의 관광을 조직적으로 산업화하려는 움직임도 시작되었다. 실제 홋카이도 대박람회 개최시기에 맞춰 임시 교통기관을 설정한 여행상품과 단체모집 광고가 등장하였다.

예를 들어, 『요미우리読売신문』 광고란에는 「'단체모집' 홋카이도 일주여행 특별편성된 임시열차로 8월 11일부터 20일까지」(〈그림 1-1〉)와 「새로운 대설국도大雪国道와 시카리베츠코然別湖 단풍의 홋카이도 관광여행 단체모집」(〈그림 1-2〉) 등 유명한 관광지를 경유하는 여행상품 광고가 실려 있다. 이러한 광고는 1950년대 중반까지는 거의 찾아볼 수 없는데 그 이후 신문광고에 빈번하게 게재된다는 점 또한 주목할 만하다.

이러한 현상에 대해 오랫동안 아이누 연구를 해 온 민족학자 오츠카大塚和義는 "주로 오사카와 나고야의 철도회사 등이 관광객을 모아 조직적으로 여행단을 보내는 현상을 볼 수 있다"고 하면서 1960년대 들어 여행사가 본격적으로 홋카이도의 여행코스를 개발하여 상품화하게 되었으며, 소위 '카니(게)족'이라는 유행어를 만들어 냈다(石森秀三 編, 1996 : 101~122)고

기술하고 있다.

이상을 통해 1960년까지 홋카이도를 필두로 일본 전체의 다양한 담론과 사회적 동향은 홋카이도 대박람회 1년 뒤에 방송된 〈코탄의 사람들〉의 '관광 아이누'로 자연스럽게 이어졌다고 볼 수 있다. 당시 '관광 아이누'란 아이누의 전통과 정체성의 계승보다 '관광의 개입↑ス' 상황 속에서 관광지에 만들어진, '보여주는' 주체가 되었으며 또한 동시에 '보이는' 주체이기도 한 이중구도로 변모해 갔다고 할 수 있다.

4. 1950년대 TV다큐멘터리 속 '타자성'의 양상

1899년에 제정된 '홋카이도 구토인보호법'을 포함해 메이지정부의 아이누 동화정책, 그리고 그 정치적 성공의 그늘에 '지워진 타자'로서의 아이누 정체성은 현대의 다큐멘터리 영상 속에 어떻게 표상되어 왔을까. 이상의 역사적 분석을 기초로 이 절에서는 TV다큐멘터리에서 처음으로 아이누 문제를 다룬 〈코탄의 사람들〉 속 아이누 표상에 대해 좀더 구체적으로 검토하고, 이를 통해 당시 '타자성'으로서의 '아이누'에 대해 고찰하고자 한다.

1) 다큐멘터리 속 이중구조적 단일민족의 '모순'

〈코탄의 사람들〉 속 '타자성'으로서의 아이누를 고찰할 때, 우선 떠오르는 것이 '일본인' 대 '아이누'라는 둘로 갈라진 민족의 호칭이다. 다큐멘터리에서 아이누와 일본인 이 두 민족의 이야기는 다음과 같은 장면에서 시작되고 있다(〈표 1-4〉 참조).

상기 나레이션의 문맥을 통해 '완벽한 일본인의 모습이 되어가고 있는'

〈표 1-4〉

제1차 텍스트				
대상언어의 텍스트 (연속적인 시퀀스플로우)		메타언어적 텍스트 (다양한 코드의 복합적인 실천플로우)		
		V(영상)		A/N(음성 나레이션)
S1 홋카이도 아이누의 역사	s4 시가지 근교의 코탄	LS 아이누 코탄의 풍경 가옥들 PC TRC MS 손도끼로 나무를 자르는 아이 들 PC CU 아이누 아이들의 손과 얼굴 PC TRC	Na	시가지 근교의 코탄 풍경. 코탄이 란 아이누어로 부락을 의미하는 데 그 주거와 생활, 또한 사고방식 도 일반인과 크게 다르지 않습니 다. (…중략…) 부락 아이들도 아 이누는 긴 수염이 난 할아버지 정 도로 밖에 생각하지 않아 스스로 도 완벽한 일본인의 모습이 되어 가고 있습니다. CRC IC (Race)

'코탄의 사람들, 아이누', 그리고 '동화정책=완결=성공'이라는 도식을 파악할 수 있을 것이다. 아이누와 관련된 사진에 대해 연구한 히가시무라(東村岳史 2010)는 "전후 1950년대부터 70년대 전반에 걸쳐 전쟁 전 동화정책의 연장선상에서 '아이누 동화정책은 거의 완료되었다'는 인식이 확산되는 한편, '멸망하기' 전의 모습과 풍속을 기록하려는 출판물이 적지 않다"고 말한다. 〈코탄의 사람들〉에서도 '동화'는 반복적으로 등장하는 주제이며 이 장면 이외에도 다음과 같은 장면 속에서 확인할 수 있다. 예를 들어, 다음 장면(s9)의 나레이션에서는 "선조 대대로 이어져 온 특유의 술잔과 칼을 처분한 것도 이 무렵이었습니다. 그걸 가지고 있으면서 아이누로 보이는 것을 피하고 싶었습니다. 생각해보면 이 노인들의 반평생은 일본 농민이 되기 위한 노력의 연속이었다고 할 수 있습니다"라고 전한다. 즉, '일본 농민이 되기(동화)'를 위한 '노력의 연속(비일본인의 일본인화를 위한 시간)' 속에 아이누의 생애가 사실적으로 구축되었던 것이다(〈표1-5〉 참조).

〈표 1-5〉

제1차 텍스트		
대상언어의 텍스트 (연속적인 시퀀스플로우)	메타언어적 텍스트 (다양한 코드의 복합적인 실천플로우)	
	V(영상)	A/N(음성 나레이션)
S3 아이누 민족의 생활과 산업 s9 코탄의 주택, 외관	PAN 에카시(장로) 가계의 일가 PC TRC CU 신문을 읽는 노인 CRC PC CU 실감는 여성 CRC PC FS 무명을 짜는 주부 CRC PC CU 전사한 장남의 영정 CRC PC	Na 이 일가는 본래 추장의 가계입니다. 이 집 노인들. 이 노인들은 아이누 사회의 격동기를 걸어 왔습니다. 어린 시절, 코탄은 농업에 대한 전환의 시대였습니다. PC 그 중에는 수렵생활을 버리지 못하고 카라후토로 돌아간 집, 농업에 익숙해지지 못해 코탄에서 자취를 감춘 집도 있었습니다. PC CRC(Conflict) ← '모순'의 텍스트장치로서 CRC 선조 대대로 이어져 온 특유의 술잔과 칼을 처분한 것도 이 무렵이었습니다. 그걸 가지고 있으면서 아이누로 보이는 것을 피하고 싶었습니다. 생각해보면 이 노인들의 반평생은 일본 농민이 되기 위한 노력의 연속이었다고 할 수 있습니다. CRC(Conflict) ← '모순'의 텍스트장치로서 CRC

하지만 방송 속 아이누는 여전히 하나가 될 수 없는 불투명한 정체성 집단으로서의 '아이누'로 표상되어 있었다. 바꿔 말해 1899년에 성립된 '홋카이도 구토인보호법'에 의한 동화정책 실시로부터 70년 이상이 흘렀음에도 불구하고 1950년대 일본사회 속에서 아이누는 '일본인'이 되어가는 '이질적인 일본인'이면서, '일본인'은 아니었던 것이다. 이러한 이질성에 대한 방송서술의 특징을 다음과 같이 확인해 두고자 한다(〈표 1-6〉 참조).

〈표 1-6〉

제1차 텍스트				
대상언어의 텍스트 (연속적인 시퀀스플로우)		메타언어적 텍스트 (다양한 코드의 복합적인 실천플로우)		
		V(영상)		A/N(음성 나레이션)
S4 아이누 차별	s11 아이누 민족에 대한 편견 15:38~	CU 그림엽서 (PC TRC) CU 아이누의 풍속을 왜곡한 머리 씨름頭相撲와 털이 많은 사진 PC CRC TRC IC(Race)	Na	전국 각지에서 팔리고 있는 관광 그림엽서. PC 물론 코탄 사람들은 의도적으로 오랜 풍습, 다른 민족으로 소개되 는 것을 반기지는 않지만 더욱 이 들을 분노하게 하는 것은 아이누 의 오랜 풍습을 왜곡하는 사진이 많다는 것입니다. IC(Race) CRC (Conflict) ← '모순'의 텍스트장치로 서 CRC
	s12 아이누 민족의 고뇌 16:33~	BGM (TRC) MS→BS→FS→LS 입 주변 문신 을 감추고 거리를 걷는 할머니 CRC TRC BGM 애처로운 분위기의 음악 TRC WS 미싱을 돌리는 딸	Na	입 주변의 문신을 감추듯 걷고 있 는 할머니. PC 젊은 여성들은 긴 소매로 팔을 감 싸 코탄 사람들이라는 게 눈에 띄 지 않도록 하고 있습니다. IC (Race) CRC(Conflict) ← '모순'의 텍 스트장치로서 CRC 젊은이들의 고민은 결혼입니다. PC 대부분이 일본인과 가정 꾸리기를 바라고 있지만 이러한 바람들이 일본인들에게 반드시 받아들여지 는 것은 아닙니다. IC(Race) CRC (Conflict) ← '모순'의 텍스트장치로 서 CRC

이상의 장면(s4)에서는 〈표 1-7〉과 같은 '차별'의 구도가 '갈등 모순'의 텍스트장치로 코드화되고 있다는 점을 확인할 수 있다.

〈표 1-7〉 '이질적인 일본인'의 표상

장면	이질성의 대상	이야기의 특징—차별(은폐 갈등)의 담론
s11	아이누의 오랜 풍습을 왜곡한 관광그림엽서	코탄 사람들은 의도적으로 오랜 풍습, 다른 민족으로 소개되는 것을 좋게 생각하지 않습니다
s12	얼굴에 아이누의 문신을 한 아이누 여성	긴 소매로 팔을 감싸 코탄 사람들이라는 게 눈에 띄지 않도록 하고 있습니다
s12	젊은 아이누 여성	대부분이 일본인과 가정 꾸리기를 바라고 있지만 이러한 바람들이 일본인들에게 반드시 받아들여지는 것은 아닙니다

2) 아이누의 호칭을 둘러싼 역사적 배경

방송이라는 틀에서 약간 벗어나 아이누에 관한 연구를 거슬러 올라보면 아이누라는 호칭의 문제는 실로 기나긴 역사 속에서 수많은 변용을 거쳐 왔다는 것을 알 수 있다. '아이누관'이라는 타자성을 통사적인 문화인류학적 관점으로 인식적 변용에서의 정치성을 예리하게 논술한 키나세(木名瀬高嗣 1997)는, 아이누 연구의 동향이 '인종론'과 '문화론'이라는 커다란 두 개의 흐름에 따라 진행되어 왔다고 한다. 키나세에 따르면 '인종론'에서 아이누 타자성의 배후에 있는 담론은 '멸망하는 고민古民'으로, 여기서 '고민'이란 단순히 멸망해가는 민족이라는 담론이 아닌 실제 "그들의 '역사'를 인정하지 않는 것이며, 따라서 역설적으로 '영원'히 그들을 '고민'으로 고정시키려는" 저의가 있었다는 것이다.

또한 키나세는 '문화인류학'에서 아이누에 대한 시선에 대해 '동화'와 '차이'을 둘러싼 정치적인 시도의 변용으로 통사적으로 개관했다. 즉 전쟁 중에는 '차이를 차이로 동원해 가는 체계'를 통해 이를 '미개한 아이누가 어떻게 동화 달성에 성공했는지를 칭송하기 위해' 이용하거나, 역으로 아이누의 타자성을 강조하여 일본인과의 괴리를 진행시켰다는 것이다. 한편 아이누어와 아이누 문학의 '타자성'에 관해 당시 대표적인 아이누어 연구자였던 킨다이치金田一京助에 대해 "과도하게 미학화"되어 "순수하고 아름다운 '미개인', 즉 '고귀한 야만인'으로서의 아이누상을 완성하고 있다"는 점에서, "지배하면서 '애무愛撫'한다고 하는 정치적인 '사육'"이 감춰져 있다고 역설하고 있다. 나아가 킨다이치의 제자인 야나기다柳田國男[26]는 아이누에 대한 정책에 대해 '애무와 보호'를 지지하면서 아이누문화의 보호는 "일상적인 문맥 속 문화가 아닌, 기록된 '문예'로 상징되는 탈신체화, 탈문맥화된 문화였다"고 설명한다. 또한, "국민국가의 지배기술의 하나로 전통문예의 '포맷화'가 지지를 받는 와중에 결과적으로 아이누문화는 '주변문화'로서 비일상화되어 국민문화의 하위에 위치하는 '내면적인 타자'의 개념으로 파악되고 있으며, 이러한 영향은 본질적인 문화 앞에서는 단순한 노이즈로 계속 은폐할 수 있었다"고 서술하고 있다. 즉 키나세가 말하는 아이누의 동화사관同化史觀 속 '타자성' 담론은 '국민을 창출하는 과정 속에서 아이누의 차이를 영속적으로 수사학rhetoric의 폭력적인 대상화 과정'이었다고 볼 수 있다.

한편, 아이누 호칭의 문제를 일본인과의 관계에서 접근하고 있는 히가시무라(東村岳史, 2007)는 소위 '우타리'와 '아이누'라는 명칭의 담론적 표상의 차이에 관심을 가지고 전후 아이누 명칭의 변용에 대해 정리하고 있다. 실제 '아이누'에 관한 호칭은 '우타리' 이외에도 '구토인', '아이누계', '아이누 민족' 등이 있으며 이는 아이누와 일본인(화인(和人), 샤모)의 관계가 상호작용한 결과 생겨난 것이라고 기술하고 있다. 히가시무라에 따르면 '구토인'이라는 호칭은 1878년에 아이누에 대한 호적상 호칭을 통일하기 위해 제시되었으며, 그 후에 '홋카이도 구토인보호법'에 정식 사용되어 왔다고 한다. 구토인의 '토인土人'은 '미개인종'을 함의하는 보통명사로 아이누라는 호칭은 범주화에서 '낙인화'로 이어지게 되었으며, '토인 → 아이누 → 미개'라는 낙인을 피하기 위해 '아이누'를 떠나려고 하는 사람들이 생겨났다고 기술하고 있다. 그는 주로 1930년대 무렵 홋카이도 구토인보호법의 제2차 개정이 논의되면서 일본인이 '우타리'나 '동족'이라는 표현을 사용했는데, 전후에 치리가 '아이누계'라는 호칭을 사용하면서 1960년 홋카이도 아이누협회가 '우타리협회'로 그 명칭을 변경하기에 이른다. 그리고, 1990년대 들어 '아이누 민족'이라는 정치적 의사가 강하게 내포된 호칭이 증가해 왔다고 기술하고 있다.

아이누에 대한 법률의 제정(1899)과 아이누 호칭에 관한 정치적 움직임의 변화는 근대 일본 성립의 담론과 중요한 관계성을 가지고 있었다. 예를 들어, 요시노는 '일본인으로서의 정체성이 일본 열도에 살고 있는 대부분의 사람들에게 확산된 것은 메이지 중엽으로, "'근대적 내셔널리즘'이라 불리는 집합의식이 성립되는 것은 1895년 전후(청일전쟁기)로 추측된다"고 전제하면서, 아이누에 대한 첫 법률적용인 '홋카이도 구토인보호법'의 제정과도 시기적으로 겹치고 있다는 것을 알 수 있다(吉野耕作, 1997 : 38).

이상으로 아이누의 호칭이 의미하는 '타자성'의 정치적 담론의 변화에 관한 논의들을 간략하게 검토했다. 〈코탄의 사람들〉에 등장하는 1950년대 아이누 사람들은 스스로가 '일본인'으로 낙인찍히기를 갈망했으며 '미개'한 아이누의 범주로부터 도망치듯 자신을 숨죽이며 살아 온 사람들로 그려지고 있었다.

〈코탄의 사람들〉에서 표상되고 있는 1950년대 아이누의 '타자성'은 언어와 전통, 문화, 그리고 인종으로서도 아이누의 본질적인 정체성의 망각을 강요하는 사회적 압력을 암묵적으로 보여준다. 또한 이후 일어날 사회적 변동(1970년대 아이누 문화진흥운동과 1980~90년대 인권과 선주민에 관한 변동)은 예상조차 하지 못한 채 어색하게 일본인 정체성을 흉내내면서 살아가는 것을 진정한 아이누의 '정체성'이라고 생각했던 사람도 적지 않았다는 사실을 보여주고 있다.

3) 정체성의 박제剝製화

오오타(1993)는 문화의 담당자가 스스로 문화를 객체화하는 과정 속에서 자신의 정체성을 형성하는 과정에 대해 분석하며, 이러한 문화의 객체화를 촉진시키는 사회적 요인의 하나로 '관광'을 들고 있다. 오오타(1993)는 문화를 객체화할 관광을 통해 소수자와 미개사회, 민속문화의 정체성을 창조할 수 있다고 논술하고 있다. 논문(太田好信 1993)에서는 그 사례의 하나로 홋카이도 사루군沙流郡 비라토리쵸平取町 니부타니二風谷의 아이누 관광을 소개하면서 '보는'과 '보이는' 구도와 단순히 '문화의 구경거리화'라는 부정적인 견해가 아닌, 문화의 '소비' 대 '창조'라는 상반된 타자성에서 문화와 정체성의 진수를 묻고자 했던 것이다.

하지만 오오타의 견해는 "문화 담당자의 '창조'적인 '주체성'에 착안하는 것이 비교적 손쉬운 방법이며, '관광'을 활용한다는 경향은 현실적인 '정치'를 우회하기 위한 '술수狡知'에 빠져들 위험을 내포하고 있을 가능성이 있다"며 관광화에서 '누가 문화의 주체가 될 것인가'라는 강한 비판을 받았다(木名瀬高嗣 1997).

〈코탄의 사람들〉 담론이라는 측면에서 검토해 볼 때, 1950년대 이미지의 현실적인 문제는 '문화의 정체성을 창조하는 과정'과는 거리가 멀다는 것을 말해주고 있다. 홋카이도의 관광 붐과 상업화의 가속화와 함께 부각된 것은 문화와 정체성의 '창조'가 아닌, '상업성에 눈이 먼 아이누문화'라는 '왜곡'이었으며 그 중에서도 멸시의 대상이 된 것은 '관광 아이누'였다. 그 사례로 방송에 등장한 것은 아이누문화에는 존재하지 않는, 연출된 '머리씨름'이 그려진 그림엽서를 소개하는 장면이다(〈표1-8〉 참조).

s11·s18에서 표상된 1950년대 아이누의 또 다른 타자성은 '구경거리'로서의 타자이며, 또한 '만들어진' 타자이고 연출된 정체성이었다고 해도 과언이 아닐 것이다.

히가시무라(東村岳史, 2002 : 114)는 "1936년에 창설된 삿포로 관광협회가 전쟁 중에도 해산하지 않고 활동을 계속했으며, 전후에는 자치단체 또한 관광조직을 만들어 관광객 유치에 나서게 된다"며, 나아가 "마구잡이식 축제 붐에 관광협회를 비롯한 도민들로부터 비판의 목소리가 하나 둘 들려오고 있다"는 『홋카이도신문』의 기사(「너무 많은 축제」, 1959.9.7)를 소개하고 있다. 우연인지는 몰라도 본 장의 연구대상인 〈코탄의 사람들〉은 거의 같은 시기에 제작(1959.8.30 방송)된 것으로 방송 속 '관광'과 아이누의 '표상'은 역시 s4, s6과 같이 당시의 어긋난 관광사정이 반영되고 있다.

즉, 1950~1960년대 홋카이도 관광 붐 속에 등장하는 아이누 부락의 관광지는 민족 정체성과 문화 정체성의 혼재, 그리고 현대사회의 문화 내 셔널리즘[27]의 빈약함을 환기시키는 것이었다고 볼 수 있다.

〈표 1-8〉

제1차 텍스트				
대상언어의 텍스트 (연속적인 시퀀스플로우)		메타언어적 텍스트 (다양한 코드의 복합적인 실천플로우)		
		V(영상)		A/N(음성 나레이션)
S4 아이누 차별	s11 아이누 민족에 대한 편견 15:38~	CU 그림엽서 PC TRC CU 아이누의 풍습을 왜곡한 머리스모와 털이 많은 사진 PC CRC TRC IC(Race)	Na	전국 각지에서 팔리고 있는 관광 그림엽서. PC 물론 코탄 사람들은 의도적으로 오랜 풍습, 다른 민족으로 소개되는 것을 반기지는 않지만 더욱 이들을 분노하게 하는 것은 아이누의 오랜 풍습을 왜곡하는 사진이 많다는 것입니다. IC(Race) CRC (Conflict) ← '모순'의 텍스트장치로서 CRC
S6 관광 아이누의 변질	s18 '관광 아이누' 사람들 26:27~	BGM 빠른 템포의 밝은 음악 TRC MS 관광을 위한 곰축제(이오만테-8월 9일 시즈나이쵸靜內町)에 모인 사람들 PC MS 관광업자가 출자해 쇼로 개최 CRC PC WS 신에게 기원하는 의식(카무이노미)을 진행하는 노인 CRC PC GS 곰을 조릿대로 쓰다듬는 사람 CRC GS 구경하는 관광객들 CRC PC GS/WS→FS/A 아이누 민족무용을 노래하고 춤추는 여성들 CRC TRC PC	Na Na	지역 관광협회와 상점회의 후원으로 선전을 위해 개최되는 곰축제. 예전에 이 이오만테는 사냥의 성공을 신에게 기원하는 수렵민족의 염원이 깃든 엄숙한 축제였다. PC 하지만, 지금은 지역 업자로부터 자금을 받아 쇼의 형태로밖에 이어갈 수 없게 되었습니다. IC (Race) CRC(Conflict) ← '모순'의 텍스트장치로서 CRC 이 할머니들도 일당을 받고 이 자리에 모였습니다. IC(Race) CRC (Conflict) ← '모순'의 텍스트장치로서 CRC

⟨표 1-9⟩

제1차 텍스트			
대상언어의 텍스트 (연속적인 시퀀스플로우)	메타언어적 텍스트 (다양한 코드의 복합적인 실천플로우)		
	V(영상)		A/N(음성 나레이션)
S5 현재의 아이누 사람들 / s13 아이누 문화를 남기는 작업의 시도 17:44~	BGM 웅장하고 희망적인 음악 [TRC] CU 클라크 박사의 흉상 홋카이도 대학 구내 [PC] PAN/WS→FS 걷는 언어학의 치리 마시호 교수연구실 [CRC] [TRC] [PC] BS/A 치리 마시호 CU 즐비한 아이누 관련 서적들 [PC] [CRC]	Na Int	클라크 박사의 상이 서 있는 홋카이도대학. 이 대학에서 언어학을 강의하고 있는 치리 마시호知里真志保 교수는 아이누 출신의 문학박사입니다. [CRC] (…중략…) 우리 학자들 입장에서는, 사실 오랜 문화를 열심히 찾아보고 있는데, 전부 사라지기 전에 그걸 기록해야 하는데, 일단 사라져 버린다면 어쩔 수 없는 것이죠. [CRC] [TRC]

4) 만들어진 전형적인 '아이누'

당시 방송에 등장하는 아이누 언어학자 치리 마시호와 아이누 전통계 승자 카야노 시게루, 아이누 농업지도자 카이자와 타다시 등 3명은 이후 아이누의 실질적인 리더가 되는데 이러한 세 명의 인물을 활용해 이 시기에 고정적인 아이누 표상이 창조된 것이며, 그 후로도 지속적으로 이어져 향후 60년간 아이누 관련 방송의 단골 소재가 되었다.

다큐멘터리에서 최초로 등장하는 것은 치리다. 당시 홋카이도대학 교수였던 치리는 아이누어와 아이누 문학 연구자로서 아이누의 타자성에 대해 다음과 같이 서술하고 있다(⟨표 1-9⟩ 참조).

<표 1-10> **민족과 언어**(치리 마시호)

치리 교수의 인터뷰		해석	
사라지기 전 민족언어	기록한다	민족 정체성으로서의 언어	(언어학) 유의미
사라진 민족언어	어쩔 수 없다	비일상적 기호로서의 목소리	(언어학) 무의미

〈표1-9〉에 나온 치리 마시호의 인터뷰(s13)는 〈표 1-10〉와 같이 해석할 수 있다.

이 견해는 일본에서 고등교육을 받고, 교수라는 누구나 인정하는 사회적 지위까지 올랐음에도 불구하고 자신의 정체성과 일본사회 사이에서 계속 갈등해 왔기 때문에 가능했던 분석이었다고 볼 수 있다. 또한, 앞의 치리 마시호의 담론에서는 아이누어의 '문자화'라는 아이누로서의 자신이 해야 할 일에 대한 신념을 엿볼 수 있으며, 그가 일생 동안 지속해 왔던 아이누어와 아이누문화연구에 대한 공헌을 상기시키기에 충분하다.

다음으로 등장하는 카이자와 타다시의 경우, 그 가계는 1950년대 처음으로 등장한 이후 2000년까지 4대에 걸쳐 일본의 아이누 관련 다큐멘터리에서 다뤄지고 있다(〈표 1-11〉 참조). 그야말로 일본 TV다큐멘터리의 역사 속에서 '아이누'의 표상이 되고 있다. 즉, 그의 가계는 〈재팬리뷰-아이누모시리-아이누 민족과 홋카이도-카이자와 타다시의 장례〉(1992), 〈어떤 아이누 일족의 세월〉(1997), 〈'위법댐'이 남았다〉(1997), 〈어떤 댐의 이력서〉(2010) 등의 다큐멘터리에서 등장한다(부록 'NHK아카이브' 참조).

마지막으로, 현재 아이누인에서 가장 잘 알려져 있는 카야노 시게루도, 당시에는 고뇌하는 아이누 청년으로 다큐멘터리에 등장했다.

그리고 당시 방송에서 카야노가 취미로 했던 '코탄 노인들 인터뷰'(〈표 1-12〉 참조)는 그 후 아이누문화의 복권과 보존에 크게 공헌하게 된다. 이

〈표 1-11〉

제1차 텍스트			
대상언어의 텍스트 (연속적인 시퀀스플로우)		메타언어적 텍스트 (다양한 코드의 복합적인 실천플로우)	
		V(영상)	A/N(음성 나레이션)
S5 현재의 아이누 사람들	s17 치세외관 25:29~	BGM TRC FS 소를 쫓는 모범농민馬農家 카이자와 CRC PC 방목되고 있는 젖소 CRC BS/MS 젖소를 보고 있는 카이자와 CRC TRC PC	Na	부락 제일의 모범농민, 카이자와. 이 사람도 교장선생님의 제자입니다. 온화한 지금의 모습에서는 찾아볼 수 없지만 카이자와는 젊은 시절 열혈남아였으며 개척농민으로 만주에 건너간 적이 있습니다. CRC

〈표 1-12〉

제1차 텍스트			
대상언어의 텍스트 (연속적인 시퀀스플로우)		메타언어적 텍스트 (다양한 코드의 복합적인 실천플로우)	
		V(영상)	A/N(음성 나레이션)
S5 현재의 아이누 사람들	s14 모범적인 아이누 사람들 20:03~	BGM 빠른 템포의 음악 TRC LS 산간 니부타니의 코탄 PC FS→CU→FS 자전거로 우편배달을 하는 쵸町의회의원 카이자와 마츠타로貝澤松太郎 CRC TRC PC	Na	가난한 산간마을. 히다카日高 지방 니부타니 부락. PC 이런 농촌의 힘든 생활 속에서 새로운 마을만들기에 나서고 있는 사람들도 적지 않습니다. CRC
		BGM 장엄한 분위기의 음악 TRC 2S→BS 부업인 목공예를 하는 카야노의 치세 CRC PC BS/A 노인의 말을 듣고 있는 카야노 CRC TRC PC BS/A 아이누 노인의 음성 회화 TRC	Na	

등장인물	특징(일본사회에서 '타자'로 성공한 표상된 아이누)		
치리 마시호	아이누 언어학자	아이누어의 기록 수집	홋카이도대학 교수
카야노 시게루	아이누 전통계승자	아이누문화기록 수집	국회의원
카이자와 타다시	아이누 농업지도자	개척농민	부락 제일의 독농가

는 '사라져가는' 민족문화와 '지워졌던' 민족의 역사가 다시금 공공의 기억 속에 살아나는 순간이라고 할 수 있다.

이상으로 〈코탄의 사람들〉에 등장한 3명의 아이누를 소개했는데, 앞서 기술한 바와 같이 이후 이들은 아이누 관련 다큐멘터리의 '단골'이 되었으며 그들의 삶은 그야말로 아이누 민족의 상징적인 이미지로 구축되는 결과로 이어졌다. 이들 3명의 등장방식을 각각 상세히 분석해 보면 〈표 1-13〉과 같은 공통된 특징을 찾아볼 수 있다.

이들이 취재대상이 된 이유는 본래 이 3명이 아이누를 위한 위대한 노력들 때문이라는 외부적 요인 때문도 있으나, 내부적으로 TV에 출연해 자신이 '아이누'라는 사실을 밝히려는 아이누가 많지 않았다는 어려운 취재상황 때문으로 추측된다.

5) '신의 목소리'[28]와 차별의 표상

〈코탄의 사람들〉에 나타난 '타자성'의 특징은 특권적 관점으로 등장하는 '신의 목소리Voice of God(나레이션)'을 통한 해설적 표현으로 이야기가 완결되고 있다는 점이다. 이는 당시 상황적 폭력성을 짐작케 하는 결과이다. 앞에서도 언급했지만, 텔레비전 방송 초창기 다큐멘터리의 일반적인 형식과 마찬가지로 당시 방송에서는 시종일관 '신의 목소리'로 이야기가 전

제1차 텍스트				
대상언어의 텍스트 (연속적인 시퀀스플로우)		메타언어적 텍스트 (다양한 코드의 복합적인 실천플로우)		
		V(영상)		A/N(음성 나레이션)
S1 홋카이도 아이누의 역사	s4 시가지 근교의 코탄 2:12~	LS 아이누 집락 코탄의 풍경 가옥 들 PC TRC MS 손도끼로 나무를 자르는 아이 들 PC IC (Race) CU 아이누 아이들의 손과 얼굴 PC TRC	Na	시가지 근교의 코탄 풍경. 코탄이 란 아이누어로 부락을 의미하는데 그 주거와 생활, 또한 사고방식도 일반인과 크게 다르지 않습니다. PC (…중략…) 부락 아이들도 아이 누는 긴 수염이 난 할아버지 정도 로밖에 생각하지 않아 스스로도 완벽한 일본인의 모습이 되어가고 있습니다. IC (Race) CRC (Conflict) ←'모순'의 텍스트장치로서 CRC
에필로그	s19 가을수확 과 행복 한 '농업 아이누 (일본인이 된)'들 28:26~	BGM 경쾌한 음악 TRC BS→MS 짚을 마차에 싣는 농민 들 CRC TRC PC WS 웃으며 농업에 종사하는 아이 누들 CRC PC	Na	가을바람이 불어오는 홋카이도에 서는 가을걷이가 한창입니다. PC 편견과 싸우면서 땅을 일구는 농 민들. 과거를 잊고 일본인으로서 행복하게 살아가는 것 그것이 모 든 코탄 사람들의 바람입니다. IC (Race) CRC (Conflict) ←'모순' 의 텍스트장치로서 CRC

개되고 있다. 방송 마지막의 '신의 목소리'는 '일본인이 되고 싶은 아이누'
로 통일되어 있다. 예를 들어, 다음과 같은 장면이다(〈표1-14〉).

요컨대, 아이누의 아이들은 일본인에 거의 '동화'되어 있기 때문에 이
들 입장에서는 '동화'가 최고의 '행복'이라는 해설인 것이다. 이처럼 담론
이 성립되는 이유 또한 다큐멘터리 나레이션 속에서 찾아볼 수 있다(〈표
1-15〉 참조).

〈표 1-15〉 다양한 '차별'

장면	문제소재	차별	타자성
s11	관광그림엽서	아이누의 오랜 풍습을 왜곡한 사진	다른 민족으로 소개되는 것을 좋게 생각하지 않습니다.
s12	문신	아이누가 걸어온 역사	코탄 사람들이라는 사실이 눈이 띄지 않도록 하고 있습니다.
s12	결혼	이 사람들에 대한 뿌리 깊은 편견	무기력한 상황으로 몰리게 되었습니다.

① s11Na : 전국 각지에서 팔리고 있는 관광그림엽서. 물론 코탄 사람들은 의도적으로 오랜 풍습, 다른 민족으로 소개되는 것을 반기지는 않지만 더욱 이들을 분노하게 하는 것은 아이누의 오랜 풍습을 왜곡하는 사진이 많다는 것입니다.

② s12Na : 입 주변의 문신을 감추듯 걷고 있는 할머니. 젊은 여성들은 긴 소매로 팔을 감싸 코탄 사람들이라는 게 눈에 띄지 않도록 하고 있습니다. 이런 풍경은 거리에서 간혹 볼 수 있습니다. 일본인과 만나면서부터 아이누가 걸어온 역사가 이 사람들에게 그런 기분을 가지게 한 것입니다.

③ s12Na : 젊은이들의 고민은 결혼입니다. 대부분이 일본인과 가정을 꾸리는 것을 바라고 있지만 이러한 바람들이 일본인들에게 반드시 받아들여지는 것은 아닙니다. 먼 지방에서는 그 정도는 아니지만 코탄과 가까우면 가까울수록 이 사람들에 대한 편견은 여전히 그 뿌리가 깊게 남아 있습니다. 이러한 편견에서 벗어나기 위해 고향을 떠나고 싶어도 생활문제가 발목을 잡습니다. 이러한 상황들이 겹치면서 젊은이들은 점점 더 무기력한 상황으로 몰리게 되었습니다.

이상에서 알 수 있는 것은 아이누가 '행복'을 확보하기 위해서는 어쩔 수 없이 '동화'밖에는 선택지가 없다는 사실이다. 여기에는 '아이누'라는 정체성으로 나서는 것을 용납하지 않는다는 인지기준으로서의 동화정책은 물론, 아이누에 대한 차별과 편견에 고통받으며 아이누로부터 벗어나고자 자주적으로 정체성을 망각(방기)하고자 하는 '타자성'이 표상되고 있다. 상기 장면을 읽어 보면, ①은 차이를 강조함으로써 '타자'로서의 아이누를 고착시키는 차별을, ②는 아이누문화를 '미개'하다며 정책적으로 낙인화하는 차별을, ③은 '동화'의 근본적인 문제인 '결혼은 곧 혼혈' 속에서 차별을 언급하고 있어 당시 '아이누에 대한 일본사회'의 일상적인 편견과 차별의 실태가 적나라하게 표상되고 있다는 것을 알 수 있다.

5. 소결

본 장에서는 1950년대 다큐멘터리 〈코탄의 사람들〉에 등장하는 '관광 아이누' 표상의 역사사회적 의미범주와 그 변용, 그리고 배경에 주목하면서 사회적인 공간 속에서 아이누의 '보이는' 신체의 경험과 담론의 변용에 대해 관련된 다양한 미디어(다큐멘터리, 문학작품, 신문, 광고, 유행가, 박람회, 여행 등)에서의 연속성과 비연속성을 시간 축에 따라 검토하였다.

한편 1950년대는 아이누에 대한 정치적 작용과 사회적 관심, 아이누 스스로의 활동이 정체되었던 '공백기'(東村岳史, 2000)였다. 이는 미디어에서도 마찬가지였다. 본래 이 장의 목적은 1950년대 아이누의 표상을 다큐멘터리 속에서 찾는 것이었으나, 이에 해당하는 방송은 1950년 당시 단 1편밖에 없었다. 아이누가 방송된 프로그램을 찾아 보면 당시 NHK에는 〈일본의 민낯〉이라는 다큐멘터리 이외에는 뉴스 보도방송 정도가 있을 뿐이며 민간방송의 경우에도 시기적으로는 다소 늦었다. 예컨대 1957

년 지역방송국에서는 비교적 빠른 시기에 개국한 HBC北海道放送의 경우, 다큐멘터리 〈내가 봄おらが春〉은 1960년에야 제작되었지만, 본격적인 아이누 관련 다큐멘터리는 1969년이 되어서야 제작된 〈페우레 우타리〉라는 방송이었다.[29]

앞서 기술한 바와 같이 아이누를 '구경거리'의 대상으로 한 것은 메이지시대부터 있어 왔지만 본 장에서는 20세기 이후를 대상으로 하였다. 이는 1899년의 '홋카이도 구토인보호법' 제정 후인 1903년에 개최된 제5회 '내국권업박람회' 속에서 '보였던' 아이누 신체의 경험이 다음과 같은 점에 있어서 특별한 의미를 가지고 있기 때문이다. 첫째는, 그 박람회가 일본정부에 의해 정식으로 제청된 '공공행사'였다는 점이다. 둘째는, '학술인류관'이라는 구역명에서도 알 수 있듯이 '권업' 박람회라는 경제적 측면뿐만이 아닌, 당시 일본사회의 '지知의 세계'의 결집의 장이었다는 점이다(吉見俊哉, 1992 : 179~217). 셋째는, 사상 최대의 관람객이 찾았다는 점이다. 때문에 '보이는' 아이누의 전형적 이미지를 아이누와 일본인의 신체적 경험과 기억에 자연스러운 형태로 각인시킬 수 있었다. 앞에서 검토한 것처럼 제1기(1899~1926)에는 아이누가 이러한 박람회 주최자들의 욕망을 이해하는데는 이르지 못했으며 '보이는' 아이누 신체의 방향성은 이질적인 것이었다.

제2기(1927~1945)에 볼 수 있는 아이누의 커다란 변화는 '민족의식의 고양'과 아이누 스스로가 각종 저작물을 출판한 것이다. 이러한 변화가 일본정부에 의한 '신민화' 정책의 일환으로 강제적으로 행해진 '교육의 개입'에 의한 산물이었다는 것은 아이러니하다. 또한 이 시기에는 아이누를 '구경거리'로 하는 것에 대한 아이누 내부의 반대와 반발의 목소리가 커지고 있었다는 점에도 주목할 필요가 있다. 아이누 안에서는 '관광 아이누'에 대한 시선이 이미 분열되어 있었다고 볼 수 있다.

그 다음으로 제3기(1945~1959)에는 '관광 아이누'에 의한 변화가 있었다. '관광 아이누'라는 상투적인 담론에서 '보이는' 아이누의 소비와 다양한 사회의 경험이 '풍경화'되어 있으며, 우리는 이러한 의미를 철저하게 탐구할 기회조차 가지지 못한 채 그 담론만이 일시적인 유행처럼 확산되었다(구체적인 내용은 제2절 참조).

이상으로 20세기 초부터 중반까지의 '아이누'와 '관광'의 관계성을 검토했다. 여기서 다시 강조하고자 하는 점은 '관광 아이누'를 둘러싼 변용의 역사가 단순히 '동화'정책과 이에 '저항'하는 소수민족이라는 도식이 아니다. 또한 단순한 '진정성'과 '위조'의 이항대립의 도식도 아니다. 그것은 제국주의 정책과 다이쇼大正 초기부터 시작된 다양한 미디어의 성립과 사람들의 소통 기회의 확대, 그리고 급변하는 사람들의 신체적 경험의 변용 등 다양한 요소가 혼용되어 온 역사였다는 것이다.

마지막으로 1950년대의 대표적인 다큐멘터리 속 '관광 아이누'라는 아이누의 '타자성'은 〈그림 0-1a〉의 A1과 A에 속하게 될 것이다. 여기에 대략 다음의 4가지 특징을 다시 한번 정리해 두고자 한다.

첫 번째로, 이 다큐멘터리는 '관광 아이누(비일본인)' 대 '농민 아이누(일본인)'이라는 아이누 호칭에 대한 논쟁의 여지를 남긴 채 이중구조적인 단일민족으로서의 표상에 머무르고 있다는 점이다.

두 번째로, 1950년대의 소위 홋카이도 관광 붐에 의한 상업적 왜곡과 점점 더 피폐해져 가는 아이누문화와 아이누 민족의 정체성이 일본인에 대한 '동화'의 담론으로 일방적으로 집약되고 있다는 점이다.

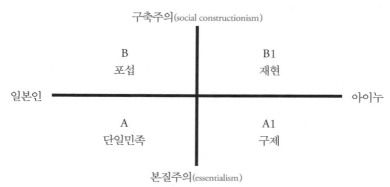

〈그림 0-1a〉 **분석시각으로서의 텍스트의 '타자성'과 지배적 이데올로기**

　세 번째로, TV와 신문, 가요, 소설 등 다양한 미디어에 다루어지는 것이 결국은 스테레오타입의 아이누 이미지를 고정화하고 있다는 점이다.

　네 번째로, '관광 아이누'는 일본인의 차별과 편견을 정당화하기 위한 '동화담론'의 하나이며, 그 주박呪縛이 강제된 '구제해야만 하는 타자'로서의 아이누 민족 표상이 구축되고 있다는 점이다.

■■■ 미주

1   근대의 철도와 여행을 통한 사람들의 신체적 경험의 변용 등 감각.

2   「발리섬과 관광의 문제 피지 민족문화의 연출」(山下晋司 編, 1996), 「'문화관광'의 전략
     적 가능성을 관광인류학을 통해 고찰한 논고」(橋本和也, 1999)를 들 수 있다.

3   야후백과사전(http:100.yahoo.co.jp detail %E8%A6%B3%E5%85%89)

4   TV다큐멘터리 〈일본의 민낯〉은 일본의 근대화와 그 이면에 은폐되어 있거나 혹은 인식
     하지 못한 채 방치되어 있는 다양한 사회의 일면이나, 같은 시기 같은 공간에 살고 있는
     인간의 군상을 예리하게 선별하여 시청자에게 제시하고 생각하게 함으로써 계몽과 개
     선, 그리고 문제 해결의 길을 모색하고자 했다. 종래의 극장용 기록영화가 자기완결적인
     세계를 제시하려는 질은 '의도'를 강요하는 것이었다고 한다면 방송은 음성과 영상(카
     메라)의 대립법적 구성을 통해 시청자에게 현재 진행되고 있는 사회적 현실과 사회가 안
     고 있는 문제점을 묻고 이를 생각하게 하는 독자적인 방식의 방향을 제시하고 있다. 〈일
     본의 민낯〉은 라디오의 녹음구성을 통한 사회보도 방송을 TV분야로 발전시킨 것으로
     서 16mm 카메라의 기동성을 살려 계속해서 현실사회의 있는 그대로의 모습을 예리하
     게 조명한 화제작을 만들어 냈다.

5   오구라가 정년을 맞은 1984년에 NHK의 후배를 위한 강연을 열었다. 그 강연의 녹취록
     『원반에서 뉴스미디어까지-나의 다큐멘터리론』을 NHK의 아이다(相田洋) 프로듀서가
     필사하고 주석한 책자(2008)에서 발췌. 그 외 「제작자연구 TV다큐멘터리를 만든 사람
     들 1-오구라 이치로(小倉一郎)(NHK)」, 『방송연구와 조사』(2012.2, pp.2~22)를 참조.

6   相田洋(2008).

7   相田洋(2008).

8   관광 붐의 한켠에서 당시 아이누 관련 관광행사를 둘러싸고 일반인(일본인 아이누)들
     사이에서도 입장료 등 여러 문제와 비판, 야유의 목소리가 신문 투고란에 다수 기고되었
     다.(東村岳史, 2002)

9   메이지 정부는 홋카이도 섬의 영역화(1869)와 병행하여 아이누 민족을 그 체제 내에 편
     입시키기 위한 제도적 조치를 강구하였다. 그 일환으로서 농업의 장려가 1871년부터 시
     작되었다(海保洋子, 1992 : 119).

10 "뭐랄까, 아이누의 곰축제나 뭐 관광적으로 연결되는 것에 엄청 반발하는 거죠. 우리들
     끼리만 예전부터 전해져 온 거라면 괜찮은데 관광적인 상품으로, 한 사람이라도 손님을
     더 부른다는, 한 푼이라도 더 번다는, 금전적인 얘기만 하는, 춤까지 추면서 돈을 벌어야
     하나, 그래서 나는 관광적인거에 반발한다니까…… 금전만의 현대에는 인간이 구경
     거리로 탐욕스럽게 이용된다니까"(젊은 아이누 여성인 이시카와(石川)의 인터뷰, 〈페우
     레 우타리〉, NHK, 1965).

11 吉見俊哉(1992 : 179~217) 참조.

12 쇠퇴 기미의 교토(京都) 경제를 살리고자 지역 실업가를 중심으로 추진된 것으로 심사
     제도의 도입과 수입기계의 전시 등은 분명 유럽의 박람회를 의식한 것이었다.(吉見俊

哉, 1992 : 122~123).

13 "이처럼 많은 사람들을 같은 장소에 모은 행사는 적어도 메이지 시대에는 찾아볼 수 없다."(吉見俊哉, 1992 : 131).

14 『풍속화보(風俗画報)』 269(임시간상편), 1903.

15 松田京子(2003 : 151~168).

16 『풍속화보(風俗画報)』 269(임시간상편), 1903.

17 도쿄 우에노(上野)공원에서 개최된 메이지 기념 탁식(拓殖)박람회(1912)에서도 인류학자 츠보이(坪井正五郎)가 담당한 아이누와 기타 인종의 전시가 이루어졌다(『홋카이도 타임즈』, 다이쇼 7.11.4). 또한, 1918년에 홋카이도에서 개최된 '아동박람회' 전시 시설의 하나로 '아이누관'이 설치되어 히다카(日高) 사루군(沙流郡)에서 초대한 히라무라(平村) 부부가 전시되었다(『홋카이도 타임즈』, 다이쇼 7.8.1).

18 당시의 『하코다테(函館) 마이니치(毎日)신문』은 전선개통을 기념하기 위해 신문 1면에서 8면까지 중앙에 광고열차가 달리는 붉은색 일러스트를 게재했다(『하코다테(函館)마이니치(毎日)신문』, 1904.10.15).

19 홋카이도 최초의 민간신문은 『하코다테(函館)신문』(1878 창간)이다. 홋카이도의 대표적인 미디어가 되는 『홋카이도 타임즈』는 1901년에 탄생하였다.

20 히가시무라는 아이누 의례인 '곰 바치기(熊送り)'에 주목하여 그 표상의 정치에 대해 고찰하고 있는데, '전후 아이누 전통의례인 '곰바치기'는 '관광'의 주요상품이 되었으며 관광협회의 개입을 통해 '곰축제(熊祭り)'로 변화해 갔다'고 논술하였다.(東村岳史, 2002). 이 점에 대해 아이누의 '보여주는' 경험의 일부는 전후 '축제'로 변형되어 갔다고 파악할 수 있다.

21 海保洋子(1992 : 128~131) 참조.

22 그 후, 2008년에 '사단법인 홋카이도 관광연맹'이 되었다.

23 吉見俊哉(1992)와 Schivelbusch, Wolfgang, 加藤二郎 訳(1982)를 참고.

24 砂田弘(1985).

25 『홋카이도의 관광과 산업-홋카이도대박람회기념』(1958 : 70).

26 柳田國男(1926 : 11~14).

27 문화 내셔널리즘(cultural nationalism)이란, 국민(민족)의 문화적 정체성이 결여되어 있거나 불안정하고 위협을 느낄 때, 그 창조, 유지, 강화를 통해 국민(민족)적 공동체의 차이성을 지양하는 활동이다.(吉野耕作, 1997 : 10~11).

28 빌 니콜스는 1930년대 영국에서 등장하기 시작한 다큐멘터리 표현양식을 모드(mode)라 하여, 초기 다큐멘터리의 표현수법을 해설적 모드(expository mode)로 분류함과 동시에 그 모드 속 나레이터의 목소리를 '신의 목소리(voice of God)'로 칭하였다(Nichols, Bill 1991).〈일본의 민낯〉시리즈 대부분의 방송이 이러한 해설적 양식에 의해 표상되고 있다.

29 미조구치(溝口博史)(HBC)의 인터뷰(2004).

제2장

귀속의식이란 무엇인가

1960년대와 2000년대의 방송 비교

1. 제작배경과 문제의식

본 장은 1953년부터 현재에 이르기까지 일본 TV방송의 약 60년에 걸친 역사 속에서 그려져 온 아이누의 표상을 '타자성'에 비추어 보면서 그 담론의 문화적 변용과 역사를 검토하는 연구의 일부이다. 이미 제1장에서 고찰한 1950년대 다큐멘터리 속 아이누의 표상은 1960년대에 방송된 다큐멘터리 속에서 어떻게 연속(또는 비연속)되고 있는가. 이러한 물음에 답하기 위해 본 장에서 실마리로 주목한 것은 NHK아카이브에서 발견한 1960년대 방송된 아이누 젊은이를 주제로 한 다큐멘터리 〈페우레 우타리〉이다.

실은 1960년대 제작된 아이누 관련 다큐멘터리 수는 그다지 많지 않다. 그 원인으로 생각되는 것은 다음의 몇 가지 점이다. 첫째, '60년대 안보투쟁'과 이케다池田勇人내각에 의한 '국민소득증대계획'의 각의결정

(1960), 도쿄 올림픽 개최(1964) 등에서 알 수 있듯이 정치적으로는 전후 일본과 미국의 새로운 군사적 관계를 둘러싼 시민운동의 고조, 경제적으로는 고도경제성장기에 돌입하기 시작한 이 시기에 '아이누'가 1950년대 이상으로 '타자'로 인식되기 어려웠을 가능성이 있다. 즉, "'60년 안보'는 전후 일본인들의 정신사精神史의 소재를 규명하는 분수령이었다"(栗原彬 編, 2015 : 1)는 표현처럼 1960년대 초 일본사회와 사람들의 정체성을 둘러싼 변화의 기복이 한층 가속화되었던 것이다. 또한 안보투쟁 4년 후인 도쿄 올림픽이라는 미디어 이벤트의 대중적 성공은 세계 속의 일본이라는 새로운 정체성을 사람들에게 인식시켰다. 즉, 일본사회에서 전후와 전시 제국주의의 '타자'를 둘러싼 방향성이 1960년대가 되어 서서히, 그러면서도 확실하게 다른 방향으로 전환되기 시작된 것이다. 실제로 NHK아카이브 안에서 이 시대의 아이누에 관한 방송 편수를 살펴보면 비교적 적다는 것을 알 수 있다(서장 참조).

둘째, NHK의 경우 1960년대 무렵부터 서서히 TV방송이 필름이 아닌 비디오테이프으로 촬영되고 있었다. 하지만, 초기에는 비디오테이프가 고가였기 때문에 필름시대와 마찬가지로 방송이 끝나면 영상이 기록된 테이프 위에 새로운 방송영상을 덧씌우는 시기가 있어 필연적으로 방송 기록이 남지 않았던 것이다. 따라서 이 시기의 다큐멘터리는 전반적으로 잔존율이 낮다. 아이누에 관한 방송의 경우도 예외가 아닐 가능성이 높다.

셋째, NHK아카이브에는 같은 NHK라도 지역 방송국에서 제작된 방송은 부분적으로만 소장하고 있었다는 점을 기억할 필요가 있다. 아이누 관련 방송의 경우, 방송 제작편수가 많은 것은 당연하게도 홋카이도 지역 방송국임에 틀림이 없다. NHK아카이브에 현존하는 1960년대 홋카이도 지역방송국에서 제작된 아이누 관련방송은 〈고향소식, 마음에 남는 사람 : 킨다이치 쿄스케金田一京介〉(1964), 〈시라오이白老 아이누 코탄古潭 오픈〉(1965), 〈코탄에 살아가는 킨조우마츠金城マツ〉(1965), 〈바츄라 야에코八重子〉(1965), 〈요네무라 요시오米村喜男〉(1966), 〈10년 만의 이오만테〉(1968) 등 6편뿐이었다. 이 수는 1960년대에 제작된 NHK아카이브 속 아이누 관련 다큐멘터리 편수(20편: 1960년대 중앙방송국이 제작한 방송 합계)에 비해 상당히 적은 것이다.

이상과 같이 1960년대 NHK 다큐멘터리의 '아이누' 표상을 종합적으로 논술하는 것은 결코 쉽지 않은 일이다. 이에 이 장에서는 초점을 '아이누 젊은이'에 대한 묘사방식으로 집약하고자 한다. 이는 〈페우레 우타리〉가 주로 평범한 아이누 젊은이들의 인터뷰를 중심으로 구성한 다큐멘터리로 1960년대 아이누 젊은이들의 현실적인 양상이 엿보이는 유일하고 귀중한 자료이기 때문이다. 또한, 1960년대 중반 다큐멘터리에 등장하는 아이누 젊은이들은 10대 중반을 전후로 하는 전후세대이기 때문에 이 다큐멘터리는 타자(아이누)에 대한 시선을 둘러싼 전쟁 전 및 1950년대와의 연속성(혹은 비연속성)을 파악할 수 있는 좋은 대상이라 생각했기 때문이다.

또한 본 장에서는 1960년대만을 대상으로 횡단적으로 방송을 부연하는 것에 한계가 있다는 점에서 거의 같은 주제를 가지고 2000년대에 제작된 방송을 비교사례로 활용하고자 한다. 즉 2008년에 〈우리들의 아이누 선언〉이 방송되었는데 이 방송을 〈페우레 우타리〉와 비교하면서 본 장의 고찰을 이어가고자 한다. 또한 본 장에서는 현재 아이누 젊은이들의 구체적이고 다층적인 실태를 파악하기 위해 민간 방송국에서 제작된 다큐멘터리와 젊은이들의 목소리를 듣는 조사도 부분적으로 정리하고 있다.

〈우리들의 아이누 선언〉은 그야말로 '지금'의 시대를 살아가는 아이누 젊은이들의 끊임없는 자아 찾기의 과정에 초점을 맞추고 있다. 여기의 '아이누' 표상에는 근대 이후 일본의 국체적 존립을 위해 만들어진 국민통합사상을 바탕으로 일방적으로 배제·포섭된 에스니시티에 관한 미해결 문제가 그대로 투영되어 있다. 그리고 다큐멘터리에서는 여전히 '아직 끝나지 않았다'고 말하는 듯한 아이누 젊은이들의 치열한 '물음'이 던져지고 있다. 현재를 '공생'하고 있는 동시대 젊은 아이누의 모습을 담아내고 있는 그 표상을 통해 우리는 잊고 있었던, 어떤 의미에서는 충격적인 기록에 눈을 뜨게 되는 것이다.

이 방송의 배경에는 2007년 7월 13일에 UN총회에서 채택된 '선주민족의 권리에 관한 UN선언'(常本照樹, 2010)에 이어, 2008년 6월 6일 일본 국회에서 처음으로 아이누를 선주민족으로 인정하는 결의가 이루어진 상황이 존재한다. UN총회의 채택 내용은 민주주의 사회의 전제로라고도 할 수 있는 인간답게 살아가기 위한 기초적 권리에 관한 것으로, 그 내용은 상당 부분 상식적인 항목이었다.[1] 이러한 사회정세와 함께 미디어에서는 아이누의 신법제정[2]과 UN선언과 관련된 보도와 특집방송, 기사가 속속 소개되고 있었다. 이러한 장기간에 걸친 아이누 민족에 관한 에스니시티의 권리보장에 관련된 문제가 클로즈업 되고 있었던 것이다.

이상과 같이 서로 다른 시대에 제작된 두 편의 방송을 비교함으로써 본장에서는 젊은 아이누들에게 '귀속의식이란 무엇인가'라는 물음에 초점을 맞춰 '타자'로서의 '귀속의식'의 사회문맥적 의미와 그 변용을 고찰하고자 한다. 특히, 앞에서 거론하고 있는 두 편의 방송 타이틀에서도 사용되고 있는 '젊은 동포'와 '아이누 선언'이란 무엇인가. 일본사회에서 아이누로 살아간다는 것은 어떤 의미인가. 이는 누구에게 선언하는 것이며, 과연 무엇을 어떻게 하고자하는 것일까. 젊은 '일본인'이 아닌, 젊은 '아이누'도 아닌, 젊은 '동포'라는 것은 도대체 무엇을 주장하기 위한 것인가. 다큐멘터리를 통해 제작자가 우리들에게 던지고 있는 이러한 의문은 지극히 추상적으로 들릴지도 모르겠지만, 바로 지금 우리가 숙고해야만 하는 근본적인 문제라고 필자는 생각한다.

이상을 바탕으로 다음 절 이후에는 TV다큐멘터리의 표상분석과 함께 다큐멘터리 표상이 전하는 귀속의 의미와 변용에 대해 살펴보고자 한다. 우선은 1960년대의 표상부터 검토해 보기로 한다.

2. 텍스트분석 : 창조된 '일본인'으로의 귀속

– 〈페우레 우타리〉를 중심으로

일본에서 아이누를 주제로 한 본격적인 TV다큐멘터리가 등장한 것은 제1장에서 기술한 바와 같이 〈일본의 민낯〉 시리즈 속에서 1959년에 방송된 〈코탄의 사람들〉이었다. 그리고 이 TV다큐멘터리의 원점이라 할 수 있는 〈일본의 민낯〉 시리즈가 막을 내린 뒤 새롭게 시도된 NHK시리즈가 〈현대의 영상〉이었다. 지금부터 소개하는 방송도 바로 〈현대의 영상〉 시리즈 속 다큐멘터리이다.

1965년 2월 26일(금요일 오후 7:30~8:00)에 방송된 〈페우레 우타리〉는 당시 일본사회를 살아가는 아이누 젊은이들을 중심인물로 클로즈업하고 있다. 이는 흑백의 '신의 목소리'를 가진 해설자(나레이션)에 의해 전개되는 형식의, 대본에 의한 방송기획을 바탕으로 필름구성(편집)된, 그야말로 초기 TV다큐멘터리의 전형적인 방식으로 제작되었다. 이 방송의 내용은 아이누를 둘러싼 차별과 편견의 문제에 대해 직접적인 표현방식으로 접근한 다큐멘터리로서, '자신 속의 타자'의 존재를 부정한 사회적 소수자인 아이누 젊은이들의 생생한 목소리가 있는 그대로 방송되고 있었다. 차별받는 당사자(아이누 젊은이)의 증언을 증거영상자료로 대담하게 다루고 있는 이 방송은 신선한 충격을 주었다. 또한 이는 1960년대 사회상황을 짐작케 하는 역사적 관점을 전하고 있다는 측면에서도 귀중한 영상기록이었다.

방송을 기획 구성한 나카타니中谷英世는 다음과 같이 방송의 기획개요를 설명하고 있다.

페우레 우타리란, 아이누어로 '젊은 동료·젊은 동포'라는 의미이다. 이는 젊은 아이누들의 마음에 투영된 일본인의 편견과 그 편견에서 벗어나고자 하는 그들의 노력에 관한 기록이다.

일본 유일의 소수민족 아이누는 홋카이도에 2만 명 정도로 추정되고 있는데 지금까지 멸망한 비극의 민족으로서 특히 민속학 연구재료로 소개되어 왔다. 하지만 최근에는 관광 붐에 편승한 상업주의와 연결되어 관광의 도구로 사용되고 있으며 이미 존재하지 않는 (구)아이누의 풍속이 흡사 현재의 생활인 것처럼 흥미위주로 다뤄지고 있다.

일본인으로서 인간답게 살아가고자 하는 젊은 아이누들은 이러한 관광 아이누와 이를 수단으로 삼고있는 업자에게 거세게 분노하고 있다. 이들에 대한 경멸과 편견은 이러한 구경거리에서 기인하는 것이며 새로운 생활의 장애요인이 되고 있기 때문이다.

홋카이도에서는 긴 세월동안 피정복민족의 비탄에 빠져 편견과 차별에 고통받아 왔으며, 현재에도 이들은 일본인으로서 당연한 삶을 살아가고자 할 때 참기 힘든 굴욕에 직면하게 된다.

최근 농업사정의 악화와 도시로의 유동流動 경향은 아이누들에게도 예외가 아니다. 돈을 벌기 위한 타향살이와 집단취직은 여기에서도 일상화되어 있다. 게다가 젊은 세대의 아이누들은 편견의 땅을 벗어나기 위해, 자유의 땅을 찾기 위해 이러한 경향에 박차를 가하고 있다. 하지만, 그곳에도 호기심에 찬 눈들은 가득하다.

이 방송은 민족의 숙명에 고통받으며 새로운 생활을 필사적으로 찾고자 하는 '젊은 아이누'의 굴욕적 과거에 대해 모놀로그를 중심으로 그려내고 있으며 인종차별의 문제에 대해 인간 본연의 존엄을 통해 호소하고자 한다.

(NHK TV 방송대본 B40.2.26.NO.20)

전체적으로 설명하자면 〈페우레 우타리〉에서는 '차별'받는 아이누 젊은이들이 등장하는데 그 이야기는 주로 두 가지 차별의 담론적 구조로 구성되어 있다고 할 수 있다. 하나는 '관광 아이누'에 대한 반발이며, 다른 하나는 집단취직이라는 미명 아래 홋카이도에서 도쿄로 이향離鄕하면서 확대된 '도쿄 아이누'였다. 다음으로 텍스트 속 두 가지 차별의 표상에 대해 고찰하고자 한다.

1) '관광 아이누'에 대한 반발-차별 1

방송개시 초반에 등장하는 것은 방송의 중심인물 중 한 사람인 이시카와石川다. 중학교를 갓 졸업한 여성이다. 이시카와는 홋카이도 오비히로带広 출신으로 아칸阿寒에서 '관광 아이누'의 관광업을 거쳐 지금은 도쿄 번화가 식당에서 일하고 있다(〈표 2-1〉참조).

방송개시 3분 정도가 지나면 이미 다음과 같은 나레이션을 통해 텍스트의 첫 '문제제기'가 이루어지고 있으며 시청자의 주의를 환기시킨다(〈표2-2〉참조).

한편, 이시카와는 학창시절을 다음과 같이 회상하고 있다(〈표2-3〉참조).

이상의 장면(S1)에서는 장면의 구성과 나레이션에 관해 다음과 같은 몇 가지 특징을 추출할 수 있다. 즉, 첫 번째로 '관광 아이누'의 경험을 가진 아이누 젊은이는 스스로 '관광 아이누'에 대한 저항감을 가지고 있으며, '관광 아이누'라는 '볼거리'로 생활을 이어가는 장사 자체에 반발하고 있다는 점이다. 방송 초반부터 등장하는 이시카와의 발언은 물론이고 이 방송을 통해 1960년대 아이누 젊은이들 사이에 높아졌던 '관광 아이누'에 대한 저항을 확인할 수 있었다. 이 방송의 중심인물 중 한 명인 이시카와의 일련의 증언 속에서도 '관광 아이누'의 경험을 가진 당사자로서의 발언은 설득력 있는 표상을 만들어 내고 있다. 이러한 점이 방송 속에서 분명히 나타나고 있는 곳은 구체적으로 다음과 같은 장면이다.

s1Int (이시카와) 관광 상품으로 손님을 한 사람이라도 더 부르려는, 한 푼이라도 더 벌고 싶다는, 금전적인 그런 얘기고, 춤까지 추면서 돈을 벌어야하나 하는, 그래서 전 관광적인 것에 반발하는거죠.

〈표 2-1〉

제1차 텍스트				
대상언어의 텍스트 (연속적인 시퀀스플로우)		메타언어적 텍스트 (다양한 코드의 복합적인 실천플로우)		
		V(영상)		A/N(음성 나레이션)
S1 아이누 차별	s2 이시카와 의 증언 2:45~	BS 이시카와 TRC	Int	(…중략…) 뭐라 해야 하나, 아이누 곰축제나 관광적인 걸로 연결되는 데 굉장히 반발하는거죠. CRC(Conflict)←'모순'의 텍스트장치로서 CRC 우리들 사이에서만 예전부터 전해지는 것이면 좋겠지만, 관광적인 상품으로 손님을 한 사람이라도 더 부르려는, 한 푼이라도 더 벌고 싶다는, 금전적인 얘기고, 춤까지 추면서 돈을 벌어야하나 하는, 그래서 전 관광적인 것에 반발하는 거죠. IC(Race) CRC(Conflict)←'모순'의 텍스트장치로서 CRC

〈표 2-2〉

제1차 텍스트				
대상언어의 텍스트 (연속적인 시퀀스플로우)		메타언어적 텍스트 (다양한 코드의 복합적인 실천플로우)		
		V(영상)		A/N(음성 나레이션)
S1 아이누 차별	s3 관광 아이누의 사례 3:25~	CU 네온 ZI 밤거리 TRC CRC	Na	물질만능의 현대에는 인간이 구경거리로 탐욕스럽게 이용된다. CRC(Conflict) ← '모순'의 텍스트장치로서 CRC
			Na	도쿄에도 오랜 아이누 풍속을 상품으로 하는 술집이 생겼다. IC(Race) 여기에서도 이시카와의 예전 동료들이 일하고 있다.

| | 춤추는 아이누 PC CRC | Na | 백년 전의 오래된 아이누 의상과 단조로운 춤, 그리고 리듬이 사람들의 호기심을 충족시킨다. IC (Race) 하지만, 이곳에서 춤추는 젊은 아이누들도 먹고 살기 위해 하는 일이라고 생각하면서도, 자신들의 일 자체가 현대 아이누들의 일반적인 생활이라는 오해를 사는 것에 대해서는 경계하고 있다. CRC (Conflict) ← '모순'의 텍스트장치로서 CRC |
| | 아이누의 춤을 추는 아이누 여성들 PC TRC CRC | Na | 곰을 숭상하고, 사슴을 먹고, 초가집에서 원시생활을 하는 것이 아이누라는 일반의 편견이 조장되는 것에 대해 크게 불안해 하고 있는 것이다. IC (Race) CRC (Conflict) ← '모순'의 텍스트장치로서 CRC |

〈표 2-3〉

제1차 텍스트			
대상언어의 텍스트 (연속적인 시퀀스플로우)		메타언어적 텍스트 (다양한 코드의 복합적인 실천플로우)	
		V(영상)	A/N(음성 나레이션)
S1 아이누 차별	s5 이시카와의 증언 7:04~	BS 이시카와 TRC CRC	Int 시험 때가 되면 보지 않은 것도 봤다고 해야하고, 친구들한테 그런 소릴 들으면 별로 신경쓰이지 않는데, 선생님한테 그런 얘길 직접 들은 적이 있거든. IC (Race) CRC (Conflict) ← '모순'의 텍스트장치로서 CRC
		CU 이시카와 TRC	친구들 전부 보는 자리에서 그런 얘길 들었다. CRC 울음도 안 나왔다. 그냥 그 선생님 얼굴만 계속 쳐다볼 뿐. CRC

한마디도 안했어. 선생님한테까지 그런 얘길 들으면서 살아야 하나 하는 생각을 했는데, 부모를 원망했지 뭐. CRC IC (Race)

태어나지 않았으면 이런 이상한 일 겪지 않아도 될텐데 하며. CRC IC (Race)

(…중략…) 죽고 싶을 때가 한 두 번이 아니었지. IC (Race) CRC (Conflict) ← '모순'의 텍스트장치로서 CRC

s3Na 물질만능의 현대에는 인간이 구경거리로 탐욕스럽게 이용된다. (…중략…) 이곳에서 춤추는 젊은 아이누들도 먹고 살기 위해 하는 일이라고 생각하면서도, 자신들의 일 자체가 현대 아이누들의 일반적인 생활이라는 오해를 사는 것에 대해서는 경계하고 있다.

두 번째로, 그러면서도 젊은이들이 '관광 아이누'에 반발한 것은 그것이 운용되는 구조의 근저에 '차별'의 담론과 '동화'에 대한 압력이 항상 공존하고 있었기 때문일 것이다. 이러한 점이 방송 속에서 나타나고 있는 곳은 구체적으로 다음과 같은 학교생활의 장면이다.

s5Int (이시카와) (…중략…) 선생님한테까지 그런 얘길 들으면서 살아야 하나 하는 생각을 했는데, 부모를 원망했지 뭐. 태어나지 않았으면 이런 이상한 일 겪지 않아도 될텐데 하며. (…중략…) 죽고 싶을 때가 한두 번이 아니었지.

'차별'받는 당사자의 선택지로써 극단적인 방법(죽음)을 생각한 적이 몇 번이나 있었다고 고백하는 장면(s5)은 아이누로 살아간다는 것에 대한 갈등과 동화에 대한 압력이 일상적이고 구조적으로 행사되었던 당시 상황을 연상케 하는 '갈등 모순'의 텍스트 장치의 CRC로 읽을 수 있다.

2) '도쿄 아이누'라는 이향離鄕—차별 2

다른 하나의 아이누 젊은이에 대한 차별 담론은 '도쿄 아이누'라는 이향의 표상에 의해 그려지고 있다. 홋카이도에서 도쿄로의 이향은 '집단취직'이라는 이름으로 치장되었는데, 그 본질은 차별로부터의 도피처 그 자체를 추구하려는 것이었다(〈표2-4〉 참조).[3]

방송 중에 등장하는 이시오카石岡 선생님이라는 인물의 아이누인 제자 3명(니시모토梨本, 행방불명인 다카하시高橋, 아라타荒太)이 등장하는 것은 생생한 현황을 충분히 말해주고 있다(〈표 2-5〉 참조).

다음 장면은 도쿄에 취직한 뒤 행방불명된 아이누 젊은이 다카하시의 이야기를 소개하고 있다. 도쿄 프레스공장에 취직한 다카하시를 찾는 선생님의 영상과 함께 다음과 같은 나레이션이 흐르고 있다(〈표2-6〉 참조).

이 장면(S2)에서는 장면의 구성과 나레이션에 관해 다음과 같은 몇 가지 '차별'의 담론을 둘러싼 특징을 추출할 수 있다. 즉, 첫 번째로 고향인 홋카이도를 떠나는 아이누 젊은이들을 어필했다는(s8) 점이다. 다음으로 고향을 떠나는 전제로 집단취업을 지원한 이유로 '아무도 자신을 모르는 곳에서 일하고 싶다'는 아이누의 본심이 직접적으로 언급되고 있다는(s8) 점이다. 세 번째로는, 도쿄에 집단취직을 할 수 있었음에도 불구하고 이직한 3명은 다름아닌 아이누 젊은이들이었다는 점(NA 작년 집단취직했던 20명 중 이직한 3명 전부가 아이누 아이들인 것은 왜일까)에서 일본사회의 뿌리깊은

〈표 2-4〉

제1차 텍스트			
대상언어의 텍스트 (연속적인 시퀀스플로우)		메타언어적 텍스트 (다양한 코드의 복합적인 실천플로우)	
		V(영상)	A/N(음성 나레이션)
S2 취직과 편견	s8 취직과 편견 11:05~	CU 구인정보 포스터 PC TRC CRC	Na 구인난을 겪고 있는 요즘, 홋카이도에서는 아이누라는 이유만으로 취직할 수 없는 경우가 있다. PC (…중략…) 아이누 아이들은 고향을 떠나 일하고 싶어한다. PC IC (Race) 지금까지의 자신을 모르는 곳에서 일하고 싶은 것이다. CRC(Conflict) ← '모순'의 텍스트장치로서 CRC
	12:10~	FS 이시오카石岡 선생님 TRC	Na 하지만, 취직시즌인 지금 이시오카 선생님의 머리를 짓누르고 있는 문제가 있다. 작년 6명의 아이누 아이들이 신천지를 찾아 도쿄에 취직했다. PC IC (Race) 하지만, 그동안 절반인 3명이 직장을 떠났으며 그 중 2명이 행방불명되었던 것이다.

〈표 2-5〉

제1차 텍스트			
대상언어의 텍스트 (연속적인 시퀀스플로우)		메타언어적 텍스트 (다양한 코드의 복합적인 실천플로우)	
		V(영상)	A/N(음성 나레이션)
S2 취직과 편견	s10 차 안의 이시오카 선생님 14:30~	FS/LS 이시오카 선생님 TRC CU 선생님의 얼굴 TRC	Na 작년 집단취직한 20명 중 이직했던 3명 전부가 아이누 아이들인 것은 왜일까. IC (Race) 이시오카 선생님은 휴가를 이용해 상경하기로 했다. CRC(Conflict) ← '모순'의 텍스트장치로서 CRC

〈표 2-6〉

제1차 텍스트				
대상언어의 텍스트 (연속적인 시퀀스플로우)		메타언어적 텍스트 (다양한 코드의 복합적인 실천플로우)		
		V(영상)		A/N(음성 나레이션)
S2 취직과 편견	s12 이시오카 선생님 18:45~	FS/LS 걷는 이시오카 선생님 TRC	Na	'아이누'라 불릴 두려움에 털이 많은 몸을 감추려 했던 다카하시. CRC(Conflict) ← '모순'의 텍스트 장치로서 CRC 소년시대의 학대받고 모욕당했던 경험이 그의 마음을 얼마나 소심하게 만들어 버렸던가. IC (Race)

차별의 현실을 환기시키고자 했다는(s10) 점이다.

그리고 방송에서는 다음과 같이 한 사람의 인물(이시오카 선생님) 속 감정변화를 '의문'에서 '무력감'으로 보여줌으로써 일본사회의 아이누에 대한 뿌리 깊은 차별의 현실을 이야기하고 있다. 이러한 대립과 변화의 장면에서 '갈등 모순'의 텍스트 장치로서의 CRC를 읽을 수 있다.

· 상경하는 차 안에서 이시오카 선생님 : 그렇게 고향을 싫어하며 편견 없는 도쿄에 동경했는데 어떻게 된 일인가.(의문)

↓

· 행방불명된 다카하시의 비참한 현실을 확인한 후 : 이시오카 선생님은 소년의 마음조차 제대로 알지 못한 채 열등감에서 해방시켜주지 못했던 교육자의 무기력을 지금 뼈저리게 느끼고 있는 것이다.(자기부정, 한계)

요컨대 '도쿄 아이누'의 현실에 직면하면서 '의문'이 서서히 '자기비판'

과 '무력감'으로 변해 가는 이시오카 선생님이라는 역할은 소위 일본인을 '대표'하는 등장인물이며, 이러한 시퀀스(s2)는 아이누의 '구제'를 일본인에게 호소하려고 하는 제작자측의 강한 어필이 묻어나는 장면이기도 하다.

계속해서 그 다음에 등장하는 아라타는 부모님 곁을 떠나 도쿄 음식점에서 조리장板前 연수 중이었던 아이누 젊은이였다. 아라타가 묵묵히 일하고 있는 다음 장면의 나레이션은 과거 힘들었던 차별과 '숙명적 열등감'을 느끼게 했던 편견의 체험을 사실적으로 연상케 하는 것이었다(〈표 2-7〉 참조).

〈표 2-7〉

제1차 텍스트				
대상언어의 텍스트 (연속적인 시퀀스플로우)		메타언어적 텍스트 (다양한 코드의 복합적인 실천플로우)		
		V(영상)		A/N(음성 나레이션)
S2 취직과 편견	s10 조리장이 아라타 에게 21:29~	BS/CU 아라타의 얼굴 TRC	Na	이 일에는 학교도 집안도 더욱이 인종 등이 문제가 되지 않는다. IC (Race) 칼 다루는 솜씨만이 인정받는 실력의 세계다. 아라타는 예리한 칼로 숙명적인 열등감을 잘라내려는 것이다. CRC (Conflict) ← '모순'의 텍스트장치로서 CRC
	s14 아라타의 기억 22:10~	FS/ZI 잠자리의 아라타 모습 PC CRC	Na	혼자가 되면 어린시절 아이누라는 이유로 따돌림 당해 학교에 가지 않았던 일과 중학교 졸업 후 농업 노무자로 홋카이도를 전전하며 그때마다 멸시받았던 굴욕의 나날들이 뇌리를 스친다. IC (Race) CRC (Conflict) ← '모순'의 텍스트장치로서 CRC

이 장면(s13~s14)에서는 장면의 구성과 나레이션에 관해 다음과 같은 특징을 추출할 수 있다. 즉, 과거의 '기억'과 현재의 '분투' 사이의 대립구조를 통해 아이누 젊은이들의 소위 '인종'이 아닌 '사실'로서의 '귀속의식'을 표상하고 있다는 점이다(〈표 2-8〉 참조).

이렇게 상기 장면에서는 아이누 젊은이들의 비참한 차별의 상황이 "예리한 칼"이나 "열등감", "잘라 내려고", "굴욕" 등 자극적인 담론을 활용한 '갈등 모순'의 텍스트 장치로서 표상되고 있으며, 이러한 부분은 CRC로서 표상에 구체적인 '사실감'을 부여하는 방법으로 읽을 수 있다.

한편, 다음 사례는 '니부타니二風谷 → 도쿄東京 → 니부타니'라는 '이향'과는 다른 '귀향帰郷'의 사례인데 당사자인 카이자와貝澤는 아이누 젊은이들 중에서는 극히 드문 경우로 기술되고 있다(〈표 2-9〉 참조).

이 장면(s6)에서는 장면의 구성과 나레이션에 관해 다음과 같은 특징을 추출할 수 있다. 즉, 아이누에 대한 차별을 극복하고 '아이누'로 귀속했던 아이누 젊은이다(〈표 2-10〉 참조).

'공부를 잘했던' 카이자와는 도쿄의 단기대학을 졸업하고 고향으로 '돌아'올 수 있었으며 비라토리쵸平取町 니부타니 소학교의 교단에 섰다. 요컨

〈표 2-8〉

장면	나레이션	시간축	담론	귀속의식
s13	이 일에는 학교도 집안도 더욱이 인종 등은 문제가 되지 않는다. 칼 다루는 솜씨만이 인정받는 실력의 세계다. 아라타는 예리한 칼로 숙명적인 열등감을 잘라내려는 것이다.	현재	실력 희망	아이누 (조리장)
s14	혼자가 되면 어린시절 아이누라는 이유로 따돌림 당해 학교에 가지 않았던 일과 중학교 졸업 후 농업노무자로 홋카이도를 전전하며 그 때마다 멸시받았던 굴욕의 나날들이 뇌리를 스친다.	과거	차별 모욕	아이누

〈표 2-9〉

제1차 텍스트		
대상언어의 텍스트 (연속적인 시퀀스플로우)	메타언어적 텍스트 (다양한 코드의 복합적인 실천플로우)	
	V(영상)	A/N(음성 나레이션)
s6 소학교 교단의 카이자와 08:51~	PAN 비라토리쵸 니부타니 소학 교 TRC BS 교단 위의 카이자와 PC CRC CU 얼굴 CRC	Na (…중략…) 고교진학을 희망했다. 그때 '아이누도 고등학교에 가냐' 는 말을 선생님께 들었던 기억이 지금도 머릿속을 떠나지 않는다. IC (Race) 그것이 카이자와를 고향 교단에 서게 한 이유이기도 한 것이다. (…중략…) 카이자와는 차별과 편 견이 없는 교실을 만들고 사회에 진출해 자랑스럽게 나는 아이누라 고 당당하게 말할 수 있는 실력을 갖춘 아이들을 키워내고 싶다고 한다. CRC (Conflict) ← '모순'의 텍 스트장치로서 CRC

〈표 2-10〉

장면	나레이션	시간축	담론	귀속의식
s6	차별과 편견이 없는 교실을 만들고 사회에 진출해 자랑스럽게 나는 아이누라고 당당하게 말할 수 있는 실력을 갖춘 아이들을 키워내고 싶다고 한다.	현재	실력 희망	아이누 (교육자)
s6	'아이누도 고등학교에 가냐'는 말을 선생님께 들었던 기억이 지금도 머릿 속을 떠나지 않는다.	과거	차별 모욕	아이누

대, 카이자와는 고난을 극복하고 '아이누'를 위한 일을 하기 위해 '아이누'

로 귀속된 경우였던 것이다.

이상으로 여기에서 소개한 젊은 아이누인들은 '이향'(이시오카 선생님의 제자들)이든 혹은 '귀향'(카이자와)이든 1960년대 일본사회의 아이누 젊은이들 몸에 붙어 따라다녔던 '차별'이라는 주박의 담론과 아이누 젊은이들의 다양한 '귀속'을 이야기하는 사례로서 표상되고 있다.

3) '종속' – 1960년대 아이누 젊은이들의 귀속

이상 방송에 등장한 4명의 아이누 젊은이들의 담론에는 피스크가 말하는 '모순'과 '갈등'의 텍스트 장치가 극대화되어 있으며 아이누라는 이유만으로 참담한 차별을 받아 온 가혹한 기억의 표상이 증언의 방식으로 기술되고 있다. 그리고 여기에는 일본사회 속에서 구조적으로 편견과 차별의 계층으로 구축되어 온 '아이누'라는 또 다른 일본인이라는 '타자'로서의 숙명을 강요당했던 1960년대 '목소리 없는 귀속'으로 창조된 아이누 젊은이들에 관한 사실적인 표상이 그려지고 있다.

상기 사례에서 알 수 있듯이 1960년대 다큐멘터리에서 그려진 젊은 아이누인들에 관한 주요 주제는 일본사회의 다양한 '차별'의 실태를 호소하는 것이었다. 당시 '타자성'의 경계선은 다름아닌 '차별'이라는 사회적 함의를 통해 구축되었다는 것을 추측할 수 있다. 한편 방송은 종반부에 이르러 다음과 같은 나레이션으로 마무리하고 있다(〈표 2–11〉 참조).

하지만, 영상에 등장하는 아이누로서 모멸당해 왔던 체험을 회상했던 젊은이들의 인터뷰 속에서 단 한 사람도 자기자신을 '동포'라거나 '일본인'이라고 말하지 않고 있다는 점은 주목할 만하다. 아무리 힘든 상황에 처해 있더라도 '일본인으로서의 귀속'을 말하는 이는 없었던 것이다. 즉, 해당 시대의 귀속이란, 자주적인 귀속과는 거리가 먼 강요된 권력에 의해 종

〈표 2-11〉

제1차 텍스트		
대상언어의 텍스트 (연속적인 시퀀스플로우)	메타언어적 텍스트 (다양한 코드의 복합적인 실천플로우)	
	V(영상)	A/N(음성 나레이션)
s6 일터의 아이누 여성 24:32~	중국인 점포 TRC CRC FS 일터의 아이누 여성 PC CRC	Na 이것은 단순한 아이누의 이야기가 아니다. 일본인이지만 일본인으로 살아가기 위해 노력해야만 하는 우리들 젊은 동포의 이야기이다. IC (Race) CRC (Conflict) ← '모순'의 텍스트장치로서 CRC

속될 수 밖에 없었던 '상황적 귀속'이라 할 수 있다. 그럼에도 불구하고 마지막에 일방적으로 부여되고 있는 '일본인'이라는 범주화는 소위 피스크나 맥케이브가 말하는 '특권적 관점'의 종합적 이데올로기의 닫힌 텍스트로의 유도이며 단지 공허한 울림일 따름이다. 그리고, 방송의 부제인 '젊은 동포'라는 담론의 의미공간은 아이누의 '배제'와 경멸계층의 일본인으로서의 '포섭'이라는 이중성의 구조를 다시금 환기시키는 '상상의 공동체'(戴エイカ 1999)로서의 역사 전개를 포함하고 있다고 생각한다.

다음은 차별을 벗어나기 위해 결국은 네오 디아스포라화한 '도쿄 아이누' 젊은이들의 다른 하나의 표상을 소개·분석한다. 기술한 바와 같이 〈페우레 우타리〉로부터 약 40년 뒤인 '도쿄 아이누'의 귀속을 주제로 한 텍스트 〈우리들의 아이누 선언〉이다.

3. 텍스트분석 : "선언"하는 귀속의 '모순'

— 〈우리들의 아이누 선언〉

〈페우레 우타리〉로부터 약 40년이 지난 2008년, 다시 아이누 젊은이를 주제로 한 다큐멘터리가 방송되었다. 〈우리들의 아이누 선언〉이다. 이 방송은 젊은 세대의 아이누들이 자신의 정체성에 눈을 떠 가는 과정을 그린 다큐멘터리였다. 방송개요에서 언급된 '아이누레블스AINU REBELS'라는 '아이누 민족의 후예'를 의미하는 그룹명에서도 알 수 있듯이 멤버는 20~30대의 소위 아이누 혈통을 계승한 이들로 구성되어 있다. 16명 정도의 멤버는 아이누의 춤과 노래, 복장 등 전통문화를 현대적 감각으로 재현해 많은 사람들이 즐길 수 있도록 다양한 퍼포먼스를 진행해 왔다. 이 그룹을 만든 메인 멤버 중 한 명이 힙합을 좋아하는 소위 '요즘'의 보통 청년 아츠시厚司다. 하지만, 그는 지금까지 자신 속 아이누의 존재를 계속 부정해 왔다(〈표2-12〉 참조).

그러면서 자존감을 가지고 활동하고 있던 동생 미나美直의 영향을 받게 된다. '자신이 계속 피해왔던 아이누란 무엇인가'를 생각하기 시작한 그는 "아이누 민족의 뿌리와 지금에 이르는 역사. 이들을 알게 되면서 이제까지 품어 왔던 아이누에 대한 부정적인 이미지가 극적으로 변해갔다"고 말한다(〈표 2-13〉 참조).

이 장면(s8)에서는 장면의 구성과 나레이션에 관해 다음과 같은 몇 가지 '아이누'를 둘러싼 담론의 특징을 추출할 수 있다. 즉, 우선 '아이누'='자기부정, 고독, 감추기, 안 됨, 이유를 알 수 없다'고 하는 '불행'의 상징으로 표상된다는 점이다.

다음으로 '아이누였던 것이 가장 큰 불행이었고, 아이누였던 것이 가장

〈표 2-12〉

제1차 텍스트				
대상언어의 텍스트 (연속적인 시퀀스플로우)		메타언어적 텍스트 (다양한 코드의 복합적인 실천플로우)		
		V(영상)		A/N(음성 나레이션)
S1 아이누 아츠시 와 아이누 레블스	s5 아츠시의 심경의 변화 13:08~	BS 아츠시 TRC CRC	Na	아이누는 굉장히 약한 것이었죠. IC(Race) (…중략…) 어렸을 적부터 그렇게 생각했었고, 전부 가난했고, 다 없어지면 그만이라는 생각도 했었다. 아이누 같은 건 모두가 잊으면, 아니 모르게 되면 평범하게 살아갈 수 있겠지. CRC (Conflict) ← '모순'의 텍스트장치로서 CRC

〈표 2-13〉

제1차 텍스트				
대상언어의 텍스트 (연속적인 시퀀스플로우)		메타언어적 텍스트 (다양한 코드의 복합적인 실천플로우)		
		V(영상)		A/N(음성 나레이션)
S3 다양한 아이누인 들의 활동	s8 아이누 레블스의 공연 (사이타마) 24:32~	고등학교의 의뢰 PC 시민홀(사이타마) PC TRC WS 체험담을 이야기하는 미나 PC TRC CRC FS GS 춤을 추는 레블스 TRC CRC PC FS GS 교류회에서 학생들과의 담화 TRC CRC PC BS 아츠시 TRC CRC 아이누 청년 츠바사[翼]	 On On	 그럼 그럼, 자신을 부정하니까 CRC(Conflict) ← '모순'의 텍스트장치로서 CRC 어린 시절, 아무런 지식도 없었을 때, 어느날 갑자기 부정되는 순간 IC(Race) 역시 말할 수 없지만 (…중략…) 고독했고, 부모님과 형제들에게도

			말할 수 없었고, 어렸지만 프라이드 때문에 왠지 약해보이고 싶지 않아서 감추고 숨기고, 그렇게 사람들 앞에서는 강한 척했지만, 굉장히 외로웠던 그런 존재가, '난 뭐가 문제지', '난 왜 다르지' 하는 생각, 역시 이해할 수 없었던, 이유를 전혀 알지 못했던 시절 IC (Race) CRC (Conflict) ← '모순'의 텍스트장치로서 CRC
BS 여학생 TRC CRC		On	그럼 반대로 가장 행복했던 일은
BS 아츠시 TRC CRC		On	아이누였던 것이 가장 큰 불행이었고, 아이누였던 것이 가장 행복이었다고 할까. IC (Race) CRC (Conflict) ← '모순'의 텍스트장치로서 CRC

큰 행복이었다'는 갈등과 모순이 강조되고 있다는 점이다. 상기 (s8) 아츠시의 갈등, 모순의 내면에 표상되고 있는 '모순'된 장치의 담론에는 아이누로서 아이누를 위한 사회적 활동과 운동을 전개하고 있지만 비참한 결과로 끝났던 부친(사카이酒井衛)에 대한 기억[4]이 남아있는지도 모르겠다.

또한 이 방송에는 아이누의 인권운동에 헌신한 부모를 가진 아이누가 또 한 사람 등장한다. 아이누의 전통 배인 이타오마치프イタオマチプ 만들기에 참여하고 있는 유우키 코지結城幸司다. 당시 43세였던 그는 아이누 인권운동을 전면에서 전개했던 유우키 쇼지結城庄司와는 달리, "도쿄에서 샐러리맨으로 일하던 30대 중반까지 자신의 아이누 정체성에 대해 생각해 본 적이 없다"고 말한다. 방송에서 부친의 묘를 찾은 유우키는 다음과 같이 말하고 있다(〈표2−14〉 참조).

이 장면(s10)에서는 장면의 구성과 나레이션에 관해 다음과 같은 몇 가

제1차 텍스트				
대상언어의 텍스트 (연속적인 시퀀스플로우)		메타언어적 텍스트 (다양한 코드의 복합적인 실천플로우)		
		V(영상)		A/N(음성 나레이션)
S1 다양한 아이누인 들의 활동	s10 아이누 공예가 유우키 36:59~	홋카이도 시레토코^{知床} PC BS/CU 유우키의 얼굴 TRC	Int	이게 정답이라고 하면서 일하는 사람의 모습이 내가 볼 땐 우습게 보인다. 따라서 의아해 하면서, 혼란스러워 하면서, (…중략…) 주시하면서 일하기 때문에 그런 여유가 없지. (…중략…) 섞는거지. 난 내 나름대로 그 뭔가 일본의 풍습도, 아이누의 풍습도 양쪽 모두를 할 생각으로 (…중략…) 이게 옳다 저게 틀리다는 게 아마 다양하게 나올거라 생각하는데, 그래도 마음 한구석엔 아이누로서 이렇게 해야지라고 하는 생각을. CRC (Conflict)← '모순'의 텍스트장치로서 CRC

지 특징을 추출할 수 있다. 즉, 우선 '아이누로 살아간다'는 것을 둘러싼 (아이누의) 갈등이 사실적으로 표상되고 있다는 점이다. 유우키에게 아이누 인권운동가인 유우키 쇼지의 아들이라는 배경은 그를 다시 '아이누'로 귀속시키는 계기가 되었는지도 모른다. 하지만 '귀속'을 둘러싼 구체적인 방법을 몰라 매일 고민하는 그(유우키 코지)의 모습에서 그야말로 개인 한 사람이 떠안아야 할 갈등이 아니라는 생각이 든다. 왜냐하면 '상황'이 갖춰지지 않은 상태에서 강요 받는 '선택'은 이미 '차별'에 다름아니기 때문이다.

다음으로 아이누의 '귀속의식'은 일상적인 '마음'일지도 모르겠다고 하는 증언(s10 그래도 마음 한구석엔 아이누로서 이렇게 해야지라고 하는 생각을)의 무게이다. 잃어버린 채로 아이누로서의 방식과 방법은 몰라도 '마음'만은 아이누라고 느끼는 것이야말로 현재 아이누의 '귀속의식'이 아닐까.

한편 아이누인들에게는 시간차가 생기기는 해도 자신의 정체성을 자문하는 시기가 찾아온다. 이는 아이누의 혈통을 계승하는 사람들에게 반드시 찾아 온다고 해도 과언이 아닐 정도로 고통스러운 자기부정의 시간을 필요로 하는 것이었다. 그리고, 아이누로서 '어떻게 살아갈 것인가'를 생각한다. 그 여정에는 '선언'하는 사람도 있고, 끊임없이 방황하면서 '모색'해 가는 사람도 있다. 실제 영상에는 아이누 노래인 〈우포포〉의 저명한 전승자 안도安藤ウメ子를 할머니로 두고 있으면서도 20대까지 자신이 아이누라는 사실을 주변에 밝히지 못했던 젊은이가 등장한다. 안도의 손녀 메구미恵다.

그녀는 아이누레블스의 멤버가 되면서부터 변했다고 한다. 그리고 이제껏 서랍 안에 넣어 두었던 할머니의 선물인 아이누 전통악기 무쿠리ムクリ를 손에 들게 된다.

방송 종반이 되면 아이누레블스의 공연이 시작된다. 그 장면에는 다음과 같은 나레이션이 흐른다(〈표2-15〉 참조).

이 후반 장면(s13)에서는 장면의 구성과 나레이션에 관해 다음과 같은 몇 가지 특징을 추출할 수 있다. 우선 도쿄의 중심에서 '아이누로 살아간다'고 '선언'하는 아이누 젊은이들을 표상했다는 점이다.

다음으로 이러한 '선언'이란, 아이누의 춤과 랩을 '융합'시킨 새로운 방식이었다는 점이다.

그리고, 이러한 '선언'은 아이누 젊은이들뿐만이 아닌, 다수의 일본인도 함께 원을 그려가며 즐겁게 참가하는 하나의 '장'을 상징하고 있다는 점이다. 분명 제작자측의 마지막 메시지는 일본사회에서 이러한 '장'을 실현

제1차 텍스트				
대상언어의 텍스트 (연속적인 시퀀스플로우)		메타언어적 텍스트 (다양한 코드의 복합적인 실천플로우)		
		V(영상)		A/N(음성 나레이션)
S4 아이누 레블스의 공연	s13 아이누 레블스의 공연당일 (하라주쿠) '아이누 선언' 51:13~	WS 메구미 TRC FS/GS 춤추고 노래하는 여성들 TRC PC FS/CU 아츠시의 랩 TRC PC FS 원을 그리는 춤 관객의 박수 TRC CRC IC (Race) PC		Na	전통과 현대가 하나가 된 아이누 레블스의 단계. 이는 일본에서 아이누로 살아가고자 결정한 젊은 세대의 '아이누 선언'입니다. CRC (Conflict) IC (Race) ← '모순'의 텍스트장치로서 CRC

하자는 것이었음에 틀림이 없다.

다큐멘터리의 감독이었던 아라이荒井는 "요즘 평범한 젊은이들을 그려내고 싶었다"고 방송 기획의도를 이야기한다.[5] 아라이가 표현했던 다큐멘터리의 표상은 40년 전 다큐멘터리에서 표상되었던 차별과 편견에 휩싸인 '그림자 일본인'으로서의 '감춰진 아이누'였다는 표상과는 크게 다른 것이었다. 그리고 '평범하면서 평범할 수만은 없었던 젊은이들'의 표상에는 스스로 아이누라는 사실을 표현함으로써 아이누문화를 계승해 가는 활동의 길을 선택한다는 고충을 자신과 타자에게 보여준다고 하는 에스닉 정체성을 둘러싼 인식의 변화가 확인되고 있다.

요컨대, 방송의 타이틀인 '선언'이란 메이지 시대부터의 동화정책에 따라 일방적으로 부여된 종속적 정체성에서 자신의 정체성을 스스로 주체적으로 선택할 수 있게 되었다는 것을 시사적으로 전하고 있다. 그리고 이러한 선언방법은 아이누의 전통무용과 노래의 공연을 거듭하면서 사람들에게 알리는 활동을 전개하는 것이었다.

하지만, 현실적인 관점에서 생각하면 아이누 선언이라 해도 일본인으로서의 국적이 변하는 것은 아니며, 아이누만의 특별한 시민권Citizenship이 보장되는 것도 아니다. "자신에 대해 자문할 때, 자신의 표상에는 비춰지지 않는 타자, 이러한 의미에서 부재된 타자와의 관계가 무시되어서는 안 된다. 타자와 함께 문제해결을 물어가는 사회적 장을 벗어나지 않으면서도 단독자로서의 개개인 내면의 사색과 반성을 심화시킨다고 하는 모순을 포함한 긴장을 유지하지 않는다면 (…중략…)"(花崎皋平 2000)과 같이, 이미 '선언'이 향하고 있는 곳은 소위 '타자'가 아닌 실은 지금까지 부정되어 온 자신 속 또 다른 자아와 마주하게 된 새로운 '자기자신'이 아닐까.

'아이누로 살아가는 것'은 반드시 아이누어를 유창하게 말하고 아이누 무용과 노래를 잘 하며, 전통적인 의례를 지키는 것만을 의미하는 것이 아니며, 자신 속 몇 퍼센트 정도의 혼혈을 '감출 수 있는 자유'가 보장되는 사회에서 자신 속 아이누의 존재를 '부정하지 않는 것'이 아닐까. 아이누로서 다양한 민족의 활동에 헌신하는 아이누 젊은이들에게는 소극적인 해석으로 들릴지 모르겠지만 일반적으로 아이누를 둘러싼 '상황'의 복잡성은 일부러 '부정의 부정'이라는 표현방식을 선택하는 것이 자연스럽다는 생각을 한다. 이것이야말로 "함께 인간으로서의 정체성을 가지고 살아가는 것"의 사상(花崎皋平 2000)을 공유하기 위한 하나의 방법이 아닐까.

아래 공연 중 아츠시의 랩은 사람(관객)들을 향하고 있다기 보다는 자기 자신에게 계속해서 말하고 있는 듯한 인상을 준다(〈표2-16〉 참조).

이 장면(s14)에서는 장면의 구성과 나레이션에 관해 다음과 같은 몇 가지 특징을 추출할 수 있다. 즉, 우선 다큐멘터리의 주인공인 사카이 아츠

〈표 2-16〉

제1차 텍스트				
대상언어의 텍스트 (연속적인 시퀀스플로우)		메타언어적 텍스트 (다양한 코드의 복합적인 실천플로우)		
		V(영상)		A/N(음성 나레이션)
S4 아이누 레블스의 공연	s14 아이누 레블스의 공연 당일 (하라주쿠) '아이누 선언' 54:20~	시부야 공원 PC CU 사카이 아츠시의 얼굴 WS 아츠시 TRC CRC	Na	(랩) 다음 생에 태어나도 다시 아이누이고 싶다. 누구의 기준, 누구의 가치, 누구든, 누구나, 이 글자를 보는 것만으로도 떠는 아이누, 하지만 이 말이 지금은 편하고, 다정하고, 강한 이 세 글자의 울림이 지금은 너무나도 좋아 CRC IC (Race)
		GS 남성멤버		(랩) 아이누, 아이누, 아이누, 아이누, 아이누, 몇 번이고 불러본다 IC (Race) CRC (Conflict) ← '모순'의 텍스트장치로서 CRC
		GS/FS 분위기에 고취된 사람들 춤추는 멤버 PC TRC CRC		(랩) 아이누, 아이누, 아이누, 아이누, 아이누, 아이누(IC (Race)

시의 '귀속의식'의 변화를 재차 강조하고 있다는 점이다. 아이누라는 것을 부정해 온 과거와 결별하고 다시 태어난 것처럼 자신 속 '아이누'를 받아들이려는 의지가 강하게 그려지고 있다.

　다음으로 아이누를 선언하는 대상은 타자(일본사회 일본인)가 아닌 자기 자신이라는 것을 표상하고 있다는 점이다. 이미 서술한 바와 같이 반복적으로 '아이누'를 외치는 것은 그야말로 자신에게 각인시키려는 인상을 전해주고 있으며 '선언'의 비장함을 느끼게까지 해 준다(s14).

　텍스트 장치와 코드화의 담론에서 아이누를 '선언하는' 것이 아이누를 '부정하지 않는 것'이라 해석한 것은 의미의 축소와 소극적인 해석이 아니다. 이는 다른 일본인으로서 차별받아 온 과거 역사의 잔해가 지금도 여전히 뿌리 깊게 남아 있기 때문이다. 한편, 세계화의 가속화와 함께 현대사회에는 근대 국민국가주의의 단일민족이념이 이미 '신화'가 된 것이나 다름없기 때문이기도 하다. 그리고 아이러니컬하게도 오늘날 일본사회 속에서는 아이누 젊은이가 하나의 경계 속 세계에만 귀속하며 살아가는 것이 현실적으로 어려운 상황이기 때문이기도 하다.[6]

4. '귀속'과 시선

텍스트에 등장하는 아이누 젊은이들의 각각의 '정체성 찾기'는 다음과 같이 다양한 상황 속에서 각각의 입장으로 전개되었다. 이제부터는 텍스트 속에서 소개되고 있는 아이누 정체성과 관련된 젊은이들의 인터뷰를 예시하면서 그 안에서 읽어낼 수 있는 현실을 살아가는 아이누에 대한 시선에 대해 생각해 보고자 한다.

1) 가장假裝된 '정체성' — 홋카이도에서 도쿄로 이주한 아이누 젊은이

본래 홋카이도 오비히로帶広 출신인 사카이 아츠시. 그의 부친은 취직차별 때문에 도쿄로 돈을 벌러 나간 뒤 사망, 아츠시는 힘든 소년시절을 보냈다. 그가 20세가 되던 해 '아이누라는 현실에서 벗어나고 싶은' 생각에 도쿄로 이주했다(〈표2-17〉 참조).

이 장면(S1)에서는 장면의 구성과 나레이션에 관해 다음과 같은 몇 가지 특징을 추출할 수 있다. 우선 스스로 고향을 떠난 '도쿄 아이누'가 표상되고 있다는 점이다. 다음으로, '도쿄 아이누'가 된 이유는 차별과 편견을

		제1차 텍스트		
대상언어의 텍스트 (연속적인 시퀀스플로우)		메타언어적 텍스트 (다양한 코드의 복합적인 실천플로우)		
		V(영상)		A/N(음성 나레이션)
S1 아이누 아츠시와 아이누레 블스	아츠시 13:23~	BS → CU 아츠시의 얼굴 TRC	Int	여기에 있는 편이 잘 섞이고 있다는 생각이 듭니다. 다양한 사람들이 있어서 그다지 위화감도 들지 않구요. (눈에 띄지 않는다는) 눈에 띄지 않는 것도 있구요. 의식적으로 어느 정도 다르죠. (어떻게 다른가) 역시 그다지 아이누에 대한 편견이 없구요, 물론 있는 사람도 있지만. 도쿄에서는 모두 같은 출발점에 서 있죠. 이런저런 일본인도 외국인도 많잖아요. 그 중의 한 사람으로 있을 수 있다는. IC (Race) CRC(Conflict) ← '모순'의 텍스트장치로서 CRC

벗어나기 위한 선택이었다는(Int 도쿄에서는 모두 같은 출발점에 서 있죠) 것을 이야기하고 있다는 점이다. 또한, '도쿄 아이누'란 '눈에 띄지 않는' 정체성이었다는 것을 이야기하고 있다는 점이다.

아츠시는 도쿄에 있는 편이 "편견은 그다지 없다"고 말한다. 홋카이도의 '선주민족'인 아이누가 홋카이도에서의 '편견'과 '차별'을 못이겨 도쿄로 탈출한다고 하는 이상한 현실. 선주민이면서도 홋카이도에서 도망쳐 나오는 것은 '홋카이도'가 '차별 배제'의 역사 그 자체였기 때문일 것이다. 아츠시의 부모세대부터 지금도 여전히 변하지 않은 아이누에 대한 '차별 배제'의 시선을 이야기하고 있는 것이다. 즉, 아츠시의 도쿄 이주는 정체성의 '가장紛らわせ'이었다.

2) '밖'에서 배운다―자신의 정체성을 각성

아이누가 '너무 싫었던' 아츠시를 변화시킨 것은 동생 미나였다고 한다. 하지만 미나 자신의 정체성에 대한 각성은 외부 세계 즉, '캐나다 유학'에서의 경험이 계기였다. '즐겁다'고 말할 정도로 각성한 미나의 이야기는 '지금 일본사회에서 소수자를 위해 무엇을 할 수 있는가'에 대한 힌트가 들어있다고 보인다(〈표 2-18〉 참조).

3) '이유없는' 존재의 부정과 고독한 정체성

한편, 아래 츠바사의 소년시절 아이누로서의 기억에 대한 이야기는 '이유 없는' 차별과 편견이었다. 단지 '아이누'라는 것만으로, '아이누'가 무슨 뜻인지도 모르는 아이가 '이유 없는' 차별과 편견을 피할 수 있는 유일한 방법은 '감추는' 것이었다. 이렇게 일상적으로 뿌리 깊게 각인되어 온 '감추는 정체성'은 한편으로 사회적이고 구조적인 시스템이 되어 기나긴 역사 속에서 본질적인 것으로 고착되었던 것이다(〈표2-19〉 참조).

4) 방황하며 찾아가는 정체성

당시 40대였던 유우키 코지의 부친은 1970년대 '아이누 해방운동'에 헌신했던 유우키 쇼지다. 당시 쇼지가 참여했던 구체적인 운동경위에 대해서는 거론하지 않겠지만, 아이누와 지知(인류학)의 세계와의 갈등, 모순과 대항의 현실을 가까이에서 보아 온 코지의 다음과 같은 이야기(예를 들어, '의문, 방황, 답할 수 없는')에는 '극렬하다'는 세간의 비판을 받았던 부친의 아이누 해방운동과 현실적인 세간의 반응을 모두 인식해 온 겸허함이 배

〈표 2-18〉

제1차 텍스트		
대상언어의 텍스트 (연속적인 시퀀스플로우)	메타언어적 텍스트 (다양한 코드의 복합적인 실천플로우)	
	V(영상)	A/N(음성 나레이션)
S2 역사 속 아이누와 아이누인 — 아츠시의 동생 미나 16:24~	BS →CU 미나의 얼굴 TRC	Int — 캐나다 사람들을 보고 굉장히 쇼크를 받았다. CRC IC (Race) 우리들과 전혀 달랐죠. 자신의 뿌리나 선주민이라는 사실을 긍정적으로 받아들인다는 걸 몰랐기 때문에 놀랐고, 그런 걸 감추고 있는 자신이 비굴하고. 자신을 억누르고 있었던. 그런걸 홀홀 털어내면 이렇게 편해지는구나 하는 생각을 했어요. CRC(Conflict) ← '모순'의 텍스트장치로서 CRC

〈표 2-19〉

제1차 텍스트		
대상언어의 텍스트 (연속적인 시퀀스플로우)	메타언어적 텍스트 (다양한 코드의 복합적인 실천플로우)	
	V(영상)	A/N(음성 나레이션)
S3 다양한 아이누인 들의 활동 — s13 츠바사 27:34~	BS →CU 츠바사의 얼굴 TRC	Int — 어린 시절, 아무런 지식도 없었을 때, 어느날 갑자기 부정되는 순간 IC (Race) 역시 말할 수 없지만 너무나도 고독했고, 부모님과 형제들에게도 말할 수 없었고, 어렸지만 프라이드때문에 왠지 약해보이고 싶지 않아서 감추고 숨기고, 그렇게 사람들 앞에서는 강한 척했지만, 굉장히 외로웠던 그런 존재가, 난 뭐가 문제지, 난 왜 다르지하는 생각, 역시 이해할 수 없었고, 이유를 전혀 알지 못했다. CRC(Conflict) ← '모순'의 텍스트장치로서 CRC

〈표 2-20〉

제1차 텍스트				
대상언어의 텍스트 (연속적인 시퀀스플로우)		메타언어적 텍스트 (다양한 코드의 복합적인 실천플로우)		
		V(영상)		A/N(음성 나레이션)
S3 다양한 아이누인 들의 활동	유우키 코지 36:59~	BS → CU 유우키의 얼굴 [TRC]	Int	지금의 아이누문화에 완벽하게 자신이 있는 건 아니지. 지금도 여전히 혼란스러워 하면서 이걸 하고 있으니까. 아마 죽을 때까지 답이 나오지 않겠지. 이게 정답이라고 하면서 일하는 사람의 모습이 내가 볼 땐 우습게 보여. 따라서 의아해 하면서, 혼란스러워 하면서, 자신도 이렇게 주시하면서 일하기 때문에 그런 여유가 없지. [IC] (Race) [CRC](Conflict) ← '모순'의 텍스트장치로서 [CRC]

어있다고 생각한다. 따라서 아이누의 정체성에 대한 시선을 회복하는 길이 험난할 것이라는 유우키의 답변은 상당히 설득적인 것이라 생각한다 (〈표 2-20〉 참조).

5) 할머니의 공로와 뿌리의 재확인

긴 세월동안 자신의 정체성을 감추고 살아 온 메구미ᵉ는 아이누레블스의 멤버인 아이누 젊은이들로부터 용기를 얻어 각성한 경우였다. 그녀의 할머니는 아이누 노래인 〈우포포〉와 무쿠리ᄼᄼᄼ 연주로 유명한 아이누문화의 계승자인 안도安東ウメ子였다(〈표 2-21〉 참조).

이 장면(S4)에서는 장면의 구성과 나레이션에 관해 다음과 같은 몇 가

제1차 텍스트				
대상언어의 텍스트 (연속적인 시퀀스플로우)	메타언어적 텍스트 (다양한 코드의 복합적인 실천플로우)			
	V(영상)		A/N(음성 나레이션)	
S4 아이누 레블스의 공연	46:45~ 메구미 46:58~	CU 메구미의 얼굴 TRC CRC IC (Race)	Na	할머니의 노래를 듣게 된 것은 아이누레블스에 들어가서부터. 아이누의 문화를 배우려는 멤버들과 만나면서 메구미는 변해 갑니다. TRC IC (Race) CRC (Conflict) ← '모순'의 텍스트장치로서 CRC
			Na	아이누냐는 물음에 모두 어떤 대답을 하느냐는 질문에 모두 아이누라고 대답한다고. 반대로 왜 그 말을 못하냐는 질문을 듣기도 하는데. 그런 멤버들을 보면서 말하지 못하는 내가 이상한건가, 말해도 아무렇지도 않은 거구나 하는 생각을 하게 돼서. CRC (Conflict) IC (Race) ← '모순'의 텍스트장치로서 CRC
			Na	우메코가 손녀 메구미에게 남긴 물건이 하나 있습니다. (PC) 우메코가 소중히 간직해 왔던 아이누 민족악기 무쿠리입니다. TRC CRC IC (Race)
	48:02~	무쿠리를 연주하는 메구미 TRC CRC IC (Race)	Int	몰랐는데 할머니는 이런 여성스러운 모습으로 연주했다고 합니다. 저는 투박하게 이렇게. 음이 늘어지질 않아요. 이렇게 하는 게 연주하기 쉽죠. 저도 모르게 이렇게 합니다. 이상한 소리도 나지 않구요. (…중략…) TRC CRC IC (Race)

지 특징을 추출할 수 있다. 우선 아이누 젊은이의 '귀속의식'의 변화가 구체적으로 표상되고 있다는 점을 들 수 있다. 이 경우 아이누 젊은이 메구미는 할머니와 아이누 그룹 멤버의 '귀속의식'에 강한 영향을 받은 것으로 그려지고 있다.

다음으로 아이누로의 '귀속의식'으로서 무쿠리라는 아이누 전통악기가 상징적으로 표상되고 있다는 점이다. 유명한 아이누문화의 전승자인 할머니로부터 '귀속의식'의 증표는 다름아닌 무쿠리였다(우메코가 손녀인 메구미에게 남긴 물건이 하나 있습니다. 우메코가 소중히 간직해 왔던 아이누 민족악기 무쿠리입니다). 아이누의 일상생활 속에서 이어져 온 노래인 〈우포포〉를 다수 기억하고 있던 할머니 우메코의 '문화'를 접하면서 메구미는 드디어 아이누로서의 자신의 정체성과 마주 서게 된 것이었다.

6) 짊어질 수밖에 없는 정체성

방송 마지막 장면에 등장하는 아츠시의 인터뷰는 '아이누'로 살아가야만 하도록 아이누라는 정체성을 '짊어지게 하는' 사회의 힘을 상기시키는 것이었다. 아이누로 자부심을 갖고 살아갈 수 있는 사회상황(환경)을 만드는 것이야말로 우선일 것이다. 그의 이야기 속에서 책임의 무게는 그가 아닌 우리들에게 있다는 사실을 다시금 상기시켜주고 있는 것이다(〈표2-22〉참조).

5. 귀속의식의 개념과 '에콜로지컬한 자신'

본래 '귀속'이란 무엇인가. 테사 모리스-스즈키(テッサ モーリス-鈴木, 大川正彦 訳, 2000 : 119)는 귀속성에 대해 "정체성이라는 말은 귀속성을 함의

〈표 2-22〉

제1차 텍스트				
대상언어의 텍스트 (연속적인 시퀀스플로우)		메타언어적 텍스트 (다양한 코드의 복합적인 실천플로우)		
		V(영상)		A/N(음성 나레이션)
에필로그	아츠시 57:43~	BS → CU 아츠시 인터뷰 TRC CRC IC (Race)	Int	아마도 일본인 대표로 살고 있지는 않다. IC (Race) 하지만 아이누만 아이누를 대표해서 살아가야 한다는 그런 느낌이 잖아요. 그게 역시 겹쳐지는 것 같아요, 모두와는. CRC (Conflict) ← '모순'의 텍스트장치로서 CRC

하는" 것으로, "자기가 보다 큰 집단으로 몰입하는 것, 눈을 뜨고 나서야 처음으로 그 모습이 나타나는 정체성, 즉 '우리들-정체성'"이라 서술하고 있다. 요컨대, 귀속성이란 집단적 주체성을 말하며 귀속의식이란 자타 혹은 안팎과 같은 경계의식이 함의되어 있으며, 자기(주체)를 타자와는 다른 집단에 포함시키려는 감정, 의지의 표출이라 할 수 있다. 이러한 집단으로의 귀속이 자기의 '존재의 토대'라고 하는 인식이 지금은 보편적인 견해가 되었다고 하는데,[7] 본 장에서 문제가 되는 것은 바로 그 '집단'이 되는 것이다.

일반적으로 귀속집단이라 하면 가족과 사회, 문화, 민족, 국가, 인종, 에스니시티 등을 들 수 있다.[8] 하지만 본 장의 연구대상인 방송 속에서 '아이누 선언'을 전개한 아이누 젊은이들에게 귀속의식의 대상이 되는 집단은 소위 '일본' 혹은 '아이누'의 민족집단이 될 것이다. 스스로도 디아스포라의 경험을 가지고 있는 타이(戴エイカ, 1999 : 116)는, 앤더슨의 원격지 민족주의자를 언급하면서 '디아스포라를 살아가는 사람이 어디를 마음의 고향으로 삼고 있는지'가 문제라고 지적하였다. 다큐멘터리 〈우리들의 아이

누 선언〉의 중심인물인 현대를 살아가는 도쿄 거주 20대 아이누 젊은이가 '마음의 고향'에 다다르기까지의 여정은 번뇌 그 자체였다.

한편, 앤서니 D. 스미스(D. Anthony Smith, 巢山靖司 訳, 1999 : 248)는 "이자택일二者択一적 방법을 취하지 않고 집합체 각 세대에 이어져 온 신화, 상징, 기억, 가치가 그들 자신과 외부 사람들에 대해 그들의 독자성을 규정하고 있다는 점에 주목한다면, 우리는 에토니를 변화함과 동시에 지속가능한 것으로서, 혹은 에스니시티를 역사상 변동하지만 동시에 주기적으로 나타나는 것으로 생각할 수 있다"고 서술하고 있다. 마찬가지로 현대의 이론에서는 정체성을 고립된 자기완결적 관점이 아닌, 이중 혹은 다중적인 자아, 스스로를 둘러싼 세계와의 상호행위를 통해서만 존재하는 "에콜로지컬한" 자아의 관점에서 바라보는 방식이 많다고 한다(テッサ モーリス-鈴木, 大川正彦 訳, 2000 : 160).

분명 상기의 "이자택일"의 단락성, 혹은 '에콜로지컬한' 존재라고 하는 관점에는 동의할 수 있다. 하지만, 이러한 전문용어의 정의와 부연적 총괄, 이론적 관점의 나열이 '일본'이라는 특수한 상황(근대 이후, 기나긴 시간 속에서 축적되어 온 균열綻び이라는 특수한 상황)에 놓인 지금의 아이누 젊은이들의 기억과 의식, 심정을 충분히 대변할 수 있다고는 도저히 생각되지 않는다.

과거에서부터 이어져 온 과제를 해결하기 위해 가장 필요한 것은 개념적인 이해에 머무르지 않고 근대 이후 일본사회의 한쪽 구석에 남겨진 그들의 '생생한 목소리'에 귀를 기울이는 것이며, 지금의 '실제 상황'에 눈을 돌려야 하는 문제이지 않을까. 그리고, 이러한 상황 속에서 타자성과 당사자성의 문제를 생각해야 할 것이다.

한편, 1997년 5월에 제정된 '아이누 신법'의 시행은 일본인만이 아닌 아이누 민족에게도 아이누문화의 정체성을 각성시키는 하나의 중요한 계기였다고 생각된다. 그 이유는 현지의 청취조사(2011.7)에서 '그 후('아이누 신법' 시행 이후), 아이누의 젊은 세대는 해외연수의 기회도 늘고 있으며, 그곳에서 해외 선주민족과의 교류와 체험을 통해 자신의 아이누로서의 정체성을 재인식할 수 있었다는 점은 사실'이라고 모두 한 목소리로 이야기하고 있기 때문이다. 그리고, 아이누 젊은이들은 '최근 젊은 아이누 세대 중에서 아이누어와 아이누의 춤, 자수 등을 배우려는 인구가 늘고 있는 것도 아이누 신법 시행 이후의 변화된 현상'이라고 이야기한다.

서두에서 언급했지만 2008년 6월 일본 국회에서 '아이누 민족을 선주민족으로 지정하는 것을 요구하는 결의'가 양원에서 가결되어 '아이누 민족을 선주민족으로 인정하고 종합적인 아이누 시책의 확립을 추진'한다는 관방장관의 담화가 발표되었다. 그 후 '아이누 정책의 존재방식에 관한 유식자간담회(유식자간담회)'가 설치되었으며(2008), 2010년 1월에는 '아이누 정책추진회의'가 발족했다. '아이누 정책추진회의'에서는 '민족공생의 상징이 될만한 공간정비'와 '홋카이도 외부의 아이누 생활실태조사'라는 대략 두 가지 과제를 추진 중에 있다.

하지만, 최근 일련의 아이누 민족의 정책입안회의와 논의의 장이 닫힌 공간에서 일부 몇몇 사람들에 한정된 채 진행되고 있는데, 이는 도대체 누구의 이익을 위한 것인지 의문과 걱정을 떨칠 수 없다. 좀 더 열린 논의의 장을 가지고 '함께' 생각해 가는 것이야말로 아이누와 일본인뿐만이 아닌, 아이누 세대 간의 원활한 커뮤니케이션과 일본사회의 공동의 담론공간의 확립, 그리고 미래를 염두에 둔 각각의 '정체성'이 '함께' 살아가는 사회로 이어지는 길일 것이다.

6. 소결

본 장은 아이누 젊은이들의 '귀속' 문제를 실마리로, 아이누 젊은이들에 대한 NHK의 두 편의 다큐멘터리, 즉 1960년대의 〈페우레 우타리〉와 2000년대의 〈우리들의 아이누 선언〉을 비교하였다. 우선, 이 두 편의 방송의 공통성과 상이성을 다음과 같이 정리해 두고자 한다.

두 편의 방송 속 아이누 젊은이의 표상 및 방송의 관점에서는 다음과 같은 공통점을 볼 수 있다. 즉, 첫 번째는 지금까지 검토해 온 바와 같이 방송의 내용구성과 전개에서 '당사자'의 등장과 증언을 주요한 표현수법으로 활용했다는 점이다.

두 번째는, 그렇게 함으로써 방송 제작배경으로서의 당시의 '시대적 상황'이 주제성을 가지면서 방송에 반영되고 있다는 점이다.

세 번째는, '도쿄 아이누'로서의 아이누 젊은이들이 소개되고 있다는 점이다. 취직과 돈을 벌기 위한 타향살이 등 표면적인 이유의 내면에는 지역사회의 차별과 편견에서 자유로워지고 싶다는 속내가 이야기되고 있다. 지역사회의 '차별'의 뿌리 깊은 풍조는 시대가 변해도 그다지 달라지지 않았던 것이다.

네 번째로, '속내를 감추는 아이누'(1960년대 방송)도 '선언하는 아이누'(2000년대 방송)도 아이누에 대한 '귀속의식'은 모두 변함없이 '아이누'였다는 점이다.

한편, 두 방송에서 젊은이들의 표상과 방송 제작방식에는 다음과 같은 차이점이 있다.

첫째, 시선의 차이를 들 수 있다. 즉, 1960년대 방송은 '차별받는' '불쌍한' '동포'를 '구제'하는 것을 호소하는 것이 주제인데, 2000년대 방송은

장면	나레이션	등장인물	시간축	담론	귀속의식
s6	차별과 편견이 없는 교실만들기와 사회에 진출해 자랑스럽게 나는 아이누라고 당당하게 말할 수 있는 실력을 갖춘 아이들을 키워내고 싶다고 한다.	카이자와	현재	실력 희망	아이누 (교육자)
s13	이 일에는 학교도 집안도 더욱이 인종 등은 문제가 되지 않는다. 칼 다루는 솜씨만이 인정받는 실력의 세계다. 아라타는 예리한 칼로 숙명적인 열등감을 잘라내려는 것이다.	아라타	현재	실력 희망	아이누 (조리장)

'고뇌하는' '요즘' 젊은이들 속 '아이누' '선언'의 '간극'이 주제였다.

둘째, 1960년대 방송에는 종속하는 '목소리 없는 아이누'가, 2000년 대 방송에는 '선언하는 아이누'라는 대조적인 아이누 젊은이가 표상되고 있다.

셋째, 1960년대 방송에서는 '홋카이도 관광' 붐과 '관광 아이누'의 유행이라는 당시 사회적 배경에만 주목하고 있는데 반해, 2000년대 방송 속에서는 근대에서 현대에 이르기까지의 아이누 정책과 그 과정의 개요를 방송의 배경으로 시대순으로 소개(기초자료영상의 편집)하고 있다.

상기 공통점과 차이점을 토대로 지금까지의 분석을 통해 얻을 수 있었던 성과는 다음과 같이 정리할 수 있다. 첫째, 소위 '귀속'이란 '자기(주체)를 타자와는 다른 집단에 포함시킨다는 포함한다는 감정, 의지의 표출'이며, 자기존재의 토대라는 사실이 확인되었다. 각 방송을 통해 재확인해 보자면 〈페우레 우타리〉의 경우, 〈표 2-23〉과 같이 검토할 수 있다.

한편, 〈우리들의 아이누 선언〉은 〈표 2-24〉과 같이 표상되고 있다.

장면	등장인물	담론	귀속의식
S1	아츠시	가장된 '정체성'	도쿄 아이누
S2	미나	'밖(유학)'에서 배움	뿌리에 긍정적
S3	츠바사	'이유 없는' 존재의 부정	고독한 정체성
S3	유우키 코지	방황하며 찾아가는 정체성	마음
S4	메구미	할머니와 아이누 친구에 의해 각성	뿌리의 재확인
에필로그	아츠시	젊어질 수밖에 없는 정체성	아이누 선언

둘째로는, 일본의 방송사를 돌아보면 다큐멘터리에서 그려지고 있는 1960년대 아이누 젊은이들은 '차별'받는 종속적 귀속의식이, 2000년대 아이누 젊은이들은 '선언하는' 자주적 귀속의식이 표상되고 있다고 요약할 수 있다. 즉, 〈그림 0-1b〉 속 담론에서 본다면 A1 → B1으로 표상되고 있다고 할 수 있다.

이러한 40년 세월의 표상이 보여주는 일본 방송공간의 변화는 단순히 제작자 한 사람의 시선에 의한 것이 아닌, 정책(아이누 신법 등)의 전개와 침투, 사람들의 다양한 정보공유와 인식의 변화, 세계화와 사회시스템의 변화 등이 복합적으로 작용한 결과라 할 수 있다. 이러한 사회적 배경과의 관계는 각 방송에서는 다음과 같이 설명되고 있다.

〈페우레 우타리〉의 경우, 본 장의 서두에서 소개하는 것처럼 제작자인 나카타니中谷는 제작배경을 "하지만 최근에는 관광 붐에 편승한 상업주의와 연결되어 관광의 도구로 사용되고 있으며 이미 존재하지 않는 (구)아이누의 풍속이 흡사 현재의 생활인 것처럼 흥미위주로 다뤄지고 있다. (…중략…) 최근 농업사정의 악화와 도시로의 유동 경향은 아이누들에게도 예외가 아니다. 돈을 벌기 위한 타향살이와 집단취직은 여기에서도

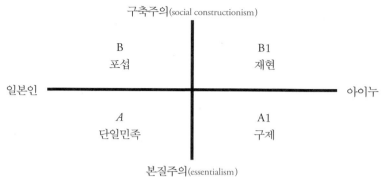

구축주의(social constructionism)

| B
포섭 | B1
재현 |

일본인 ——————————————————— 아이누

| A
단일민족 | A1
구제 |

본질주의(essentialism)

〈그림 0-1b〉 **분석시각으로서의 텍스트의 '타자성'과 지배적 이데올로기**

일상화되어 있다. 게다가 젊은 세대의 아이누들은 편견의 땅을 벗어나기 위해, 자유의 땅을 찾기 위해 이러한 경향에 박차를 가하고 있다"고 설명하고 있다.

한편, 〈우리들의 아이누 선언〉의 경우, 1997년 아이누의 신법제정과 2007년 UN총회에서 채택된 '선주민족의 권리에 관한 UN선언', 2008년 에는 처음으로 아이누를 선주민족으로 인정하는 결의가 국회에서 이루어지는 등 '아이누'를 둘러싼 사회정세의 변동이 그 배경이 되고 있다.

셋째로는, 서두에서 본 장의 문제의식으로 거론했던 아이누의 귀속의식이란 단순히 아이누의 전통적인 춤과 음악, 언어 등이 실연될 수 있다는 의미가 아닌, 부정되었던 자신 안의 '타자=아이누'를 자기자신 속에서 '자아'로서 동일시하는 과정이며 내외적으로도 동일성을 유지하는 것을 의미한다는 사실 또한 본 장의 고찰을 통해 확인하였다. 구체적으로는 〈페우레 우타리〉의 경우, 아이누의 교육자(s6)로서, 혹은 조리장(s13)으로서 부정되어 왔던 (혹은 부정해 왔던) 자신의 아이누 정체성과 마주하는 젊은이들을 통해 당시의 '귀속의식'을 표상하고 있다(〈표 2-25〉 참조).

〈표 2-25〉

장면	나레이션	귀속의식
s6	차별과 편견이 없는 교실을 만들고 사회에 진출해 자랑스럽게 나는 아이누라고 당당하게 말할 수 있는 실력을 갖춘 아이들을 키워내고 싶다고 한다.	카이자와 =아이누(교육자)
s13	이 일에는 학교도 집안도 더욱이 인종 등은 문제가 되지 않는다. 칼 다루는 솜씨만이 인정받는 실력의 세계. 아라타는 예리한 칼로 숙명적인 열등감을 잘라내려는 것이다.	아라타 =아이누(조리장)

한편, 〈우리들의 아이누 선언〉의 경우, 아이누 젊은이들의 귀속의식은 그룹의 멤버에 의한 '아이누 선언'이라는 춤과 노래에 의한 표현방식을 통해 표상되고 있다. 이 그룹의 멤버들은 4절에서 검토한 바와 같이 다양한 좌절과 고독과 싸우면서도 최종적으로는 아이누로서의 정체성으로 귀착되었다. 방송에서는 그들의 '자기부정'에서 소위 '아이누 선언'까지의 다양한 고뇌의 여정이 사실적으로 표상되고 있다.

마지막으로, 텍스트의 구성과 편집의 측면에 있어서는 초점을 한정시키며 찾아가는 방법론의 활용이 필요할 것으로 여겨졌던 부분도 눈에 띈다. 특히 현지에서 인터뷰[9]를 진행하면서 느낀 점은 '표상'과 사실적인 '현실'과의 비연속성의 간극이 우리에게 전하는 메시지로서의 무게감이었다. 이러한 관점에서 특히 주목할 만한 것은 두 방송 속 다음과 같은 장면이다. 〈페우레 우타리〉의 경우, '도쿄 아이누' 속 '관광 아이누'가 출현하는 장면이다. 돈을 벌기 위해 고향을 떠나 온 '도쿄 아이누' 중에는 가게에서 아이누 복장을 하고 아이누 춤을 '보여주는' '관광 아이누'화된 아이누들이 등장하고 있는데, 방송 중에는 이러한 구체적인 설명이 없어 1960년대 '관광 아이누'와 '도쿄 아이누'의 접점이 애매하게 표상되고 있었다.

한편, 〈우리들의 아이누 선언〉의 경우, 아이누 젊은이들 그룹의 '아이누 선언'으로 진행된 표현방식의 내용(아이누어 노래와 힙합의 융합, 아이누 춤, 아이누 복장)이 정말 '표상(아이누)'과 '현실(현대사회)'의 가교역할을 했는지 의문을 떨칠 수 없었다. 현재 아이누어를 정확하게 사용할 수 있는 사람은 매우 적다. 실제 방송 속 젊은이들의 '선언'은 힙합 리듬과 일본어의 전개였다. 단순히 아이누 선언을 '보는' 것만으로는 사람들에게 아이누의 '정체성'의 의미는 전달되지 않으며 지속성을 갖지 못한다. 장래적 관점에서 보자면 '아이누 선언'의 구체적 방법이 실은 중요하며, 이러한 내용(진정성)에 대한 문제제기는 당연한 것이다. 방송에서는 한 발을 내딛은 아이누 선언의 좀 더 앞선 현실성을 둘러싼 '간극'에 대해 언급할 필요가 있었던 것은 아닐까.

현대 일본사회에서는 현실적으로 '아이누로 살아간다'는 것이 여전히 제한적인 것이며, 따라서 짊어져야 할 짐 또한 상당히 많다. '아이누로 살아가는' 사람은 아이누 인구 전체에서 볼 때 상당히 소수인 것이 현실이다. 〈우리들의 아이누 선언〉의 주인공인 아츠시를 비롯해 아이누 젊은이들의 그룹 '아이누레블스'는 현재 해산하였으며 활동을 중지하고 있는 상태라고 한다. 해산(2009)의 이유에 대해서는 다방면에서 인터뷰를 시도했지만 불분명한 점이 많기 때문에 단락적인 결론의 기술은 피하겠지만 '아이누레블스'의 멤버인 아이누 젊은이들이 '평범한 젊은이'로 사회에 공존하며 살아가기를 기대해 본다.

1   그 시점에서 조금 거슬러 올라 생각해 보면 홋카이도 우타리협회가 홋카이도 구토인
    보호법을 대신하는 신법의 제정에 관한 검토를 시작한 1984년부터 10년 이상이 지난
    1997년 6월에 아이누 신법이 가결되었다는 것을 알 수 있다.

2   아이누문화의 진흥 및 아이누의 전통 등에 관한 지식의 보급과 계발에 관한 법률(1997
    년 가결).

3   요시미는 고향을 떠난 사람들의 대량유입에 따른 도시의 구조적 변화를 전쟁 전
    (1910~1930년대)과 전후(1960~1980년대)의 도쿄(아사쿠사, 신주쿠)를 중심으로 그
    려지는 '변화가' 속에서 볼 수 있는 도시화의 두 측면에 대해 독자적인 접근방식으로 분
    석하고 있다(吉見俊哉, 1987).

4   홋카이도의 지역 민간방송국 HBC에서 제작된 〈이훈케―도시사막의 자장가〉(1991)에
    서 부친인 사카이의 활동과 죽음을 둘러싼 내용이 그려지고 있다.

5   아라이(荒井)의 인터뷰(2011.4.17) 도쿄 시부야에서).

6   아이누라는 사실을 숨기고 일본인으로 살아가는 경우는 별개로 파악한다.

7   1960년대 후반부터 '인간이란 집단의 성원으로서의 정체성과 분리될 수 없다'고 사회학
    자들 사이에서는 이해되고 있다고 한다(テッサ モ―リス-鈴木, 大川正彦 訳, 2000 : 160).

8   인종, 민족, 에스니시티에 관한 정의는 학자에 따라 다양한데, 본 장에서는 주로 세키네
    (関根政美, 1994)를 참조하였다.

9   인터뷰는 아이누 젊은이들을 대상(18~35세의 남녀 전체 15명)으로 3회에 걸쳐 진행하
    였다(2011.5.26 : 삿포로 시내, 2011.5.28 : 니부타니, 2011.7.22 : 삿포로 시내).

주체화하는 '타자'

제3장

의례와 기억

〈환상의 이오만테〉를 중심으로

1. 제작배경과 문제의식

아이누에는 이오만테ｲｵﾏﾝﾃ라는 의례가 전해져 왔다. "이오만테란 아
이누의 전통적인 사회에서도 굉장히 중요한 행사이며, 또한 이를 관찰해
온 샤모(일본인)의 입장에서 볼 때에도 대단히 큰 행사로 유명해졌다"고
한다(小川正人, 1997b : 253).

1983년 11월, 홋카이도 테시카가弟子屈町 쿳샤로코屈斜路湖에서 다이쇼大
正 말기 이후 끊겼던 아이누섬올빼미ｼﾏﾌｸﾛｳ를 기리는 의례, 이오만테가
75년 만에 실시되었다. 이오만테, 특히 시마후쿠로우의 이오만테는 아이
누에게 상당히 격식있는 의례의 하나로, 코탄의 안녕과 번영을 기원하는
중요한 의식이었다.[1]

〈환상의 이오만테〉의 나레이션, "75년 전에 우타리들이 행했던 축제를 자

신들의 시대에 끊이게 할수없다는 바람이 최근수년 쿳샤로 코탄을 중심으로 높아졌다"에서 이 의례가 부활한 배경을 짐작할수 있다. 이러한 배경 외에도 이오만테를 부활시키기 위한 지원에 NHK가 있었다. NHK는 이 의례를 준비하기 위한 1년여의 기간에서부터 75년 만에 부활한 이오만테의 의식에 이르는 전과정을 다큐멘터리에 담았다. 본 장에서는 1983년 11월 아이누 최후의 시마후쿠로우 이오만테를 주제로 한 NHK특집 〈환상의 이오만테〉와 그 속편이라 할 수 있는 NHK 교양세미나 〈75년 만의 이오만테〉 1, 2 등 3편을 분석대상으로 한다. 한편 지금으로부터 33년 전의 이 다큐멘터리를 마지막으로 NHK는 더 이상 이오만테를 직접적으로 다루지 않는다.

아이누의 의례에 관한 문제는 간단한 것이 아니다. 여기에는 긴 역사 속에서 일본인과 아이누 사이의 '타자에 대한 경계'를 둘러싸고 흔들려 온 정체성의 정치 역학이 관련되어 있다. 이를 살피기 위해 본장에서는 먼저 〈환상의 이오만테〉가 그리고 있는 이오만테의 재현 과정 즉, '축제 준비―본축제―회상'의 과정에서 아이누 사람들이 이것을 어떻게 받아들이고 있는지 또 의례에 대한 내면을 들여다 봄으로써 의례의 전과정에 표상의 정치성이 어떻게 드러나고 있는지 파악하고자 한다. 그리고 '일본다움'의 형성과정이 아오만테의 재현에 문제로 드러남으로써 '일본다움이란 일본의 정치권력이 가져온 근대의 산물임과 동시에 각각의 정체성의 역학 속에서 변질되어 온 것임을 드러내고자 한다.

"문자가 없던 사회에서 사회와 개인의 발전주기는 의례를 통해 보호되고 자극받는 경계상황의 (다소 폭 있는) 순간에 의해 구분된다."(Victor Witter Turner, 冨倉光雄 訳, 1996 : 190) 그렇다면 문자도 없고, 의례도 잊어버린 사회는 어떻게 되는가. 아이누는 역시 '이미 끝난' 민족인가.

일본인 동화정책에 의해 '아이누'로서의 존재를 부정당해 온 '아이누'는 이미 망각한 민족 의례를 '신체의 기억'에서 찾아 재현하고자 했다. 이때 신체가 기억하고 있는 아이누의 의례는 현대에서 어떻게 되살아 날 수 있었을까. 또 〈환상의 이오만테〉에서 재현된 아이누의 의례가 타자에 대한 편견의 특수한 담론으로 변용되는 부조리에는 어떠한 권력 작용이 영향을 미치고 있을까. 다시 말해, 〈환상의 이오만테〉가 보여주는 의례는 우리에게 무엇을 묻고 있는가.

다음 절에서는 본서의 연구대상인 〈환상의 이오만테〉를 소개하고 그 속의 표상을 살펴봄으로써 특히 논쟁적인 담론, 그 담론이 가진 문제의 원인을 살펴본다. 이를 위해 아이누의 대표적 의례인 이오만테에 대해 알아보고, 이를 아이누와 일본인의 각 관점을 통해 살펴봄으로써 이오만테의 사회문화적 의미를 알아본다. 마지막으로 본서가 가진 문제의식으로서 '문화'와 '사회'의 관계성을 환기하며 마무리하고자 한다.

2. 텍스트 분석 : 신체의 기억과 의례의 재현

NHK 다큐멘터리 제작자에게 이오만테는 주요 소재가 아니었다. 때문에 제작 편수도 극히 적었다. 필자가 조사한 바에 따르면, 〈환상의 이오만테〉가 방영되기 전 이오만테를 소재로 한 다큐멘터리는 서너 편에 불과하다. 이오만테를 다룬 최초의 다큐멘터리 〈아이누의 곰축제〉(1961.8.25, 전국방송), 〈유카라의 세계〉 1(1964.5.3), 그리고 〈10년 만의 이오만테〉(1968.6.23, 지역방송)가 그것이다. 그 외에도 〈코탄의 사람들〉 역시 이오만테를 소개하고 있으나, 곰축제가 관광화되는 문제와 함께 2분 분량의 장면 제시에 그치고 있다. 하지만 이오만테 관련 다큐멘터리 편수가 극히 적었음에도 적었음에도 불구하고 이들 방송이 전해주는 메시지는 상당히 강렬했다.

〈환상의 이오만테〉는 '이오만테를 사라지게 해서는 안 된다'는 아이누 민족의 의지에 따라 아이누 전통 축제를 1년 앞둔 1983년 11월, 준비 위원회가 결성되는 것으로 시작되었다. NHK는 아이누 전통을 부흥시키기 위한 뜻을 품고, 여러 지역에 흩어진 아이누인들의 지원과 함께 이를 기록하는 형태로 이 다큐멘터리를 기획했다. 이후 유사한 형태로 HBC 역시 〈열도의 신들—홋카이도 아사히카와^{旭川}시 카미카와^{上川}지방의 이오만테〉(1985.1)를 제작한 바 있다. 이들 방송은 현대의 이오만테 의례의 대표적 기록으로 남아 있다.

〈환상의 이오만테〉는 아이누에서 구전되는 유카라 이야기에 대한 나레이션과 섬올빼미의 등장으로 시작한다(〈표3—1〉 참조).

방송 도입에는 이와 같이 태초에 평화로웠던 아이누 코탄을 파괴하는 적으로서 일본인이 제시된다. 아이누와 일본인의 대립적인 도식에서 우리는 일본인에 의한 아이누의 고난을 엿볼 수 있다. 한편 올빼미는 일본인으로부터 아이누를 지키는 신으로 그려진다. 여기서 아이누에게 코탄을 지키는 것은 '일본인'에 의한 착취를 벗어난다는 것을 의미한다.

이 장면의 구성과 나에이션을 통해 다음과 같은 몇 가지 사항을 지적할 수 있다. 먼저 이 장면은 민족의 수호신을 등장시켜 아이누 민족의 의례를 소개하고 있다. 이때 일본인의 악행을 감시하는 아이누의 수호신은 다름아닌 올빼미라고 하는 '의외성'을 통해 시청자의 주의를 환기시킨다. 그리고, 이오만테가 75년 동안 단절되어져 왔다는 점을 언급함으로써 아이누라는 '타자'와 일본이 그리고 있는 오랜 구도 대신 새로운 구도와 이야

〈표 3-1〉

제1차 텍스트			
대상언어의 텍스트 (연속적인 시퀀스플로우)	메타언어적 텍스트 (다양한 코드의 복합적인 실천플로우)		
	V(영상)		A/N(음성 나레이션)
프롤로그 s1 올뻬미신 ユカラ ~1:40	BGM 폭발음 TRC LS 화산 폭발음 TRC (홋카이도 테시카가쵸 쿳샤로) CU 올뻬미 TRC CRC PC PAN 테시카가쵸 쿳샤로 CRC (자막) 타이틀 TRC	Na	홋카이도 아이누의 전해 내려오는 이야기에 따르면 아직 대지가 그 형태를 갖추지 못했던 먼 옛날, 천상국에서 나라를 만들기 위해 신이 내려와 풀과 나무, 새와 짐승을 만들었다. 그런데 밤이 되자 일본인이 나타나 만들어 놓은 풀과 나무, 새와 짐승들을 모두 잡아 먹어버렸다. 이에 올뻬미신이 내려와 일본인의 악행을 감시하게 되었다. IC (Race) 그 덕에 지금의 아름다운 인간의 땅이 만들어졌다. 여기에 아이누의 선조가 태어났다. 이후, 아이누는 올뻬미신을 코탄 코로 카무이, 인간의 마을을 지키는 신이라 부르며 민족의 수호신으로 숭상하였다. 이 코탄 코로 카무이의 영을 천국에 다시 보내는 축제가 75년 만에 부활하였다. TRC CRC (Conflict) ← '모순'의 텍스트장치로서 CRC

기를 구축하고자 하는 의도를 엿볼 수 있다.

도입 부분 이후, 가장 처음 등장하는 인물은 테시베 후요微辺フヨ 할머니다. 이 할머니는 이오만테의 전 과정뿐 아니라 마지막에 다큐멘터리의 흐름을 극적으로 반전시키는, 〈환상의 이오만테〉에서 가장 중요한 인물이다(〈표 3-2〉 참조).

〈표 3-2〉

제1차 텍스트				
대상언어의 텍스트 (연속적인 시퀀스플로우)		메타언어적 텍스트 (다양한 코드의 복합적인 실천플로우)		
		V(영상)		A/N(음성 나레이션)
S1 축제준비	s2 머나먼 날의 기억 후요의 등장 2:25~	GS/FS 아이누 의상의 후요와 아이누 여인들 PC TRC CRC CU 후요의 얼굴 TRC CRC	Na	올해로 87세가 되는 테시베 후요가 축제 장소에 모습을 드러낸다. PC 지금부터 75년 전 같은 장소에서 섬올빼미를 위한 이오만테가 진행되었다. IC (Race) 하지만 지금은 그때의 모습을 생생히 기억하고 있는 이가 후요 단 한 명뿐이다. CRC (Conflict) ←'모순'의 텍스트장치로서 CRC 그 머나먼 날의 기억을 가슴에 품고 후요는 축제에 임했다. TRC

　　이 장면의 구성과 나레이션을 통해 다음과 같은 몇 가지 사항을 지적할 수 있다. 먼저 아이누의 장로로 등장하는 테시베 후요의 존재적 중요도에 대한 소개이다. 다음으로 아이누 의례를 둘러싼 공간적 동일성과 시간적 단절의 대비구도이다. 그리고, 문자를 갖지 못한 아이누 민족이 자신의 의례를 망각해 가는 현실을 전하고자 하는 의도이다.

　　이러한 분석에는 '모순'의 텍스트 장치가 숨어 있다. "75년 전 같은 장소에서 섬올빼미를 위한 이오만테가 진행"되었지만 "생생하게 기억하고 있는 이는 후요 단 한 명뿐이었다"고 하는 공간과 시간의 대비 담론은 한편 '일본인'과 '아이누'의 대립사를 대변하고 있다. 이 대립과 모순을 통해 제작측의 의도가 단순히 아이누 민족의 이오만테를 재현하는 것이 아님을 알 수 있다. 제작진은 이오만테를 둘러싼 다양한 갈등과 모순, 대립, 왜곡

등을 통해 일본인과 아이누의 대립에 대해 문제를 제기한다. 이때 '모순'과 '이야기'의 결합은 '아이누'라는 '타자성'을 전개함과 동시에 모순의 배경이 되는 역사와 사회의 '함의된 메타담론'을 암암리에 보여주고 있다.

한편 문자를 갖지 못한 아이누 민족은 이오만테에 관한 기록이 전무했다. 때문에 테시베 후요가 가진 '신체의 기억'만이 이오만테의 '내용'으로 전승될 수 밖에 없었다. 〈환상의 이오만테〉의 디렉터인 사쿠라이桜井均 역시 〈환상의 이오만테〉가 '노파(테시베 후요-인용자)의 기억과 전 쿠시로釧路 박물관장인 사토佐藤直太朗의 인터뷰 자료, 그리고 유카라 등을 참고로 하여 제작되었다'고 증언했다.[2] 제작자의 인터뷰 내용과 방송 나레이션의 분석을 통해 제작자 증언과 당시 자료조사, 그리고 실제 제작된 방송과의 관계는 다음 3개의 부분으로 확인할 수 있다. ① 방송의 도입과 에필로그 등에서는 아이누 전설이 인용되었다. ② 아이누의 춤과 노래, 술, 음식 등 축제의 재현은 테시베 후요의 신체 기억과 지도에 의한 것이다. ③ 이오만테의 순서 등 상세한 의례의 내용의 재현은 아이누 장로들의 단편적인 기억 외에도 각 전문가들의 인터뷰 등 다양한 자료를 통해 재현되었다.

이 장면 이후, 〈환상의 이오만테〉는 아이누 민족에 대해 간단히 소개하면서, 1980년대 홋카이도 쿳샤로코屈斜路湖 아이누가 처한 고난과 경제사정에 대해서 이야기한다(〈표 3-3〉 참조).

이 장면의 구성과 나레이션을 통해서도 다음과 같은 몇 가지 사항을 지적할 수 있다. 우선 75년 만의 의례가 진행된 코탄의 소재와 인구, 산업 등의 배경이 소개되고 있다. 그리고 이 아이누들이 '얼마나 일본인과 다른가'를 몇 가지의 사례를 들어 지적하고 있다. 그 몇 가지 예로는 일본인이 아닌 사람들의 집락인 '코탄', 대략 170명의 사라져 가는 아이누인, 연어

〈표 3-3〉

제1차 텍스트				
대상언어의 텍스트 (연속적인 시퀀스플로우)		메타언어적 텍스트 (다양한 코드의 복합적인 실천플로우)		
		V(영상)		A/N(음성 나레이션)
S1 축제준비	s5 쿳샤로코 5:48~	LS/PAN 쿳샤로코 TRC 노인의 노래 유카라 PC TRC	Na	쿳샤로코는 아칸阿寒 국립공원의 거의 중앙에 있다. PC 이 호수에서 흐르는 강변에 쿳샤로코 아이누의 코탄이 있다. PC 쿳샤로코 코탄은 가옥 37호, 대략 170명의 아이누인들이 살고 있다. CRC PC
		MS 쿳샤로 아이누인들의 상황 PAN 거리풍경 PC TRC	Na	예전 호수에는 산란을 위해 올라온 연어가 넘쳤다. 이 연어를 찾아 섬올빼미도 가끔 그 모습을 드러낸다고 한다. PC 하지만 지금은 연어의 모습도 섬올빼미의 모습도 전혀 볼 수 없다. TRC CRC PC
		ZI 바다풍경 PC TRC CRC	Na	여기에 사는 아이누인 대부분은 국립공원 안에서 민예품 조각을 하거나 아이누 춤을 선보이는 것으로 생계를 이어간다. PC 하지만, 이 또한 여름 뿐이며 겨울이 되면 호수는 눈과 얼음으로 뒤덮인다. 도쿄나 멀리 간사이까지 돈을 벌러 나선 사람들도 많다. PC CRC

잡이, 전통 조각, 관광 아이누, 타향살이와 같은 독특한 산업, 그리고 생활 환경의 변화 등이다. 즉, 여기에서는 '일본인'과는 다른 '사라져가는 타자'로서의 아이누의 현실에 관한 개요가 나타나고 있다(〈표 3-4〉 참조).

제1차 텍스트				
대상언어의 텍스트 (연속적인 시퀀스플로우)		메타언어적 텍스트 (다양한 코드의 복합적인 실천플로우)		
		V(영상)		A/N(음성 나레이션)
S1 축제준비	s6 축제준비의 개시 7:30~	GS 장로가 모인다. PC TRC CRC	Na	75년 전에 우타리들이 행했던 축제를 자신들의 세대에서 끊기게 할 수 없다는 바람이 최근 수 년 쿳샤로 코탄을 중심으로 높아지고 있다. IC (Race) 작년 5월, 드디어 축제의 준비가 시작되었다. PC CRC TRC

이오만테의 준비과정을 보여주는 이 장면에서는 장면의 구성과 나레이션을 통해 '사라져가는 타자'로서의 아이누 스스로의 위기의식과 민족정체성의 확인에 대한 의지가 아이누 의례의 재현을 통해 행동적이고 실천적으로 나타나고 있음을 알 수 있다.

근대의 이오만테 진행방식의 변화는 크게 세 시기로 구분할 수 있다. 그 중 1970년경의 이오만테는 "전통문화의 전승, 부흥을 목적으로 한 이오만테의 거행을 볼 수 있다"(小川正人, 1997b : 288~289). 이는 아이누의 사회적 움직임과 연관된 것으로, 1970년대 이후의 구토인보호법 폐지(아이누 신법)으로 이어진 것이다.

그런데 해당 시대는 1980년대이었으므로 이미 아이누의 전통을 그대로 복원하는 데는 '현실적인 장벽'이 높았다. 이오만테에서 가장 중요한 '이나우(신에게 바치는 조공물)'를 만들기 위해서는 나무를 베어야만 했는데[3] 당시 코탄은 국립공원으로 지정되어 이곳에서 나무를 베기 위해서는 영림서营林署의 허가를 필요로 했다. 또한 카무이노미(신에 대한 기도)에 필요한 술을 만

제1차 텍스트				
대상언어의 텍스트 (연속적인 시퀀스플로우)		메타언어적 텍스트 (다양한 코드의 복합적인 실천플로우)		
		V(영상)		A/N(음성 나레이션)
S2 축제의 장애	s12 동물원	CU 올빼미 TRC CRC	Na	하지만 이오만테의 클라이막스는 올빼미를 화살로 죽여 그 영靈을 천국으로 보내는 것이었다. PC 어디까지나 실제로 죽여야 한다는 의견도 있었는데, 해부의식 등은 박제를 사용하는 것으로 이야기가 정리되었다. PC CRC TRC

드는 것 역시 법률적으로 금지되어 있었다. 특히, 당시 천연기념물로 지정된 멸종 직전의 아이누섬올빼미를 포획하고, 죽여 해부하는 것은 일본사회의 상식으로는 '용납될 수 없는 불법적인 행위'라는 것이 통념이었다. 다큐멘터리에서는 이러한 3가지 모순적 상황이 상세히 전해지고 있다. 이러한 3가지 '모순', 즉 아이누의 '전통문화'와 현대 일본사회의 '법률위반'이라는 대립구조는 피스크가 말하는 '모순'의 텍스트 장치가 가장 두드러진 장면이다.

앞에 언급한 여러 조건들으로 인해 1980년대 이오만테가 복원되는 것은 '불가능'한 것으로 생각되었다. 그러나 코탄의 대표들은 교섭을 통해 쿠시로 동물원에서 보호 중이던 아이누섬올빼미를 빌려올 수 있었다.

〈표 3-5〉를 통해 알 수 있는 사항은 다음과 같다. 우선 올빼미를 죽이는 대신 그 박제를 사용해 '연기를 통한 재현'에 타협했다는 점이다. 이 타협을 둘러싼 모순의 텍스트 장치는 '아이누' 대 '일본인', '아이누 전통문화' 대 '일본사회의 규칙'의 대립구도, 나아가 아이누 자신 역시 아이누의

례에 대해 '부활' 대 '연기' 구도를 표상하고 있다.

또한 이오만테의 부활을 둘러싼 다른 현실적인 장벽에 관해 의문의 여지를 남기지만 결국, '요즘 방식'의 이오만테 준비를 진행하는 모습을 통해 아이누의 유연한 자세도 엿볼 수 있다.

한편 이오만테에서 남녀의 역할은 상당히 엄격하게 구별된다. 〈환상의 이오만테〉에서는 아이누 여성들의 역할을 비교적 상세히 소개하고 있다.

〈표 3-6〉의 구성과 나레이션을 통해 알 수 있는 사항은 다음과 같다. 먼저 "축제준비를 시작했다", "춤의 지도를 맡았다" 등의 나레이션을 통해 '75년 만의 아이누 의식의 과정과 그 내용을 기록하고 보존'한다는 다큐멘터리 제작 의도가 엿보인다는 점이다. 또한 구전문화로서의 이오만테와 이오만테에 참여하는 아이누인들의 열의와 기쁨도 읽을 수 있다. 나아가 '민족이란 무엇인가'라는 물음도 찾아볼 수 있다.

1983년 11월 12일에는 이오만테 전야제가 진행되었고, 다음날 이오만테가 열렸다. 다큐멘터리에서는 섬올뻬미를 기리는 과정을 상당히 구체적으로 소개하고 있다(이를 포함한 이오만테의 내용과 과정은 다음 절에서 소개하고 있기 때문에 여기서는 생략하기로 한다). 섬올뻬미에 대한 의식이 끝나면 치세(집)로 돌아와 다시 축제를 이어나간다. 여기서 아이누인들은 '이오만테를 모두 무사히 마쳤다'는 안도감과 만족감에 찬 표정으로 '이제부터 다시 축하연을 즐기자'고 말하고 있는 듯 하다. 그 와중에 〈환상의 이오만테〉 제작진은 테베시 후요에게 질문을 던진다.

〈표 3-7〉을 통해 다음의 몇 가지 사항을 알 수 있다. 우선 75년 동안 단절되었던 이오만테의 재현 과정이 처음부터 마지막까지 구조적으로 기록될 수 있었다. 이러한 시도는 거의 망각될 뻔 했던 소수민족의 전통의

〈표 3-6〉

제1차 텍스트				
대상언어의 텍스트 (연속적인 시퀀스플로우)		메타언어적 텍스트 (다양한 코드의 복합적인 실천플로우)		
		V(영상)		A/N(음성 나레이션)
S1 축제준비	s8 이오만테의 준비 (아이누 여인들) 10:20~	PAN 저녁 무렵의 치세 [TRC][PC] PAN/ZI 호반의 풍경 [TRC][PC] [CRC]	Na	여자들도 축제준비를 시작했다. 옆 마을인 비호로쵸美幌町에 사는 테시베 후요가 춤의 지도를 맡았다. 후요는 엄격한 격식이 몸에 밴 아이누의 후치이다. (…중략…) [PC][TRC][CRC]
		GS 아이누 의상의 아이누인들 [PC][TRC][CRC] WS 인사기도를 하는 후요 [PC] [TRC][CRC] GS 춤을 가르치는 후요와 여성들 [TRC][CRC][PC]	Na	문자를 갖지 못했던 아이누는 노래와 춤을 구전으로 전해 왔다. [IC](Race) 아이누의 옛 격식을 잘 알고 있는 후요와 같은 어르신은 일족의 보물로 소중히 여겨진다. [PC] [TRC][CRC]
		GS/FS 춤추는 여성들 [PC] FS 즐거움에 고조된 아이누인들 [TRC][CRC][PC]	Na	우포포라는 아이누의 노래와 춤에는 의미가 불분명한 것이 많다. 이는 기쁨의 노래이기도 하고 또한 새나 동물의 소리이기도 하다. 어디까지나 신에게 감사하고 신에게 바치는 것이 노래와 춤인 것이다. (춤의 지도) 후요는 몸이 불편한 것도 잊은 채 열심히 춤을 가르치고 있다. [PC][CRC][IC](Race)

례의 준비과정에서 의례의 여흥에 이르기까지의 '재현' 전과정을 '기록' 한 것으로 매우 유의미한 것이었다.

다음으로 〈환상의 이오만테〉 마지막 장면(s15)에는 아무도 예상하지 못 했던 '반전'이 나타난다. 이 반전은 아이누 장로 테시베 후요가 변해버린

〈표 3-7〉

제1차 텍스트				
대상언어의 텍스트 (연속적인 시퀀스플로우)		메타언어적 텍스트 (다양한 코드의 복합적인 실천플로우)		
		V(영상)		A/N(음성 나레이션)
S3 본 축제	s15 의식의 여흥 44:53~	치세 안 PC TRC TRC WS/GS 아이누 복장을 한 사람들 PC TRC	On	어떻게 생각하셨습니까 TRC CRC
		WS 후요 PC	On	아직 부족해 TRC CRC IC (Race)
		WS 아이누인 WS/GS 아이누 복장을 한 사람들 PC	On	응? TRC CRC
		BS 후요 TRC CRC CU 눈물을 흘리는 후요 PC TRC CRC	On	모두가, 모두 잘 해줬기 때문에, 좀 더 힘있게 춤추고 신께 기원하 면서 좀 더 열심히 해 줬으면 하 는 생각으로 지켜봤습니다. 그렇 기 때문에 제자들에게 화도 내고. '다른 사람에 앞서 지금 뭐하는거 야 이 바보들아'하며 화를 냈지요. 자신의 선조들을 생각하면 좀 더 열심히 해야지 하는 생각이. IC (Race) 앞으로도 후치에게 배운 걸 열심 히 확실하게 해 주길 바랍니다. IC (Race) 그 뿐이예요. TRC CRC (Conflict) ← '모순'의 텍스트장치로서 CRC
		PAN/CU 침통한 표정의 아이누인 들 TRC CRC PC BS/CU 눈물을 흘리는 아이누인 들 PC TRC CRC	Na	'아직 부족해'라며 후요는 말했 다. 후요의 한 마디에는 75년이라 는 세월 동안 아이누 민족이 얼마 나 많은 것들을 잃어 왔는지, 그 슬 픔이 배어있었다. IC (Race) CRC (Conflict) ← '모순'의 텍스트장치로 서 CRC
에필로그	s16	BGM 유카라 TRC	Na	유카라

엔딩	PAN 상공촬영 : 거리풍경 TRC (자막) 타이틀 TRC	Na	유카라

이오만테에 대해 한탄하고, 사라져가는 아이누 민족에 대한 허탈감 때문이다. 이런 솔직한 의견을 제시할 수 있었던 까닭은 〈환상의 이오만테〉 제작자들이 지금까지의 노력이 허사가 될 수도 있는, 의례에 대한 부정적 평가를 여과없이 반영했기에 가능했다.

그리고, 다음과 같은 나레이션을 통해 방송은 종결되고 있다.

'아직 부족해'라며 후요는 말했다. 후요의 한 마디에는 75년이라는 세월 동안 아이누 민족이 얼마나 많은 것들을 잃어 왔는지, 그 슬픔이 배어있었다.

여기까지 〈환상의 이오만테〉의 서사에 따라 주요 장면을 설명했다. 각각의 장면에 대해 분석한 결과를 전체적으로 정리하면 다음과 같다. 먼저 NHK가 아이누 민족 의례를 전면적으로 재현했다는 점이다.

다음으로 의례의 재현을 위한 준비과정과 본 축제에 다양한 갈등과 모순이 노출되고 있다는 점이다.

마지막으로 '문자를 갖지 못한, 아이누 민족이 사라져가는 의례를 재현하려는 이유는 무엇인가', '아이누 민족이 잃어버린 것은 무엇인가', '그리고 그 배경에는 무엇이 있는가' 하는 〈환상의 이오만테〉 주제 의식이 마지막 장면에 여운처럼 울려 퍼지고 있다는 점이다.

〈환상의 이오만테〉는 다음과 같이 기본전략과 그 수정전략에 의해 구성되었다. 당초 NHK는 아이누 축제의 '기록'을 기획했지만 '예상하지 못했던 아이누 장로 테시베 후요의 목소리'가 제작진 측의 의식 전환을 촉발했다. 제작진들이 마지막 장면에 남긴 여운은 방송이 끝난 이후에도 논의를 계속 이어가겠다는 의지의 담론으로 읽힌다.

지금까지의 방송 장면들에 대한 논의가 여전히 '아이누'를 둘러싼 논의로는 충분하지 않기 때문에, 다음 절에서는 이상의 논의를 토대로 〈환상의 이오만테〉에서 대두된 소수민족의 의례에 관한 표상과 타자성을 검토하고자 한다.

3. 무저항적 절망의 '모순'─후요의 "부족해"가 호소하는 것

테시카가쵸 이오만테의 유일한 경험자인 테시베 후요의 "아직 부족해"라는 총평은 단 한 마디에 불과했지만, 이오만테의 부활에 큰 숙제를 남겼다. 이 한 마디로 인해 성황리에 축하연으로 마무리될 것으로 생각했던 사람들은 '눈물'을 흘렸으며, 치세 안은 무거운 분위기로 가라앉았다. 후요에게는 도대체 이오만테의 무엇이 부족했던 것일까. 그리고 치세 안에 있던 이오만테의 참여자들은 왜 눈물을 흘리며 침묵했던 것일까. 현대 일본사회에서 소수민족의 전통의식 재현을 두고 벌어진 이 사건을 통해 제작자는 무엇을 말하고 싶었던 것일까. 이를 위해 먼저 불완전 연소로 끝나버린 '이오만테'를 향한 아이누인들의 목소리를 살펴보고자 한다. 나아가 '이오만테'에 대한 일본인과 아이누의 접점과 시선의 변용을 역사적으로 정리한 논의를 소개하면서 제작자의 의도를 파악해 보고자 한다. 마지막으로 권력에 의해 창조되는 민족과 문화, 그리고 인종 등의 문제와 함께 잠재된 공동체가 구전 즉, '내면화된 신체의 기억'으로 정체성이 연속될 수 있는지에 대해 역사적인 관점에서 검증하고자 한다.

1) '재현'된 의례와 귀속의식

〈환상의 이오만테〉의 마지막 장면은 '비경험자들에 의한 축제의 재현과 환호' 대 '경험자 단 한사람의 평가와 눈물'이라는 모순된 텍스트 장치가 극대화되고 있다. 당시 〈환상의 이오만테〉는 여운을 남긴 채 끝났지만, 약 110일 뒤 이 방송의 속편 〈75년 만의 이오만테〉 1, 2가 방송되었다. 이 시리즈는 각각 45분이라는 이례적으로 긴 길이의 담화형식 다큐멘터리이다. 방송 제작자에게는 〈환상의 이오만테〉만으로는 전할 수 없었던, '이오만테'를 둘러싼 뒷이야기와 함께 '이오만테'가 실패로 끝난 원인을 아이누 민족과 이오만테에 관한 전문가의 견해를 토대로 검토할 수 있는 시간이었을 것이다.

〈75년 만의 이오만테〉 1에 등장한 코우노河野本道는 〈환상의 이오만테〉의 '이오만테'에 대해 "어디까지나 '재현再現'일 뿐이지, '전승伝承'이라고는 할 수 없다"고 단언한다. 왜냐하면 '아이누'라고 하더라도 1980년대에는 '일본인'으로의 문화변용을 거의 거친 데다가 75년 동안이나 단절되어 알고 있는 사람도 단 한 사람뿐인 그런 축제는 '의례'가 아니라는 것이다. 계속해서 코우노는 이오만테가 현재 '전승'되지 못하고 '재현'에 머문 이유로, ① 1899년 구토인보호법에 의해 어업이나 수렵이 아닌 농업을 권장함으로써 토지에 속박되었고, ② 이에 따라 경제적 상황 역시 농업으로 변했으며, ③ 아이누의 '코탄'이 가진 의미와 아이누를 둘러싼 사회가 변했고, ④ 올빼미의 서식이 어려울 정도로 자연환경이 변했다는 점을 들고 있다.

그렇다면 당시 이오만테에 참여했던 아이누인들의 심경은 어떠했을까.

제1차 텍스트			
대상언어의 텍스트 (연속적인 시퀀스플로우)		메타언어적 텍스트 (다양한 코드의 복합적인 실천플로우)	
		V(영상)	A/N(음성 나레이션)
S2	s9 어떤 40대 아이누 여성A 38:53~	FS/BS/CU 얼굴 [TRC]	On 뭐 전부는 아니더라도 어느 정도는, 중요한 의미도 잘 모르지만, 내가 할 수 있는, 아는 범위에서, 그 이상을 추구하려면 도저히 우리들이 지금 연령대의 힘으로는 할 수 없으니까, 그냥 그다지 깊이 추구하려 하지 않고 최소한 가능한 일을, 알고 있는 것만 하는 생각이죠. 그런 마음이예요. [TRC] [IC] (Race) [CRC] (Conflict) ← '모순'의 텍스트장치로서 [CRC] 아무것도 몰라도, 혹 여자가 해서는 안 될 일인지는 몰라도 사람이 없으니까, 우선은 우리 여자들만이라도 해야 한다고 생각하기 때문에. 그 정도는 괜찮겠지 하는 생각에 하고 있죠. 잘 모르니까 무섭기도 하고, 알게 되면 더 무서워져서 그마저도 못하게 될 수도.

〈표 3-8〉에 등장한 아이누 여성은 당시 아이누들의 절박한 심경을 정확하게 대변하고 있다.

이 장면의 구성과 나레이션을 통해 우선 이오만테의 재현을 둘러싸고 아이누 여성이 가진 '민족애'를 엿볼 수 있다.

또한 이 장면을 통해 단절되었던 이오만테와 아이누문화, 그 속에 아이누 민족으로서 각인되어 있는 '아이누인의 기억'이 가진 의미를 깨닫

〈표 3-9〉

제1차 텍스트				
대상언어의 텍스트 (연속적인 시퀀스플로우)		메타언어적 텍스트 (다양한 코드의 복합적인 실천플로우)		
		V(영상)		A/N(음성 나레이션)
S2	s11 코우노 모토미치 (문화인류 학자)	FS/BS/CU 얼굴 TRC	On	상당히 복잡한 심경으로 축제에 참가하고 있다. 일상적으로 쿳샤 로 코탄의 아이누인들은 아이누로 살아가야 하는가 아니면 일본인 으로 살아가야 하는가, 그 선택을 강요당한다. 이번 축제로 더욱 그 런 선택을 강요당하고 있다. CRC (Conflict) ← '모순'의 텍스트장치로 서 CRC

게 해 주었음을 알 수 있다. "잘 모르니까 무섭기도 하고, 알게 되면 더 무
서워져서 그마저도 못하게 될 수도"라는 말에서 '모순'의 텍스트 장치로
서의 CRC를 찾을 수 있는데, 이는 이오만테의 재현을 둘러싼 아이누인들
의 정체성 찾기가 얼마나 진지했는지를 표상하고 있다.

그리고 다음과 같은 장면이 이어지고 있다(〈표 3-9〉 참조).

이 장면의 구성과 나레이션을 통해 아이누인에게는 민족을 '선택'해야
만 하는 부조리한 현실이 표상되고 있음을 알 수 있다. 그리고 이오만테
를 대하는 행위가 자신의 정체성에 대한 물음을 촉발하는 계기가 되었다
고 하는 증언은 '모순'의 CRC로서 당시 아이누의 표상을 정확하게 설명
하고 있다.

이오만테의 재현이 가능할 것인가 하는 불안과 함께 이오만테의 의미
에 대한 의문이 불식되지 않고 있음에도 불구하고 이오만테는 본 축제의
개최까지 큰 충돌이나 반대 없이 무사히 진행되었다. 그 이유는 또 무엇

제1차 텍스트				
대상언어의 텍스트 (연속적인 시퀀스플로우)		메타언어적 텍스트 (다양한 코드의 복합적인 실천플로우)		
		V(영상)		A/N(음성 나레이션)
S2	s9 어떤 40대 아이누 여성A 39:42~	FS/BS/CU 얼굴 TRC	On	정말 별거 아닌데도 한두 가지 뭔 가를 익히게 된거죠. IC (Race) 그런 걸 무시할 수도 없어요. TRC CRC(Conflict) ← '모순'의 텍스트 장치로서 CRC

인가. 아래 인터뷰에서 등장한 여성A는 그 이유를 이렇게 말하고 있다(〈표 3-10〉 참조).

또한 다음과 같은 이야기도 있었다(〈표 3-11〉 참조).

s9과 s11의 특징은 〈표 3-12〉과 같이 정리할 수 있다.

일상에서 벗어난 의례는 이미 '전승'이 아닌 '재현'이 되어 버렸다. 그리고 오랫동안 단절된 아이누의 의례를 재현하면서 아이누인들은 무거운 불안을 느꼈다. 그러나 동시에 내면화된 신체의 기억과 함께 자신에게 흐르는 아이누라는 뿌리를 확인할 수 있었다. 아이누에게 공통된 이러한 감각이야말로 아이누 의례의 복원을 위한 결집의 원동력이 되었으며, 이것이야말로 아이누 의례 재현의 존재이유였다.

〈환상의 이오만테〉 이후 방송된 〈75년 만의 이오만테〉 시리즈는 피스크가 말하는 다성성을 좀 더 개방한 상호 텍스트 관계 속 '제2차 텍스트'로 파악할 수 있다.

제1차 텍스트				
대상언어의 텍스트 (연속적인 시퀀스플로우)		메타언어적 텍스트 (다양한 코드의 복합적인 실천플로우)		
		V(영상)	A/N(음성 나레이션)	
S2	s11 코노 모토미치 (문화인류학자) 42:40~	FS/BS/CU 얼굴[TRC]	On	축제를 준비하면서 적어도 축제에 참가한 분들은 아이누로서의 의식을 굳혔다고 생각합니다. [IC] (Race) 축제는 그런 동료의식을 견고하게 만들어주죠. [CRC](Conflict) ← '모순'의 텍스트장치로서 [CRC]

〈표 3-12〉 아이누 민족의 '의례'와 '재현'

장면	대상	성별	직업	축제참가	이야기	공통점
s9	아이누	여성	주부	참가	그걸 무시할 수도 없다	민족의식과 민족의례의 관계성을 긍정
s11	일본인	남성	인류학자	불참	아이누로서의 의식을 굳혔다	

2) 이오만테에 관한 일본인 시선의 변용

그렇다면 일본인들에게 이오만테는 어떤 의미였을까. 오가와는 『이오만테의 근대사 イオマンテの近代史』(小川正人 1997)에서 이오만테를 바라보는 시선의 변화를 일본인과 아이누의 입장에서 조사하고 이를 소개하고 있다. 여기에서 오가와는 그 변화를 크게 3가지 단계로 구분하고 있다. 우선, 1890년 경의 이오만테는 소위 '억압'과 '흥행'의 이오만테 공존의 시대였다. 이후 1920년대 후반부터 학술연구를 위한 이오만테, 시정촌市町村, 관광협회가 관여하는 이오만테 등 이오만테가 증가했다. 그리고 1970년 경부

터 아이누 민족의 전통문화 전승과 부흥을 위해 이오만테가 거행되었다.

이 글에서는 이미 메이지 시대 초기부터 아이누와 이오만테가 "구경거리"의 대상으로, 일본인의 돈벌이를 위해 "이용되고 있었다"고 한다. 예를 들어 1871년 개척사開拓使는 아이누에게 귀걸이와 문신을 금지하고, 일본어 습득을 장려하고 집보내기家送り를 금지하고, 1872년에는 '곰축제'를 폐지하기에 이르렀다. 그러나 1870~1980년대에는 아이누를 홋카이도 밖으로 데리고 나가 일본 각지에서 구경거리 삼아 장사하는 일본인이 많았다는 것이다. 이어 1890년대부터는 '흥행'과 '여흥'으로서의 이오만테 역시 증가하였다. 당시 일본인 사이에서는 이오만테를 여흥으로 인식하는 분위기가 확산되어 이오만테가 흥행할 때마다 많은 사람들이 모여 들었다. 이러한 분위기에 힘입어 '극장'에서 이오만테가 '상연上演'되기까지 했다.

1924년 홋카이도청은 '토인풍속교정의 단속방법'을 제정하지만, 당시 일본인들 사이에서는 이오만테에 대한 변함없는 호기심을 보내고 있었다. 물론 이에 대한 비판의 목소리는 1950년대 이후 인권보호운동과 맞물리면서 '인도人道'를 내세워 점차 커졌고, 1955년에는 홋카이도 도지사의 이름으로 이오만테의 '폐지'가 요구되었다고 한다.

1920년대가 되면서 아이누 안에서도 이오만테의 단절을 긍정하는 움직임을 찾을 수 있는데, 아이누 안에서 이오만테에 대한 '객관화' 혹은 '대상화'하려는 경향이 나타났다고 한다.

1940년대 후반부터 1960년대 후반까지 곰축제에 관한 신문기사를 토대로 이오만테의 표상 속 정치성을 논한 히가시무라(東村岳史 2002)는, 이오만테에 다양한 담론이 교차하고 있었으나, 그 정치성의 주도권은 '일본인'이 쥐고 있었으며, 아이누 자신의 언어는 차단되는 경향이 두드러졌다고 말한다. 그리고 이오만테는 1980년대 다큐멘터리 〈환상의 이오만테〉에서 재현되고 있다.

이상으로 일본인과 아이누의 입장에서 이오만테를 바라보는 시선의 변화에 대해 간략하게 소개하였다. 이오만테는 '일본인의 강제적인 압력에 의해 폐지되었다'고 간략하게 서술할 수 있는 일시적인 사건이 아니다. 근대에서 현대에 이르기까지 이오만테를 둘러싼 사회적 변용은 '타자'에 대한 복잡한 시선과 다양한 욕망이 교착하는 여정이었다. 즉 민족의 '의례'에서 더 이상 의례로서의 가치를 잃어버리고 '이질적인 타자성의 상징'으로 변해가는 여정 그 자체였다.

3) 폐색閉塞을 살아 온 '소리의 문화'

앞에서 검토한 바와 같이 아이누의 민족 의례, 이오만테는 구경거리, 억압, 금지, 흥행, 여흥, 상연, 영접奉迎, 야만, 희생生贄, 미개, 신비, 차별 등 다양한 담론 속에 변질되고 있었다. 문제는 이 변질의 원인이 이오만테에 있는 것이 아니라, '아이누'와 '일본'을 둘러싼 경계의 정치성에 있다는 것이다. 이에 대해 보다 근본적인 물음과 검토를 위해 메이지 이후 '일본화' 정책에서 그 실마리를 찾고자 한다. 이시이(石井孝利, 2000 : 20)는 동화정책이 "제국주의국가로서 팽창해 온 일본이 그 영토의 확대와 함께 '국민공동체' 속으로 새로운 '국민'을 포섭함과 동시에, 제2급 '신민臣民'으로 차별하는 양면성을 수반했다"고 한다. 이런 상황에서 아이누는 일본인화되더라도 다시 '분류되는 또 다른 일본인'이 될 수밖에 없는 구조 속에서 제2급 신민으로 취급되었다.

일본화 정책에서 특히 중요한 점은 이 정책이 '포섭'과 '배제'의 이면성을 가진다는 것이다. 이것은 '일본화'가 가능한 요소와 '일본화'를 위해 부정되어야만 하는 요소를 식별하고, 가능 요소에 대한 '포섭'과 동시에 '수정'을 더해가는 한편, 부정적 요소를 '배제'하는 정책이었다. 제국주의국가에게 아이누는 '배제'의 대상이었으며, 일본화 정책이 필요한 전형적인 열등 민족이었던 것이다.

이러한 움직임의 정책적 출발은 1894년 '동화'라는 말을 사용하면서부터이다. 교육자들 사이에 아이누에 대한 특별교육을 제창하는 견해가 공식화된(石井孝利, 2000 : 62~63) 무렵부터 '토인교화'와 '동화'라는 명칭도 정착되었다. 본래 근대 일본에서 '동화'라는 말이 사용된 것은 아이누와 오키나와에 대한 일본화 정책을 펼치면서부터라는 설도 있는데, 메이지 시대 동화정책의 일환으로서 강력하게 추진되었던 아이누의 초등교육은 매우 성공적인 결과로 이어졌다. 그 한 예로 1916년 '국민적 성격양성상 특수한 지위를 점하는(구토인 아동교육규정)' 자로서의 '국어'와 '수신修身'을 교육하기 위한 특별 교육시설(구토인학교)의 취학율은 96.6%에 달했다.[4] '동화' 교육에서는 '국어'와 함께 '충성애국忠誠愛国' 정신을 배양하기 위해 '수신'을 중시했다. 아이누인의 징병은 1896년부터 시작되었는데, 아이누 병사가 '일본어 명령'에 따라 용감하게 싸우는 것이야말로 아이누인이 '일본신민'이라는 점을 입증하는 것이었다.

한편 1873년부터 1936년까지 60년 이상 아이누의 인구수는 약 19만 6천 명으로 거의 변화가 없었다. 그러나 일본 전체 인구 내에서의 비율은 14.63%에서 0.54%로 급격하게 낮아졌다. 아이누는 절대 다수의 일본인에 둘러 싸여 '소수'의 민족이 되었다. 1937년 '구토인보호법'이 개정되고, 1941년 정부는 '일본인으로 동화'되었기 때문에 공식적으로 아이누 인구

집계를 하지 않았다(石井孝利, 2000 : 69)는 사실을 통해 볼 때 '동화정책'은 '멸망정책'이었음을 확인할 수 있다. 이는 당시 일본 정부가 아이누 사회에서 '아이누'는 일본인에 완전히 '포섭'되고 동시에 '배제'된 민족이라는 의식이 자리잡고 있었다는 점을 인식하고, 아이누의 인구를 집계하지 않는 방식으로 또다른 '포섭'을 진행한 것이다.

타자의 다양성을 인정하려 하지 않았던 제국주의의 '일본화'와 강제적인 동화정책은 〈환상의 이오만테〉에서 재현된 이오만테를 결과적으로 '아직 부족한' 것으로 만들었다. 이는 '아이누'라는 사실이 전면 부정된 사회 속에서 구전을 통해 이어지던 '소리의 문화'는 의례뿐 아니라 종교적 의식, 그리고 정신까지도 피폐화되었기 때문이다. 최근에는 잃어버린 아이누어를 문자화하고 녹음을 통해 전자화를 진행하고 있다. 옹Walter J. Ong은 '소리 문화'가 '문자 문화'로 전환될 때에도 구전성口承性이 '남기residue' 위해서는 소리 문화의 특징인 '인간적인 생활세계에 밀착'된 '항상성恒常性'이 저해되지 않을 필요성이 있다고 한다. '2급 신민'이 될 수밖에 없었던 아이누는 선택의 여지 없이 불평등하고 부조리한 상황을 살아 온 신체의 기억과 함께 '소리 문화' 역시 비연속성의 형태로 살아 남을 수 밖에 없었다. 이는 결과적으로 '아직 부족한 의례'를 초래했다고 할 수 있다.

4. 소결

지금까지 아이누 의례인 이오만테를 통해 '타자성' 문제를 살펴 보았다. 이를 위해 〈환상의 이오만테〉를 중심으로 이오만테를 둘러싼 다양한 담론과 그 변화, 아이누와 일본인의 인식 차이, 그리고 거기에 숨어있는 권력 욕망의 역사적인 변용에 대해 고찰했다.

이오만테는 불완전한 재현으로 끝났다. 그런데 〈75년 만의 이오만테〉 2에서는 이오만테 이후 참여자 인터뷰를 통해 한 가지 인상적인 모습을 보여주고 있다(〈표 3–13〉 참조).

〈표 3-13〉

제1차 텍스트				
대상언어의 텍스트 (연속적인 시퀀스플로우)		메타언어적 텍스트 (다양한 코드의 복합적인 실천플로우)		
		V(영상)		A/N(음성 나레이션)
S2	s4 아이누 남성 (50대 후반 ~60대) 12:33~	FS/BS/CU 얼굴 TRC	Int	다른 곳에서는 느끼지 못하지. 두 근거리는 피가 솟구치는 그런 느낌. 거기 참가하기 전에 모두의 목소리를 들으면서 피가 끓는 듯한 느낌이 드는 거지. IC(Race) 모르는 사이에 점점 그런 느낌이 들면서 시간을 잊어버리는, 그 때 비로소 내가 아이누라는 생각을 하지 IC(Race) 아이누에 몰입하는 순간만은 이런 저런 생각을 하지 않아도 왠지 옛 아이누 사람들 속에 녹아들고 있다는 그런 생각이 들어서일까. IC(Race) 그 순간만큼은 뭐든 잊고 있을 수 있으니까. PC TRC CRC(Conflict) ← '모순'의 텍스트장치로서 CRC
	s4 아이누 여성 (10대) 13:20~	FS/BS/CU 얼굴 TRC	Int	지금까지는 왠지 흥미가 없었다고나 할까, 내가 우타리지만. IC (Race) 그냥 멀리하고 싶다는 생각에. 하지만 끊어내고 싶어도 끊기지 않잖아요. IC(Race)

		왠지 모르겠지만. 근데 지금은 그다지 저항이 없다고 할까, 뭔가 이것저것 옛날 일이라고 생각하면 여러모로 공부도 되는 것 같고. 왠지 이제까지는 자신이 없었다고 할까, 역시 싫은거죠. 견해가 다른 거잖아요. 거기서 도망치고 싶다고 할까. 왠지 사람들하고 만날 때에도 그게 벽처럼 느껴지니까요. CRC(Conflict) ← '모순'의 텍스트장치로서 CRC 조금은 벽이 낮아졌다는 느낌은 있지만요. PC TRC

s4의 장면 구성과 나레이션을 통해 아이누 축제를 통해 재확인된 아이누로서의 민족의식이 표상되고 있다는 것과 이오만테에 참여함으로써 아이누 스스로 은폐하고 부정해 왔던 '아이누'라는 정체성을 회복하고 있다는 점이다.

한 아이누 소녀는 이오만테의 전통과 문화에 대해 아래와 같이 분명하게 견해를 피력하고 있다(〈표 3–14〉 참조).

s9에서는 아이누가 잃어왔던 것을 (아이누문화를 거의 경험하지 않은) 10대 아이누 소녀가 말함으로써 다시 한번 '민족이란 무엇인가', '민족의 의례란 무엇인가'라는 질문을 상기시키고자 한 제작자의 의도를 읽을 수 있다.

이오만테는 수많은 아이누인들이 오랜 시간 여러 장애를 이겨 내면서 힘을 모았던 의례였다. 이를 통해 이오만테는 축제로서 '재현'될 수 있었지만, 아이누의 혼을 '계승'하지는 못했다. 왜냐하면, 혼은 일상을 통해 계승되기 때문이다. 이 결과는 아이누 장로 테시베 후요가 이오만테의 재현 이후 "아직 부족해"라고 언급한 장면에서도 나타난다. 아이누의 혼을 계

제1차 텍스트			
대상언어의 텍스트 (연속적인 시퀀스플로우)		메타언어적 텍스트 (다양한 코드의 복합적인 실천플로우)	
		V(영상)	A/N(음성 나레이션)
S2	s9 아이누 소녀 (중학생) 36:09~	FS BS CU 얼굴 TRC	On	(후요 할머니가) 부족하다고 한 건 75년 동안 사라졌던, 여러모로 사라져버린 것 아닐까요. IC(Race) 있잖아요, 말도 좀처럼 알아듣지 못하게 되었고. 그런 것들, 할머니 말은 잘 모르겠지만. 이것저것 사라져버린 것들이 아닐까요. IC (Race) 그건 물건이나 뭐 그런 형태로 보여지는 게 아닌, 다른 뭔가라고 생각해요. 사람들 마음이나, 있잖아요 왜 그런거, 그런 의미라고 생각해요. PC TRC CRC(Conflict) ← '모순'의 텍스트장치로서 CRC

승하지 못한 까닭은 근대 국가 형성과정에서 제국주의가 가져온 아이누에 대한 강제적인 동화정책과 아이누 민족에 대한 위압적 분위기, 타자를 배제하려는 비인도적 문화 침략 때문이었다.

그러나 이러한 근대를 이겨낸 아이누에게 '현대' '아이누'의 '의례'를 복원하는 것은 신체에 내면화된 '소리 문화'를 통해 아이누 공통의 감각과 정체성을 다시금 되찾을 수 있는 계기가 되었다. 예컨대 다음과 같은 표현이 그것이다. "다른 곳에서는 느끼지 못하지. 두근거리는 피가 솟구치는 그런 느낌. 거기 참가하기 전에 모두의 목소리를 들으면서 피가 끓는 듯한 느낌이 드는거지", "그 때 비로소 내가 아이누라는 생각을 하지"(아이누 60대 남성), "끊어내고 싶어도 끊기지 않잖아요"(아이누 10대 여성), "정말

별 거 아닌데도 한두 가지 뭔가를 익히게 된거죠. 그런 걸 무시할 수도 없어요"(아이누 40대 여성) 등. 이처럼 축제에 참여한 아이누인들은 아이누로서의 '정체성'에 대해 자연스럽게 자각하면서, 자신의 정체성에 대해 부정할 수 없는 사실로 받아들이고 있었다.

이상으로 이오만테를 둘러싼 다양한 담론의 변용과 표상의 문화적 실천, 그리고 미디어 기술의 발전과 커뮤니케이션 양식의 변화, 문화와 정치의 관계성 등에 대해 고찰하였다.

전체적으로 총괄하자면 텍스트 속에서 '타자'로서의 아이누인들은 75년 만에 진행된 민족 의례를 재현하면서 혼란, 슬픔, 기쁨, 주저함 등의 감정을 이야기하고 있었다. 〈그림 0-1c〉에서는 B와 B1의 담론에 속하는 표상이다. 아이누 의례의 '재현'은 아이누의 정체성으로서 표상되고 있는데, 다른 한 편에서 내면적으로 다양한 모순이 감춰져 있음을 표상함과 동시에 '타자성'의 물음에 관한 담론실천으로 구축되고 있다.

'다큐멘터리'는 '재현'에 가장 적합한 장르다. 이오만테의 재현은 NHK 다큐멘터리 제작진들의 협력과 지원이 있었기에 가능했는데, '다큐멘터리'라는 속성상 '재현'일지라도 텍스트의 대중적인 리얼리즘은 강하게 전달될 수 있었다. 제작진은 다큐멘터리의 '힘'을 믿고 이오만테의 완벽한 '재현'을 기대했으나, 의례 마지막 이러한 기대를 저버리는 후요의 한 마디는 '민족의례'의 재현(혹은 전승)과 '장르'로서 다큐멘터리 재현에 대한 문제 역시 제기하고 있다. 그러나 빈틈 없이 의례를 재현해 완성하는 것에는 실패했으나, 대신 속편 방송 등을 통해 사실적 담론과 표상의 텍스트를 지속적으로 창조할 수 있었던 것은 후요의 '반전' 때문에 가능했다. 즉 후요의 이야기는 지배적인 이데올로기의 실천에 대한 의문을 촉발하

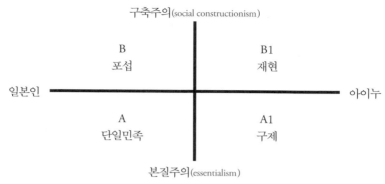

〈그림 0-1c〉 **분석시각으로서의 텍스트의 '타자성'과 지배적 이데올로기**

는 것이었다.

〈환상의 이오만테〉의 부제에도 인용되고 있는 다케다武田泰淳의 『숲과 호수의 축제森と湖のまつり』라는 작품에는 다음과 같은 말이 나온다. 저자는 "모든 것은 변화하는데, 이는 서로 관계를 맺으며 변화하는 것이며 전통적인 것이 사라진다 하더라도 아이누인이 계속 살아 남는다면 아이누의 혼은 계승될 것"이라는 말을 통해 아이누에 대한 뜨거운 신념을 전해준다. 다양한 정체성이 혼재된 현시대를 살아가는 우리들에게 과연 '타자'란 무엇일까. 또한 타자와 함께 (혹은 타자로서) 살아가야만 하는 시대에 재현되고 복제되는 문화에 감춰진 권력의 헤게모니를 어떻게 수용하는가. 또 우리는 무엇을 지켜가면서 살아야만 하는가. 이때 타자와 당사자의 정체성은 무엇을 통해 가늠하고 규정될 수 있는가.

적어도 지금까지의 방송 분석을 통해 알 수 있는 것은 다음과 같다. 즉, 본 장에서 분석한 다큐멘터리에서 '타자'란 과거, 동화 외에는 선택의 여지가 없이 선택을 강요당한 '아이누'이며, 세계화 속에 월경하는 시선 안에 존재하는 또 다른 '자신'일 수도 있다는 것이다.

여전히 이러한 문제는 진행형이지만, 아이누의 역사 속에서 배울 수 있는 것들은 결코 적지 않다.

1   '이오만테(i-omannte)'란 아이누어로 '이(물건, 그것)+오만테(바치다)'라는 의미의 합
성어로, 이오만테와 '이요만테', '이요만테', '요만테', '요만테' 등으로 불렸다. 이오만테
는 동물을 바치는 방식에 따라 구별되며, 사냥으로 획득한 곰 등을 바치는 경우에는 오
프니레(opunire : 일으켜 세우다, 바치다)형 의례가, 그 외의 의례로는 이와쿠테(iwak-te
: 돌려보내다)라는 의례가 있었다(宇田川洋 編, 2004 : 30). 또한 아마노(天野哲也, 2003
: 115)에 따르면 일반적으로 이오만테의 모티브는 육상동물이 약 70%이며, 그 중에서
도 곰의 비율이 거의 90% 이상으로 압도적이다. 사사키에 의하면 실제 곰을 바치는 의
식은 북유럽의 사미(Sámi)에서부터 북미의 이누이트(Inuit, 에스키모)에 이르기까지 북
극권역 민족에게서 널리 볼 수 있는 의식이며, 수렵민족의 큰 종교의례이다(佐々木利和
1992).

한편 이오만테 속 신과 인간은 대등한 관계이며 이오만테는 아이누 모시리(조용한 대
지)에 놀러 온 신(영)을 카무이(신) 모시리로 돌려 보내는 의례이다. 신을 카무이 모시
리로 보내기 위해서는 그 분장(扮裝)을 풀어야 한다. 넬 때, 예를 들어 곰의 신이라면 아
이누의 손을 빌려 벗겨진 분장(가죽 살점)은 웅담과 함께 아이누의 토산품이 된다. 카무
이 모시리로 돌아간 신은 아이누에 모셔지면서 그 신격이 상승하고, 아이누는 그 신으로
부터 여러 활동에 다양한 비호를 받게 된다. 아이누인들은 이오만테를 통해 신과 인간의
공존관계가 성립되는 것이라고 생각했다(天野哲也, 1992 : 147~153).

한편, 쿠시로(釧路) 아이누는 섬올빼미를 모시리 코로 카무이(대지를 지키는 신)라고 불
렀지만 일반적으로 코탄 코로 카무이(집락을 지키는 신)라고 불렸다. 아이누에게 올빼
미란 곰이 어디에 있는지 알려 주거나 사냥운을 좋게 하고, 산 속에서 길을 안내하거나
송어 등의 먹거리를 제공해 주는 역할을 했기 때문이다. 이러한 아이누의 생각은 다큐멘
터리에서도 나타난다. '올빼미신이 스스로 전한 이야기'라는 자막을 통해 유카라를 독백
하면서 하늘을 나는 올빼미의 장면이 두 차례에 걸쳐 등장하고 있다. 섬올빼미 이오만테
는 곰 이오만테보다 신위가 높다고 전해지며, 곰 축제보다 성대하고 엄숙하게 진행되었
다(宇田川洋 編, 2004 : 115~123). 하지만, 이오만테 의식에 관한 문자기록이나 조사,
사진, 영상기록은 곰 이오만테에 관한 것들이 대부분이며, 섬올빼미와 관련된 것은 극히
적다.

섬올빼미 이오만테의 의식순서를 간단히 소개하자면 다음과 같다.

① 축제 준비 : 다른 코탄의 친척과 지인들에게 안내를 시작한다. 술은 본 축제의 4일 전
부터 만들기 시작해 이나우(어폐)를 만들고 화살촉(花矢), 경단(団子), 제구(祭具) 등을
준비한다.

② 전야제 : 여성들은 우포포(노래)를 부르며, 이논노이타쿠(축사)가 제창된다. 에카시
(장로)에 의한 술 시음검사가 끝나면 주연(酒宴)을 하며 밤을 지새운다.

③ 본 축제 : 여자 아이들은 세츠(우리)를 둘러싸고 우포포를 부른다. 카무이노미(불의
신에 대한 기도)가 진행된다. 세츠(우리) 안에 있는 모시리 코로 카무이를 나무에 고정
한다. 집 신창(神窓)과 불의 신에게 인사. 나무를 들어 올려 상하좌우로 흔든다. 치로시

(화살촉 의식), 이리(가죽 벗기고 해부), 올빼미 화장(化粧), 가장 놓은 제단 중앙에 올빼미를 세운다.

④ 축제 다음날 : 고기 분배, 헌주, 축연을 개최한다.

한편, 드물게 곰 이오만테와 섬올빼미 이오만테가 같은 날 있을 경우, 후자가 먼저 진행되었다(宇田川洋 編, 2004 : 115~123).

아이누 이오만테에 대해서는 고고학과 인류학, 민속학 등의 영역에서는 조사 기록이 많이 남아 있다. 그 중에서도 와타나베(渡辺仁)가 아이누 이오만테를 '아이누문화복합체'로 분석한 관점은 주목할만 하다. 와타나베는 아이누 이오만테가 신에게 감사를 올림으로써 신과 인간의 관계를 보여주는 '종교적' 측면뿐 아니라, '사회적' 측면과 '유통경제적' 측면 등 3가지 측면을 가진 구조로 아이누문화를 대표하는 것이라고 설명하였다(宇田川洋, 1989 : 104~119). '아이누문화복합체'의 사회적 측면이란 정주적 집락, 즉 코탄을 기반으로 이오만테 의례가 성립 유지되었다는 것을, 종교적 측면이란 사육형 곰 축제인 이오만테의 성립을 통해 아이누문화의 종교적 기반이 성립되었다는 것을, 또한 유통경제적 측면이란 금속기 등 수입물자가 이오만테의 경제적 측면에 중요한 역할을 해 왔다는 것을 각각 의미한다. 종합적으로 인류학과 고고학의 측면에서 아이누 이오만테는 '타자' 의례의 원점이며, '타자' 문화의 진수라는 점에서 '일본인'과의 차이를 분명히 제시해 주고 있는 것이다.

2   인터뷰(2011.3.15). 사쿠라이(桜井均)는 "재현과정을 중시하면서 재현의 불가능성과 잃어버린 75년의 세월, 그 동안의 아이누 역사를 중첩시킨 다큐멘터리가 완성되었다. 완전한 재현기록을 기대했던 사람들에게는 그 과정이 노이즈로 비춰졌을 수도 있는데, 나는 이러한 노이즈를 포함한 전체에 귀를 기울이려고 했다"고 말했다.

3   "축제 당일 신들에게 바치는 이나우, 어폐는 버드나무나 충충나무로 만드는 경우가 많다. 철저한 아이누의 모습이 지켜지지 않으면 안 된다. 나무를 자를 때에는 우선 대지의 신에게 기도하고 용서를 구한다. 그 후 첫 번째는 반드시 손으로 잡고 잘라낸다. 필요 이상으로 나무를 잘라서는 안 된다."(다큐멘터리 나레이션에서 발췌)

4   이시다(石田雄, 2000 : 62~66). 아이누의 근대 교육제도에 대한 구체적인 설명은 오가와(小川正人, 1997a)를 참조하였다.

제4장

아이누문화의 복원에서 '환상'과 '차연差延'

〈이타오마치프여 바다를 향해〉를 중심으로

1. 제작배경과 문제의식

앞 장 「의례와 기억」에서 거론한 〈환상의 이오만테〉(1984)에 이어, 1989년 9월 14일에는 NHK쿠시로釧路 방송국에서 〈이타오마치프여 바다를 향해〉가 방송되었다. '이타오마치프イタオマチブ'는 '목판을 이어 만든 배'로 번역될 수 있다. 〈환상의 이오만테〉의 소재였던 아이누 전통 '의식의 재현'과 유사하게, 이 장에서는 아이누 전통 지혜가 담긴 생활 필수품 중 하나인 해양선 '이타오마치프'의 복원 과정에 대한 다큐멘터리를 중심적인 분석대상으로 한다.

담당 제작자는 방송의 기본정보에 "이타오마치프의 복원과정을 따라가면서 아이누인들의 마음을 들여다 보고 싶었다"고 적고 있는데, 무엇보다 방송의 목적은 '이타오마치프'의 제작, 즉 엄밀히 말해 '이타오마치프'의 복원 과정을 최초 의식의 단계에서 배를 완성하고 진수하는 단계까지 영상으로 기록하고 이를 남기려는 것이었다고 생각된다.

본래 이 방송의 PD인 미네노嶺野晴彦는 당시 입사 5년 차의 젊은 사원이었고 쿠시로釧路 지국은 첫 근무지였다. 그의 고향이 홋카이도였기 때문에 아이누 민족에 대한 관심이 높았고, 〈이타오마치프여 바다를 향해〉의 방송 1년 전에는 〈홋카이도를 명명한 남자〉(1988.11.14)을 제작했었다. 미네노는 〈홋카이도를 명명한 남자〉 이후, 아이누인들과 교류를 이어가면서 〈이타오마치프여 바다를 향해〉에 관여하게 되는 두 형제(나리타 도쿠헤이成田德平, 나리타 우타리안)을 만나게 되면서 〈이타오마치프여 바다를 향해〉를 기획했다고 한다(2003.5. 인터뷰).

한편 미네노는 다음과 같은 말도 전하고 있다(2013.3. 미네노의 편지).

미흡한 방송이라는 점은 물론이거니와 방송을 마친 뒤 내가 생각한 것은 "항의하는 아이누도 예술가로서의 아이누도 아닌, 쿠시로 해변에서 다시마를 채취하거나 건축업에 종사하는 등 본인 스스로는 결코 이런 저런 언변을 늘어놓거나 하지 않는 그런 아이누의 생활과 심정을 이야기해야 하지 않을까? 그런 아이누로서 우타리안을 그려내야만 하지 않았을까?" 하는 것이었다.

이 편지의 표현에서 예상할 수 있듯이 아이누 의례를 둘러싼 앞 장의 갈등, 모순, 동요, 주저함, 번뇌는 〈이타오마치프여 바다를 향해〉에서도 이어지고 있다. 이 장에서는 두 다큐멘터리의 아이누 '문화'의 묘사방식이 어떻게, 어떤 점에서 이어지고 있으며, 또한 단절되고 있는지 살펴 보고자 한다.

이 점에서 본 장은 '이타오마치프'를 둘러싼 아이누의 표상 분석을 통해 '문자가 없는 민족의 구승口承문화를 오늘날 복원하는 것이 어떤 의미를 가지는가, 그리고 '아이누 스스로의 복원'의 의미와 과제는 무엇인가, 나아가 〈이타오마치프여 바다를 향해〉에서 창조된 아이누 표상은 결국 어떤 아이누 이미지를 구축했는가' 등을 밝히고자 한다.

2. 텍스트분석 : 〈이타오마치프여 바다를 향해〉

〈이타오마치프여 바다를 향해〉는 기원하는 목소리에서 시작되고 있다. 후라노富良野[1]의 큰 계수나무 주위에 아이누인들이 모여 신에게 아이누 의례를 진행하고 있다(〈표 4-1〉 참조).

이 장면의 구성과 나레이션에서 발견할 수 있는 사실은 다음과 같다. 먼저 여기 등장하는 아이누 복장의 남자들이 기도하는 모습과 아이누의 노래는 피스크가 말한 PC와 IC이며, 방송이 아이누에 관련된 이야기라는 것을 암시하고 있다는 것이다.

그리고 나레이션을 통해 아이누 해양선과 아이누의 무역활동, 아이누의 산업 등에 관한 아이누의 역사를 보여줌으로써 현대의 아이누상과는 다른 이미지를 떠올리게 해 주고 있다.

마지막으로 프롤로그 장면에 어울리는 다양한 코드화를 통해 아이누 해양선 이타오마치프에 관해 시청자들의 흥미를 유발시키고 있다.

한편 방송에서는 주인공 역인 나리타 우타리안의 아이누가 가진 '이타오마치프'에 대한 염원이 표현되고 있다(〈표 4-2〉 참조).

이 장면의 구성과 나레이션을 통해 다음의 사항을 알 수 있다. 먼저 ①

〈표 4-1〉

제1차 텍스트				
대상언어의 텍스트 (연속적인 시퀀스플로우)		메타언어적 텍스트 (다양한 코드의 복합적인 실천플로우)		
		V(영상)		A/N(음성 나레이션)
S2	s9 아이누 소녀 (중학생) 36:09~	홋카이도 후라노의 도쿄대학 연습림 PC 아이누 복장의 남자들 PC 후라노의 숲 PC 계수나무 거목	Na	후라노 숲에 아이누인들의 기원하는 목소리가 울려 퍼진다. IC (Race) 대지의 신께 훌륭한 나무를 얻은 감사의 기도를 바치는 카무이노미. 높이 30미터, 수령 470년의 계수나무 거목으로 한 척의 배를 만들려는 남자들이 있다. CRC
		나무가 쓰러지는 음향효과 TRC PC BGM TRC PAN 바다 위의 배-아이누 해양성 (이타오마치프) TRC	Na	어른 두 명이 들기도 힘든 거목. 이 정도 나무가 아니면 만들기 어려운 배가 있다. 홋카이도가 아이누인들의 자유의 땅이었던 오랜 옛날. 아이누인들이 먼 바다 항해를 위해 사용했다고 전해지는 환상의 배가 200년 만에 복원되려하고 있다. CRC IC(Race)
		아이누인들의 기도 : 카무이노미 TRC PC	Na	큰 원목선인 배 가장자리를 목판으로 이어붙인 아이누 해양선 이타오마치프. 홋카이도 아이누인들은 이 배에 연어와 동물가죽을 싣고 일본 본토와 사할린, 대마도로 교역을 떠났다. 북쪽 바다를 아이누인들이 자유로이 왕래하던 시대가 있었다. PC CRC IC(Race)
		(자막) 타이틀 TRC		

타자로서의 '아이누'인 주인공 나리타 우타리안과 타자가 아닌 '아이누어를 모르는' 나리타 우타리안, ② '아이누어를 모르는' 나리타 우타리안이

제1차 텍스트				
대상언어의 텍스트 (연속적인 시퀀스플로우)		메타언어적 텍스트 (다양한 코드의 복합적인 실천플로우)		
		V(영상)		A/N(음성 나레이션)
S1 이타오마 치프와 나리타	s2 아이누 공예와 나리타의 등장 3:11~	히다카쵸^{日高町} PC LS 나리타 우타리안의 아틀리에 PC	Na	우타리안은 아이누어를 모른다. IC(Race) CRC(Conflict) ← '모순' 의 텍스트장치로서 CRC. 하지만, 목공예를 통해 아이누의 선조가 키워왔던 지혜를 현대에 되살리고자 노력하고 있다. IC (Race) 이타오마치프의 복원은 우타리안 의 오랜 꿈이었다. IC(Race)
	4:28~	FS/WS/BS 우타리안 TRC	Na	이타오마치프는 아이누 목공기술 의 틀을 집대성한 것이라고 전해 진다. 우타리안은 30년 동안 익혀 온 자신의 기술을 복원하는 일에 전부 쏟아내려고 한다. (CRC)

'아이누의 선조가 키워 온 지혜를 현대에 되살리고자 노력하고 있다'는
점이다. 이때 ①과 ②는 '모순'의 텍스트 장치로서의 CRC가 표현된다.

이때 '모순'된 텍스트 장치는 긴 세월 동안 일본의 동화정책에 의해 핍
박받았지만, '타자'로서의 정체성은 변하지 않았다는 것을 강조하고 있다.
그러나 사실 나리타 우타리안은 아이누로서 유복하지 않은 어린 시절을
보내왔다(〈표 4-3〉 참조).

이 장면의 구성과 나레이션을 통해 다음 몇 가지 사항을 알 수 있다. 먼
저 여기서는 '아이누와 일본인의 결혼'이라는 불행한 사례가 소개되고 있
다. 일본인 남성과 결혼했지만 일방적으로 버림 받았던 아이누 여성과 아

제1차 텍스트				
대상언어의 텍스트 (연속적인 시퀀스플로우)		메타언어적 텍스트 (다양한 코드의 복합적인 실천플로우)		
		V(영상)		A/N(음성 나레이션)
S2 아이누 차별과 고난	s8 우타리안 의 생애 21:49~	치요 포구 千代の浦 PC FS 해변을 걷는 나리타 PC WS/CU 우타리안 TRC 바다 파도소리 TRC PC	Na	우타리안은 19살까지 쿠시로에서 자랐다. PC 부친은 배를 만드는 기술자였다. PC 9살 때 부친은 (…중략…) 부인과 다섯 명의 자식들을 남긴 채 집을 떠났다. CRC(Conflict) 우타리안은 그 때부터 장남으로서 가계를 책임져야만 했다. PC 부두의 하역작업, 다시마 채취, 어부 보조. 어른들 사이에서 우타리안은 밤낮 없이 일했다. CRC(Conflict) ← '모순'의 텍스트장치로서 CRC
		WS 우타리안(On 이야기) 파도소리 TRC	Na	우타리안의 본명은 마사오라고 한다. PC 그는 19살 때 목공장인의 길로 들어섰다. 우타리안이라는 이름은 그 때 아이누 친척 할머니가 지어 준 것이다. 아이누의 자부심을 이어가기 위해 그는 계속 이 이름을 사용해 왔다. IC(Race) 소년시절을 보낸 이 바다에 이타오마치프를 띄우고 싶다. 이는 우타리안이 아이누로 살아 온 증표이기도 했다. IC(Race) CRC(Conflict) ← '모순'의 텍스트장치로서 CRC

〈그림 4-1〉 **이타오마치프의 제작**

'배 제작도중의 그림' (무라카미 테이스케村上貞助(1990), 〈에조생계도설蝦夷生計図説〉,
홋카이도 출판기획센터 p.148)

이들의 사례는 갈등의 TRC로 읽을 수 있다.

　다음으로 주인공의 표정과 바닷가 풍경의 카메라 워크, 효과음 등 기술적 코드에 의해 9살 아동이 육체 노동을 해야 하는 비참한 현실이 보다 사실적으로 표상되고 있다.

　마지막으로 '아이누'로 살아온 비참한 과거에 앞으로도 '아이누'로 살아가고자 하는 주인공의 의지를 대비시킴으로써 시청자의 주의를 환기시키고 있다. 예컨대 〈표 4-3〉의 나레이션 중 "부친은 (…중략…) 부인과 다섯 명의 자식들을 남긴 채 집을 떠났다"와 "아이누의 자부심을 이어가기 위해 그는 계속 이 이름을 사용해 왔다"를 살펴보자. 텍스트 장치로서의 'CRC'인 이들을 대비해 보면, 타자로서 살아온 '고난'과 타자이므로 가졌을 '정열'의 대립구조를 강조하고 있음을 알 수 있다. 아이누 한 사람이 '고난'과 '정열'로 인해 '갈등'하는 코드가 만들어지고, '모순'의 텍스트

〈그림 4-2〉 복원된 아이누 이타오마치프, 쿠시로, 타코부 늪지의 해변(촬영 : 1989.8)

오츠카 카즈요시^{大塚和義}, 「국립 민족학 박물관의 아이누연구와 박물관 활동의 과거, 현재, 미래」, 『국립 민족학 박물관 연구보고』 36-1, 2011, p.122.

장치가 작동하면서 아이누라는 '타자'의 삶의 방식이 단순히 한 사람의 개인적 사건이 아닌 일본의 역사와 사회에 강요된 '타자' 경험의 일부라는 인식을 환기하고 있다.

　나리타 우타리안의 어린 시절 고생담은 이후 등장하지 않는다. 다만 그의 고향, 쿠시로 해변을 걸으며 회상하는 표정에서 과거의 쓸쓸한 기억 배어있음을 알 수 있다. 한편 나리타 우타리안이 '이타오마치프'의 복원을 착수하게 된 이유는 가난하고 외로운 과거의 사정뿐 아니라, 아이누 목공을 직업으로 삼고 있다는 현재적 열의 때문이었다.[2]

　〈이타오마치프여 바다를 향해〉에서 소개한 '이타오마치프' 관련 자료는 에도시대의 고문서 하나, 200년 전의 회화, 그리고 1966년에 발견된 5

〈그림 4-3〉 **이타오마치프 진수식 의례**

위의 책, p.122.

척의 실물뿐이었다. 이 고문서는 아이누가 기록한 것은 아니었으며, 이타
오마치프 제작 공정도 기록되어있지 않았다. 뿐만 아니라 아이누 안에서
도 이타오마치프의 제작은 200년 이상 단절되었기 때문에 제작 기법 역
시 '구전'되지 않았다. 말 그대로 '환상'의 배였던 '이타오마치프'를 복원
하기 위해서는 공정을 하나하나 더듬어가며 진행할 수밖에 없었다.

하지만, 나리타 우타리안은 "이타오마치프의 공정은 나무가 가르쳐 줄
것이다"라고 말한다. 그 후, 5개월 동안 배를 복원한 이후 드디어 이타오
마치프의 전모가 그 모습을 드러냈다(〈표 4-4〉 참조).

그리고 방송 종반에는 진수를 축하하는 아이누 의식이 진행되었다(〈표
4-5〉 참조).

〈표 4-6〉의 구성과 나레이션을 통해 다음 몇 가지 사항을 알 수 있다.

〈표 4-4〉

제1차 텍스트			
대상언어의 텍스트 (연속적인 시퀀스플로우)		메타언어적 텍스트 (다양한 코드의 복합적인 실천플로우)	
		V(영상)	A/N(음성 나레이션)
S3 이타오마 치프의 제작과정	s10 이타오마 치프의 제작 완성 33:16~	BGM 밝은 음악 TRC CU PAN 이타오마치프 TRC	Na 눈 덮인 후라노^{富良野}에서 5개월, 이타오마치프가 드디어 그 전모를 드러냈다. PC 뱃머리 목판장식에서 선미까지 전장 13.5미터. 어른 10명이 충분히 탈 수 있는 크기다. 고문서의 기록에서 볼 수 없었던 공정을 우타리안과 도쿠헤이가 하나하나 되짚었던 결과였다. 파도의 충격을 안쪽에서 지탱하는 아라라기. CRC
		CU 아라라기 TRC PC	Na 북쪽 바다의 거친 파도에도 견딜 수 있도록 궁리한 것이다. 아직 만족할 만한 도구조차 없었던 옛날, 이 정도 크기의 배를 만들었던 아이누 조상들. PC 우타리안과 도쿠헤이는 그 위대함을 다시금 되새기고 있다. CRC IC (Race)

〈표 4-5〉

제1차 텍스트			
대상언어의 텍스트 (연속적인 시퀀스플로우)		메타언어적 텍스트 (다양한 코드의 복합적인 실천플로우)	
		V(영상)	A/N(음성 나레이션)
S4 출항	s11 출항의 날 (치프산케) 35:21~	GS 아이누의 출항의식(치푸산케) TRC PC BS 아이누 전통의상을 입은 사람들 축하의 노래 PC TRC	Na 출항의 날, 이타오마치프는 여인들이 축하노래로 맞이하고 있다. PC 아이누어로 '치프산케^{チプサンケ}'라 불리는 진수식 의례가 시작되었

		V	A/N
			다.[IC](Race) 배의 안전을 기원하고 새로 만든 배에 신을 모시기 위한 의식이다. 이타오마치프의 출항을 축하하기 위해 아이누 장로들이 각지에서 모여들었다. 조릿대 묶음으로 정성스럽게 배의 액운을 씻어낸다. [PC][IC](Race)
		CU 우타리안[TRC] ON 아이누 전통의 노래를 부르는 여인들의 목소리[PC][TRC] 이나우를 이타오마치프에 장식[PC] 소내를 태우고 진수[PC]	예전에 아이누인들이 사용했던 나무껍질로 만든 밧줄, 우타리안이 이 날을 위해 특별히 준비한 것이다. 버드나무 줄기로 만든 이나우는 신에게 바치는 귀중한 물건이다. 뱃머리에 이나우를 묶어 붙인다. [CRC][IC](Race)

〈표 4-6〉

제1차 텍스트				
대상언어의 텍스트 (연속적인 시퀀스플로우)		메타언어적 텍스트 (다양한 코드의 복합적인 실천플로우)		
		V(영상)		A/N(음성 나레이션)
에필로그	s12 나리타 우타리안 의 죽음 42:37~	CU 거세지는 바다[TRC][PC]	Na	생각하지 못했던 일이 벌어졌다. 태풍 속에서 바다의 상태를 보러 나갔던 우타리안이 높은 파도에 휩쓸리고 말았던 것이다. [CRC] (Conflict) ← '모순'의 텍스트장치로서 [CRC] 공예가 우타리안에게 이타오마치프는 생애 최후의 작품이 되었다. [CRC]
		FS 이타오마치프를 노젓는 도쿠헤이[TRC][PC]		도쿠헤이는 이타오마치프의 노를 잡는다. 배 위에 우타리안은 없다. 200년 만에 복원된 아이누의 배, 이타오마치프. 도쿠헤이는 이 배를 우타리안호라 명명했다. [IC](Race)

상공촬영 PAN 이타오마치프 TRC (자막) 타이틀 TRC	우타리안이 꿈꾸었고 그리고 많은 아이누인들이 꿈꾸어 왔던 머나먼 바다를 향해 이타오마치프는 서서 히 나아가고 있다. CRC IC (Race)

우선 아이누의 '꿈'과 아이누의 '죽음'이라는 대립구조, 주인공의 '죽음'과 이타오마치프 '완성'의 대립구조가 이타오마치프의 재현을 둘러싼 명암을 제시하고 있다는 점이다.

또한 실제 바다 위를 가르는 이타오마치프의 전모를 영상화하기 위해 헬리콥터에 의한 상공촬영을 시도하는 장면에서 TRC를 읽을 수 있다.

이타오마치프의 복원은 끝났다. 하지만 그 복원에 임했던 나리타 우타리안은 방송 당시 이미 생을 마감했다. 방송은 44분으로는 도저히 담아낼 수 없을 정도로 수많은 뒷이야기를 남긴 채 막을 내렸다.

이상 지금까지 〈이타오마치프여 바다를 향해〉의 전체적인 흐름에 대해 설명하고 그 장면에 대해 대략적인 분석을 해 보았다. 다음 절에서는 〈이타오마치프여 바다를 향해〉 속에 숨겨진 이야기와 현대의 '복원'에 관한 문제점, 그리고 '구전문화'의 계승에 대해 고찰하고자 한다.

3. 이중二重의 재창조 – 배의 복원과 재현의 표상

〈이타오마치프여 바다를 향해〉에는 두 가지 창조가 재현되고 있다. 하나는, 아이누 해양선 '이타오마치프'를 '재현'하는 것이며, 다른 하나는 이러한 일련의 공정과 상황을 영상화함으로써 아이누 표상을 '재현'하는 것이다. 여기에서는 재현된 창조의 모습에 대한 문제점을 중심으로 아이누

문화를 둘러싼 담론과 표상의 정치적 개입, 그리고 이를 통해 궁지에 몰린 구전문화에 대해 검토해 보고자 한다.

앞 절에서는 구체적으로 소개한 〈이타오마치프여 바다를 향해〉의 주제는 '아이누문화의 복원을 통해 재발견하는 아이누문화의 훌륭함'이라고 할 수 있다. 방송 나레이션을 통해 다음과 같이 '아이누문화를 칭송하는' 경우가 몇 차례 등장한다.

나레이션

① s5Na : 200년 전 아이누는 줄자조차 사용하지 않았다. 나무에 선 하나 긋지 않고 정확하게 배의 형태를 깎아 나갔다고 한다.

② s14Na : 만족할 만한 도구조차 없었던 옛날, 이 정도 크기의 배를 만들어낸 아이누 조상들.

200년 전에 비하면 목공 관련 기계나 기술, 조선 기술의 발달과 관련 정보가 풍부하겠지만 다큐멘터리에는 현재 이타오마치프를 복원하기 위해 고생하는 모습이 나타난다.

여기서 지적하고자 하는 문제점은 크게 3가지다.

첫째, 다큐멘터리의 구조적 측면에서 이타오마치프의 제작 과정이 불투명한 것이다. 다큐멘터리에는 그 제작 과정이 부분적으로 소개되고 있지만, '지금의 기계를 이용한 제작공정'은 거의 편집돼 충분히 묘사되지 않았다. "점점 그 모습이 변해가는 거목의 형태"는 옛날 아이누인들의 방식인 소도구에 의한 수작업이 아니고, 현대의 공구와 기계를 사용한 작업이다. 예전과 현재가 '혼재'된 상황에서 복원 과정의 일부가 삭제돼 불충분한 설명으로 끝난 것은 오해를 불러 일으킬 소지가 충분하다. 심지어 '복원'의 신빙성조차 의심할 우려가 있다. 200년 전의 배를 현 시대에 '복원'한다는 자체가 '환상'인 것이다. 시대와 사회 등 상황이 통째로 변화하고 있음에도 '복원'을 하는 것은 무엇 때문인가. '복원'을 염원했던 이들에게 '복원'이란 단순히 배의 외형이 완성되는 것만을 의미하는 것인가. 그렇다면 본래 문화의 '복원'은 가능한 일인가.

둘째, 텍스트의 방송제작 속 CRC와 TRC의 문제점을 들 수 있다. '치프산케チプサンケ' 의례 장면의 편집과 내용 배분은 의례에 대한 설명을 불충분하고 부정확하게 만들었다. 구체적으로는 지금까지의 제시한 장면 중 다음과 같은 몇 가지 예를 들어보자. 우선 s11의 '치프산케'는 아이누문화를 이해할 수 있는 중요한 장면이다. 그럼에도 '치프산케'를 짧은 길이의 나레이션만으로 마무리했다.

또한 의례에 참가한 아이누인들의 모습과 표정은 아이누 의례를 의미를 충분히 전하지 못하고 있다. s11은 일반 의례에서 흔히 볼 수 있는 진수식과 참가자를 연상케 하는데 이러한 표현은 시청자에게 오해를 불러 일으킬 수 있다(〈표 4-7〉 참조).

물론 배를 제작한 약 5개월 동안의 기록을 겨우 44분에 담아 낸다는 것이 그 자체로 곤란한 작업이었는지도 모른다. 그러나 이타오마치프의 '복원'은 배의 '복제'가 아니라, 복원을 둘러싼 아이누인들에 의한 다양한 시도들 ─ 의식에서 사용되는 의례 용어 및 방식 공양물, 춤, 노래 등 ─ 을 포함해 아이누 민족의 종합 문화를 '재현'하는 것이 아니었을까. 그러므로 이타오마치프의 '복원'은 아이누의 혼이 담긴 이타오마치프 문화에 상상력을 동원한 표상이 창조되고 투영되는 것을 의미하는 것이다. 그런데

제1차 텍스트				
대상언어의 텍스트 (연속적인 시퀀스플로우)		메타언어적 텍스트 (다양한 코드의 복합적인 실천플로우)		
		V(영상)		A/N(음성 나레이션)
S4 출항	s11 출항의 날 35:21~	GS 아이누의 출항의식 TRC PC BS 아이누 전통의상을 입은 사람들 축하의 노래 PC TRC	Na	출항의 날, 이타오마치프는 여인들이 축하노래로 맞이하고 있다. PC 아이누어로 '치프산케'라 불리는 진수식 의례가 시작되었다. IC (Race) 배의 안전을 기원하고 새로 만든 배에 신을 모시기 위한 의식이다. 이타오마치프의 출항을 축하하기 위해 아이누 장로들이 각지에서 모여들었다. 조릿대 묶음으로 정성스럽게 배의 액운을 씻어낸다. PC IC (Race)
		CU 우타리안 TRC ON 아이누 전통노래를 부르는 여인들의 목소리 PC TRC 이나우를 이타오마치프에 장식 PC 소녀를 태우고 진수 PC	Na	예전에 아이누인들이 사용했던 나무껍질로 만든 밧줄, 우타리안이 이날을 위해 특별히 준비한 것이다. 버드나무 줄기로 만든 이나우는 신에게 바치는 귀중한 물건이다. 뱃머리에 이나우를 묶어 붙인다. CRC IC (Race)

〈이타오마치프여 바다를 향해〉는 아이누민족의 시도를 충분히 표현하지 못하고 있으며, 이타오마치프 '모형' 만들기를 연상하게 하는 불충분한 구성이 되고 말았다.

그리고 셋째, 텍스트의 CRC에서는 주인공이 '이타오마치프'를 복원하려는 동기의식이 설득력 없이 다가옴으로써 공감을 잃고 신뢰성을 떨어뜨렸다. 뿐만 아니라 복원을 둘러싸고 복원 주체인 아이누 개인(나리타 도쿠헤이, 나리타 우타리안)과 그 외의 아이누 민족 간의 연대감 부족 문제를 생각해 볼 수 있다. "우타리안은 아이누어를 못한다. 하지만, 목공예를 통해 아이누 조상이 쌓아온 지혜를 현대에 되살리고자 한다. 이타오마치프의 복원은 우타리안의 오랜 꿈이었다"는 나레이션만으로는 이타오마치프를 복원하게 되었다는 결과론에 불과하다. 즉 단순히 꿈에 대해 설명하는 것만으로는 충분하지 않으며, 그 꿈의 실현을 위해 고군분투한 과정을 철저히 보여 주는 것이 중요할 것이다. 이를 통해 주인공이 이타오마치프의 복원에 대한 열정이 전해질 수 있으며, 배의 복원과정을 선명하게 보여줄 수 있다. 이를 통해 시청자에게 '타자'가 아닌 '타자'로서의 아이누 정체성을 설득력 있게 전할 수 있을 것으로 생각된다.

또한 〈이타오마치프여 바다를 향해〉는 IC로 유도하기 위한 텍스트 장치(아이러니와 메타포, 모순 등)와 그 외의 코드화가 충분하지 못한 것으로 보인다. 코드화를 충분하게 제시하기 위해서는 방송 구성을 위한 구체적이고 치밀한 검증을 필요하다. 이때의 구체적이고 치밀한 검증이란 하나의 기준을 말한다. 즉 방송 제작 및 편집에서 아이누 민족의 복원 노력인지 또는 아이누문화의 재현인지 이야기의 초점을 하나로 집중시켜야 한다. 이럴 때 배를 만든 5개월 동안의 촬영과 실제 방송 구성, 그리고 방송의 주제가 설득력 있는 구조로 코드화될 수 있다. 그러나 방송은 그 기준이 애매하여 '사람의 노력'과 '문화 재현' 각각의 비중 역시 양립하고 있다. 때문에 방송을 통해 구성의 치밀함이나 구도의 코드화를 충분히 읽기 어렵다.

물론 이 기술은 아이누문화를 복원하는 사람들의 노력을 표상하는 시도가 제작자에게 얼마나 힘든 일인지 보여주는 것이기도 하다. 앞서 기술한 바와 같이 이타오마치프의 '복원'은 배의 '복제'만을 의미하는 것이 아니다. 그러나 앞서 기술한 바와 같이 나리타 우타리안과 나리타 도쿠헤이, 그리고 그 외 아이누와의 '관계'는 명확하게 표현되고 있지 않다. 그러므로 '본래 이타오마치프의 '복원'은 혼자서 가능한가', '만일 한 사람이 '복원'할 수 있다면 이는 아이누 민족에게 어느 정도 호소력을 가질 수 있는가'라는 의문이 생길 수밖에 없다. 에필로그의 나레이션 "공예가인 우타리안에게 이타오마치프는 생애 최후의 작품이 되었다"에서 알 수 있듯 이런 의문은 해소되지 않고, 이타오마치프의 재현은 마지막까지 개인의 '꿈'으로 마무리되고 있다.

때문에 이타오마치프의 '복원'은 민족 문화를 '전승'하기 위한 것이 아니라 자기 만족을 위한 수단을 아닐까 하는 의문이 남는다. 다큐멘터리에는 '치프산케' 의례가 아이누의 민족적인 '의식'으로 표상되지 않은 대신 수동적이고 의무적인 절차의 하나로 연출되고 있다.

그 옛날 아이누인들에게 배를 만드는 것은 결코 한 사람의 작업이 아니었다. 배를 만드는 것은 부락 전체의 집단 행사였을 것이다. 그러나 〈이타오마치프여 바다를 향해〉는 아이누 민족의 구전역사가 이타오마치프를 '복원'함으로써 계승되거나 승화되지 못한 채 개인 수준으로 단절되고 있다. 그러므로 아이누 민족을 표상하는 데 있어 역사의 '타자'로서 아이누를 보여주기 위해서는 '아이누' 대 '일본인'이라는 단락적인 도식 대신 현실 사회 속 '다양한 타자'로 생각할 필요가 있다. 그러므로 이 다큐멘터리는 우리에게 현실적이고 엄중한 문제를 제기하고 있다고 할 수 있다.[3]

4. '차연'과 의문시되는 '일상성'－'모순'과 권력의 개입

앞 절에서 언급한 바와 같이, '복원'은 왜 '환상'이라 할 수 있는가. 이때의 '환상'은 서장에서 언급한 다큐멘터리의 특성에 근거한다. 다큐멘터리는 제작자에 의한 '현실의 창조적 해석'[4]이며 동시에 다큐멘터리의 '리얼리즘'이란 표상에 의해 만들어진 하나의 이데올로기 실천이라고 할 수 있기 때문이다.

하지만 이 같은 '복원'을 '환상'으로 치환할 때 어떤 문제점이 생기는가. 본고는 이를 역사 '기술記述'의 문제로 생각하고자 한다. 여기서 '기술'이라함은 영상 기술도 포함한다. 만일 '역사'가 '환상'[5]의 제국이라면 '환상의 계승'은 잊히고 있는 과거의 전통과 문화를 복원하는 행위 또한 포함될 것이다. 과거를 복원하는 것은 '환상을 현실화하는 복제'[6]에서 한 발짝 더 나아가 환상의 구축'이 되는 것이다.

하지만 '역사'에는 '당사자'와 '타자'가 존재하며, 역사는 권력의 정치학에 의해 환상의 방향으로 유도되는 경향이 있다. 예를 들어 아이누의 경우, 〈이타오마치프여 바다를 향해〉의 나리타 도쿠헤이와 나리타 우타리안에게 '역사'란 일본인이 인식하는 '역사'와는 전혀 다르며, 해석 역시 '차이'가 있을 것이다. 또한 그들 역시 이 '차이'와 환상으로 인해 기존과는 다른 '역사'를 이해하고 있을 것이다. 그리고 이들 두 명의 아이누 사에서도 '역사'가 동일하게 이해되고 있었다고는 보기는 어렵다. 사회적 상황, 세대, 그리고 각각의 입장에 따라 상상되는 '역사'는 '차연difference'[7]의 세계이다.

한편 '역사'의 기술에서는 '권력의 개입'이 개입되어 전통이 단절되고, 기억 망각되는 등 다양한 은폐가 존재한다는 점을 잊어서는 안 된다. 환상의 '타자'상과는 다른 표현은 금지당하고, 자유를 빼앗기고, 목소리를 잃어버린 민족의 역사를 야나기다柳田國男 '상민常民'이라는 말을 통해 기억해하고 있다. 〈이타오마치프여 바다를 향해〉에 등장하는 이타오마치프 복원 표상에서는 앞서 제시한 제반 '역사'의 타자를 전경화前景化할 가능성이 제기된다. 그러므로 제작자는 이러한 역사의 배후를 아이누문화의 새로운 표상으로 구축해야만 한다. 왜냐하면 다큐멘터리의 텍스트는 피스크가 말하는 '개방解放력'과 '폐색閉塞력'의 투쟁의 장으로서 충분한 역할을 하지 못하고, 지배적인 이데올로기 코드의 메타담론이 주로 표상되고 있을 뿐이기 때문이다.

한편, '역사'의 복원에서 한 가지 더 검토가 필요한 부분이 있다. 이는 복원한 문화가 놓인 사회적이고 일상적인 환경의 문제이다. 단절된 문화의 복원은 '소리 문화'와 환시幻視된 기억을 현실에 되살리는 것이다. 하지만 이렇게 현실에 되살리는 일의 궁극적 가치는 복원된 '것物'에 있는 것이 아닌 그것이 놓인 '사회' 및 '일상'에 있는 것이다. 그렇다면 복원된 '이타오마치프'의 사회적·일상적 현실성은 어떻게 설명할 수 있는가. 이러한 관점으로 보면 일상에서 쓰이는 대신 박물관에 전시하는 방식으로 문화를 복원하는 것은 이타오마치프의 복원이 목표로 했던 '사회적 현실성'을 경험할 수 있는 것이 아니므로 일정한 한계가 존재한다는 사실을 알 수 있다.

〈이타오마치프여 바다를 향해〉에서 복원한 '이타오마치프'는 국립민족학박물관에 전시되어 있다. 오오츠카大塚和義는 "민족의 기술체계를 집약한 조선기술의 부활을 통해 '민족의 자부심을 회복했다'며 많은 아이누인들이 이에 대해 공감하고 있다"며 "돈의 힘을 이용한 횡포한 행위"라고 비판한 에모리榎森進와 국립민족학박물관을 "일본 인류학의 아성"이라고 언급한 사사키佐々木利和[8]의 비판에 대해 반론하고 있다. 하지만, 오오츠카의

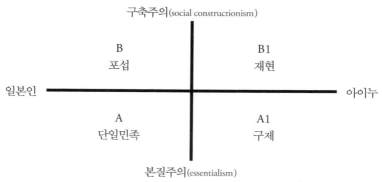

〈그림 0-1d〉 **분석시각으로서의 텍스트의 '타자성'과 지배적 이데올로기**

입장은 에모리와 사사키가 지적한 문제점에 대한 근본적 답변으로는 (다큐멘터리를 검토한 바에 의하면) 충분하지 않다. 결국 이타오마치프의 복원은 '수집과 전시'를 위한 국립민족학박물관의 욕망 달성이 표출될 뿐이라는 의문을 지울 수 없다.

〈이타오마치프여 바다를 향해〉는 아이누 당사자에 의한 아이누문화의 '복원'을 보여주고 있음에도 불구하고 그 문화의 복원이 '완결'되었다고 는 보기 어렵다. 다시 말해 표상된 이타오마치프의 '복원' 과정과 '복원'된 배 자체의 표상에서 '잃어버린 역사와 문화가 전승될 수 있었다'고는 생 각하기 어렵다. 이를 통해 아이누의 '타자성'은 〈그림 0-1d〉의 B1과 B의 담론에 속하는 표상일 것이다.

복원한 '이타오마치프'는 복원된 시점부터 다시 귀중한 아이누의 민속 유산으로서의 '역사'가 되겠지만, 다큐멘터리에 구축된 아이누의 '이타오 마치프' 복원 표상은 '환상'의 '이타오마치프'의 표상과는 다른 것이었다. '환상'과 '현재성'의 경계가 분명하지는 않지만, '환상'과 '차연'의 공존지 대에 사는 우리는 '재현'을 경험할 때마다 그 세계를 재확인할 뿐이다.

5. 소결

이 장에서는 1989년 방송된 〈이타오마치프여 바다를 향해〉의 몇 가지 장면을 분석했다. 이를 통해 앞 장의 주제였던 '아이누 의례문화의 재현'에 이어 '아이누문화복원'의 현재적 문제점과 과제를 '역사의 정치학'적 접근방식으로 살펴 보았다.

200년의 침묵을 깨고 만들어진 아이누 전통 해양선 '이타오마치프'의 복원 과정을 쫓고 있는 이 다큐멘터리에는 아이누 목공 장인에 의한 '구전문화 복원'의 다양한 모순과 어려움이 표상되고 있었다. '이타오마치프'와 관련된 사료와 구전 등 기록이 거의 없는 상황에서 복원 과정 대부분을 '더듬어가며' 완성시켰다는 사실에서 야나기다의 "개개의 민족에게 부여된 국어의 용법 속에서 쓰는 것과 읽는 것은 나중에 생겨난 것이며, 본래부터 있었던 것은 말하는 것과 듣는 것, 그리고 생각하는 것으로 이것이야말로 가장 중요하다"라는 이야기(柳田國男, 1990 : 247)를 떠올릴 수 있다. 같은 민족으로 '생각하는' 것은 민족적인 구상構想력을 풍요롭게 하는 것이며, 때문에 더듬어 가면서라도 배의 '복원'에 다다를 수 있었다.

담당 제작자인 미네노는 이에 대해 다음과 같은 말도 전하고 있다 (2013.3 미네노의 편지).

아마도 현재, 우수한 다큐멘터리라는 것은 '학대 받았던 존재'를 이야기하는 것만으로는 부족하며, 취재자와 기록자 자신이 사실 앞에서 동요하고 또한 동요하는 기록자 자신을 투영하는 것이어야 하지 않을까요? 아이누를 이야기하는 것은 비아이누인 기록자 자신의 동요와 '일본사회'의 동요를 그려 내는 것. 이것이 영상을 보는 관객의 동요로까지 이어지는 것. 이러한 시도가 20년 전에는 물론 지금 현재에도 요구되고 있는 것은 아닐까요?

하지만 당시 다큐멘터리 제작자는 '왜 복원이 원활하지 못할까'라는 문제와 그 '동요'를 실제 영상으로 보여줄 기회를 놓치고 말았다. '이타오마치프'를 둘러싼 아이누의 갈등과 투쟁, 배의 재현을 의뢰한 박물관과 아이누의 갈등, 순수함 대 목적추구라는 가치에서 대립하는 형제, 배의 재현에 내재된 기술적인 한계와 그 타협 등을 포함한 다양한 '동요'는 '화려한 영상'과 '미리 상정된 담론' 수준으로 머물고 있을 뿐이다. 〈이타오마치프여 바다를 향해〉는 '마감기한까지 완성시켜 전시한다'는 문맥 속에 감춰진 '복원과 파괴', 그리고 '기억과 망각'의 이상異常한 현실을 텍스트 속에서 좀더 강한 '동요'의 담론으로 표상하는 것이 본래의 목적이었던 것은 아닐까. 다큐멘터리의 분석을 통해 이타오마치프를 복원하고자 했던 아이누의 낭만과 열정이 결국 지배 권력의 이데올로기를 재생산하는, 다시 말하면 '상자 안 전시용으로 복제된 타자'를 증식시키는 데 가담하는 결과로 이어지고 말았다는 안타까움이 남았다.

오늘날 아이누문화가 사회적, 일상적 현재성을 잃었다는 사실은 부정하기 어렵다. 그러나 아이누가 아이누의 문화를 계속 '복원'하는 한 이 행위를 통해 기록될 역사는 '차연'과 관련해 지속적으로 존재할 것이다. 이때 '차연'은 다음과 같은 의미를 가진다. '구전문예'와 '문자문예'의 '차연' 구조의 관계성은 '대립'하는 것이 아닌, '소리'의 문화가 문자문화의 내면으로 '회귀回歸'한다는 야나기다의 입장을 따른다.[9] 시행착오가 있다고는 해도 끊임없는 '복원' 행위의 축적이야말로 현 시대 아이누의 역사계승 방법이 될 수 있다.

■■■ 미주

1   담당인 미네노(嶺野) PD에 따르면, 후라노(富良野) 도쿄대 연습림의 협력으로 전장 약 13미터, 직경 1.2미터의 거목을 얻을 수 있었다고 한다.(2003.5 · 7월 인터뷰)

2   〈제작 도중의 그림〉村上貞助(1990). 이 공정에 대해 방송은 다음과 같이 소개하고 있다. "장작에 불이 붙여진다. 그 속에는 백 개 이상의 돌이 들어 있다. 옛날 사할린 아이누는 물을 채운 통나무배에 불에 달군 돌을 던져 넣어 그 뜨거워진 물로 통나무배의 폭을 넓혔다고 한다. 전해지는 말을 근거로 그 공정을 재현하게 되었다. 배에 뜨거워진 물을 채우고 열과 수분으로 나무를 부드럽게 한다. 나무의 굴곡을 없애고 배의 형태를 만들어 가는 것이 목적이다. 가장자리로 횡목을 대고 조금씩 조여간다. 조금이라도 힘조절이 맞지 않으면 배에 균열이 생기고 만다. 작업은 밤새도록 신중하게 진행되었다. 물을 뺀 배를 선대 위에서 건조시킨다. 배 폭이 대략 5센티미터 정도 넓어졌다. 잊혀졌던 아이누인들의 지혜가 조금씩 그 모습을 드러낸다."

3   이타오마치프의 복원 프로젝트(국립 민족학박물관 주재)의 당시 책임자는 나리타 도쿠헤이였는데, 방송 〈이타오마치프여 바다를 향해〉의 실질적인 주인공은 나리타 우타리안이었다.

4   이 문제에 대해 담당인 미네노 PD에게 문의한 결과, "도쿠헤이와 우타리안 형제는 배의 복원과정 속에서 불협화음으로 다투는 경우가 많았다"는 답변이 있었다.

5   존 그리어슨은 다큐멘터리를 "The creative treatment of actuality"라 정의했다(Jack C.Ellis 1989).

6   奧村編(1997 : 256~267) 참조.

7   "'기술적 복제'에 의한 확산의 과정은 '진정함'이 손상되는 과정이 아닌, 오히려 '진정함'에 대한 우리들의 관계가 변용되는 과정으로 이해해야만 한다."(奧村 編, 1997 : 266~267)

8   오쿠다는 "야나기다(柳田國男)의 '소리'는 쓰기를 통해 가시화되는 것이며, 쓰기의 '차연(差延)' 작용의 산물이다"(奧村 編, 1977 : 272)라고 설명하였다. 민속학에서 '목소리'와 '필기(écriture)'의 관계성은 아이누 전통의 환상이 된 배의 복원이라는 점, 즉 구전문화(소리)의 사회적 리얼리티(필기)와의 관계성으로 응용될 수 있다고 생각한다.

9   北海道大学アイヌ · 先住民研究センタ 編(2010)에서 에모리(榎森, 2010 : 20~58)와 사사키(佐々木 2010 : 224~235쪽)의 논문 참조. 오오츠카는 이 두 사람의 논고에 대한 반론을 기술하였다.(大塚和義, 2011)

10   奧田隆(1977 : 246~294).

제 3 부

세계화 속의 '아이누'

제5장_ 카라후토樺太와 디아스포라 아이누
〈잃어버린 자장가(이훈케)〉를 중심으로

제6장_ 1세기에 걸친 '아이누'의 표상
〈아이누 태평양을 건너다-미국〉을 중심으로

제5장

카라후토樺太와 디아스포라[1] 아이누

〈잃어버린 자장가(이훈케)〉를 중심으로

1. 제작배경과 문제의식

카라후토의 역사에 대한 기술(工藤信彦, 2008 : 303~304)에 따르면 1867년 러시아의 '카라후토섬가규칙樺太島仮規則'에 따라 카라후토는 러일 양국 국민이 함께 거주하는 섬이 되었다. 이후 1875년 카라후토 치시마千島 교환조약 체결에 따라 카라후토 전체 섬이 러시아 영토인 유형지流刑地가 되었다. 이 조약이 조인됨에 따라 1875년부터 카라후토 아이누가 홋카이도로 강제 이주되기 시작했다.(樺太アイヌ史研究会 編 1992)

한편 1905년 러일전쟁 후에 체결된 강화조약의 결과 북위 50도 이남의 카라후토는 일본 영토로 편입되었다. 그로부터 약 40년 뒤인 1945년, 제2차세계대전에서 일본이 패하면서 카라후토는 다시 러시아 영토가 되었다. 나아가 제2차 세계대전 종전 6년 뒤 체결된 '샌프란시스코 조약'(1951)을

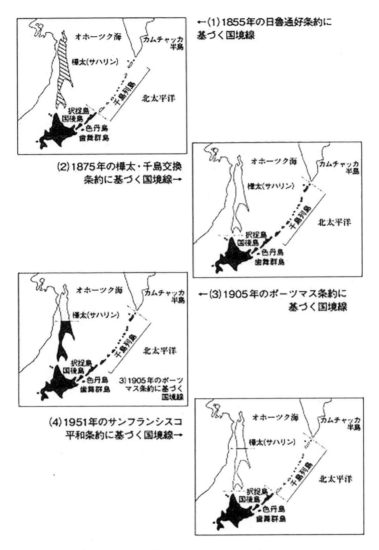

〈그림 5-1〉카라후토를 둘러싼 국경선의 변화
『우리들의 북방영토 2005년판』(외무성) 참조

통해 일본은 카라후토와 치시마 18개의 섬을 포기하게 되었다.

이런 복잡한 정세변화 중, 본 장에서 소개하는 〈잃어버린 자장가(이훈

케)〉의 배경은 카라후토 아이누의 '귀환引き揚げ'이다. 이 귀환은 일본이 전쟁에 패해 미나미카라후토南樺太가 다시금 러시아 영토가 된 1945년(1기)부터 1946년(2기)에 걸쳐 진행되었다.[2] 당시 귀환한 사람들 중에는 당연히 일본인이 많았지만 카라후토 원주민이었던 아이누인도 포함되어 있었다. 아이누의 기록에 따르면, 1875년부터 카라후토 아이누는 강제적으로 홋카이도로 이주했으며, 1905년에 체결된 강화조약에 따라 다시 카라후토로 돌아 왔다고 한다(樺太アイヌ史研究会 編, 1992 : 332). 결과적으로 카라후토 아이누는 일본과 러시아에 의한 제국주의 역학 변동에 따라 1875년과 1945년 두 차례에 걸쳐 '전지転地, displacement'를 강요당했다.

비록 시간이 많이 흐르긴 했으나, 동아시아의 영토를 둘러싼 국가 간 대립은 미디어를 통해 여전히 빈번하게 보도되고 있다. 특히 일본은 독도竹島와 센카쿠尖閣, 북방영토 등의 문제를 둘러싸고 한국과 중국, 러시아와 긴박한 상황을 이어가고 있다. 이러한 조류에 편승해 일부 미디어는 역사적 배경이나 국제적 역학관계를 무시한 채 국민의 감정을 자극하는 편협한 내용을 지속적으로 내보내고 있다. 이러한 담론상황은 어떤 집합적 인식구도에 근거하는 것일까. 주지하지만, 미디어는 먼저 '국민'에 대한 정보활동과 표현활동을 주목적으로 한다. 그러나 미디어의 역할은 비단 이것뿐만이 아니다.[3] 때문에 미디어, 특히 TV가 상정하는 '국민'의 의미범주, 즉 TV가 상정하는 '국민'이란 무엇인지 묻지 않으면 안 된다. 이러한 국민에 대한 상정은 선정적인 보도나 객관적인 보도나 할 것 없이 자각되지 않은 채 지나치고 있다.

테사 모리스-스즈키(モーリス=テッサ 鈴木 2011)가 소개한 '국가적인 지리적 신체'라는 관점은 동아시아의 영토와 민족, 국가라는, 상당히 뿌리

깊은 대립과 관련된 문제의 핵심에 접근한 것이라 볼 수 있다. 모리스-스즈키는 독도와 센카쿠제도가 사람이 살 수 없는 섬임에도 불구하고 국가 존립의 상징처럼 여겨지는 현상에 대해 태국인 통차이 위니차꾼Thongchai Winichakul의 주장을 인용하면서, "그 (영토) 주권을 방기하는 것은 어떤 형태로라도 국가의 육체를 제거하는 것, 즉 사람의 손과 발을 절단하는 것과 다름없는 폭력행위로 간주된다"고 서술하고 있다. 이러한 이론적 배경을 바탕으로 이 장에서 다루고자 하는 문제는 도대체 '왜', 그리고 '무엇이', 이렇게 특정한 '지리적 신체'를 생산했는가 하는 것이다. 사람들의 신체를 이러한 특정 '국가적인 지리적 신체'로 연결된 원인 중에 미디어의 영향은 없었을까. 만약 있었다고 한다면 미디어는 이에 어떤 작용을 했을까. 본래 미디어가 상정한 '국민'의 이미지는 무엇일까.

본서에서는 '국민'과 그 타자로서의 '아이누' 표상의 관계를 각 장의 다큐멘터리를 통해 살펴 보았다. 앞서 제기한 문제의식과 함께 본 장에서는 과거 일본TV가 표상해 온 '카라후토'와 카라후토에서 생활해 온 '아이누'에 초점을 맞춰 1990년대의 연속과 변용에 대해 고찰하고자 한다.

〈잃어버린 자장가(이훈케)〉의 제작 담당자 오오노大野兼司는 제작 배경에 대해 다음과 같이 말하고 있다(2012.4.19 인터뷰).

역사와 극동지역에 관심이 높았던 (부임) 4년째 되던 무렵, 첫 두 편의 방송에서도 등장하는 삿포로札幌 거주 연구자를 자주 찾게 되었으며 귀중한 정보를 얻을 수 있었습니다.

인류학자로서의 피우스츠키ピウスツキ를 기리는 국제 심포지엄이 예정되어 있었으며 여기에 그 손자와 동행하게 되었습니다.

'유형수였던 피우스츠키가 민족의 언어에 관심을 가지고 언어와 노래를 채집한 것은 어느 토지였는가? 또한, 조부와 만난 적도 없는 손자가 사할린을 거닐며 어떤 생각을 했을까?' 등을 목적으로 기획했고, 다각적인 극동지역 취재에 관대했던 시대상황에 힘입어 방송이 채택되었습니다.

상기 오오노의 말에서 알 수 있는 것은 오오노의 초임지가 NHK쿠시로釧路 방송국이었다는 것, 부임 첫 해가 1988년이었다는 시대적 배경, 그리고 개인적인 관심(역사와 극동지역)이 1991년의 〈잃어버린 자장가(이훈케)〉를 낳은 주요한 배경이었다는 것이다.

필자가 조사한 결과, 약 60년이나 되는 NHK TV방송 역사 중 카라후토 아이누를 방송의 중심소재로 한 다큐멘터리는 3편에 불과하다.[4] 1970년대 이전 방송은 전무하며, 1980년대 이후 3편의 방송이 카라후토 아이누를 소재로 제작되었다. 최초의 다큐멘터리는 1984년 6월 25일에 방송된 〈유카라 침묵의 80년〉이며, 그 다음에 제작된 다큐멘터리는 〈카라후토 아이누 망향의 목소리〉(1985.10.14)이다. 이들은 카라후토 아이누에 관한 선구적 방송이었다고 할 수 있는데 두 편 모두 1980년대 지역방송국(NHK삿포로 방송국: 야마기시 디렉터)에 의해 전국방송되었다.

그리고 마지막 방송은 NHK하코다테函館 방송국에서 제작되어 1991년에 방송된 〈잃어버린 자장가(이훈케)〉이다. 본 장에서는 특히 이 방송을 분석하면서 카라후토를 둘러싼 일본과 러시아의 역사적 배경과 카라후토의 디아스포라 아이누를 살펴보고자 한다. 카라후토에서 아이누로 태어났지만 국가의 사정으로 강제적으로 이주 당해 왔던 사람들이 겪은 고난, 그리고 당시 방송 제작자가 상정한 '아이누'와 창조된 국민으로서의 아이누의 이미지를 검토하면서 다큐멘터리의 의의와 과제에 대해 고찰하고자 한다.

　본 장이 1980년대의 앞선 두 편의 작품이 아닌 1990년대 방송을 다루는 이유는 다음과 같다. 첫째, 홋카이도 주재 NHK 지역방송국의 방송 제작편수와 시대배경과의 관련성이다. 1990년대가 되면서 홋카이도 지역방송국의 소련(현 러시아)의 극동지역과 사할린을 대상으로 하는 방송이 급증하였다. 실제 NHK 아카이브 등을 통해 살펴 본 결과, 〈소일특집〉 시리즈 5편(1990.9.19~27)과, 〈소일 신시대〉 시리즈 6편(1990.11.14~25), 〈야폰카들의 세월〉(1990.7.19), 〈고향은 사라졌다〉(1990.9.1), 〈45년 만의 유골수습〉(1990.10.6), 〈가는 해 오는 해〉(1990.12.31), 〈사할린의 젊은이들〉(1991.1.15), 〈블라디밀로프카 이야기〉(1991.1.31), 〈캄차카―닫힌 거리는 지금〉(1991.2.2), 〈북방영토 해결의 시나리오〉(1991.2.7), 〈소련인 행동제한구역〉(1991.2.9), 〈사할린을 향해〉(19912.16) 등 다양한 방송을 확인할 수 있었다. 이 상황에 대해 1991년 당시 NHK삿포로 방송국 방송부장이었던 오구치小口崇彦는 다음과 같이 전하고 있다.

　1991년 3월 현재 우리는 '북방영토문제', '경제 문화교류', '소련의 극동정세' 등에 대해 약 1,000일을 넘는 취재를 바탕으로 방송 25편, 뉴스 80여 편의 홋카이도 및 전국 방송을 했으며, NHK홋카이도는 소련 극동지역의 정보발신기지로서의 기능을 확립했다고 자부하고 있습니다.

(NHK 札幌放送局日ソプロジェクト編, 1991 : 275)

1990년대 NHK홋카이도 지역방송국[5]에서 이와 같은 방송제작 붐이 일게 된 것은 페레스트로이카^{페레스트로이카}의 분위기, 1990년 7월에 실시된 NHK삿포로 방송국과 소련(현 러시아) 극동의 사할린주, 연해주, 캄차카주 등 3개 방송국과의 취재협력 및 방송교류에 대한 (지역방송국 간의) 방송협력협정의 조인, 1991년 4월의 고르바쵸프 대통령의 방일 등의 국제화의 정세 때문이다. 필자는 이와 같은 1990년대 변화와 배경 속에 제작된 방송 중 유일하게 등장하는 '카라후토 아이누'의 표상에서 유의성^{有意性}을 발견하였다.

둘째로, 방송의 내용과 주제를 들 수 있다. 1984년에 방송된 〈유카라 침묵 80년〉에서는 카라후토 아이누인들도 등장하지만, 방송의 주인공은 납관을 만든 블로니스와프 피우수트스키[6]였다. 즉 방송의 주제는 1983년 폴란드 정부와의 교섭을 통해 허가를 받아 들여온 납관을 통한 카라후토 아이누 노래의 재생과 피우수트스키의 일생을 소개하는 것이었다. 이 방송의 마지막 장면에는 피우수트스키의 손녀들이 잠시 등장하는데, 이 손자들은 〈잃어버린 자장가(이훈케)〉의 주인공으로 등장한다. 본 장에서는 카라후토 아이누인들을 주인공으로 삼고 있으면서도 카라후토로의 귀향에 초점을 맞춘 〈잃어버린 자장가(이훈케)〉가 본 연구에 가장 적합하다고 판단하였다. 한편, 〈카라후토 아이누 망향의 목소리〉는 제작 기록만 있을 뿐, 자료가 남아 있지 않아 시청이 불가능한 상황이다.

2. 텍스트분석 : ⟨잃어버린 자장가(이훈케)⟩

1) 디아스포라의 사람들—피우수트스키와 아이누의 추흐산마

지금부터 ⟨잃어버린 자장가(이훈케)⟩의 방송 텍스트 구조를 상세하게 기술하면서 이 텍스트를 구성하고 있는 장면과 등장인물, 영상과 나레이션의 관계에 대해 검토하고자 한다.

⟨잃어버린 자장가(이훈케)⟩는 저녁 노을 속에서 자장가가 흐르는 장면으로 시작한다. 이 장면의 텍스트는 ⟨표 5-1⟩과 같다.

s1의 마지막 나레이션, "카라후토의 자장가, 이훈케, 그 가사와 선율은 왜 사라져버렸을까"라는 물음은 곧바로 방송의 주제와 연결된다. 이후 장면에서는 주인공, 피우수트스키의 손녀(다카하시 나미코高橋ナミ子(당시 60세) 와 다카하시 히토미高橋ひとみ(당시 55세))가 비행기 트랩을 내려오고 있다(⟨표 5-2⟩ 참조).

이 장면의 구성과 나레이션을 통해 다음 몇 가지 사항을 알 수 있다. 첫 번째로 '카라후토'와 일본과의 관련성에 대한 주의환기다. "카라후토 출생"이지만 "일본에 살고 있는" 다카하시高橋 자매가 "43년 만"에 "귀향"한다는 나레이션은 일본인에게 익숙하지 않은, '카라후토'에 대한 관심을 불러 일으키고 있다.

두 번째로 '카라후토'를 둘러싼 역사적 배경에 대한 어필이다. 다카하시 자매의 조부인 '피우수트스키'의 등장과 '오랜 꿈'이었던 성묘, '일본 군 사령부' 등의 설정은 '카라후토'를 둘러싼 일본과의 과거에 대한 역사적인 관련을 환기시키고 있다.

세 번째로 피우수트스키의 평가에 관한 환기다. "탄생 125주년을 기념

제1차 텍스트				
대상언어의 텍스트 (연속적인 시퀀스플로우)		메타언어적 텍스트 (다양한 코드의 복합적인 실천플로우)		
		V(영상)		A/N(음성 나레이션)
프롤로그	s1 타이틀 0:14~	BGM 자장가(이훈케) TRC PC CRC IC (Race)	Na	자장가, 그것은 아이에게 있어서 언어세계와의 첫 만남일지도 모른다. 엄마의 자장가를 들으면서 아이는 자연스럽게 엄마의 언어를 자신의 언어로 체득하게 됩니다. PC
	0:56~	WS 자장가를 부르면서 아이를 달래는 엄마의 모습 PC TRC TRC LS/PAN 카라후토의 황폐한 풍경 TRC PC	Na	예전 아이누 민족은 홋카이도만이 아닌 카라후토에도 살고 있었으며 독자적인 언어를 가지고 있었습니다. PC TRC IC (Race) CRC (Conflict) ←'모순'의 텍스트장치로서 CRC
		BGM 납관을 통해 들리는 자장가 TRC ZI 피우수트스키의 사진 TRC PC	Na	카라후토의 자장가, 이훈케, 지금 이 노래가 사할린의 땅에서 불려지는 일은 없습니다. 이 자장가를 녹음한 것은 폴란드 인류학자 블로니스와프 피우수트스키입니다. TRC PC CRC IC (Race)
			Na	지금부터 100여 년 전, 유형수로 사할린에 보내진 피우수트스키는 그곳에서 만난 카라후토 아이누의 여성과 인연을 맺었습니다. PC
		(자막) 타이틀 TRC	Na	피우수트스키가 사랑한 카라후토의 자장가, 이훈케, 그 가사와 선율은 왜 사라지고 말았을까요. TRC IC (Race) CRC (Conflict) ←'모순'의 텍스트장치로서 CRC

〈표 5-2〉

제1차 텍스트				
대상언어의 텍스트 (연속적인 시퀀스플로우)		메타언어적 텍스트 (다양한 코드의 복합적인 실천플로우)		
		V(영상)		A/N(음성 나레이션)
S1 피우수트 스키와 아이누	s2 귀향 (오랜 꿈) 2:40~	비행기에서 내리는 자매 PC TRC CRC PAN/LS 사할린 유지노사할린스크의 풍경 TRC	Na	올 가을, 일본에 살고 있는 피우수트스키의 손자들이 사할린 카라후토를 방문했습니다. TRC CRC IC(Race)
				다카하시 나미코, 다카하시 히토미. 카라후토 출생의 두 자매가 43년 만의 귀향입니다. (…중략…) TRC PC IC(Race)
	s3 박물관 3:53~	GS 다카하시 나미코, 다카하시 히토미와 동행인 TRC CRC	Na	조부인 피우수트스키를 좀 더 알고 싶다는, 그리고 무엇보다도 고향을 찾아 성묘를 하고 싶다는 것이 두 자매의 오랜 바람이었습니다. TRC PC IC(Race) CRC(Con-flict)←'모순'의 텍스트장치로서 CRC
		PAN 사할린 주립 향토박물관 TRC	Na	사할린 주립 향토박물관. PC (…중략…) 일본군 사령부가 위치한 적도 있습니다. PC 그 박물관 주최로 피우수트스키 탄생 125주년을 기념하는 국제 심포지엄이 개최되었습니다. TRC CRC
			Na	피우수트스키는 사할린을 중심으로 많은 민족자료를 수집했습니다. CRC 이번 심포지엄에서는 지금까지 소비에트 국내에 묻혀있던 방대한 피우수트스키 컬렉션의 일부가 처음으로 공개되었습니다. PC TRC CRC

하는 국제 심포지엄"과 "방대한 피우수트스키 컬렉션" 등의 나레이션을 통해 '피우수트스키'의 역사적 위업이 국제적으로 평가되고 있다는 점을 강조하고 있다.

방송이 제작된 1980~90년대 일본의 국내외 정세를 살펴보면 현 동북아시아의 정세와는 상당히 달랐다. 특히 일본과 소련의 정치적 관계는 평화적 분위기였다. 당시 소련 서기장 고르바초프의 페레스트로이카 정책[7]에 의해 일본인이 북방영토로 왕래하는 것이 비교적 자유로웠는데, 이는 당시 양국의 관계가 비교적 우호적인 관계라는 것을 알려준다. 다음 절에서 구체적으로 소개하겠지만, 〈잃어버린 자장가(이훈케)〉가 제작된 배경에는 당시 일본과 러시아의 우호적인 관계가 있었기에 가능했다. 이는 방송의 주제인 '카라후토로의 귀향'이 s2과 같이 카라후토 아이누 자매가 카라후토에 남아있을 선조들의 발자취를 찾아 여행하는 장면에서 시작되고 있는 모습을 통해서도 알 수 있다. 그 선조란 그녀들의 조부이면서 카라후토 아이누 민족학의 거탑인 '블로니스와프^{ブロニスワフ} 피우수트스키'와 그의 부인 '추흐산마'라는 아이누 여성이다.

그리고 다음 장면은 박물관에서 처음으로 피우수트스키와 마주 선 손녀 나미코의 얼굴로 이어진다(〈표 5-3〉 참조).

그후, 방송에서는 피우수트스키의 이력과 활동에 대한 설명이 이어진다(〈표5-4〉 참조).

이 장면의 구성과 나레이션을 통해 다음 몇 가지 사항을 알 수 있다. 첫째, s4에서는 피우수트스키의 삶과 유형지가 된 카라후토, 그리고 그곳에서 만난 아이누 등 피우수트스키를 통해 방송의 역사적인 배경과 등장인물의 관계성을 소개하고 있다.

〈표 5-3〉

제1차 텍스트				
대상언어의 텍스트 (연속적인 시퀀스플로우)		메타언어적 텍스트 (다양한 코드의 복합적인 실천플로우)		
		V(영상)		A/N(음성 나레이션)
S1 피우수트 스키와 아이누	s3 박물관 4:54~	LS 박물관(피우수트스키의 탄생 125 주년을 기념하는 국제 심포지엄) PC TRC		
		WS 나미코 TRC	Int	음……그냥 놀랍기만 할 따름 이죠. (수줍은 듯 웃으며) 그 한마 디입니다. 굉장한 할아버지셨구 나 하고 생각합니다. TRC IC (Race) CRC(Conflict) ← '모순'의 텍 스트장치로서 CRC
		WS 히토미 TRC	Int	……정작 와서 보니까, 오길 잘했 다는 생각을 합니다. 잘 알지 못했 던 것도 있고 IC(Race) CRC(Con- flict) ← '모순'의 텍스트장치로서 CRC 조금씩은 알게 되었으니까, 아주 조금요. TRC CRC

〈표 5-4〉

제1차 텍스트				
대상언어의 텍스트 (연속적인 시퀀스플로우)		메타언어적 텍스트 (다양한 코드의 복합적인 실천플로우)		
		V(영상)		A/N(음성 나레이션)
S1 피우수트 스키와 아이누	s4 피우수트 스키의 생애 5:19~	사할린 주립 향토박물관 PC WS 피우수트스키의 소개 PC TRC ZI/CU/PAN 피우수트스키의 얼굴 사진 TRC		
	6:14~	방대한 피우수트스키 컬렉션의 공	Na	블로니스와프 피우수트스키. 그가

개 TRC CRC			태어난 1866년 당시 조국 폴란드는 러시아 등 대국의 지배 아래에 있었으며 언어 또한 러시아어가 강제되었습니다. PC (…중략…) 유형지 사할린에서 피우수트스키가 목격한 것은 일본의 진출과 함께 토지를 빼앗기고 압박 당하던 소수민족의 모습이었습니다. CRC (Conflict) IC (Race) ← '모순'의 텍스트장치로서 CRC 그 모습에 마음이 아팠던 피우수트스키는 학교를 만들고 의료를 전파했습니다. CRC IC (Race)
WS 라치쉐프 관장 TRC CRC		Int	그의 본질은 휴머니즘입니다. CRC IC (Humanism) 이것이 그의 작품 속에 자주 등장합니다. 그리고 그는 단순히 기록하는 것 만이 아닌, 소수민족의 장래에 대해서도 진심으로 걱정하고 있었던 것입니다. CRC IC (Humanism)
		Na	그리고 피우수트스키는 조사과정에서 만난 카라후토 아이누 코탄의 수장 조카인 추흐산마와 사랑에 빠져 두 명의 자녀를 두게 되었습니다. PC CRC

둘째, 모순된 대립구도를 설정하고 있다. '손자들' 대 '피우수트스키'의 모순된 대립구조에서는 "'피우수트스키의 손자들", "43년 만의 귀향", "잘 알지 못했다'" 대 "탄생 125주년을 기념하는 국제 심포지엄", "(아이누를 위해) 학교를 만들고, 의료를 전파했다", "휴머니즘'"과 같은 이질적인 어휘의 대립구도를 통해 피스크 텍스트의 모순된 텍스트 장치를 확인할 수 있다. 이러한 '손자들'과 '피우수트스키'의 모순구조의 CRC는 텍스트 속 이

〈표 5-5〉

제1차 텍스트			
대상언어의 텍스트 (연속적인 시퀀스플로우)		메타언어적 텍스트 (다양한 코드의 복합적인 실천플로우)	
		V(영상)	A/N(음성 나레이션)
S2 귀향	s5 추억의 장소를 찾은 자매(아이하마相浜) 8:44~ 9:20~	BS 자매의 얼굴(버스) [PC] [TRC] [CRC] PAN 아이하마相浜의 해변 [PC] [TRC]	Na 피우수트스키와 추흐산마가 인연을 맺은 땅 아이하마. 이곳엔 '아이'라 불리는 아이누 집락 코탄이 있었습니다. [PC] 나미코도 옛날에 자주 찾았던 추억의 장소였습니다. [TRC] [CRC]
		WS (기뻐하며) 나미코 [TRC] [CRC] (탄성하는 자매 [PC])	On 생각 났어, 생각 났어, 전부 생각 났어요. [TRC] [CRC]
		FS 나미코 [TRC]	On 아…… [TRC] [CRC]
		WS 히토미 [TRC]	On 와 그럽다, 돌멩이도 주워 왔어요. [PC] [TRC] [CRC]

야기 전개의 축을 이루고 있다.

한편, 텍스트 속에서 디아스포라인 피우수트스키는 아이누문화에 대한 애정으로 이를 기록하고 스스로 생활하고 실천한 또 하나의 '타자'로 표상되고 있다. 이러한 근원에 대해 s4에서 "그의 본질은 휴머니즘입니다"이라는 말로 표현되고 있다. 요컨대 이 텍스트 속에서 피우수트스키를 등장시킨 것은 근대 국민국가주의를 넘어서기 위한 하나의 실마리가 이데올로기로서의 '휴머니즘'이라는 제작자의 의도가 표현되었다고 할 수 있다(〈표 5-5〉 참조).

<그림 5-2> 카라후토 아이누 거주분포
樺太アイヌ史研究会 編(1992)

2) 삶과 귀향—나미코와 히토미

　계속해서 방송에서는 1948년, 나미코, 히토미 자매가 어머니 키요에
이끌려 홋카이도로 귀환한 뒤 두 사람의 힘겨웠던 생활이 각각 소개되고
있다(<표 5−6> 참조).

		제1차 텍스트			
대상언어의 텍스트 (연속적인 시퀀스플로우)		**메타언어적 텍스트** (다양한 코드의 복합적인 실천플로우)			
		V(영상)		A/N(음성 나레이션)	
S2 귀향	s6 고향을 찾은자매 (시라하마) 11:25~	PAN 시라하마白浜의 풍경 PC TRC	Na	아이하마에서 차로 10분. 다음으로 자매가 향한 곳은 태어나고 자란 시라하마라는 집락입니다. TRC CRC	
		WS 거닐고 있는 자매 PC TRC CRC BGM 애처로운 음악 TRC	Na	이곳 시라하마에서 언니 나미코는 17살까지, 동생 히토미는 12살까지 살았습니다. PC	
			Na	주민 대부분은 카라후토 동해안 각지에서 강제 이주된 아이누인들이었습니다. TRC PC 다이쇼大正 시대, 카라후토청은 민족정책의 일환으로 시라하마를 비롯한 9개소의 아이누 거류지를 설치, 카라후토의 개척을 진행했던 것입니다. IC(Race) 시라하마에는 교육장이 설치되어 철저한 일본어 교육이 이루어졌습니다. IC(Race) TRC PC 부모들도 아이들 앞에서는 아이누어를 사용할 수 없게 되었습니다. CRC(Conflict) ← '모순'의 텍스트장치로서 CRC	
		WS 나미코	On	전혀 달라져 모르겠어요. 정말. TRC PC IC(Race) CRC(Conflict) ← '모순'의 텍스트장치로서 CRC	
		질문자 WS 나미코 TRC	On On	자기가 살던 곳에 사라졌다는 건…… 슬픈 일이죠. 완전히 달라졌어요. TRC PC IC(Race) CRC(Conflict) ← '모순'의 텍스트장치로서 CRC	

s6의 구성과 나레이션을 통해 다음 몇 가지 사항을 알 수 있다. 첫째, '카라후토' 개척의 역사가 표상되고 있다. 즉 이 장면의 "이 시라하마[白浜][8]에서 언니 나미코는 17살까지, 동생 히토미는 12살까지 살았습니다", "옛날 시라하마에는 40채 정도의 집들이 모여 살았습니다", "다이쇼 시대, 카라후토청은 민족정책의 일환으로 시라하마를 비롯한 9개소의 아이누 거류지를 설치(…중략…)" 등의 나레이션을 통해 '카라후토'와 일본의 역사를 환기시키고 있다.

둘째, 카라후토 아이누에 대한 동화정책(일본어 교육)이 소개되고 있다. "시라하마에는 교육장이 설치되어 철저한 일본어 교육이 이루어졌습니다", "부모들도 아이들 앞에서는 아이누어를 사용할 수 없게 되었습니다"라는 나레이션은 동화정책에 의해 카라후토 아이누어와 카라후토 아이누의 문화가 사라져가는 과정을 설명하기 위한 장치로 볼 수 있다.

마지막으로 '변해버린 고향'이란 현재 아이누의 '정체성'을 표상하는 '모순'의 텍스트 장치라는 점을 들 수 있다. "전혀 달라져 모르겠어요. 정말", "슬픈 일이죠. 전혀 달라졌어요"라고 말하는 나미코의 말은 단순히 변해버린 고향 풍경에 대한 감상에서 끝나는 것이 아니라, 45년 만에 찾은 고향에 망연자실한 모습으로 서 있는 나미코 자신의 입장에 대한 탄식이며 동시에 현재 카라후토 아이누의 (변해버린) 정체성을 단적으로 보여주고 있는 코드로 읽을 수 있다.

그리고 이번 여행의 최종 목적이면서 또한 방송의 주제이기도 한 '귀향과 성묘'의 마지막 장면(s13)을 살펴보자.

피우수트스키의 두 손녀는 고향을 찾아 43년 전의 기억을 되살리고 있다. 하지만, 기억해온 풍경은 전혀 다른 모습으로 변해 있었다(〈표5-7〉 참조).

〈표 5-7〉

제1차 텍스트			
대상언어의 텍스트 (연속적인 시퀀스플로우)		메타언어적 텍스트 (다양한 코드의 복합적인 실천플로우)	
		V(영상)	A/N(음성 나레이션)
S5 성묘	s13 황무지로 변해버린 고향 38:42~	LS/PAN 시라하마 TRC CRC PC	Na 피우수트스키의 손녀 나미코와 히토미에게 이번 여행의 최대 목적은 고향 시라하마에서 할머니 추흐산마와 할아버지의 묘를 찾아 뵙는 것이었습니다. IC (Race) CRC (Conflict) ← '모순'의 텍스트장치로서 CRC
		WS 히토미 TRC	도로변에 낯설지 않은 러시아인 묘를 발견했습니다 TRC PC CRC 비석이 언제 생겼는지는 모르겠지만, 그러면 선로에서 그다지 멀지 않았으니까, 대략 이 근처인 것 같은데…… TRC PC CRC
		WS 나미코 TRC	On 확실히 모르니까 이 근처에 놓고 갑시다. TRC CRC
		MS 황무지 PC 기차소리 TRC PC	Na 할머니 묘에는 옛날 흙으로 봉분이 만들어져 있었는데, 완전히 모습이 변해버렸습니다. TRC
		WS 히토미 TRC PAN 묘가 있던 자리 주변의 풍경 TRC PC CU 여기저기 흩어져 있는 유골, 유골 결편 TRC CRC BGM 슬픈 음악 TRC CRC 가랑비 소리 TRC PC WS 히토미 TRC WS 나미코 TRC 빗소리 TRC	On 유골이 있어, 저기 저쪽으로, 이거 이거. TRC CRC PC
		FS/LS 여기저기 흩어져 있는 유골들을 한데 모으는 두 자매 PC TRC CRC	On 유골들이 흩어져 있다. TRC CRC 아, 정말이네. TRC CRC

BGM 슬픈 이미지 [TRC] BS 유골 앞에서 기도하는 자매 [PC][TRC][CRC] CU 꽃다발 [PC][TRC][CRC] FS 모아 놓은 유골 앞에 꽃을 올리며 눈물을 흘리는 나미코와 히토미 [PC][TRC][CRC][IC](Race) WS 눈물을 닦는 나미코 [TRC][CRC][IC](Race)	Na 살아 생전에 한 번은 꼭 찾아 오고 싶었던 고향. [IC](Race)[TRC][CRC] 하지만, 43년 만에 바라보는 풍경은 너무 슬픈 것이었습니다. [CRC](Conflict) ← '모순'의 텍스트장치로서 [CRC]

이 장면의 구성과 나레이션을 통해 다음 몇 가지 사항을 알 수 있다. 먼저 '카라후토 아이누'의 정체성 현실을 단적으로 표상하고 있다는 점이다. 텍스트에서 카라후토 아이누의 이미지는 피우수트스키의 손녀 두 명에 의해 표상되고 있는데, 두 사람이 제국의 힘에 의해 강제적으로 홋카이도로 이주한 뒤 43년 만에 다시 찾은 고향은 거의 대부분이 변해버렸고, 할아버지와 할머니의 묘였던 곳에는 타인의 '무명의 유골'만이 흩어져 있었던 것이다. 이 장면은 홋카이도에서 멀리 귀향한 피우수트스키 손녀들의 '꿈'이 눈앞에서 무참하게도 깨지고 마는 '현실'을 각인시키고 공유한다는 목적이 있었던 것으로 볼 수 있다. 이러한 '과거(카라후토 아이누의 거주지)' → '현재(무명의 유골과뼈조각의 산란)'이라는 모순의 텍스트 장치를 실천하게 하는 CRC는 근대 국민국가주의 속 정체성의 무념이라는 사상이 IC(Race)가 되고 있으며, 사회적 공감(일관성)을 형성하고 있다.

방송 마지막 장면의 나레이션은 〈표 5-8〉과 같이 마무리되고 있다.

이 장면의 구성과 나레이션을 통해 다음 몇 가지 사항을 알 수 있다. 첫째, 방송의 타이틀에서도 사용되고 있는 마지막 나레이션 속 "낡은 납관 속에 잠든 아이누 자장가, 이훈케"가 현재의 카라후토 아이누의 폐색적인

제1차 텍스트				
대상언어의 텍스트 (연속적인 시퀀스플로우)		메타언어적 텍스트 (다양한 코드의 복합적인 실천플로우)		
		V(영상)		A/N(음성 나레이션)
S6 에필로그	s14 돌아 오는 길 44:29~	BS 버스 안의 두 사람 TRC PC CRC	Na	나미코와 히토미의 사할린 여행은 끝이 났습니다. TRC CRC
			Na	히토미 55세, 나미코 60세, 고향은 소녀시대의 기억과는 너무나도 다른 것이었습니다. PC TRC CRC(Conflict) ← '모순'의 텍스트 장치로서 CRC
		BGM 납관의 음악(이훈케)가 흐른다 TRC	Na	낡은 납관 속에 잠든 아이누 자장가, 이훈케. IC(Race) 그것은 엄마에게서 아이로 전해 내려오지 못했던 소녀들의 슬픔을 들려 주고 있습니다. TRC IC(Race) CRC(Conflict) ← '모순'의 텍스트장치로서 CRC
		(자막) 타이틀 TRC		

정체성 그 자체를 표상하고 있다는 점이다.

둘째, 카라후토 아이누의 정체성의 특징은 "빼앗긴 언어"와 "맥이 끊긴 자장가", "잃어버린 고향의 풍경" 그리고 "묘지 근처에 흩어져 있던 무명의 유골" 등 모순의 텍스트 장치를 위한 CRC에 의해 표상되고 있다.

셋째, 카라후토 아이누가 들려 주고자 하는 ("그것은 엄마에게서 아이로 전해 내려오지 못했던 소녀들의 슬픔을 들려 주고 있습니다") 상대방이 바로 우리들이라는 점이다. 이 방송은 제국주의 동화정책 아래에서 아이누 언어의 계승이 어려워졌으며, 국가에 의해 강제 이주를 당하면서 고향을 잃은 카라후토 아이누인들의 기억을 우리들의 의식 속에 각인시키고자 제작된 것은 아닐까.

이상의 텍스트 구성을 통해 두드러진 특징을 살펴 보자면, 이 방송의 근원적 문제의식은 '동화정책과 전쟁이라는 거대한 권력작용에 따라 일방적으로 과거의 역사로 묻혀버린 카라후토 아이누의 존재와 그 사람들의 기억에 대한 물음'이라고 할 수 있다.

3. 관련 방송

〈잃어버린 자장가(이훈케)〉를 제작한 오오노 디렉터는 필자와의 인터뷰에서 방송제작 경위에 대해 다음과 같이 말했다.[9]

1988년에 입사한 제 첫 부임지가 우연히도 러시아와 인연이 깊은 하코다테函館(NHK하코다테지국)였고, 처음으로 만든 방송 또한 러시아 정교의 교회에 관한 방송이었기 때문에 역사, 특히 러일교류사에 대해 관심이 많았습니다. (…중략…)

마침 홋카이도의 NHK에서는 소일 프로젝트라는 기획이 진행되고 있었기 때문에 '열린 극동과 홋카이도'를 주제로 지역 방송국 PD도 다양한 방송과 뉴스를 통해 극동지역으로 취재를 나설 수 있게 되었습니다.

저도 1990년에는 종전을 전후로 한 북위 50도선을 둘러싼 공방으로 목숨을 잃은 병사들의 유골수집 취재 차 사할린을 방문할 수 있었습니다.

국경을 둘러싼 전투에서 가족을 잃은 유족들의 무념을 통감할 수 있었습니다.

〈잃어버린 자장가(이훈케)〉보다 약 7년 앞서 제작된 〈유카라 침묵의 80년〉과의의 관계를 생각하는데 오오노의 이야기는 시사하는 바가 크다. 오오노는 다음과 같은 말도 전하고 있다.

선배들이 만든 홋카이도에 유래한 역사방송을 보면서 공부했습니다. 그 중에서 다음과 같은 방송을 보게 되었습니다. 1984년 6월 25일 방송된 〈유카라 침묵의 80년〉과 〈카라후토 아이누 망향의 목소리〉였습니다.

납관 레코드에서 피우수트스키가 채집한 음성을 복원시킨다는 기획을 소개하는 흥미진진한 방송이었습니다. 피우수트스키의 이름을 알게 된 것도 이 선배의 방송을 통해서였습니다. 단, 이들 방송이 만들어졌을 무렵은 아직 사할린 취재가 자유롭지 못했던 시절이었습니다.

오오노가 여기서 말한 피우수트스키는 앞 선 두 다큐멘터리를 잇는 상당히 중요한 인물이다. 리투아니아 출신의 혁명가이면서 동시에 인류학자, 민족학자였던 블로니스와프 피우수트스키는 유형지였던 카라후토에서 만난 아이누인들에 대해 상세한 기록을 남겼다. 그 중에서 특히 아이누의 목소리와 노래를 기록한 납관이 폴란드에서 발견되었다. 그리고 이에 대한 분석연구를 위해 납관을 일본으로 들여와 해독하는 일련의 과정을 방송으로 제작한 것이 〈유카라 침묵의 80년〉이었다. 〈잃어버린 자장가(이훈케)〉에서는 피우수트스키의 발자취를 찾아가는 두 손자들의 이야기가 그려졌으니, 요컨대 피우수트스키는 민족학의 업적 외에도, 사생활적인 측면에서도 카라후토 아이누에서 빼놓을 수 없는 인물이었다.

〈잃어버린 자장가(이훈케)〉의 제작이 가능했던 것은 첫째, 앞서 언급한 국제적 정세의 변화 때문이었다. 오오노는 "제가 입사한 88년에는 페레스트로이카의 영향으로 극동지역에 대한 취재가 상당히 자유로워졌습니다"라고 당시를 회상하고 있다.

둘째, 미디어 환경의 변화를 들 수 있다. 1990년 NHK삿포로 방송국과 사할린주 외 두 개 주(연해주, 캄차카주)의 지역 방송국 간 방송협력협정의 조인, NHK홋카이도 안 네크워크 '소일 프로젝트'의 기획 및 진행은 자유로운 방송제작을 위한 토대가 되었다.

셋째, 당시 소련에서는 인류학자(민족학자)로서의 피우수트스키에 대한 재평가 움직임이 활발했다. 이에 피우수트스키를 기리는 국제 심포지엄과 피우수트스키 동상 제막식 또한 예정되어 있었다. 이는 피우수트스키의 손녀들을 취재하는 좋은 계기가 되었음에 틀림없다.

넷째, 방송 1년 뒤인 1992년은 '국제 원주민의 해'였다는 점에서 아이누인들 민족의 자부심을 되찾고자 하는 분위기가 높아졌다는 점을 들 수 있다.

요컨대 당시의 시대배경은 일본 내뿐 아니라, 소련(사할린), 그 외 국제적으로 카라후토 아이누를 소재로 한 방송을 제작하기 위한 토양이 마련되었다. 그리고 표면적인 역사에는 좀처럼 그려지지 않던 고난의 소수민족 '카라후토 아이누'에 관한 방송을 만들고자 하는 젊은 디렉터의 열정이 〈잃어버린 자장가(이훈케)〉의 제작을 위한 움직임에 힘을 실어주었다고 할 수 있다.

4. 카라후토 아이누와 '국민', '민족', '디아스포라'

제2절에서는 〈잃어버린 자장가(이훈케)〉의 주요 내용을 검토했다. 〈잃어버린 자장가(이훈케)〉가 우리들에게 던진 문제는 '카라후토 디아스포라 아이누의 정체성이란 무엇인가'이다. 이 점이 구체적으로 제시되고 있는 것이 〈표 5-9〉이다.

s6은 제2절에서도 검토한 바 있다. 여기서는 사할린 지역의 아이누 민족에게 실시된 일본어 교육을 살펴보고자 한다. 이 장면은 문자가 없는 카라후토 아이누에게 구승적 전달수단(말과 노래)이 금지되면 그 집단의 정체성, 나아가 존립까지 위태로워지는 결과를 초래한다는 사실을 환기시키고 있다. 실제로 손녀들조차도 조부(피우수트스키)의 업적을 몰랐다. 또한 현재 카라후토 아이누의 말이나 자장가 같은 노래, 춤, 악기연주 등의 전통문화는 거의 계승되지 않는다. 나아가 일본과 소련의 제국주의 영토분쟁에 의해 과거 카라후토 아이누의 코탄 중에서도 인구가 가장 많았던 고향은 황무지가 되어 소실되어 있었다.

이상의 사실에서 우선 다음과 같은 질문이 생기게 된다. 카라후토 아이누는 일본인인가? 하지만 문제는 이러한 간단한 질문으로 끝나지 않는다. 과거 역사에 묻혀버린 카라후토 아이누에 대해 다양한 의문이 추가적으로 제기된다. 이 의문들은 다음 세 가지로 정리할 수 있다. 우선 카라후토에서 귀환한 아이누인들은 어떤 의미에서 일본 '국민'이라고 할 수 있는가. 다음으로 언어와 문화, 영토를 빼앗긴 (혹은 잃어버린) 카라후토 아이누인들을 '민족'이라 부를 수 있는가. 마지막으로 카라후토 아이누를 '디아스포라'로 부른다면 카라후토에서 귀환한 아이누의 정체성은 어떻게 설명할 수 있는가. 이 세 가지 의문의 근저에는 '본래 국민이란 무엇인가'라

〈표 5-9〉

제1차 텍스트				
대상언어의 텍스트 (연속적인 시퀀스플로우)		메타언어적 텍스트 (다양한 코드의 복합적인 실천플로우)		
		V(영상)		A/N(음성 나레이션)
S2 귀향	s6 고향을 찾은 자매 (시라하마) 11:25~	PAN 시라하마의 풍경 PC TRC	Na	아이하마에서 차로 10분. 다음으로 자매가 향한 곳은 태어나고 자란 시라하마라는 집락입니다. TRC CRC
		WS 거닐고 있는 자매 PC TRC CRC BGM 애처로운 음악 TRC	Na	이곳 시라하마에서 언니 나미코는 17살까지, 동생 히토미는 12살까지 살았습니다. PC
			Na	주민 대부분은 카라후토 동해안 각지에서 강제 이주된 아이누인들이었습니다. TRC PC 다이쇼 시대, 카라후토청은 민족정책의 일환으로 시라하마를 비롯한 9개소의 아이누 거류지를 설치, 카라후토의 개척을 진행했던 것입니다. IC (Race) 시라하마에는 교육장이 설치되어 철저한 일본어 교육이 이루어졌습니다. IC (Race) TRC PC 부모들도 아이들 앞에서는 아이누어를 사용할 수 없게 되었습니다. CRC (Conflict) ← '모순'의 텍스트 장치로서 CRC

는 질문이 자리잡고 있다. 우선 첫 번째 의문을 〈잃어버린 자장가(이훈케)〉와 연결시켜 해답을 모색함으로써 다음 두 가지 해답에 대해서도 그 해답을 찾고자 한다.

국가와 국민, 민족, 시민에 관한 수많은 이론 중 카라후토 아이누와 같은 특수한 상황에 적용할 수 있는 '국민'의 개념으로 르낭$^{Ernest\ Renan}$의 '국민'에 대한 정의가 있다. 르낭은 "종족과 언어, 이해, 종교적 유연^{類緣}성, 지리, 군사적 필요 등은 정신적 원리의 창조를 위해 불충분한 것이며, 국민이란 혼이며 인간이다"(Ernest Renan, 鵜飼哲訳 1997)라고 말한다. 나아가 "건전한 정신과 뜨거운 마음을 가진 사람들로 이루어진 커다란 집합이 국민이라 불리는 도덕의식을 창조한다", "국민은 정당한 것이며, 존재하는 권리이다"라고 말한 바 있다. 이 견해를 종합적으로 검토해 볼 때, 카라후토 아이누는 국민 이전에 '혼'과 '인간'으로 성립되며 일본 국민과는 다른 언어와 다른 종족, 다른 종교, 다른 지리를 기억하는 공동체 소수민족의 존재양식을 가진다고 할 수 있다. 이러한 불균형이야말로 〈잃어버린 자장가(이훈케)〉 제작자 오오노가 일본인들에게 제시하고자 했던 일본 '국민'의 표상이며, 창조하고자 했던 카라후토 아이누의 정체성이었던 것은 아닐까.

이 점은 다음을 통해 확인할 수 있다. 방송의 주인공 다카하시 자매는 카라후토 아이누어가 아닌 일본어를 사용하며, 카라후토 아이누의 노래와 언어, 의식, 복장, 춤 등의 전통과 문화를 거의 기억하지 못한다. 또한 카라후토 아이누로서의 교류 등도 전무하다. 방송 도입부의 나레이션("다카하시 나미코, 다카하시 히토미. 카라후토 출신의 두 명에게는 43년 만의 귀향입니다. 조부 피우수트스키에 대해 좀 더 알고 싶다, 그리고 무엇보다도 고향을 찾아 성묘를 하고 싶다는 것이 두 사람의 오랜 바람이었습니다")이 없었다면 영상 속 다카하시 자매의 신분은 '보통'의 일본인과 다를 바 없다. 또한 카라후토는 다카하시 자매에게 '고향'이라기 보다는 '여행지'였다("나미코, 히토미의 사할린 여행은 끝이 났습니다. 히토미 55세, 나미코 60세, 고향은 소녀시대의 기억과는 너무나도 달라져 있었습니다"). 다카하시 자매는 일본의 '국민'이면서 '카라후토'를 고향으로 하는 카라후토 아이누인 것이다.

둘째, 객관적으로 카라후토 아이누의 상황을 살펴 볼 때 언어와 문화, 영토를 빼앗긴 (혹은 잃어버린) 사람들을 '민족'이라 할 수 있는가 하는 물음에 대해 생각해 보자. 국가과 소수자의 관계에 대해서는 다양한 논쟁이 있다. 어네스트 게르너Ernest Gellner는 "실제 민족은 국가와 마찬가지로 우연의 산물일 뿐이며 보편적으로 필연적인 것은 아니다. 민족과 국가가 모든 시대의 모든 상황 아래에서 존재하는 것은 아니다"고 말한다(Ernest Gellner, 加藤節監 訳, 2000 : 11). 그리고 보편적이고 규범적으로 보이는 '민족'의 개념에 대해 ① 같은 문화를 공유할 경우, ② 같은 민족에 속하고 있다고 인지될 경우 등 '문화'와 '의지'라는 두 측면을 제시하고 있는데, 이들 모두는 인간에 의해 만들어진 '유동물流動物'이라는 것에 착안한 점은 매우 중요하다(Ernest Gellner, 加藤節監 訳, 2000 : 12~13).

또한, 앤소니 스미스Smith, D. Anthony는 양자의 관계를 다음과 같이 정리하고 있다. 그는 근대 국가의 두 가지 형성('영역적 국가'과 '민족적 국가')이라는 개념을 제시하면서 국가의 형성과정에서 민족적 기원이 중요하다는 것을 역설하고 있는데(D. Anthony Smith, 巣山靖司 訳, 1999 : 153~163), 20세기 초까지 "내셔널리즘이 발생하고 국가가 형성된 것은 이러한 흥분의 장, 즉 유럽과 식민지 국가 간 시스템 속에서였다"(D. Anthony Smith, 巣山靖司 訳, 1999 : 159)는 말에서도 알 수 있듯이 국민국가인 근대일본에서 카라후토 아이누를 둘러싼 포섭과 배제의 논리는 스미스가 말한 '영역적 국가'의 형성이라는 측면에서 국경의 경계선 문제와 중첩된다. 요컨대 카라후토 아이누의 입장에서 일본인 동화정책에 의해 '영역적 국가' 형성은 물론이거니와 '민족적', '습관', '방언', '유대', '인민주의'의 '민족적인 국가'가 형성될 가능성 또한 빼앗겼다. 카라후토 아이누끼리 같은 민족이라는 '인지'와 극소수만 기억하는 '카라후토 아이누어'를 기원으로 한 소수집단이 되고 말았다.

이상을 토대로 〈잃어버린 자장가(이훈케)〉에서 이 논점이 제시된 장면을 살펴보면, 다음과 같다. 다카하시 자매가 귀향한 거리에서 우연히 만난 카라후토 아이누 '와타네베渡辺'와의 짧은 교류와 이별을 아쉬워하는 장면(s9 : 카라후토 아이누의 여성 중에 귀환하지 않고 남았던 여성이 있다는 얘기를 들었습니다. 와타나베 토미코, 53세. 그녀의 아버지는 일본인, 어머니는 아이누였습니다. 귀환 당시, 어머니가 임신 중이었기 때문에 배에 오르지 못하고 남았던 것입니다. (…중략…))이 그것이다. 이들은 카라후토 아이누어로 대화할 수는 없지만 어릴적 먹었던 카라후토 아이누의 '전통요리'에 대한 기억을 공유하고 있었다.

카라후토 디아스포라 아이누는 언어문화는 잃어버렸지만 남아있는 기억을 통해 상징, 전통, 신화에 대한 유대는 공유하고 있는 소수민족이 되었다.

셋째, 카라후토 아이누를 '디아스포라'라 부른다면, 카라후토에서 귀환한 아이누의 정체성을 어떻게 설명할 것인지에 대해 생각해 보고자 한다. '디아스포라'에 대한 가장 중요한 저서의 하나는 폴 길로이Gilroy, Paul의 『블랙 아틀란틱The black Atlantic』(1993)이다. 여기서 길로이는 '디아스포라'를 검은 대서양을 여행하는 저항문화로서의 (제작과 시학, 음악 등의) 예술표현을 개인의 자기확립과 공동적인 해방의 수단으로 삼는 이중적 관점을 가진 흑인과 흑인문화의 형식으로 파악하였다. 길로이는 『블랙 아틀란틱』을 통해 근대성(모더니티)을 재고하는 데 있어서 "내셔널리즘적 접근과 민족 절대주의적 접근 양쪽 모두에 반대하면서"(Gilroy, Paul,

上野俊哉・毛利嘉孝・鈴木慎一郎 訳, 2006 : 35), 서구 아프리카인의 전통에 뿌리를 두면서 이동하는routed 디아스포라의 (아프리카계 아메리카인과) 서로 다른 문화 횡단적 구조에 대한 의문의 불가피성을 주장한 것이다. 따라서,『블랙 아틀란틱』'디아스포라'의 성격은 견고한 내셔널리즘과 불변하는 정체성에 대한 고집, 지나치게 통합된 민족적 특수성 등의 윤곽을 통해 경계선을 긋고 있는 것이 아니라, 국가횡단적이며 자주적이고 혼성적인 것이라고 할 수 있다.

또한, 동아시아의 디아스포라로 가장 많이 언급되었던 '코리안 디아스포라'에 관해 현무암玄武岩은 '코리안 네트워크'라는 개념을 제시하면서 보다 적극적인 평가를 시도하고 있다(玄武岩 2013). 현무암에 따르면, 한반도의 대규모 이주와 월경은 20세기 초 식민지 시대와 해방, 그리고 냉전시대와 세계화 등 국제정세와 시기적으로 연속(또는 단절)되면서 확산되었다. 이러한 코리안 디아스포라를 '공동체'가 아닌 '네트워크'로 파악하는 근거로 코리안 디아스포라의 역사적인 위상이 '국가'가 아닌 '국가횡단적인 주체'로서 다원적(다양한 미디어와 생활공간의 측면)이고 능동적인 정체성을 구축하고 있기 때문이라고 한다(玄武岩 2013).

카라후토 아이누의 경우, 강제적인 '이산'과 동화정책에 따른 아이누어의 상실, 무문자사회에서 전통이 단절되고 구승문화 계승이 한계를 맞는 등 정체성의 동요는 피할 수 없었다. 카라후토 아이누는 폴 길로이의 '블랙 아틀란틱'이나 현무암의 '코리안 네트워크' 같은 모습은 찾기 어렵다. 그러나 카라후토 아이누의 '디아스포라'는 근대 일본의 모순과 과거와의 단절을 기억하는 상상 속 카라후토 민족공동체의 산재와 혼성(혼혈)의 형식이라고 말할 수 있다.

이 논점은 다카하시 자매가 조부의 업적을 처음으로 알게 되는 장면에서 찾을 수 있다(s3 : 음……그냥 놀랍기만 할 따름이죠. (수줍은 듯 웃으며) 그 한마디입니다. 굉장한 할아버지셨구나 하고 생각합니다). 그리고 마지막 장면의 나레이션(에필로그 : 낡은 납관 속에 잠든 아이누 자장가, 이훈케. 그것은 엄마에게서 아이로 전해 내려오지 못했던 소녀들의 슬픔을 들려 주고 있습니다)은 현재의 카라후토 아이누의 정체성의 동요를 이야기해 주고 있다.

이상으로 〈잃어버린 자장가(이훈케)〉를 통해 '국민', '민족', '디아스포라' 등 세 가지 개념이 내포하고 있는 이론적인 의문에 대해 검토했다. 이들을 종합하면 다음과 같다. 현재 카라후토 아이누의 정체성은 '일본의 국민'이면서 '카라후토 아이누'이며, 민족적 기억과 전통, 신화, 상징은 '과거'이며, 이들을 연결짓는 고향(본국 홈 영토)을 빼앗긴 소수민족의 산재(혼성)인 것이다. 카라후토 아이누의 정체성은 이처럼 중층적이지만, 본고에서 규명할 것은 '텍스트가 코드화한 정체성은 무엇인가', 즉 미디어가 창조한 국민이라는 정체성의 '방향성'일 것이다. 다음 절에서 이를 살펴보자.

5. '정체성'이라는 지배적 이데올로기

〈잃어버린 자장가(이훈케)〉의 오오노大野兼司 디렉터는 다카하시 자매에 대한 인상을 다음과 같이 전하고 있다.

(촬영 당시에는) 물자가 부족한 소련에서 출연자와 스탭들의 식사도 걱정이었고 여러모로 고생했습니다. 군 헬기로 이동하고 학교 교정에 내리는 등 지금은 상상도 못 할 정도로 강행군이 이어졌던 로케였습니다(NHK 스탭만 이동할 경우).

전후 홋카이도 개척과정에서 고생을 했던 만큼 야간열차의 이동 등 상당히 고된 일정이었지만 불평 한 마디 없는 의연한 분이라는 생각을 했습니다.

여행 일정 중 피우수트스키의 재평가 움직임을 접하면서 그때까지의 불안함이 조금은 수그러들었으며 표정이 밝아진 듯 보였습니다.

"사할린에 갈 수 있어서 좋았다"고 말했던 것이 인상적이었습니다.

하지만 주인공이었음에도 불구하고 다카하시 자매의 이야기는 상당히 적다. 이는 카라후토 선조의 생활과 아이누어, 아이누의 문화 등에 대해 말하고 싶지 않은 것이 아니라, 이야기할 소재(기억하는 내용)가 거의 없었기 때문이었다. 이는 방송 속 다카하시 자매의 짧은 증언을 통해 확인할 수 있다. 예를 들어, 다음의 인용문에서 그다지 자신이 없는 듯한 표정과 작은 목소리의 독백과 같은 대사를 확인할 수 있다.

① (나미코) 할머니 추흐산마는 거의 아이누어를 사용하지 않았어요.

② (히토미) 아이에게 부모님 얘기는 그다지 해 주지 않았어요.

③ (히토미) 아이누가 순수(純血)하다는 말은 옛 말이죠, 슬픈 일이죠.

아마도 두 사람은 여행을 통해 자신들이 처한 정체성을 다시금 온몸으로 느꼈을 것이다. 위대한 할아버지 피우수트스키의 업적을 계승하지 못하는, '말하지 못하는' 자신들이기 때문에 억울하더라도 이를 호소할 수 없었다. 희미하게 남아있는 고향 풍경에 대한 기억, 그곳에서 아이누로 살았던 어린 시절의 기억만으로는 자신들의 입장을 주장할 수 없다.

방송 중반에는 귀환하지 않고 남은 카라후토 아이누 여성 '와타나베渡

〈표 5-10〉

제1차 텍스트				
대상언어의 텍스트 (연속적인 시퀀스플로우)		메타언어적 텍스트 (다양한 코드의 복합적인 실천플로우)		
		V(영상)		A/N(음성 나레이션)
S3 카라후토 와 인연 이 있는 사람들	s9 와타나베 토미코 방문 21:30~ 25:59~	소코르ソーコル PC TRC	Na	카라후토 아이누 여성 중에 귀환 하지 않고 카라후토에 남은 여성 이 있다고 들었습니다. PC
		ON 추억에 관한 대화 PC TRC	Na	와타나베 토미코, 53세. 그녀의 아 버지는 일본인이고 어머니는 아이 누였습니다. PC 귀환 당시, 어머니가 임신 중이었 기 때문에 배에 오르지 못하고 남 겨졌습니다. PC
		CU 토미코 가족의 사진 PC TRC	Na	토미코는 현재 우크라이나에서 학 교 선생님을 하고 있는 남편과 둘 이 살고 있습니다. PC 토미코의 아들은 러시아인 여성과 결혼. PC 딸은 조선 국적인 남편과 결혼했 습니다. PC 딸은 조선어로 '순자', 러시아어 로 '나타샤', 일본어로 '준코順子' 등 세 개의 이름을 가지고 있습니다. PC TRC IC (Race) CRC (Conflict) ← '모순'의 텍스트장치로서 CRC

辺 토미코'(당시 53세)가 생존하고 있었다. 다카하시 자매는 사할린 소코르에 살고 있는 이 여성을 찾아갔다. 그녀의 아버지는 일본인, 어머니는 아이누였는데 임신 중이었기 때문에 배에 오르지 못하고 남았다고 한다(〈표 5-10〉 참조).

이 장면의 구성과 나레이션을 통해 다음 몇 가지 사항을 알 수 있다. 우선 국가와 전쟁 등 거대한 힘에 의해 휘둘렸던 정체성을 표상하고 있다는 것이다. 이 장면 속에 토미코의 딸은 조선인 남편과 결혼하였으며 조선어로 '순자', 러시아어로 '나타샤', 일본어로 '준코'라는 세 개의 이름을 가지고 생활하고 있다. 이러한 CRC는 국경과 국민의 경계, 그리고 정체성을 둘러싼 개인의 갈등으로 표상되며 IC로 이어지고 있다. 제작자는 이러한 '와타나베 토미코'의 일생을 방송에 삽입함으로써 나라의 사정에 의해 휘둘린 사람들의 정체성을 시청자에게 다시금 호소하고자 했다.

또한 이러한 모순의 장치는 와타나베만의 고난에 머무르지 않고 시청자에게 호소하고 있다. 여기에서 제기되는 질문은 다음과 같다. 도대체 국민이란 누구인가. 누구를 위한 국가인가. 무엇을 위한 정체성인가. 약 100년 전 19세기 말까지 카라후토에서 생활했던 아이누인들에게 '국가'와 '국민', '국어', '민족', '정체성' 등은 르낭이 말한 바와 같이 그들이 '인간'이라는 점을 보여준다. 강제적으로 언어를 금지 당했고, 또한 고향을 떠나야 했으며, 지금은 일본의 소위 '국민'이 되어 있지만 변함없이 그들은 '다른 혼을 가진 인간'임에 틀림없다.

하지만 카라후토 아이누 대다수는 사실상 동화정책에 의해 고향의 기억과 풍경을 잃고 말았으며, 그들의 정체성은 환상의 고향과 기억 속 풍경에 머물러야 했다. 이러한 의미에서 〈잃어버린 자장가(이훈케)〉가 내포하고 있는 텍스트의 다성성多声性은 '국민'의 상상을 중심으로 하는 지배적 이데올로기에 의해 닫혀진 운명에 있다. 그리고 이러한 폐색閉塞의 책임소재를 되묻지 못한 카라후토 아이누는 '상상'의 정체성을 모색하는 디아스포라가 되어 버렸다.

앞서 기술한 '국민', '민족', '디아스포라'의 구도로 살펴 보면, 카라후토 아이누가 처한 상황들은 다양한 입체적, 중층적 구조 속에 자리잡은 것으로 이해할 수 있다. 카라후토 아이누는 표면적으로 (강제적으로 포섭된) 단일민족국가 일본의 '국민'으로서의 정체성을 가지지만, '카라후토 아이누'의 민족적 전통과 문화를 '과거'의 기억으로 유대하는 소수집단으로서의 정체성을 내포하는 디아스포라로서의 정체성을 가진다. 〈잃어버린 자장가(이훈케)〉의 제작자는 '국민'이라는 정체성의 다성성 — 근대 일본이 역사 속에서 제거해 온 '과거'와 마주하고 그 '기억'을 나누고 공유하는 것 — 을 호소하고자 했던 것이다. 〈잃어버린 자장가(이훈케)〉를 계기로 카라후토 아이누의 존재는 지금도 일본 속에서 함께 살아가고 있는 '타자 속 타자'라는 것을 알게 되었다는 점에서 중요하다.

6. 소결 — 소수민족에 대한 시선

〈잃어버린 자장가(이훈케)〉 중반에는 피우수트스키의 흉상 제막식과 함께 피우수트스키에 대한 시선이 명확하게 각인된다. 방송에서는 피우수트스키를 '소수민족 문화의 깊은 이해자'였다고 평가한다(〈표 5-11〉 참조).

하지만, '기록하는 쪽'만이 아닌 '기록되는 쪽', 당사자는 존재하지 않았다. 추흐산마의 자장가가 '기록되었다'고 하더라도 그 '기록'은 '재생'할 수 없다. 즉, 카라후토 아이누의 언어와 노래를 일상적인 언어로 사용할 수 있도록 기억하는 사람은 이미 한 사람도 남아있지 않았기 때문이다. 유형자였던 피우수트스키에 대한 재평가는 러시아를 비롯해 세계적으로 확대되었지만 그 내용에 기록된 당사자 카라후토 아이누의 문화는 이미 이야기

〈표 5-11〉

제1차 텍스트				
대상언어의 텍스트 (연속적인 시퀀스플로우)		메타언어적 텍스트 (다양한 코드의 복합적인 실천플로우)		
		V(영상)		A/N(음성 나레이션)
S4 피우수트 스키 제막식	s10 유지노사 할린스크 사할린 주립 향 토박물관 27:30~	PAN 박물관 PC TRC	Na	탄생 125주년을 기념해 만들어진 피우수트스키의 흉상 제막식이 진 행되었습니다. PC TRC 지금까지 그다지 주목 받지 못했 던 피우수트스키의 업적이 최근 재인식되고 있는 것은 그가 소수 민족 문화의 깊은 이해자였기 때 문입니다. PC TRC IC (Race)

할 수 없는 것이 되었으며, 앞으로도 평가될 수 없는 것이 되어 버렸다. 소수민족에 대한 '배제排除'의 시선은 소수민족의 정체성을 땅에 묻어 버렸고, 결과적으로 카라후토 아이누는 국민국가주의 아래에서 '포섭'된 가장 성공적인 예가 되었다.

〈잃어버린 자장가(이훈케)〉에는 이와는 대조적인 사례도 소개(s12)되고 있다. 러시아 소수민족인 니부프ᠨᠢᠪᡠᡥ민족이 그것이다. 카라후토 아이누에게 자신의 언어와 문화 속에서 자유롭게 생활했던 시대와의 거리, 변해 버린 사람들의 인식이 포섭의 가장 큰 이유가 되었겠지만, 니부프민족의 세심하고 치밀한 움직임은 "후세에 전하겠다는 생각"이라는 나레이션과 함께 많은 것을 시사하고 있다(〈표 5-12〉 참조).

한편, 에필로그에 등장한 다카하시 자매에 대한 나레이션은 다큐멘터리 제목 '잃어버린 자장가' 그 자체를 이야기하고 있다(〈표 5-13〉 참조).

이 장면의 구성과 나레이션을 통해 다음 몇 가지 사항을 알 수 있다. 우선

제1차 텍스트				
대상언어의 텍스트 (연속적인 시퀀스플로우)		메타언어적 텍스트 (다양한 코드의 복합적인 실천플로우)		
		V(영상)		A/N(음성 나레이션)
S3 카라후토 와 인연 이 있는 사람들	s12 민족교육 37:15~	네크라소프카 마을 PC TRC 민족학교 PC TRC 니부프어 수업 PC TRC	Na	네크라소프카 마을, 사할린에서 니부프족이 가장 많이 거주하는 마을입니다. PC TRC 여기에서는 10년 전부터 민족학교가 문을 열었으며 초등학교 저학년의 경우에는 주 4회 정도 니부프어 수업이 진행됩니다. PC TRC 러시아인도 원한다면 이 수업을 들을 수 있습니다. 니부프어는 지금까지 문자를 갖지 못했기 때문에 교과서에 사용되고 있는 문자는 러시아어를 변형한 것입니다. PC TRC IC (Race) (…중략…) 민족의 역사와 문화는 우리들 한 자적인 문화를 이어가기 위해서라도 자신들의 언어는 지켜가야 한다고 생각하고 있습니다. PC TRC CRC IC (Race)
		BS 니부프족 여성 TRC		피우수트스키가 사랑한 사할린 소수민족의 언어와 노래, 1세기에 걸친 거듭된 시련을 거쳐 이를 후세에 전하겠다는 생각이 지금 확산되기 시작했습니다. CRC IC (Race)

마지막 장면은 앞선 장면(s12)과 대립구도라는 점이다. 아래 표와 같이 양쪽 모두 카라후토(사할린)의 소수민족이지만 서로 다른 '현재'가 대조적으로 그려진다. '니부프민족 : "보물입니다", "지켜가야만 하는", "전해가고 싶

대상언어의 텍스트 (연속적인 시퀀스플로우)		메타언어적 텍스트 (다양한 코드의 복합적인 실천플로우)		
		V(영상)		A/N(음성 나레이션)
S6 에필로그	s14 돌아오는 길 44:29~	BS 버스 속 두 자매 [TRC][PC][CRC]	Na	나미코, 히토미의 사할린 여행은 끝이 났습니다. [TRC][CRC]
			Na	히토미 55세, 나미코 60세, 고향은 소녀시절의 기억과 너무도 다른 것이었습니다. [PC][TRC][CRC] (Conflict) ← '모순'의 텍스트장치로서 [CRC].
		BGM 납관소리 : 이훈케가 흐른다 [TRC]	Na	낡은 납관 속에 잠든 아이누 자장가, 이훈케. [IC](Race) 여기에는 엄마가 아이에게 노래로 전해줄 수 없었던 여인들의 슬픔이 배어 있습니다. [TRC][IC] (Race [CRC](Conflict) ← '모순'의 텍스트장치로서 [CRC]
		(자막) 타이틀 [TRC]		

제1차 텍스트

다는", "지금 확산되기 시작했습니다"' 대 '아이누족 : "끝났습니다", "너무나도 다른 것이었습니다", "노래로 전해줄 수 없었던", "슬픔"' 과 같이 상반된 두 소수민족이 표상되고 있다(〈표 5-14〉 참조).

　다음으로 두 가지 대립 구도가 카라후토 아이누 정체성의 현재를 보다 강조해 주고 있다. 하지만 이 말을 방송 마지막에 재차 강조하지 않은 것은 카라후토 아이누에 대한 현재의 시선과 이를 가져온 과거의 역사에 대한 반성이 아닐까. 본 텍스트의 〈그림 0-1e〉 속에서 아이누의 '타자성'은 B와 A의 담론과 관련되어 있다.

〈표 5-14〉

장면	등장인물	무대	인터뷰 나레이션
s12	니부프족 여성	네크라소프카 마을(사할린)	'민족의 역사와 문화는 우리들 한 사람 한 사람에게 있어서 보물과도 같은 것입니다', '우리가 독자적인 문화를 이어가기 위해서라도 자신들의 언어는 지켜가야 한다고 생각하고 있습니다'
s14	다카하시 자매	소코르(사할린)에서 돌아오는 버스 안	'히토미 55세, 나미코 60세, 고향은 소녀시절의 기억과 너무도 다른 것이었습니다', '여기에는 엄마가 아이에게 노래로 전해줄 수 없었던 여인들의 슬픔이 배어 있습니다'

정체성은 '배제'와 '포섭'을 통해 '상실된다'. 그리고, 그 뒤에 숨겨진 것은 '단일민족'이라는 불완전한 '일본국민'의 정체성일 것이다.

본 장에서는 카라후토 아이누의 역사적 문제를 제기한 〈잃어버린 자장가(이훈케)〉를 중심으로 그 내용과 의도를 분석하고, 제작자가 창조한 아이누의 표상과 '국민', '민족', '디아스포라'의 관계에 대해 검토했다. 이를 통해 과거의 역사를 마주하고 역사 속에서 타자와의 대화를 통해 삭제된 근대의 다양한 목소리와 사람들의 상상력을 되찾는 작업의 유의미함을 다시 확인할 수 있었다.

〈잃어버린 자장가(이훈케)〉의 구성과 편집에는 이해하기 어려운 장면 나열이나 등장인물의 증언이 잘 들리지 않거나, 정체불명의 등장인물이 마지막까지 등장하는 등 전체적으로 보완의 요소가 필요한 부분이 존재했다. 그러나 방송 제작의 의도는 높이 평가할 수 있다. 이런 문제점은 오히려 과거 반세기 이상 표면화되지 못했던 '카라후토 아이누(의 고향)'를 둘러싼 '의문'에 접근한 유일한 방송이라는 점이라는 가치를 포함해 충분히 극복될 수 있는 부분이라고 생각하기 때문이다.

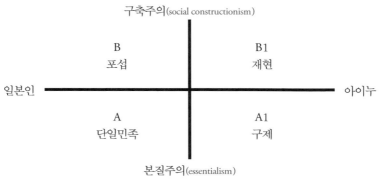

B 포섭	B1 재현

일본인 ——————————————————— 아이누

A 단일민족	A1 구제

본질주의(essentialism)

〈그림 0-1e〉 분석시각으로서의 텍스트의 '타자성'과 지배적 이데올로기

　〈잃어버린 자장가(이훈케)〉에서 표상된 카라후토 아이누는 '잃어버린 언어'와 '단절된 자장가', 그리고 '잃어버린 고향의 풍경'이라는 '상실' 그 자체였다. 제작자 오오노는 "국경을 둘러싼 국가 간 분쟁 속에서 거듭 이주를 강요당하고 스스로의 언어와 문화를 빼앗긴 소수민족의 비극의 역사를 좀 더 알아가야만 한다"고 생각했다고 한다(오오노大野 인터뷰 : 2012.4.19). 지금까지 검토한 바와 같이 방송의 등장인물은 '일본국민'이 아닌, '피우수트스키'와 '추흐산마', 그리고 '카라후토 아이누'라는 '타자'였다. 하지만 〈잃어버린 자장가(이훈케)〉는 이렇게 '타자'를 만들어 온 것이 다름아닌 전쟁과 분쟁에 의해 수 차례에 걸쳐 국경이 변경되고 이주하면서도 잔존했기 때문이라는 점을 환기시키려 했던 것은 아닐까. 적어도 〈잃어버린 자장가(이훈케)〉는 일본에 불리한 경계선이 되어버린 극동 아시아의 영토를 둘러싸고 과거사에 대한 인식을 국민, 국가 간의 분쟁과는 다른 차원에서 이해할 필요가 있다는 점, 지금은 일본국민이 되어 있는 그 지역 원주민(귀환한 카라후토 아이누와 그 외의 소수민족)을 단순히 국민으로 통합한다는 차원과는 다른, 과거와 미래를 포함한 존재라고 생각할 필요가 있다는 점 등을 시청자에게 제안하고 있는 것이다.

1 디아스포라의 어원은 그리스어의 디아스페이로(dia-speir-o)라는 말로, 이는 서로 다른
   다양한 방향으로(dia), 씨앗을 흩뿌리는(spear-o) 것을 의미한다. 그 후, 디아스포라는 이
   산과 산재를 의미하게 되었으며 특히 유대인의 이산에 사용되어 왔다. 하지만, 현재는
   상당 부분 다의적으로 사용되고 있어 디아스포라 개념의 확산에 대한 우려의 목소리도
   높아졌다(戴エイカ, 2009 : 16~26).

   본 장에서는 디아스포라의 개념에 대해 타이 에이카(戴エイカ, 2009 : 16~26)가 정리
   한 사프란(William Safran)과 코헨(Robin Cohen)의 정의와, 아카오(赤尾光春)가 엮은
   책(赤尾光春・早尾貴紀 編, 2012 : 15~70)에 소개된 우에노(上野俊哉)의 「디아스포라
   재고」라는 논고에 주목한다. 그 이유는 디아스포라의 개념정의와 특징의 제시가 전세계
   디아스포라인들에게 적용이 가능함과 동시에 본서가 소재로 하는 카라후토 아이누라는
   극히 한정된 소수민족에 의한 이산을 대상으로 하는 특수한 주제에 적합하다고 생각했
   기 때문이다.

   우선 사프란은 디아스포라의 특징을 여섯 가지로 들고 있다. ① 하나의 근본적인 중심에
   서 주변적인 장소나 외국으로 이산하였다. ② 고향에 대한 공통된 기억과 생각, 또는 신
   화를 유지하고 있다. ③ 주류 사회에 완전히 수용되지 못한다고 믿어 소외감과 굴욕감을
   가지고 있다. ④ 조상의 땅인 고향을 진정한 이상의 집이라 생각하고 최종적으로 돌아
   가 정착할 장소라고 생각한다. ⑤ 고향의 유지와 회복에 커뮤니티 전체가 헌신적으로 관
   여한다. ⑥ 민족적인 커뮤니티 의식과 결속이 고향과의 지속적인 관계에 의해 결정된다.
   하지만, 사프란은 이 모두를 충족하는 진정한 디아스포라 커뮤니티를 제시하지 못하고
   있다.

   또한, 코헨은 다섯 가지의 디아스포라 유형을 제시하고 있다. 이는 ① 희생과 고난을 동
   반한 디아스포라, ② 노동자의 이동이라는 디아스포라, ③ 제국주의에 따른 디아스포라,
   ④ 상업 주도적 디아스포라, ⑤ 포스트모던적 문화의 변화와 혼종성을 동반한 디아스포
   라이다. 이에 더해 코헨은 사프란의 디아스포라에 대한 특징을 수정하여 확산과 추방이
   아닌, 적극적인 목적을 갖는 진출적 디아스포라와 귀환 운동을 낳을 수 있는 디아스포
   라, 주류 사회에 긍정적으로 생활하는 디아스포라를 추가하여 디아스포라의 개념을 보
   다 개방적인 것으로 확장시키면서 여덟 가지로 정리하고 있다.

   한편에서 보야린 형제(Jonathan Boyarin・Daniel Boyarin)의 디아스포라 개념은 '국민
   국가의 시스템 갱신과 수정의 모델로서 도움이 되는 무언가로 생각하고 있다'는 일종의
   '자원(resource)'으로 활용하고 있다. 이는 '디아스포라의 삶은 항상 신체화하는' 것이며,
   '정체성은 끊임없이 흔들리고 변용되며 위험에 노출되고 또한 이렇게 자문하는 태도야
   말로 지속가능한 상태가 되는 사회와 문화의 모습을 생각하고 있다'는 것을 의미한다(赤
   尾光春・早尾貴紀 編, 2012 : 15~70).

   앞에서는 디아스포라의 개념에 관한 대표적인 이론을 정리했는데, 그렇다면 카라후토
   의 디아스포라 아이누는 어떻게 정의할 수 있는가. 카라후토 아이누의 경우, 전체적인
   설명이 가능한 기존 이론이 없기 때문에 앞에서 제시하고 있는 이론 내용을 살펴 가면서

일본과 아이누의 특수한 역사적 배경과 당시 국제정치의 정세, 국경의 지리적 변동, 소수민족의 정체성 등에 대해 종합적으로 생각해 보면 다음과 같이 정의할 수 있다. 즉, 카라후토의 디아스포라 아이누는 유형적으로는 코헨이 말하는 '③ 제국주의에 의한 디아스포라'와 '① 희생과 고난을 동반한 디아스포라'이다. 또한 사프란의 설명에 비추어 볼 때, 그 특징으로 ① 하나의 근원적 중심인 카라후토에서 주변적인 장소, 홋카이도-혼슈로 이산하였다. ② 고향에 대한 공통된 기억과 생각을 겨우 유지하고 있다. ③ 호스트 사회에 완전히 수용될 수 없다고 믿고 있기 때문에 소외감과 굴욕감을 가지고 있다. ④ 조상의 땅인 고향을 진정한 이상의 땅이라 생각하지만, 최종적으로 돌아가 정착할 수 없는 곳이라고 생각하고 있다. ⑤ 고향의 유지와 회복에 거의 관여하고 있지 않다. ⑥ 민족적 커뮤니티 의식과 결속이 거의 사라져 정체성을 은폐하고 있는 경우가 많다는 점을 들 수 있다.

2 　工藤信彦(2008)를 참조하였다.

3 　1기는 1945년 카라후토청에 의한 강제소개와 자력탈출(밀항)의 시기이며, 2기는 미소 협정에 근거한 정식 귀환이었다(工藤信彦, 2008 : 40).

4 　예를 들어 교육활동, 광고활동, 오락활동, 보도활동, 평론활동 등이 있다.

5 　1950년부터 2010년까지 NHK가 제작한 TV다큐멘터리가 대상이다. 대상이 된 전체 영상의 목록을 권말에 게재하고 있으니 참조할 것.

6 　NHK삿포로 방송국 안에 조직된 소일 프로젝트팀은 NHK삿포로 방송국, NHK하코다테 방송국, NHK쿠시로 방송국, NHK아사히카와 방송국, NHK오비히로 방송국의 멤버로 구성되었다.

7 　러시아령 리투아니아 즈우프에서 1866년 출생, 1918년 사망.

8 　1985년 3월 고르바초프 정권 등장 후 소련의 개혁운동. 그 5년 뒤 일본 방송사에서는 1989년 7월, NHK삿포로 방송국에 사할린주와 연해주 TV라디오 위원회 의장이 방문하여 '방송협력협정'의 조인이 이루어졌으며 취재와 촬영 등 편의를 서로 제공하는 체제를 만들었다. 이를 계기로 1991년 4월 고르바초프가 일본을 방문할 때까지 수많은 북방지역 관련 방송이 제작되었다(NHK 札幌放送局日ソプロジェクト編, 1991 : 1213).

9 　피우수트스키와 추흐산마의 연애담에는 치리(知里真志保)의 기록도 남아 있다(原暉之, 2011 : 209~210).

10 　〈그림 5-2〉를 참조. 지도 우측 중앙 아래쪽에 시라하마(白浜)가 있다. 1935년에는 207명의 아이누가 거주했다.

11 　오오노(大野) 인터뷰 : 2012.4.19, 교토 시내.

제6장

1세기에 걸친 '아이누'의 표상

〈아이누 태평양을 건너다-미국〉을 중심으로

1. 제작배경과 문제의식

1) 〈세계가 주목한 아이누문화〉의 제작

최초로 아이누가 박람회에 전시된 것은 1904년(메이지 37년) 4월 30일, 미국 세인트루이스에서 개최된 '루지애나 할양기념 만국박람회Louisiana Purchase International Exposition(이하, 세인트루이스 박람회)'[1]였다.[2] 여기에 전시된 아이누는 홋카이도 니부타니二風谷를 중심으로 생활하고 있던 세 가족이었다. 이 세 가족 총 9명은 4월 6일부터 12월 2일까지 약 7개월에 걸쳐 세인트루이스 박람회 부지(현 포레스트파크)에서 생활한 뒤, 다시 홋카이도 니부타니로 돌아왔다. 아이누의 생활에 관한 정보도 불충분한 시대에 벌어진 일련의 일들은 긴 세월이 지난 오늘날 역시 우리들의 상상력을 자극한다.

그리고 실제 1990년대 100년 전 일어난 아이누 전시에 주목하고, 해외에서 바라보는 '아이누와 아이누문화'의 현재적 문제성과 의의를 재평가하기 위한 방송이 기획되었다. 이는 〈세계가 주목한 아이누문화〉라는 3부작 다큐멘터리였다. 이 방송을 총지휘한 요네하라米原尚志 디렉터는 방송배경을 다음과 같이 전하고 있다.[3]

> 이 시리즈는 당시 공영방송으로서의 NHK의 역할과 국민에 기여하는 방송의 존재의미를 되새기고자 기획된 프로젝트였다. 몇몇 주제를 검토한 결과, 최종적으로 '세계가 주목한 아이누문화'가 선정되었다. 그 내용은, 오래된 아이누문화의 해외유출과 해외 사람들과 아이누와의 교류, 아이누와 세계의 접점 등을 검증하는 것으로, 아이누 민족과 아이누문화를 재평가할 의도를 가진 것이었다. 또한 당시 많은 연구자(인류학자 민족학자)가 방송제작에 참여하였으며 수 차례에 걸친 기획회의(연구모임)를 가졌다. 연구자들로부터 재미난 정보와 조언을 듣는 과정에서 방송제작의 최종적인 방향성이 결정되었다. '세계'라는 방송제작의 무대로는 주로 3곳으로 의견이 모아졌으며 유럽과 러시아, 그리고 미국이 선정되었다.

방송이 기획 · 제작되어 방영된 1990년대 중반 '아이누'를 둘러싼 시대적 상황의 중심에는 '아이누 신법(아이누문화의 진흥 및 아이누의 전통 등에 관한 지식의 보급과 계발에 관한 법률)'의 제정(1997)이 있다. 아이누 신법은 일본 내에 다른 민족이 존재한다는 사실을 법적으로 인정한 최초의 법으로, 기존의 '단일민족'주의의 뿌리깊은 고정관념을 되짚어본 것이었다. 법률제정까지 긴 시간이 필요했다. 1985년 홋카이도 우타리협회가 만든 '홋카이도 구토인보호법'을 대신해 신법 원안이 공표된 이후, 제정 심의를 둘러싼 '유식자 간담회'를 개최(1995)하는 과정에서 법 제정에 대한 사회적인 관심은 높아지고 있었다. 이런 사회 정세와 함께 요네하라의 인터뷰에서 알 수 있는 바와 같이 공영방송국으로서의 시대에 부응하는 '역할과 의무'로 기획된 것이 〈세계가 주목한 아이누문화〉 3부작이었다.

다음 절에서는 1900년대 전후 '인류학'이라는 새로운 지知의 성립과 그 확대과정에서 개최된 세인트루이스 박람회를 살펴본다. 세인트루이스 박람회 '인류학관'에서 원주민, 특히 아이누를 전시한 역사적 사실과 이를 바탕으로 제작된 〈세계가 주목한 아이누문화〉 제3편 〈아이누 태평양을 건너다—미국〉을 중심소재로 하여 그 표상문화의 의미를 실증적으로 파악한다. 이들의 구조적·공간적 의미를 고찰하면서 '타자'를 둘러싼 '지知'의 폭력성과 공공적 표상에서의 '타자'의 연속과 변용을 역사적인 시점에서 고찰하고자 한다.

2) 세인트루이스 박람회와 '아이누'의 전시

미국의 초기 민족지연구의 대표자는 『고대사회Ancient Society』(1877)를 출간한 모르건Lewis Henry Morgan이었다. 모르건이 인류의 변화발전에 관해 연구한 이후, 20세기 초 인류학 연구에서는 현지조사의 중요성에 대한 각성과 반성이 확산되고 있었는데, 이때 등장한 사람이 미국의 '문화인류학'을 성립한 보아즈Franz Boas였다. 보아즈는 '문화상대주의cultural relativism' 이론으로도 잘 알려져 있는데, 초기 미국 인류학에서 보아즈는 "생전 엄청난 영향력을 발휘했는데, 사후에도 그 영향은 수십 년 동안 이어졌다"(Garbarino·Merwyn S., 木山英明·大平裕司 訳, 1987 : 123), "그가 북미지역

인류학의 대학원교육을 독점하고 있었다"(Alan Barnard, 鈴木清史 訳, 2005 : 177)는 기록을 통해 충분히 짐작할 수 있다. 보아즈는 북태평양 조사대를 편성하여 조사를 실행(1897~1902)하는 등 기존 인류학의 틀을 넘어 새로운 인류학을 꿈꾸고 있었다. 당시 보아즈는 미국 자연사박물관에, 그리고 동료인 위슬러Wisler, Clark는 시카고 필드박물관에 근무하고 있었는데, 이 둘은 "유럽 박물관에서 자주 볼 수 있는 인조물을 비교식으로 진열하는 방법"을 채택하는 대신, "인조물을 그 지역에 따라 배열"했다고 한다(Garbarino · Merwyn S., 木山英明 · 大平裕司 訳, 1987 : 124). 이는 당시 미국 인류학의 주류였던 '문화영역culture area'이라는 접근방식이 박물관 진열에까지 널리 반영되었다는 것을 의미한다. 이러한 움직임은 세인트루이스 박람회에서도 예외가 아니었다.

미국 최초로 원주민 전시가 실시된 것은 1893년 시카고 박람회였는데, 당시 민족학Department of Ethnology의 전시책임자는 하버드대학의 고고학 · 민속학 교수였던 푸트넘Frederick Ward Putnum이었다. 그가 기획한 인류학관에는 '인류와 그 업적'이라는 제목으로 미국 인디언과 주거, 유적 등이 전시되었다. 이는 과학 분야로 발전하고 있던 '인류학 연구와 교육의 성과'를 전시함으로써 새로운 지知의 가능성을 피력하고자 했던 것이었다.

10년 뒤 개최된 세인트루이스 박람회에서 인류학 부문 책임자가 된 사람은 19세기 민족학과 진화주의의 영향을 강하게 받은 전 미국 민족학회장 윌리엄 맥기William John McGee였다. 그의 대표적 이론인 'The Trend of Human Progress'와 요점 "National Growth and National Character"에도 알 수 있듯 맥기가 계획한 '기존에 없던' 규모의 인류학 전시의 목적은 ① 신체적 정의에 있어서 세계적으로 가장 알려지지 않은 민족, 인종 또는 아(시아)인종을 전시하는 것, ② 행동과 정신적 정의에 있어서 세계적으로 가장 알려지지 않은 문화형태를 전시하는 것, ③ 인류의 신체적, 정신적 특징에 대한 연구에 있어서 주요한 방법과 장치를 전시하는 것, ④ 인류진화의 단계와 과정에서 전형적인 증거를 제시하는 것, ⑤ 통합과 훈련에 의해 가속화하는 야만과 미개상태로부터 문명에 이르는 실제 인간의 진화를 전시하는 것이었다(宮武公夫, 2006 : 56; David Rowland Francis, 1913 : 524). 이 목적을 달성하기 위해서는 일본 북쪽 벽지에서 생활하는 원주민인 아이누의 '살아있는' 전시가 필요했다. 물론 이 외에도 그 박람회에는 미국의 피그미, 인디언, 아르헨티나의 파타고니아 자이언트, 알라스카의 이누이트, 필리핀의 원주민 등이 전시되었다.[4]

카스가(春日直樹 編, 2011 : 26)는 당시 인류학의 움직임을 이해하기 위한 참고할만한 견해를 제시했다. 그는 19세기 후반에서 현재에 이르기까지의 인류학을 3가지로 분류하고 있다. 세인트루이스 박람회가 열린 시기이기도 한 제1기[5]는 1860/1870~1920/1930년까지이다. 이 시기는 '문화라는 독립영역의 검토 인간과 역사에 관한 박물학적 과학의 구축'으로 정리된다. 카스가(春日直樹 編, 2011 : 26)는 "'인류학'이라는 학명으로 전문분야로서 대학에 설치된 학문은 서양사회 내외부의 급격한 변화가 가져온 착란적 상황을 '문화'라는 영역으로 대상화하여 지구적 규모로 규정해 보았다"고 평가하였다. 본 장에서는 구미 지역 인류학의 동향을 확인하고, 일본 인류학의 동향을 검토하고자 한다. 이는 1904년에 세인트루이스 박람회에서 일본의 참가와 전시, 박람회에서 아이누와 일본과의 공존에 관련한 제반사항에 깊이 관여한 것이 다름 아닌 당시 고고학자와 민족학자, 특히 도쿄 제국대학의 인류학 연구자들이었기 때문이다.

3) 20세기 초 일본의 인류학과 아이누 전시

일본의 인류학 연구는 1884년 도쿄대학 이학부 학생이었던 츠보이坪井正五郎가 인류학회를 설립하면서 시작되었다. 그러나 당시에는 도쿄대학 이학부 식물학 교정에 모인 수십 명의 젊은이들로 이루어진 연구모임의 형태에 지나지 않았다. 대학원에서 인류학을 전공하기로 결정한 츠보이坪井는 제국대학 이과대학의 조수가 된 뒤(1888), 영국 유학을 거쳐(1889~1892) 도쿄제국대학의 교수가 되었다. 그 후 츠보이는 도쿄 인류학회와 도쿄 제국대학 인류학교실의 주재자로서, 또한 '코로포크그루Koro-pok-guru설'의 제창자로서 1913년 러시아에서 횡사하기까지 일본 초기 인류학 성립기에 가장 주목받는 인물이 되었다. 일본 인류학사에 대한 문헌에는 당시 츠보이를 중심으로 한 인류학을 호사가적 기호로 수집했던 사람들에 의한 '박물학으로서의 인류학'으로 취급받았다. 요컨대 츠보이의 인류학에 대한 관점은 크게 3가지로 나누어 볼 수 있는데, 우선 '인류 인간에 관한 모든 사상事象을 망라하고자 하는 의지', 두 번째로 '인류학 연구에서 그 재료 수집을 중시하고자 한 자세', 마지막으로 '분석적 방법이든 종합적 방법이든 그 어떤 방법이든 상관 없다고 하는 방법론의 태도'이다.[6] 츠보이로 대표되는 메이지明治시대 '인류의 이학理学'으로서의 인류학은 신체를 계측하는 등의 방법보다는 민속학과 고고학적 연구방법에 가까웠으며, 종합학문의 성격을 띠고 있었다. 츠보이의 사망과 함께 다이쇼大正시대 이후 일본 인류학은 '자연인류학'으로 이행하였다. 이 변화를 가져온 대표적인 연구자는 코가네이小金井良精와 아다치足立文太郎였다.

그렇다면 초기 인류학과 아이누는 어떻게 연결되는가. 아이누에 대한 인류학적 관심의 출발은 근대 이전으로 거슬러 올라 가는데 막부에 의해 그 중요성이 강조된 것은 18세기 말이었다. 초기 인류학(자)에게 아이누는 일본인 기원론과 깊은 관련을 맺고 있었다. 초기 인류학의 '일본인종론'을 둘러싼 자기정체성에 대한 관심은 1887년에 폭발적으로 늘어난다. 1987~1888년 츠보이가 제시한 '코로보크루설'과 시라이[白井光太郎] 등에 의한 비판이 '도쿄인류학회보고'에 지속적으로 확산되었고, 1889년에는 코가네이[小金井]가 '코로보크루설'을 비판하고 츠보이와 정면대립하면서, 일본 선주민족은 아이누라는 주장을 개시함으로써 절정에 이르렀다. '코로보크루설'에 대한 결정적 반박은 츠보이의 제자, 토리이[鳥居龍蔵]가 실시한 치시마[千島]의 탐험조사결과(1899)였다. 1903년 토리이의 결과를 근거로 코가네이의 강연(『동양학예잡지』 260에 수록)과 『일본 석기시대의 주민』(1904)을 통해 '코로보크루설'은 이론적인 근거를 잃고 '아이누설'이 지지를 받게 되었다. 즉 세인트루이스 박람회가 개최된 1904년, 일본 인류학계에서는 '일본인종' 및 일본열도의 선주민족에 관한 기나긴 논쟁이 드디어 수습되던 시기와 맞물리고 있다.

이러한 배경이 직접적인 원인이 되었는지는 불분명하지만 세인트루이스 박람회의 '인류학관' 전시에는 있어 일본 인류학(자)가 '일본인'을 전시하는데에는 관여한 반면, '아이누' 전시에는 그다지 관여하지 않았다(宮武, 2006 : 62). 아이누 전시에 대해서는 시카고대학 인류학자 스타[Frederick Starr] 박사[7]가 모든 책임을 지고 있었다. 미야타케[宮武](2006)에 따르면, "세인트루이스 박람회의 아이누 참가에 대한 일본 인류학자의 관여는 간접적인 부분에 머물고 있으며", "세인트루이스 박람회에 대한 아이누의 참가에는 당시 외무성과 홋카이도청 소노다[園田] 관장의 미국방문과 국내 협력자에 대한 승인을 필요로 했는데, 참가자 선정에서 방문일정, 비용지불, 홋카이도에서 세인트루이스까지의 실제 여행, 현지에서의 모든 일정이 미국 인류학자와 바체라[8] 등 민간인에 의해 기획되었다는 점이 분명하다"고 한다.[9] 츠보이 역시 세인트루이스 박람회에 관한 기록은 거의 남기지 않고 있다.[10]

당시 일본의 인류학계, 특히 츠보이는 세인트루이스 박람회에 일본 인류학자로서 깊이 관여하고 있었지만, '일본인종론'을 둘러싼 논쟁 패배 후유증이 여전히 가라앉지 않은 상태였으며, '아이누'와 '일본인'을 동일시하는 견해는 부정적이었을 것이다. 그리고 '일본관'의 일본인 게이샤^{芸者}와 '인류학관'의 아이누에 대한 시선은 미국과 일본 사이에 '인류'에 대한 시선에 거리와 마찬가지로 커다란 견해 차이가 있었던 것으로 보인다. 그리고 이미 그 시점에서 '인종'에 관한 판단기준에 대한 의문과 인류학이라는 지知에 대한 시선의 혼재가 잠재되어 있었다고 볼 여지도 있다.

2. ETV특집 제3회
〈아이누 태평양을 건너다―미국〉의 구성

〈세계가 주목한 아이누문화〉는 이와 같은 역사적 배경 속에 1996년 6월 10일부터 6월 12일까지 3일 연속 방송되었다. 방송 타이틀에서도 알 수 있듯 이 시리즈의 주제는 일본 내 아이누문화에 대한 기존 인식이나 평가에 머무르지 않고, 세계와 아이누문화와의 접점을 찾고 그 속에서 도출되는 아이누문화의 가치와 의의에 대해 생각하는 것이었다. 〈세계가 주목한 아이누문화〉는 총 3회로, 제1회 〈머나먼 EZO―유럽의 아이누 컬렉션〉, 제2회 〈유형수流刑囚의 유산―러시아〉, 제3회 〈아이누 태평양을 건너다―미국〉으로 이루어졌다.

〈그림 6-1〉 세인트루이스 박람회의 '일본관'

〈그림 6-2〉 세인트루이스에 파견된 일본의 게이샤들

1~2회의 방송을 간략히 소개하면 제1회 〈머나먼 EZO－유럽의 아이누 컬렉션〉은, 17세기부터 시작된 일본의 유럽진출에서부터 유럽 각국과 일본 사이의 왕래가 증가한 18~19세기에 이르기까지 해외로부터 평가되었던 아이누문화에 대해 알아보는 것이었다. 네덜란드 '라이덴 국립민족박물관', 독일의 '베를린 민족박물관', 독일 '함부르크 민족학박물관', 오스트리아 '빈 민족학박물관'을 각각 방문하고 그곳에 소장된 아이누 유산을 소개하면서 그 역사적 배경을 살피고 그려내고 있다.

〈유형수의 유산－러시아〉은 러시아의 오래된 도시 상트페테르부르크의 '과학아카데미 인류학 민족박물관'에 소장된 인류학자 브로니스와프 피우스츠키 컬렉션을 소개한다. 그 컬렉션은 아이누의 생활용품에서부터 의상, 공예품, 각종 도구 등 다양한데, 유럽과 러시아, 그리고 카라후토의 아이누문화와 아이누 민족유산의 역사를 거슬러 간다. 그리고 〈세계가 주목한 아이누문화〉의 제3회 〈아이누 태평양을 건너다－미국〉으로 이어진다.

〈아이누 태평양을 건너다－미국〉의 도입부에는 미국 세인트루이스 거리가 상공에서부터 클로즈업되고 있다(〈표 6-1〉 참조).

이 장면의 구성과 나레이션을 통해 다음 몇 가지 사항을 알 수 있다. 첫째, TRC를 통해 미국 세인트루이스 박람회와의 관계성을 환기시키고 있다. 당시 대표적인 (박람회의) 이미지송을 배경음악으로 사용하고, 상공에서 거리와 박람회장을 촬영한 것은 세인트루이스 박람회에 대한 기억을 환기시키기 위해 활용된 TRC 장치이다.

둘째, 세인트루이스 박람회와 아이누와의 관련성을 어필하고 있다. 예컨대 "살아있는 민족박물관", "전세계 소수민족을 EXPO회장에 모아 그

제1차 텍스트				
대상언어의 텍스트 (연속적인 시퀀스플로우)		메타언어적 텍스트 (다양한 코드의 복합적인 실천플로우)		
		V(영상)		A/N(음성 나레이션)
프롤로그	s1 세인트 루이스 EXPO 0:19~	BGM "Meet me in St. Louis" PC TRC PAN 상공촬영:세인트루이스 거리 TRC PC PAN/LS/FS 세인트루이스 미국인들의 웃는 표정과 걷는 모습 PC TRC	Na	이 거리는 예전에 희망을 향한 입구였다. PC TRC 미국 중부의 거리 세인트루이스. 많은 사람들이 서부개척의 길을 걷기 시작했다. PC 1904년 미국인이라면 누구나가 흥얼거리던 노래가 있다. "Meet me in St. Louis", '세인트루이스에서 만나요'. PC TRC 본격적인 서부개척이 시작된지 100년을 맞이하는 기념으로 이 거리에서 만국박람회가 개최된 것이다. PC TRC
		PAN 박람회장 사진 TRC	Na	세인트루이스 EXPO의 주제 중 하나가 '살아있는 민족박물관', 즉 전세계 소수민족을 박람회장에 모아 일상생활을 하는 모습을 관객들이 볼 수 있도록 한다는 것이다. PC CRC IC (Race) 그 안에 홋카이도에서 온 9명의 아이누가 있었다. PC TRC
		CU 세인트루이스 미국인들의 웃는 표정과 걷는 모습 PC TRC BGM TRC	Na	의문의 민족이라 불리던 아이누가 이 때 처음으로 바다를 건너 서양사회에 그 모습을 나타낸 것이다. PC TRC 1904년 세인트루이스, 그곳에선 다양한 만남의 기억이 펼쳐지고 있었다. PC CRC

들의 평범한 일상생활을 관객들이 볼 수 있도록", "그 안에 홋카이도에서 온 9명의 아이누가 있었다" 등의 나레이션에서 '모순'의 텍스트 장치로서의 TRC를 발견할 수 있다. 이것은 박람회와 아이누 관련의 문제를 그대로 표현하고, 그 자체로 방송주제로 이어지게 하는 가교 역할을 하고 있다.

셋째, 이 장면은 '(세인트루이스) 미국인들의 웃음과 활기 넘치는 표정으로 걷고 있는 모습의 컬러영상' 대 '(세인트루이스 박람회에 참가한) 아이누 집단의 흑백사진'의 대립구도를 보인다. 이 대립구도는 '미국인' 대 '아이누'와 '양기' 대 '음기', '강자' 대 '약자', '보는 쪽' 대 '보이는 쪽', '인류학' 대 '인종'이라는 의미의 대립구도를 내포한 표상으로서 파악된다.

이 다큐멘터리의 내용은 크게 3부분으로 구성되어 있다. 먼저 아이누가 미국 박람회에 참가하기까지의 과정와 역사적 배경, 다음으로 세인트루이스 박람회에서의 다양한 에피소드, 그리고 마지막으로 박람회에서 돌아온 뒤의 이야기와 당시 참가했던 아이누 자손의 증언, 일본사회 최초의 아이누 미국방문에 대한 아이누의 현실이다.

첫 번째와 두 번째 부분은 대부분 국내외 인류학자, 고고학자, 민족학자 등의 연구자에 의한 '역사적 기술'과 (미국) 박물관의 인류학자들의 개인 소장품, (미국) 박물관과 도서관에 소장되어 있는 사진자료, 당시 신문 등의 미디어 '기사'가 주요 표상의 소재로 구성되었다. 다시 말해 〈아이누 태평양을 건너다—미국〉의 방송시간 44분 중 3분의 1 가량은 '기록하는 쪽'과 '주최하는 쪽'에 의한 사실史実의 기록을 바탕으로 새롭게 그려진 영상이다.

여기에서 주목할 점은 일반적인 (특히 역사적 내용에 관한) 다큐멘터리에서 실제로도 자주 사용되는 수법이 〈아이누 태평양을 건너다—미국〉에서 특히 상당한 빈도로 활용되고 있다는 점이다. 영상은 어디까지나 사실의 참고

〈그림 6-3〉 세인트루이스 박람회에 참가한 아이누 일행
(Public Library, St. Louis)

〈그림 6-4〉 세인트루이스 박람회의 아이누
(Public Library, St. Louis)

자료로서의 기능하며 〈아이누 태평양을 건너다—미국〉의 '당사자'인 아이
누의 '목소리'는 존재하지 않는다. 이런 현상은 아이누 관련 다큐멘터리의
특징이기도 한데, 그 이유는 제작자가 아이누 연구자, 특히 아이누 관련 인
류학자의 인식에서 크게 벗어나지 못했기 때문으로 보인다(〈표6-2〉참조).

〈표 6-2〉

제1차 텍스트				
대상언어의 텍스트 (연속적인 시퀀스플로우)		메타언어적 텍스트 (다양한 코드의 복합적인 실천플로우)		
		V(영상)		A/N(음성 나레이션)
S2 박람회와 아이누	s8 박람회에 서 귀국 한 아이 누들의 그 후 29:30~	PAN 니부타니二風谷의 풍경 TRC PC	Na	세인트루이스 박람회는 1904년 11월, 성황리에 그 막을 내렸다. PC 9명의 아이누는 홋카이도로 돌아왔다. 그 후 9명의 생사에 관한 기록은 거의 남아있지 않다. PC CRC IC(Race)←'모순'의 텍스트 장치로서의 CRC
		CU 상투크노의 얼굴 사진 TRC	Na	EXPO 이듬해, 세인트루이스에 거주하는 여성에게 상투크노로부터 편지가 왔다. PC TRC
		CU 전도소 사진 TRC PC		EXPO에서 받은 돈으로 집을 새로 짓고 돼지와 말을 샀다고 적고 있다. PC TRC 페테 고로는 남은 여생을 기독교 전도에 바쳤다. CRC
		CU 아이누 사진 PC TRC BGM TRC	Na	EXPO 2년 후, 비라토리平取의 옆 마을 무카와에 전도소를 지었다. PC TRC 가지붕으로 지어진 작은 교회는 세인트루이스에서 받은 돈으로 지은 것이다. CRC 페테 고로가 지은 교회터는 현재 황폐한 아동공원이 되어 있다. PC CRC IC(Race)

이 장면의 구성과 나레이션을 통해 다음 몇 가지 사항을 알 수 있다.

첫째, 1900년대 아이누의 표상과 1990년대 아이누의 표상을 비교할 수 있다. 방송 전반(s1~s7)까지는 박람회에 아이누 집단이 참가한 과정과 아이누의 미국 방문, 박람회에서의 아이누의 생활 등 '살아있는 아이누'가 표상되었는데, "9명의 생사에 관한 기록은 거의 남아있지 않다", "페테 고로가 지은 교회터는 현재 황폐한 아동공원이 되어 있다"에서 볼 수 있듯 s8부터는 '존재하지 않는 아이누'와 아이누문화의 '참상'이 표상되고 있다. 1세기 동안 '아이누'는 세계와 일본 속에서 '사라져버린', '단절'된 존재가 되었다.

둘째, 아이누문화의 '이종혼재hybridity'적 측면이 소개되고 있다. 이 장면에서 페테 고로는 '아이누'로 태어나, '기독교 전도사'로 일하면서, '일본어'를 사용하는, '일본인'의 국적을 가진 것으로 소개되는데, 이는 혼성적 정체성을 표상하고 있다. 특히 이 점은 페테 고로 자손의 증언(s10 : 독실한 기독교인이었던 페테 고로였지만 아이누 신들에 대한 기원도 잊지 않았다고 한다)과 "유품 속에는 신토코와 이크파스이 등 아이누가 종교의례에 사용했던 물품이 적지 않다"는 나레이션의 관습적인 표현적 코드를 통해 알 수 있다. s8은 당시 미국을 방문한 아이누인 중에서 유일하게 이를 기록하고 기억하고 있는 아이누와 그의 자손을 찾아가 구체적인 이야기를 듣는 장면(s10)으로 이어지는데, 이 아이누인이 페테 고로다. 당시 미국을 방문했던 9명의 아이누는 다음과 같다(宮武公夫, 2006 : 70).

히라무라平村계 : 비라토리平取 출신

(남편 : 산게아(57세), 부인 : 산투크노(54세), 딸 : 킨(6세))

히라무라계: 비라토리 출신

(남편 : 쿠토로게(39세), 부인 : 슈트라테크(37세), 딸 : 키쿠(2세))

오오사와大沢계 : 니이캇푸新冠 출신

(남편 : 오오사와 야조우(23세), 부인 : 오오사와 시라케(19세))

삿포로 출신

(페테 고로(26세))

페테 고로는 가장 마지막으로 방문이 결정되었는데, 미국에 가기 전부터 독실한 기독교인이었다. 그의 손자는 페테 고로의 유품과 그에 대한 기억을 전하고 있다(〈표 6-3〉 참조).

이 장면의 구성과 나레이션을 통해 다음 몇 가지 사항을 알 수 있다. 우선 모순의 텍스트장치로서의 CRC를 읽을 수 있다. "독실한 기독교인"이지만 "아이누 신들에 대한 기원도 잊지 않았다"는, 즉 두 '신神'이 혼성된 인물상이 보여주는 대립구조는, 근대 이후 아이누문화의 '혼성적'인 측면과 동화정책을 통해 복잡하게 변화한 아이누를 상상하게 하는 사례로 파악할 수 있다.

다음으로 이 장면은, 1세기 동안 '아이누'의 연속과 단절을 표상하고 있다. 1900년대 초기 제국주의와 인류학이라는 권력의 개입은 있었지만 아이누는 실존적으로 존재하고 있었으나, 방송 당시엔 '아이누 자체가 남아 있지 않은' 단절이 그려지고 있다. 다시 말해, 이 장면은 1세기 동안 아이누는 '변했'지만 '변하지 않았다'고 하는 '타자'로서의 아이누와 이를 둘러싼 다양한 역사·사회상황의 '모순'을 대변하고 있는 것처럼 보인다. 방송에 소개되고 있는 것처럼 현재까지 이어지는 것은 거의 존재하지 않으며, 사활을 걸고 미국을 방문했던 경험이나 성대한 박람회에서의 생활에 대한 기억, 박람회 생활 도중의 모멸감 같은 기억 역시 그 이후 자취를 감췄다.

〈표 6-3〉

제1차 텍스트				
대상언어의 텍스트 (연속적인 시퀀스플로우)		메타언어적 텍스트 (다양한 코드의 복합적인 실천플로우)		
		V(영상)		A/N(음성 나레이션)
S2 박람회와 아이누	s10 귀국후의 페테고로 가 지은 교회터 방문 34:08~	LS 아동공원이 된 교회 TRC MS/CU 신토코와 이크파스이 등 아이누의 생활용품 PC TRC 아이누 의례의 유품 PC TRC	Na	의외로 유품 중에는 신토코와 이 크파스이 등 아이누가 종교의례 에 사용했던 물품이 적지 않다. CRC IC (Race) 독실한 기독교인이었던 페테고로 가 아이누 신들에 대한 기원도 잊 지 않았다고 한다. PC IC (Race) CRC (Conflict)←'모순'의 텍스트장 치로서의 CRC

한편, 방송 후반부에는 당시 미국을 방문했던 아이누인의 자손을 찾는데 성공하면서 그 자손이 꾸린 가족의 이야기가 소개되고 있다(〈표6-4〉참조).

이 장면의 구성과 나레이션을 통해 다음 몇 가지 사항을 알 수 있다. 첫째, 키쿠와 키쿠의 장남(일가)에서 모순의 텍스트장치를 읽을 수 있다. "전혀 듣지 못했습니다", "결혼 전까지 키워주신 분들의 이야기를 전혀 하지 않는다는 건 이상한거죠, 보통은", "주변 사람들보다 자기자신을 의식한 거죠 사실은" 등 장남의 인터뷰 내용은 CRC이면서 동시에 아이누 차별을 둘러싼 지배적 IC로서 사회적으로 공유(인식)되고 있다.

둘째, 키쿠에서 모순의 텍스트장치를 읽을 수 있다. 박람회에서 '아이누 아이들'로 주목받던 키쿠는, 장남의 인터뷰 내용에서도 알 수 있듯이 아이누의 양녀였던 '과거'를 스스로 철저히 배제함으로써 '아이누가 아닌 일본인'으로 살아왔다. 따라서 이 장면은 다른 하나의 '타자'로 살아 온 '키쿠'라고 하는 표상이 담아내고 있는 '갈등', 키구 안에 내면화된 '갈등'

〈표 6-4〉

		제1차 텍스트		
대상언어의 텍스트 (연속적인 시퀀스플로우)		메타언어적 텍스트 (다양한 코드의 복합적인 실천플로우)		
		V(영상)		A/N(음성 나레이션)
S4 키쿠의 자손	s18 키쿠의 자손을 방문 34:55~	삿포로 시내 시쿠 자손의 집 키쿠의 아들/손자들[PC] BS 키쿠의 자손(아들)[TRC][PC] WS 남성[TRC]	Int	아 이게 할머니야. 전혀 이미지가 그려지지 않네요. 솔직히. [CRC][IC](Race) 일본인이 아이누의 양녀가 되는 양자양녀. 조는 전혀 그런 이미지가 없었거든요. [CRC](Conflict)←'모순'의 텍스트장치로서의 [CRC]
			Int	오히려 일본인이 아이누 쪽을 양자나 양녀로 받아 들이는 경우는 있어도. 반대 경우는 솔직히 생각도 못해 봤습니다. 그래서 갑자기 전화가 왔을 때 좀 의아했습니다.
		스텝	On	어머님은 아이누가 키워 주었다는 말은 하지 않았나요.
		WS 남성[TRC] CU 박람회 사진[TRC]	Int	전혀 듣지 못했습니다. [IC](Race) [CRC](Conflict)←'모순'의 텍스트장치로서의 [CRC] 멋진데요 이 사람. [CRC][TRC] 이거 어머님과 함께 찍었던… [CRC][TRC]
		과거의 낡은 흑백사진[PC][TRC]	Na	현재 삿포로에 살고 있는 키쿠의 장남일가는, 키쿠가 생전에 미국에 갔던 일은 물론, 아이누 일가에서 자랐다는 것도 전해 듣지 못했다. [PC][IC](Race)[CRC](Conflict)←'모순'의 텍스트장치로서의 [CRC]
		WS 남성[TRC]	Int	루미와 함께 찍은 이 사람이 할머니. [PC][TRC]

		BS 여성(손녀)의 얼굴[TRC] WS 남성[TRC]	On	그게 저예요? [TRC] 그래 맞아. [TRC] 키쿠는 결혼해서 삿포로로 이사했다. [PC] 하숙집, 센베이가게, 마작장 경영. 줄곧 일만 하다가 1978년, 81세에 돌아가셨다. [PC]
		WS 남성[TRC]		돌아가시기 바로 전이예요. [PC] 이걸 입으신 2년 정도 뒤에 돌아가셨어요. 여긴 병원이고. [PC] 그 때까지만 해도 아이누 멸시가 남아있었으니까요. [IC](Race) 그런 곳에서 자랐다는 말은 할 수 없었다고 생각합니다. [IC](Race) 결혼 전까지 키워주신 분들의 이야기를 전혀 하지 않는다는 건 이상한거죠, 보통은. [IC](Race) 역시 주변 사람들을 의식한 건지도, 아니 자기자신을 의식한 거죠 사실은. [CRC](Conflict)←'모순'의 텍스트장치로서의 [CRC]
에필로그	~44:48	BGM [TRC] ZU 키쿠의 얼굴사진[TRC][PC]		겨우 백 년밖에 되지 않은 홋카이도에도 여전히 남아 있네요, 여러 일들이.
		창가에서 촬영 : 댐[TRC][PC] PAN 상공에서 바라본 사루가와 거리[TRC][PC]	Na	아이누는 본래 인간을 의미하는 자긍심 강한 말이다. [PC] 9명의 아이누가 살았던 시대. 이 시대가 아이누 민족의 삶의 방식과 문화가 충분히 존중받던 시대였다고는 할 수 없었다. [IC](Race) [CRC](Conflict)←'모순'의 텍스트장치로서의 [CRC]
		댐 풍경이 이어짐[TRC][PC]	Na	아이누 민족의 어머니인 강, 사루가와라는 거대한 댐이 한가득 강을 품고 있다. [PC][CRC](Conflict)←'모순'의 텍스트장치로서의 [CRC]

의 CRC로 파악할 수 있다. 1세기 전 전세계 사람들의 이목을 집중시켰던 박람회와, 아이누로 처음 참가했던 경험, 전세계의 주목을 받았던 기억이 얼마나 현실감 없는 '이야기'였는지를 강조하는 장면이다.

셋째, 아이누와 일본사회의 '모순'의 텍스트장치를 읽을 수 있다. "아이누란 본래 인간을 의미하는 자부심 강한 말"이나 "아이누 민족의 삶의 방식과 문화가 충분히 존중되었던 시대였다고는 말할 수 없다"는 나레이션은 갈등의 CRC로서 일본사회의 아이누와 인종을 둘러싼 고정적인 '차별'의 관념이 지배적인 이데올로기였다는 것을 의미하는 코드로 보인다.

그리고 약 5분 정도의 에필로그에는 '이야기는 여기서부터 다시 시작될 수 밖에 없다'고 말하는 듯, 불완전하게 끝나는 듯한 인상을 준다. 이는 아이누와 일본과의 복잡한 상황과 여전히 변하지 않은 문제에 대한 주의환기에서 사루가와댐의 모습으로 방송이 마무리되는 것에서도 알 수 있다. 100년 전 일어난 과거의 사건에서 완공된 댐의 현실 상황을 교차하여 "전세계가 주목"한다는 시리즈 명과 제작의도 사이의 간극은 아이누와 일본의 문제가 여전히 해결되지 않고 있다는 사실을 시청자에게 다시 던지면서 마친 것으로 보인다.

〈아이누 태평양을 건너다-미국〉이 주목한 것은 '인종전시관 속 아이누'였다. 그러나 이들의 경험은 현재까지 그다지 주목받지 못하고 봉인된 채 망각되고 있다. 이는 박람회에 참가했던 아이누 스스로 '구경거리가 된 자신들'[11]을 자각하고, 일본에 돌아와 동화정책에 순응하는 모습을 철저하게 연기함으로써 스스로를 '배제'해 왔기 때문이다. 이는 옛부터 아이누의 생활터전이었던 사루가와와 그 주변이 댐 건설을 위해 수몰된 것과 무관하지 않다.

3. 숨겨진 '모순'과 지知의 폭력성

1) '키쿠'와 표상의 진위

아이누인 세 가족, 총 9명의 아이누인들은 1904년 3월 18일 요코하마 항에서 배를 타고 4월 6일 세인트루이스에 도착했다. 이들은 세인트루이스 박람회장 '인류학' 전시장에서 대략 7개월간 생활했다. 이 박람회의 목적은 '인류의 진화'를 확인하는 것으로, 이를 위해 '살아있는 생생한 아이누의 일상을 전시'하게 되었다.

기록에 따르면 이 아이누들은 일본에서 가지고 온 치세에 살면서 아이누 공예품과 생활용품, 의복 등을 만들었다고 한다(〈그림 6-5〉, 〈그림 6-6〉 참조).[12] 또한 이 기록에 따르면, 박람회 체류 중에 만든 아이누 공예품은 판매되고, 박람회 측은 이들을 하루 1엔에 고용하고 있었다고 한다. 당시 경제상황에서 볼 때 이들 보수는 높은 편이어서, 귀국 후 새로 집을 짓거나 교회와 보육원을 운영할 만큼 큰 금액이었다고 한다. 이는 아이누 전시가 미국의 일방적인 노동력 '착취'가 아니었다는 점을 지적하는 것이다.

하지만 본 장에서 주목하고자 하는 점은 박람회의 '인류학'이 범한 '잘못'과 이에 대한 다큐멘터리의 관점이다. 당시 세인트루이스 박람회에 참가한 아이누 중에는 아이 2명, 킨(6세)과 키쿠(2세)였다. 〈그림 6-7〉의 왼쪽 아이가 키쿠다. 아이누인 가족의 아이, 키쿠는 '아이누인이 아니었'다.

키쿠는 다른 아이누인들과 생활하면서 '예쁜 아이누 아이'로 상당한 주목을 받았다. '아이누 아이'로 미국 인류학자와 박람회를 찾은 일반인들, 미디어 관계자들의 관심이 집중되었는데, 사실은 그 아이는 '일본인 아이'이고, 아이누인 부부(쿠토로게와 슈트라테크)에게 양녀로 입양되었다. 이 사실

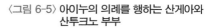
〈그림 6-5〉아이누의 의례를 행하는 산게아와 산투크노 부부

〈그림 6-6〉회장에서 아이누 공예품을 만들고 있는 야조우와 시라케 부부

〈그림 6-7〉박람회장의 킨과 키쿠

이 방송에는 어떻게 언급되는지 〈표 6-5〉의 나레이션을 통해 살펴보자.

　이 장면의 구성과 나레이션을 통해 다음 몇 가지 사항을 알 수 있다. 첫째, 아이누와 일본인을 둘러싼 새로운 역사적 사실이 표면화되었다. 나레이션은 "비라토리마을에 남겨진 옛 기록"에서 키쿠가 아이누인이 아니었다는 사실을 우연히 발견했다고 말하고 있는데, s18에서 키쿠의 장남을 만나 재확인된다. 키쿠가 '아이누인'이 아니라 '일본인'이었다는 것이 확인되면서 세인트루이스 박람회의 주요주제였던 인류학관의 아이누 전시는 허위의 표상이었다는 것이 판명되었다.

　둘째, 다큐멘터리에서는 박람회측이 범한 '잘못'에 대한 관점이 결여되

〈표 6-5〉

대상언어의 텍스트 (연속적인 시퀀스플로우)		메타언어적 텍스트 (다양한 코드의 복합적인 실천플로우)		
		V(영상)		A/N(음성 나레이션)
S3 박람회 뒤의 아이누 23:36~	s17 키쿠는 일본인 아이	PAN 니부타니二風谷 PC TRC CU 쿠토로게의 사진 TRC CU 키쿠의 얼굴사진 TRC	Na	세인트루이스EXPO의 작은 영웅이었던 키쿠. PC 하지만 비라토리平取마을에 남겨진 옛 기록에 따르면 키쿠는 쿠토로게 부부의 실제 아이가 아니다. PC 당시 개척에 실패하는 등 다양한 이유로 키울 수 없게 된 일본인 아이를 아이누가 양자로 삼았던 예는 적지 않다. PC 키쿠 또한 아이누가 양녀로 삼아 키운 일본인 아이 중 하나였다. CRC(Conflict)←모순의 텍스트장치로서의 CRC IC (Race)

었다. 인류학에 의한 '인종의 살아있는 전시'라는 슬로건을 바탕으로 '아이누인'이 박람회에 참가하고, 사실과 다른 행위를 발견했음에도 불구하고 인종을 전시하는 비인도적 행위와 '일본인'을 '아이누'로 전시한 거짓에 대해 제작자 측의 관점은 보이지 않는다. s17은 내용상 에필로그로 이어진다. 에필로그는 사루가와에 건설된 '댐'에 수몰된 아이누 마을과 아이누문화를 표상하는데, 이 수몰은 '과거를 어떻게 물어야 하는가', '왜 그런 사건이 벌어졌는가' 등의 논의 역시 수몰시켰다.

한편 당시 키쿠에 관한 여론의 관심은 어떠했는가. 다음 항에서는 미국 세인트루이스 지역신문 *ST.LOUIS POST-DISPATCH* 기사를 통해 당시 상황을 설명하고자 한다.

2) 세인트루이스 지역신문 *ST.LOUIS POST-DISPATCH*와 아이누 담론

텍스트에서는 박람회 전시 중 '영어로 인사하는 (아이누인이 아닌) 아이누 아이'가 갈등의 관습적인 표현적 코드와 아이러니한 텍스트장치로 표상되었다. 당시의 상황은 다음 장면과 같은 나레이션의 형식으로 설명되고 있다 (〈표6-6〉참조).

이 장면의 구성과 나레이션을 통해 다음 몇 가지 사항을 알 수 있다. 첫째 '모순'의 CRC를 통해 세인트루이스 박람회의 '인종'을 둘러싼 다양한 시선이 교착되는 모습이 표상되었다. 박람회에 전시된 아이누인을 보는 미국인의 시선과 아이누가 미국인들을 바라보는 시선, 그리고 이를 취재·보도한 저널리스트들의 시선이 각각 달랐다. 방송에서는 직접 언급되지 않았지만, 키쿠의 양친이 키쿠는 '아이누가 아니다(실제 우리아이가 아니다)'라는 사실을 마지막까지 밝히지 않았던 사실 또한 키쿠 양친이 박람회에 대해 혼란스러운 생각을 가졌기 때문으로 이해할 수 있을 것이다.

둘째 주로 당시 신문기사와 흑백사진에 나레이션을 첨가하는 TRC를 통해 '갈등'의 CRC로서 표상되고 있다.

셋째, 당시 키쿠의 표상의 이미지를 둘러싼 모순을 빼놓을 수 없다. 이 장면 속에서 "영어로 방문객들을 즐겁게 했다"와 "아이누 여성의 전통적인 예법으로 감사의 마음을 전했다" 사이의 대립구도 속에서 키쿠가 만들어 내고 있는 표상은 본래 '일본인'인 키쿠의 과거는 물론이고 인종과 문화라는 경계의 허구, 문화의 혼성적인 성격을 드러내고 있는 것이다.

그렇다면 실제 당시 지역신문의 기사를 살펴보자. 〈그림 6-8〉에서 알 수 있듯 당시 *ST.LOUIS POST-DISPATCH*는 박람회에 참가한 아이누에 대해 상당한 지면을 할애해 소개하고 있다.

〈표 6-6〉

제1차 텍스트				
대상언어의 텍스트 (연속적인 시퀀스플로우)		메타언어적 텍스트 (다양한 코드의 복합적인 실천플로우)		
		V(영상)		A/N(음성 나레이션)
S2 박람회와 아이누	s9 6세인 킨 과 2세인 키쿠 23:36~	PAN 회장사진 PC TRC CU 두 아이의 사진 TRC	Na	회장에서 인기를 모은 것은 6세인 킨과 2세인 키쿠, 어린 두 명의 여자아이였다. PC TRC 아이들은 '땡큐'와 '굿바이' 등 영어로 방문객들을 즐겁게 했다. PC CRC IC (Race) 사탕 등을 건네면 검지로 입술을 매만지는 아이누 여성의 전통예법으로 감사하는 마음을 전했다. PC CRC (Conflict)←'모순'의 텍스트장치로서의 관습적인 표현적 코드 IC (Race)
		CU 키쿠의 얼굴사진 TRC	Na	2세인 키쿠는 세인트루이스 EXPO의 작은 영웅이었다. PC TRC 키쿠에 대한 기사와 사진이 지역신문의 지면을 장식했다. IC (Race)
			Na	ST.LOUIS POST-DISPATCH 4월 17일자 기사. 키쿠는 마치 일본 인형 그 자체였다. 말을 걸면 눈을 크게 뜨고 아이다운 이상한 표정으로 응시한다. PC CRC (Conflict)←'모순'의 텍스트장치로서의 CRC
		CU 키쿠의 가족(3명) 사진 TRC	Na	아버지인 쿠토로케는 훌륭한 사냥꾼으로 일본 북방섬에 겨울이 찾아오면 사슴과 곰을 쫓아 기나긴 여행을 떠난다. PC TRC 그들은 정이 넘치는 가족이다. 키쿠는 언제나 양친의 관심대상이

CU 키쿠의 가족(3명) 사진 TRC	Na	다. 어머니인 슈트라테크는 키쿠에게서 한순간도 눈을 떼지 않는다. 어머니가 할 수 있는 최대한의 애정을 아낌없이 베풀고 있다. PC TRC IC (Race)

　박람회에 참가한 9명의 아이누인 중에서도 가장 비중있게 다루고 있는 이가 '키쿠'였다. 〈그림 6-8〉은 모친인 슈트라테크가 딸 키쿠를 안고 있는 모습인데, 당시 아이누 관련자료에는 다른 아이누인보다 키쿠의 사진이 상당수 남아 있었다.[13] 사진(〈그림 6-9〉, 〈그림 6-10〉, 〈그림 6-11〉, 〈그림 6-12〉 참조)을 통해 당시 키쿠는 의심의 여지가 없는 '아이누 아이' 그 자체로 알려졌음을 알 수 있다. 키쿠는 당시 미디어의 관심을 집중적으로 받았고, 그야말로 "일본인형"과 같은 대접을 받았다.

　"일본인형"이라 불렸던 키쿠가 사실 일본인이었다는 사실은 박람회 기간은 물론, 그 후 어떤 기록에도 언급되고 있지 않다는 점에서 볼 때, 이 사실은 아무도 몰랐던 것으로 보인다. 이 사실이 알려진 것은 우연한 사건을 통해서였다(3절 1항 참조). 더욱이 키쿠의 아들과 손자의 증언(s18)을 통해 알 수 있듯 키쿠조차 '자신의 일생'에 관해서는 침묵하고 있었기 때문이다.

　키쿠에게는 미국을 방문했다는 사실이나 그곳에서 주목을 받았다는 사실보다 아이누 양부모를 숨기는 것이 우선이었다. 때문에 그 사실은 단순한 '망각'해야 하는 과거에 지나지 않았다. 키쿠가 자신의 기억에 과거를 은폐하고 공백으로 만든 것은 '아이누'에서 스스로 이탈하는 것이 자신을 지키는 것이라고 믿었기 때문일 것이다. 그리고 여기에서 당시 일본과 아이누의 관계를 어렴풋이나마 짐작할 수 있다.

〈그림 6-8〉 *ST. LOUIS POST-DISPATCH*(1904.4.27 조간)에 등장한 아이누

AINU MOTHER AND BABY. IN WORLD FAIR ANTHROPOLOGICAL DEPARTMENT

Shutratek, Ainu Mother, and Kiku, the Baby Daughter, Are a Center of Attraction—Kiku Is Very Like a Japanese Doll

Shutratek, the mother of Kiku, the Ainu baby at the World's Fair, sings. "Bye, Baby Bunting. Your daddy's gone hunting..." or the Ainu substitute, for the Ainu are very much of a home people and have lullabies just the same as Missouri mothers do.

Kutoroge is a mighty hunter and when winter falls over the northern island of the Japaneses group, Kutoroge takes his hunting arms and starts on the long chase. All winter he hunts dear, bear and smaller game for their furs and meats and when he reaches home in the late spring, he brings with him the hopes for family provisions for the year.

Kiku is a veritable Japanese doll in appearance. She is 2 years old and a very good baby. She plays about the Ainu corner of the Indian School building at the World Fair which is serving her family as a temporary home as contracted as though she was in her native home.

She opens her eyes wide when the many strangers come by and call to her and want to give her trinkets, and looks at them with baby wonder.

Her father and mother, middle-aged, sturdy people, who are well thought of by their fellow tribesmen, are with her, as is her sister, 5 years old. They are a devoted family and Kiku is easily the center of attraction for the mother and father. Shutratek, the mother, guards her with serious care and lavishes upon her all of the afternoon that could be asked of any mother. There was a time a few years ago when Kiku and his parents would have been brought to the United States in fur clothing had the commissioner been able to persuade them to leave their native island at that time, but of recent years the tribe has made rapid advances in civilization now wear clothing similar to the Japanese, which race they resemble in many respects.

This fact adds to Kiku's appearance as a Japanese doll. The time will come as she grows older, when the tattoo marks similar to those that surround her mother's mouth, will be made about her own, unless the tribe makes another marked advance, and forsakes that old rite of their ancestors.

이 신문기사가 기록된 마이크로 필름은 해상도가 떨어져 내용이 불명확한 부분이 많았다. 아래 이 기사 전문을 번역해 싣는다. 다만 이는 필자가 판독해 작성한 것이라는 점, 따라서 본래의 신문기사와 일부 어휘 등에서 차이를 보일 수 있다.

세계박람회 인류학 부문 아이누인 엄마와 딸

아이누인 모친 슈트라테크Shutratek와 그의 어린 딸 키쿠Kiku는 주목의 대상이다. 키쿠는 일본인형과 매우 닮아있다.

아이누인 어린 아이 키쿠의 모친 슈트라테크는 세계박람회에서 노래를 부른다. "Bye Baby Bunting. Your daddy's gone hunting(안녕 아기포대기, 아빠는 사냥에 나간단다)." 아이누 사람들은 가정적이고 미저리의 엄마들처럼 자장가를 부른다.

쿠토로게Kutoroge는 힘센 사냥꾼으로 일본의 북방섬에 겨울이 찾아오면 사냥도구를 챙겨 머나먼 여행을 나선다. 그는 겨우내 모피와 고기를 위해 사슴과 곰 이외에도 작은 먹잇감을 잡는다. 봄이 끝날 무렵에는 1년 내내 가족이 먹고 살기에 충분한 사냥감을 들고 집으로 돌아온다.

키쿠는 일본인형과 똑같이 생겼다. 그녀는 2살이고 정말 착한 아이이다. 가족의 일시적인 집인 세계박람회 인도학교의 아이누 코너 주변에서 놀면서 자기 집처럼 지내고 있다.

많은 낯선 사람들이 찾아와 그녀에게 말을 걸고 작은 선물을 전해주기 때문에 그녀는 눈을 크게 뜨며 놀란다. 그 사람들을 이상한 눈빛으로 쳐다본다. 그녀의 부모는 중년의 건장한 사람들로 부족 사람들의 존경을 받고 있는데, 그녀와 5살 먹은 언니가 함께 있다. 그들은 가족을 사랑하며 키쿠는 언제나 이들 애정의 중심에 있다. 모친인 슈트라테크는 딸을 지극정성으로 보살피며 다른 엄마들과 마찬가지로 오후에는 딸과 함께 시간을 보낸다. 몇 년 전, 키쿠와 이들 부모가 모피를 두르고 미국을 찾았을 당시, 고향마을을 떠나도록 이사에게 권고받았는데 이들 부족의 문명이 최근 급속히 발전하여 현재는 일본인과 같은 복장을 하고 있다. 일본인과 아이누는 인종적으로도 상당히 닮아 있다.

이러한 사실은 키쿠의 일본인형과 같은 모습에서 볼 수 있다. 이 부족이 기타 눈부신 발전을 거듭해 선조들의 오래된 의식을 버리지 않는 한 그녀가 성장한 뒤 그녀의 모친과 마찬가지로 입 주위에 문신을 새겨 넣게 되지 않을까.

〈그림 6-9〉 키쿠의 부모

〈그림 6-10〉 키쿠

〈그림 6-11〉 키쿠

〈그림 6-12〉 키쿠를 업고 있는 슈트라테크

또 한 가지, '인류학'이 강조했던 '인류의 진화'를 확인하기 위해 박람회에서 '인종'을 전시했던 의미 역시 잊어서는 안 된다. 박람회 전시에 관여했던 당시의 저명한 인류학자들조차 간파하지 못했던 '키쿠'의 실체를 어떻게 설명할 것인가. 박람회 기간이던 5월 22일, 인류학 전시의 총책임자 맥기McGee, William John를 필두로 한 초대자들 앞에서 아이누의 봉납의식이 치뤄졌다(宮武公夫, 2006 : 69). 이때 그들이 본 것은 '아이누'의 무엇이었을까. 아이누의복과 언어, 아이누의 집, 그리고 의식 등 아이누문화가 그들이 생각한 아이누라는 '인종'의 정의였을까.

본 장에서 규명해야 하는 것은 〈아이누 태평양을 건너다—미국〉이 인류학과 '아이누' 표상의 관계를 어떻게 문제화하고 있는지, 혹은 문제화하지 않는지의 문제이다. 이에 다시 방송에 초점을 돌려 인류학적 지知와 '아이누' 표상의 관계를 어떻게 담론화하고 있는지 구체적으로 검토하고자 한다. 〈아이누 태평양을 건너다—미국〉에서는 앞서 언급한 *ST.LOUIS POST-DISPATCH*의 기사를 짧게 요약해 소개하고 있다(〈표 6-7〉 참조).

이 장면의 구성과 나레이션을 통해 다음 몇 가지 사항을 알 수 있다. 첫째 기사의 내용이 자의적으로 요약되고 축소되어 표상되고 있다. 앞서 제시한 신문기사의 주요 내용은 '주목받고 있는 아이누 아이, 키쿠'와 '키쿠의 가족구성과 각각의 성격에 대한 소개', '근대화 속 일본과 아이누의 현황과 미래' 등으로 분류할 수 있다. 그러나 s9에서는 키쿠와 그 가족만이 소개되며, 그와 관련해 기사 역시 제한적으로 제시된다.

둘째, 이처럼 과도하게 축소된 표상인 기사에는 '아이누'와 '일본인'의 경계를 모호하게 하려는 제3자, 저널리스트의 시선이 내포되어 있다. 기사에서는 "키쿠는 일본인형과 닮았다", "그들 부족의 문명은 최근 급속히

〈표 6-7〉

제1차 텍스트				
대상언어의 텍스트 (연속적인 시퀀스플로우)		메타언어적 텍스트 (다양한 코드의 복합적인 실천플로우)		
		V(영상)		A/N(음성 나레이션)
S2 박람회와 아이누	s9 6세인 킨 과 2세인 키쿠 23:36~	CU 두 아이의 사진 TRC	Na	2세인 키쿠는 세인트루이스EXPO의 작은 영웅이었다. PC TRC 키쿠에 대한 기사와 사진이 지역신문의 지면을 장식했다. IC (Race)
		CU 키쿠의 얼굴사진 TRC	Na	*ST.LOUISPOST-DISPATCH* 4월 17일자 기사. 키쿠는 마치 일본인형 그 자체였다. 말을 걸면 눈을 크게 뜨고 아이다운 이상한 표정으로 응시한다. PC CRC(Conflict)←'모순'의 텍스트장치로서의 CRC
		CU 키쿠의 가족(3명)사진 TRC	Na	아버지인 쿠토로케는 훌륭한 사냥꾼으로 일본 북방섬에 겨울이 찾아오면 사슴과 곰을 쫓아 기나긴 여행을 떠난다. PC TRC 그들은 정이 넘치는 가족이다. 키쿠는 언제나 양친의 관심대상이다. 어머니인 슈트라테크는 키쿠에게서 한순간도 눈을 떼지 않는다. 어머니가 할 수 있는 최대한의 애정을 아낌없이 베풀고 있다. PC TRC IC(Race)

발전하여 현재는 일본인과 같은 복장을 하고 있다", "일본인과 아이누인은 인종적으로 많은 부분 닮아있다"고 적고 있는데, 볼거리로 전락한 '일본인' 키쿠와 근대화 속에서 흔들리던 아이누문화를 간파한 듯하다. 그러나 〈아이누 태평양을 건너다—미국〉에서는 이러한 시선은 배제되어 있다.

〈그림 6-13〉키쿠의 모친 슈트라테크

〈그림 6-14〉박람회에 전시된 전세계의 아이들
(앞열에 아이누 아이들 키쿠와 킨이 보인다)

추측컨대 미국 취재 당시 제작자 역시 이를 알아차리지 못했던 것으로 보인다. s9에서 일본인 키쿠와 '전시'된 인종의 문제점에 관한 다큐멘터리의 관점은 찾아볼 수 없다.

3) 일본인과 아이누 사이에 있는 것

방송 후반부에 이르면 키쿠와 키쿠의 자손(일가)이 등장한다. 이는 은폐와 함께 구축된 일본사회가 아이누를 향하는 시선의 본질이 무엇인지 담아내고 있다(〈표6-8〉 참조).

이 장면의 구성과 나레이션을 통해 다음 몇 가지 사항을 알 수 있다. 첫째 '일본인'과 '아이누'의 경계에 대한 고정관념이 확인된다. "일본인이 아이누 쪽 양녀가 되는 양자양녀. 저는 전혀 그런 이미지가 없었거든요"라는 키쿠 장남의 인터뷰는 일반적으로 '일본인' 대 '아이누'의 관계성에 대한 전형적 관념, '위' 대 '아래'나 '주' 대 '종' 등이 '모순'의 텍스트장치로서의 CRC나 지배적 IC(Race)로 읽힌다. 키쿠의 은폐된 과거는 '일본인' 대 '아이누'의 관계를 둘러싼 기존의 일반적인 관념을 가리고 있다.

둘째 그 경계 그어진 기준이 '차별'의 IC(Race)를 통해 표상되었다. 방송에서는 "아이누 멸시가 아직도 남아 있습니다", "그런 곳에서 자랐다는 말은 할 수 없었다고 생각합니다"라는 장남의 인터뷰에서 '일본인'과 '아이누' 사이의 뿌리깊은 차별구도를 읽을 수 있다. 이 인터뷰는 '일본인' 과 '아이누'라는 상하 고정적인 사회적 구조, '아이누 양자', '부負의 세계', '차별의 시선' 등의 지배적 이데올로기를 의미하고 있다. 그리고 이어지는 키쿠 자손의 이야기는 아이누에 대한 시선이 세인트루이스 박람회가 개최된 20세기 초와 약 90년이 지난 〈아이누 태평양을 건너다—미국〉이 제

제1차 텍스트				
대상언어의 텍스트 (연속적인 시퀀스플로우)		메타언어적 텍스트 (다양한 코드의 복합적인 실천플로우)		
		V(영상)		A/N(음성 나레이션)
S4 키쿠의 자손	s18 키쿠의 자손을 방문 39:55~	삿포로 시내 키쿠 자손의 집 키쿠의 아들 손자들 PC BS 키구의 자손(아들) TRC PC	Na	아 이게 할머니야. 전혀 이미지가 그려지지 않네요. 솔직히. CRC IC (Race) 일본인이 아이누의 양녀가 되는 양자양녀. 저는 전혀 그런 이미지가 없었거든요. CRC (Conflict)←'모순'의 텍스트장치로서의 관습적인 표현적 코드
		은폐된 과거		
		WS 남성 TRC	Int	오히려 일본인이 아이누 쪽을 양자나 양녀로 받아 들이는 경우는 있어도. 반대 경우는 솔직히 생각도 못해 봤습니다. IC (Race) 그래서 갑자기 전화가 왔을 때 좀 의아했습니다. CRC (Conflict)←'모순'의 텍스트장치로서의 CRC
		스탭		어머님은 아이누가 키워 주었다는 말은 하지 않았나요. CRC TRC
		CU 남성의 얼굴 TRC WS 남성 TRC	Int	전혀 듣지 못했습니다. IC (Race) CRC (Conflict)←'모순'의 텍스트장치로서의 CRC
			Int	멋진데요 이 사람. CRC TRC
			Int	(…중략…) 그 때까지만 해도 아이누 멸시가 남아있었으니까요. PC IC (Race) 그런 곳에서 자랐다는 말은 할 수 없었다고 생각합니다. CRC (Conflict)←'모순'의 텍스트장치로서의 관습적인 표현적 코드 IC (Race) 결혼 전까지 키워주신 분들의 이야기를 전혀 하지 않는다는 건 이

상한 거죠, 보통은. IC (Race)
역시 주변 사람들을 의식한 건지
도, 아니 자기자신을 의식한 거죠
사실은. CRC (Conflict)←'모순'의
텍스트장치로서의 CRC

작되기까지 거의 변하지 않았다는 사실을 증명하고 있다.

셋째 일본사회에서 단일민족이라는 '신화'는 키쿠와 같이 '과거'를 지워버린 일본인, 박람회에서 돌아와 스스로 일본인이 되고자 했던 아이누 집단, 기독교인이면서 아이누 의식을 지켰던 '페테 고로', 그리고 할머니가 아이누의 양녀였다는 사실을 모르는 일본인 등 혼성적인 이야기를 내포한다는 것을 표상하고 있다.

이 장면에서 장남이 말한 것처럼 키쿠의 장남이 할머니를 키운 양친이 '아이누'이고 '결혼 전까지 키워주신 분들의 이야기'를 철저하게 숨겼다는 사실은 "주변 사람들보다 자기자신을 의식한" 것이다. 키쿠의 장남은 어머니가 아이누의 양녀라 하더라도, '어머니'라는 정체성은 변하지 않았을 것이다. 장남의 인터뷰에 있는 모순의 텍스트장치로서의 CRC는 과거의 역사와 그 안에 전개된 가족사의 진실을 목격하면서, '인종'이란 인간으로서의 본질이 아니라 사회적으로 만들어진 구조적이고 고정적인 시선이며, 이에 따라 판단된 지배적 경계선에 지나지 않는다는 각성이다.

4. 구축된 인종, 창조된 표상
─ '보이지 않는 인종'과 사회적 리얼리티[14]

'표상이 어떻게 인종의 사회적 리얼리티를 구축하는가'(竹沢泰子, 2009 : 8)라는 질문은 방송 전개 속에 인종의 개념을 검증하는 데에도 주요하다. 예를 들어 세인트루이스 박람회에 전시되었던 아이누인의 진위문제는, 당시 인류학의 존립 자체에 대한 물음이었다. 그리고 일본 내로 한정할 때 TV다큐멘터리 속에 등장했던 아이누 표상이 인종적이고 차별적으로 재구축된 이미지는 '보이지 않는 인종'을 본질적인 사회문제로 다루기 어렵게 하는 측면이 있다고 볼 수 있다. 그렇다면 〈아이누 태평양을 건너다─미국〉에서는 이 문제를 어떻게 다루고 있는가.

s11에는 당시 미국 인류학의 인종과 문화에 대한 아이누의 갈등이 표상되고 있다. 특히 산게아의 "당신들 또한 우리가 볼 때는 이상한 존재라는 사실을 알아주셨으면 한다"는 말은, 모순의 텍스트장치로서 방송의 주제를 시사하고 있는 중요한 표현적 코드이자 IC이다. 아이누는 인류학이 '지知'의 대상으로 삼는 것이 단순히 아이누를 '전시하는' 것에 그치지 않고 정체성까지 '범해지는' 것을 인정하지 않을 것이다(〈표6-9〉 참조).

이 장면의 구성과 나레이션을 통해 다음 몇 가지 사항을 알 수 있다. 첫째, 1900년대 아이누의 '정체성'이 표상되고 있다. 이 장면은 1900년대 아이누 자신의 '목소리'를 들을 수 있는 유일한 장면이다. 박람회 안에 '전시'된 아이누는 자신의 문화에 무지한 미국 방문객을 무례한 사람들이라 칭했다. 그리고 미국 방문객에게 "우리가 볼 때는 미국인이 이상한 민족입니다"라며 문화의 다양성과 이질성을 지적했다.

하지만 "온화한 아이누가 단 한 차례 화를 냈다는 이야기가 있다"는 표

제1차 텍스트				
대상언어의 텍스트 (연속적인 시퀀스플로우)		메타언어적 텍스트 (다양한 코드의 복합적인 실천플로우)		
		V(영상)		A/N(음성 나레이션)
S2 박람회와 아이누	s11 무례한 방문객 아이누와 미국인의 갈등 · 모순 27:10~	FS 현 세인트루이스 거리의 사람들 TRC PC	Na	아이누 사람들은 온화하고 예의바르며 청결했다. PC 어떤 미개한 야만인이 오는지 기다리고 있었던 당시 미국인들에게 아이누 민족의 실상은 의외였다. IC(Race) 그 온화한 아이누가 단 한 차례 화를 냈다는 이야기가 있다. PC CRC(Conflict)←'모순'의 텍스트장치로서의 CRC TRC
		CU 5월 29일자 신문기사 TRC PC ZI 치세의 창 TRC PC	Na	산게아가 치세의 창 너머로 안을 엿보고 있는 관객에게 무례하다며 화를 낸 것이다. CRC(Conflict)←'모순'의 텍스트장치로서의 CRC
		BGM TRC	Na	아이누는 치세의 가장 안쪽에 있는 창을 카무이푸에라라 부른다. PC 신의 창이라는 의미다. PC 아이누 사람들은 이 카무이푸에라는 신들의 통로라 생각한다. PC 대자연을 관장하는 신들은 이 창을 통해 집에 들어와 집을 지키는 신인 나무신과 대화를 나누는 것이다. PC 인간이 이 창을 통해 안을 엿보는 것을 엄격하게 금했던 것이다. CRC IC(Race)

ZI 산게아의 얼굴 TRC	산게아의 말. '그 중에는 우리를 보면서 마치 괴물을 대하듯 웃고 떠드는 사람도 있습니다. IC (Race) 그건 상관 없습니다. 하지만, 당신들 또한 우리가 볼 때 이상한 존재라는 사실을 알아 주셨으면 합니다. CRC IC (Race) 당신들의 집 또한 이상하게 보입니다. CRC IC (Race) 복장도 이상하고 말도 이상하게 들립니다. 당신들이 볼 때 아이누가 이상하게 보이는 것과 마찬가지로 우리가 볼 때는 미국인이 이상한 민족입니다' CRC (Conflict) ←'모순'의 텍스트장치로서의 CRC

현에서도 알 수 있듯, 아이누의 '목소리'는 특권적인 관점dominant specularity에까지는 이르지 못했다. 다시 말해 '공공적 표상'에서의 '타자'는 그가 놓인 사회의 사람들 속(PC, 특권적 관점)에서 상상되고 창조된다. 과거의 역사와 관련된 공공의 기억은 다수 존재한다. 그러나 아이누만으로 한정할 때, 아이누의 타자로서의 공공적 표상에서 타자의 표상은 제작진이 관여하며, 객관적公이고 일반적共인 '공공公共'의 표상 구축에는 최대공약수로서의 국민의 '공공 기억'이 관여한다.

때문에 표상의 역사적 반복이나, 과거에 얽매인 표상이 재구축되는 것은 공공적 표상 시대를 살아가는 우리들에게 커다란 과제가 된다. 특히 사회의 소수자로서 차별적 이미지가 각인된 '아이누'를 위해서도 표상의 생산 과정을 검증하는 작업은 유의미하다고 할 수 있다.

'세계가 주목한 아이누문화'라는 시리즈 명의 이면에는 당시의 지배적 이데올로기인 인류학적 지知의 폭력성, 박람회에 참가한 아이누와 무례한 미국인과의 갈등, 아이누문화가 망각되는 현대사회의 문제 등은 충분히 지적되지 않고, '댐 아래 수몰된 과거'로 잃어버린 기억만 표상되어 있다.

아이누를 둘러싸고 '박람회'와 '다큐멘터리'가 만들어낸 '공공적인 표상'의 원인은 무엇인가. 이 둘은 '권력의 개입'이라는 측면에서 연속되며, '아이누'라는 측면에서 단절된다. '박람회에서 인종의 전시'와 '다큐멘터리에서 사루가와댐의 완성'은 '인류학이라는 지知의 개입'과 '공공사업을 둘러싼 공권력의 개입'이라는 '힘'에 따라 휘둘리는 아이누의 모습을 읽을 수 있다. 한편 1900년대의 아이누와 1990년대의 아이누는 '존재'와 '비존재'의 대립구도(모순)로 파악된다.

키쿠가 "아이누 아이가 아니"라는 당시 박람회와 인류학의 근간을 흔드는 사실이 알려졌음에도 제작자는 이 문제에 집중하기보다 알려진 다른 사실을 시대순으로 나열했다. 아이누 자신의 '목소리'와 '관점'의 증거들이 극히 적었다는 한계가 있었겠으나, 이러한 시선 속은 '바다를 건넌 아이누'라는 제목과 상반되며, 이 방송에서 아이누는 '존재하지 않았다'.

〈아이누 태평양을 건너다—미국〉의 능동적인 아이누 이미지는 지배적 이데올로기의 '공공'의 표상 속 '차별'과 '배제'의 이미지로 종속되고 있다. 본 텍스트의 〈그림 0-1f〉에서 아이누의 '타자성'은 A와 A1의 담론과 관계된다. '공공'의 지배적 이데올로기를 지지하고 있는 것은 '지知(인류학)의 힘'과 '공권력'이라는 자장이며, 세계와 아이누의 접점이 소실되었다는 사실을 '나열하는' 정도의 이야기가 전개되었다.

여기서 생각할 수 있는 것은 '존재하지 않는 주체성'이다. 요컨대 박람회와 방송 표상의 중심은 아이누 자신임에도 능동적인 아이누나 아이누

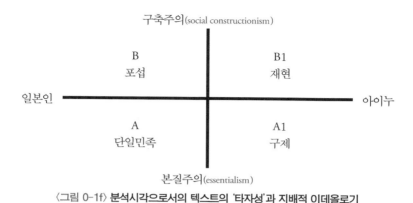

〈그림 0-1f〉 **분석시각으로서의 텍스트의 '타자성'과 지배적 이데올로기**

의 '주관'적 견해, '자립'적 행동 등은 거의 표상되지 않는다. 1900년대 초반, (제의를 거절하지 못해, 혹은 속았기 때문이었는지 모르지만) 미국으로 진출해 그곳에서 7개월이나 지낸 아이누들이 돌아온 뒤 1세기만에 소멸된다는 것에는 관점이 편협하다고 지적할 수밖에 없었다. 아이누가 존재하지 않는다는 관점, 그리고 타자의 손에 의해 만들어진 아이누에 대한 시선이 만든 문제는 표상의 상상력에 한계를 만든다. 이 한계는 타자의 관점에 의해 형성된 공공의 이미지만 넘쳐나는 불완전한 공간이 될 수밖에 없다는 문제를 야기한다. 사회구조적 문제의 원인을 직시하지 못하다면 지배적 이데올로기가 재생산되는 악순환이 반복될 것이며 개선은 기대할 수 없을 것이다.

5. 소결

이 장에서는 1904년 세인트루이스 박람회에서 아이누 민족이 최초로 미국을 방문하고 전시된 사실과 이를 소재로 한 다큐멘터리 〈아이누 태평양을 건너다―미국〉을 바탕으로 지知의 권력과 폭력성, 표상의 역사적 구축, 그리고 공공적 표상의 문제점을 검토했다.

세인트루이스 박람회의 '인류관' 담당자로 특히 아이누의 미국 방문을 주관했던 스타 박사는 박람회가 끝난 뒤 1910년 아이누 사람들을 만나러 일본에 왔다. 이에 대한 박사의 기행문에 적힌 내용에는 다음과 내용이 있다(宮武公夫, 2006 : 77).

아침, 산게아, 산투크노, 킨이 방문했다. (…중략…) 쿠토로게, 슈트라테크, 키코(키쿠: 스타 박사는 키쿠의 이름을 키코라 부르고 있는데 '키쿠'가 맞음-인용자)도 찾아 왔다. 아이들은 그다지 매력적이지 않다. 예상보다 뛰어다니며 놀지 않는다.

여기 서술된 키쿠가 더이상 "매력적이지 않다"고 한 까닭은 스타 박사가 예상했던 키쿠의 '얼굴'이 아니었기 때문일 것이다. 즉 성장할수록 '아이누'가 아니라 '일본인'의 얼굴이 되어갔기 때문이다. 당시 미국 인류학이 상상했던 아이누의 표상은 'hairy(털이 많은)'[15]라는 형용사 한 마디면 충분했다.

앞 절까지 분석한 바와 같이 〈아이누 태평양을 건너다―미국〉의 내용은 주로 3부분으로 구성되어 있다. 세인트루이스 박람회 참가를 위한 아이누의 미국 방문과 전시, 귀국 후 아이누의 족적, 그리고 키쿠의 일생과 장남일가에 대한 내용이었다. 그리고 마지막으로 1990년대 아이누의 현황을 표상하는 모순적 장치로서 '사루가와댐'이 설정되고 있으며, 댐은 곧 '망각의 늪'으로 이어지며 마무리된다.

한편 〈아이누 태평양을 건너다―미국〉의 편집과 효과 측면에서 예를 들어, 흑백사진 등의 컷이 이어지는 템포가 느린 장면, 경쾌한 리듬의 낭만적인 BGM, 억제된 나레이션 등은 부자연스러움과 위화감을 느끼게 한다. 이런 종류의 표현은 역사 서술 다큐멘터리에 자주 활용되는 방법이긴 하나, 전체적으로 적지 않은 보완적 요소의 필요성을 느낀다.

또한 구성면에서 청중의 흥미를 끌만한 충분한 역사적 사실을 다루면서도 제작경위(전통적인 아이누문화의 해외진출과 해외 사람들과 아이누의 교류, 아이누와 세계의 접점 등을 검증함으로써 아이누 민족과 아이누문화를 재평가한다)가 충분히 반영되었는가 하는 의문을 남긴다. 방송에는 '사실'은 있으나 '검증'과 '평가'는 없었다. 20세기 초 '꿈'의 무대였던 세인트루이스 박람회에 아이누가 방문한 사건은 전체 방송 시간 44분 중 70% 이상(30분 정도)으로 할당되어 있는 반면, 그 박람회 안에 이뤄진 '인종'에 대한 폭력, 아이누의 '목소리', 허구적 지知에 대한 대항적 담론은 극히 부족했다. '인종'과 이데올로기를 둘러싼 다양한 권력의 문제점을 노출한 표상으로서의 '키쿠'에 대한 내용은 4분 정도에 지나지 않았다. 기왕 미국에서 촬영했다면 적어도 과거 아이누 전시에 대한 미국 인류학자에 대한 검증과 평가에 대한 '변명'과, 방송에 협력했던 일본 인류학자의 '반성'이 다루어져야 하지 않았을까.

방송 제작자는 '키쿠'의 진실을 확인했음에도, 즉 지知의 허구성을 철저하게 추궁할 사실에 직면했음에도 불구하고 그 이상의 도전을 하지 않았다. 또한 시청자 역시 지知의 폭력성과 허구성을 밝힐 사실을 접했음에도 더 나아가지 못하고, 공공 이데올로기의 실천에 안주하며 힘의 세계 '특권적 관점'으로 회귀했다. s18에서 검토한 바와 같이 키쿠는 일본사회에서 살아가기 위해 박람회 참가 기억과 아이누 양친의 기억을 제거하고 스스로 '일본인'이 되었는데, 이 장면을 통해 '단일민족'의 실상은 다양한 '일본인'이 혼성된 '신화'에 불과하다는 점을 재확인할 수 있다.

앞서도 밝혔으나 '박람회'와 '다큐멘터리'가 만들어낸 아이누의 '공공적 표상'과 '집합적 기억'의 근원에는 '연속'과 '단절'을 읽을 수 있다. 〈아이누 태평양을 건너다─미국〉에 다시 등장한 박람회 속 아이누는, '전시'에서 '수몰'로 그 담론과 표상이 변용되었다.

〈아이누 태평양을 건너다─미국〉 방송 1년 뒤 1997년 '아이누 진흥법'이 제정되는데, '박람회'와 '다큐멘터리'는 근대와 현대라는 차이 외에도 '바다를 건너'게 하거나 '댐 아래 잠기'게 하는 각각의 시선으로 아이누 표상을 구축하고, 이 표상은 역사적 기억을 공유하는 공동체 내부 상상력에 자극을 선사한다.

하지만 이러한 논쟁과 함께 공동체의 상상력에 역사적 표상과 사회적 리얼리티의 접점 사이의 간극이 존재하고, 다양한 표상의 파편에 상상력을 더하는 대신 이들을 망각하게 하는 지배적 이데올로기가 작용되는 측면이 있다는 점을 잊어서는 안 된다.

■■■ 미주

1   루이지애나주 등을 프랑스로부터 구입한 지 100년이 되는 것을 기념하여 개최되었다. EXPO 사상 최대로 회장은 514만 평방미터에 이르며, 회장 내에는 1576채의 건물과 21km에 달하는 철도가 건설되었다. 비행선, 자동차가 출품되었으며 무선전화의 실험이 이루어졌다. 너무 방대한 규모로 인해 크게 실패했다고 전한다(橋本, 1990 : 192).

세인트루이스 박람회는 4월 30일부터 12월 1일까지 약 7개월에 걸쳐 진행되었으며 약 2천만 명 가까이 방문했다고 한다(宮武公夫, 2006 : 45~93). 또한 이 박람회에서는 넓은 부지에 '문명'의 성과에 관한 16개의 전시와 '자연'에 관한 전시와 '인류학', '사회경제학' 그리고 '신체문화'의 전시가 이루어졌다. 세인트루이스 박람회의 기획에 큰 영향을 미친 것은 1893년에 개최된 시카고 박람회였다. 역사를 거슬러 살펴보면 19세기 중엽부터 20세기 중엽까지의 근대 역사는 박람회와 함께 이어져 왔다고 해도 과언이 아니다.

세인트루이스 박람회는 당시 미국의 인류학이 추구했던, 특별하고 성대한 행사를 위해 전세계에서 모인 원주민들을 전시함으로써 인종의 진화를 방문객들이 체험할 수 있도록 한다는 발상이 기획 실행되었다(Robert W. Rydell, 1984 : 160).

그리고, 이와 같은 박람회의 바람대로 일본 최초로 홋카이도 아이누 집단이 미국 세인트루이스 박람회 부지에서 생활한다는 합의를 이뤄냈다. 아이누 등 원주민이 전시된 구역은 '인류학관'이라 불렸으며 이들 일련의 기획과 실행은 당시 미국 인류학에 널리 확산되었던 중심적인 사상과 구상에 의한 산물이었다.

〈그림 B〉 세인트루이스 박람회의 회장 풍경

2   박람회 기간 중 '제3회 세인트루이스 올림 대회'가 개최되었으며, 이는 당시 참가했던 원주민들을 대상으로 진행된 '인류학의 날' 행사가 있었다고 한다. 여기에는 아이누 남성들도 참가했다고 한다(宮武公夫 2002).

3   요네하라PD 청취(2013.3.27 센다이(仙台) 시내) 내용의 일부를 요약한 것.

4   Francis(1913 : 522~534)를 참조.

5   제2기(1920·30~1980·90) : 문화·사회·정치경제의 통반석(一枚岩)적 분석 국민국가

와 상사(相似)적 모델의 일반화, 제3기(1980·90~) : 토픽 중심으로 생성변화의 고찰 기성영역의 혼교(混交)화와 용해(溶解)(春日直樹 編, 2011 : 26)

6 坂野徹(2005 : 26~29) 참조.

7 Starr, Frederick(1858~1933), *The Ainu Group at Saint Louis exposition*(1904) 저술. 당시 시카고대학 인류학부 교수.

8 존 배첼러(Batchelor, John, 1854~1944). 영국출신의 선교사. 전도사로 홋카이도에 온 뒤 선교활동과 함께 아이누어와 전통 등의 연구와 관련 저작활동을 했다.

9 당시 일본정부는 세인트루이스 박람회의 예산 약 80만 엔을 받아 12만 6325점을 출품했다. 출품관련 담당부서는 일본정부의 임시 박람회 사무국이었는데 일본의 출품작은 15구 144부 807류로 구분된 구역 중 교육, 미술, 심예(교양교과), 공업, 기계, 전기, 통운, 농업, 임업, 채광업 및 야금(冶金), 어업 및 수렵의 11구역이었으며, 출품하지 않은 것은 원예, 인류학, 경제, 체육의 4구역이었다(伊藤真美子, 2003 : 72)

10 1885년 파리 박람회에서의 감동은 『파리통신』(1889)에 기록이 남아있다.

11 Official photographic company(1904)

12 Official photographic company(1904)

13 방송 중에는 다음과 같은 나레이션이 나온다. "5월 29일자 신문기사. 산게아가 치세의 창 너머로 안을 엿보는 관람객에게 무례하다며 화를 냈다. 아이누는 치세의 가장 안쪽에 있는 창을 카무이푸에라라 부른다. 신의 창이라는 의미다. 아이누 사람들은 이 카무이푸에라는 신들의 출입구라 생각했다. 대자연을 관장하는 신들은 이 창을 통해 집 안으로 들어와 집을 지키는 신인 나무신과 이야기한다. 인간이 이 창을 통해 안을 엿보는 것은 엄격하게 금하고 있다. 산게아의 말. "그 중에는 우리를 보면서 마치 괴물을 대하듯이 웃고 떠드는 사람도 있습니다. 그건 상관 없습니다. 하지만, 당신들 또한 우리가 볼 때 이상한 존재라는 사실을 알아 주셨으면 합니다. 당신들의 집 또한 이상하게 보입니다. 복장도 이상하고 말도 이상하게 들립니다. 당신들이 볼 때 아이누가 이상하게 보이는 것과 마찬가지로 우리가 볼 때는 미국인이 이상한 민족입니다."

14 宮武公夫(2006 : 69~74) 참조.

15 당시 관여했던 세인트루이스 박람회의 사진가들에 관한 상세한 내용은 宮武公夫(2010 : 80~93)를 참조.

16 Official photographic company(1904)

17 스타는 아이누의 신체적인 특징을 일본인, 러시아인과 비교하면서 '털이 많은' 점은 러시아인과 공통된 것이라 적었다(Frederick Starr, 1904 : 107~109).

18 竹沢泰子(2009 : 1~26)

19 당시 박람회를 위해 정기적으로 발행된 간행물 중 아이누를 소개한 사진. 하단 설명에 'AINU, THE HAIRY PEOPLE FROM HOKKAIDO, THE NORTHEN PART OF JAPAN'이라 적고 있다(Official photographic company 1904 : *World fair bulletin* 5 · 6).

TV다큐멘터리와 타자성

아이누 표상을 중심으로

1. TV방송 속 아이누 표상의 변용–각 장의 총괄

　본서에서는 1950년대부터 2000년대까지 약 반세기에 걸쳐 방송된 NHK 다큐멘터리를 중심으로 '아이누' 담론과 표상을 고찰했다. 그리고 이 고찰을 토대로 현대 일본 미디어의 '타자성'의 구축과 그 지평의 변용에 대해 인류학과 미디어연구를 접목하여 파악하고자 했다. 이 고찰의 과정에서 본서가 특히 주목한 점은 다음 3가지이다. 첫 번째로 본서는 'TV 다큐멘터리 속에 '아이누'는 어떤 이야기와 시선으로 규정되며 구축되어 왔는가'라는 구축의 프레임에 주목했다. 두 번째로 '이 프레임이 어떻게 변화해 왔는가'라는 역사적 변화의 양상에 주목했다. 세 번째로 '이때의 '아이누' 묘사방식의 거대한 패러다임 전환의 배경에 어떤 사회적 권력의 작용과 질서의 변화가 작용하고 있었는가'에 주목했다.

이들을 구체적으로 파악하기 위해 본서는 존 피스크 이론 중 TV방송의 문화연구적 접근방식을 활용했다. 피스크 이론을 활용하면서 본서는 각각의 방송 텍스트가 구축한 타자성의 담론 실천에 대한 역사적 배경과 당시의 정치 동향, 사회적 흐름, 산업·기술적인 변화 등 제반 요인을 시야에 두고 고찰했다.

구체적으로 본서는 7개의 TV다큐멘터리를 대상으로 한다. 각각의 방송을 각각 하나의 장에 소개하고 특히 주목할 만한 장면에 대해 분석하고 고찰했다. 이 연구방법의 배경에는 사회적 구축주의와 문화연구가 있다. 본서가 이 두 가지 입장으로 연구를 진행한 이유는 다큐멘터리의 소수자 표상과 담론을 연구하기 위해서는 '역사적 '진실'이 누구에 의해, 어떻게 구축되어 왔는가 하는 사회적 구축주의의 역사 이야기 서술의 계보의 관점이 가장 적합한 접근방식이라고 생각했기 때문이다.

또한 본서의 주제와 연구대상에서 일상적인 미디어 문화의 '힘'을 둘러싼 정치적 자장의 역사에 관한 검토가 필요했다. 이 측면에도 문화연구적 접근방식은 유효하다. 또한 이 접근방식은 미디어 생태의 역사적 관점과 사회적 다양성, 문화적 다성성, 집단의 다층성에 대한 배려라는 종합적 균형을 고려하면서 진행할 수 있다는 관점을 제공한다.

그렇다면 각 장의 다큐멘터리 분석을 통해 제시된 타자성 담론과 표상에 관한 내용과 특징, 그리고 주요 논점에 대해 정리해 보고자 한다.

우선 제1장에서는 〈코탄 사람들〉을 대상으로 당시 사회현상이었던 홋카이도 관광붐과 '관광 아이누'의 문제에 주목하고 있다. 방송에는 2개의 대립된 아이누상, '농업 아이누'와 '관광 아이누'가 표상되어 있었다. 다큐멘터리에서는 '농업 아이누'가 '관광 아이누'를 '아이누를 팔아먹는 놈들'

이라고 비난하는 모습을 통해 '관광 아이누'가 아이누 사이에서도 용인되지 못했다는 점을 강조하고 있다. 요컨대 20세기 중반의 당시 '관광 아이누'는 동족에게는 모욕의 대상이었으며, 일본인에게는 단일민족으로 동화될 수 없는 '이방인'으로서 단순히 호기심의 대상에 불과했다. 이 아이누 표상들이 '관광'이라는 출구를 통해 분출되고 있었던 것이다. 그리고 당시에는 아이누가 '타자'라는 부정적인 인식만이 부각되어 아이누문화 본래의 민족적 정체성 맥락과는 거리가 있었다.

한편 1950년대 '관광 아이누'가 자학적인 '볼거리'로 신체적인 경험을 쌓게 된 유래를 찾아보면, '관광화'된 '민족'을 '관람하는' 행위와 담론이 '제국주의의 제전'으로 이어진 역사가 있었다.[1]

일본 최초로 사람을 관람하고 전시하게 된 20세기 초 박람회를 소재로 아이누와의 관계에 주목하면서 '보이는' 경험의 연속성과 '관광 아이누'의 사회적 의미, '관광 아이누'로 완전히 변모해가는 아이누의 행위를 둘러싼 역사적 정치성을 검토했다. 특히 근대의 '박람회'에서 아이누의 전시와 일본인과의 관계성, 사회의 다양한 변화가 '시선의 제도로서 박람회가 유럽에서 일본으로 어떻게 수용되고 변화되었는지'를 논한 요시미의 선행연구(1992)를 참조하면서 '박람회와 아이누'에 남아있는 논쟁과 해명에 초점을 맞춰 고찰했다. 근대 천황제 속에서 아이누의 위치를 4단계의 시간축으로 나눠 설명한 카이호海保洋子의 논고를 참고해 '홋카이도 구토인보호법'이 제정된 1899년부터 〈코탄 사람들〉이 방영된 1959년까지의 모습을 살펴보았다.[2]

제1기(1899~1926)의 아이누 신체는 박람회 주최자들의 욕망에 완전히 동화되지 못했으며, '보이는' 아이누란 이질적인 것이었다. 제2기

(1927~1945)가 되면 '민족의식의 고양'과 함께 아이누 스스로가 각종 저작물을 출판하는 등 아이누 내에 커다란 변화가 일어났다. 이 변화가 일본 정부의 '신민화' 정책의 일환으로 강제 '교육'에 의한 것이었다는 점은 아이러니한 부분이다. 한편 이 시기에는 아이누가 '볼거리'가 되는 것에 아이누 내부의 반대와 반발의 목소리가 커지고 있었다는 것도 주목할 필요가 있다. 이 시기 아이누 내에서 '관광 아이누'에 대한 시선은 이미 분열되어 있었다고 볼 수 있다. 그 후 제3기(1946~1959)는 '관광 아이누'에 의한 변화였다. '관광 아이누'라는 상투적인 담론에는 '보이는' 아이누의 소비와 다양한 사회의 경험이 '배경화'되고 있으며, 그 의미를 철저하게 추구할 기회조차 갖지 못한 채 일시적인 유행처럼 담론만이 퍼지고 있었다.

〈코탄의 사람들〉에는 일본인에 동화된 '행복한 아이누'가 '농업 아이누'로 표상되어 등장한다. 이 표상은 '동족을 상품으로 한 관광 아이누'와는 달리 철저하게 일본의 정책에 순응하고, '농업에 전념하는 일본인으로 살아가는 아이누'이다. 또한 〈코탄의 사람들〉에는 '관광 아이누'와 '농업 아이누'라는 이항대립적 '아이누상'이 구축되어 있다. '차별받고, 멸시받고, 게으른' 아이누와 '평화적이고, 행복하고, 근면'한 일본인이라는 이항대립의 근본에는 완전한 동화에 대한 욕망과 단일민족에 대한 동경이라는 본질주의적 사상이 내재되어 있다. 이 사상은 〈코탄의 사람들〉의 표상 속에서도 불식되지 못한 채 전후의 사회적 인식으로 잔존하고 있었다.

제2장에서는 1960년대 중반에 제작된 다큐멘터리 〈페우레 우타리〉속 아이누 젊은이들의 표상에 주목했다. 여기에는 노골적인 사회적 차별과 편견, 모멸에 고통받는 아이누 젊은이들의 모습이 있었다.

여기서 필자가 특히 주목한 것은 1950년대 '관광 아이누'라는 차별적 시선의 연속이다. 이 차별적 시선은 '관광 아이누'에 대한 저항으로 이어 졌고, 홋카이도에서 도망치듯 '도쿄'로 떠밀려온 젊은 아이누들의 표상에 는 '구제'라는 차별적 시선으로 연속되고 있다.

이와는 대조적인 젊은이의 표상은 2008년 다큐멘터리 〈우리들의 아이 누 선언〉 속에서 그려진다. 제작자는 "아이누 다큐멘터리를 처음부터 기 획했던 것은 아니다"라고 말한다. "시부야 거리를 거니는 젊은이들의 다 양한 모습"을 찾던 중 만난 젊은이가 우연히도 아이누였으며, "아이누어 와 힙합을 결합시킨 그룹활동을 하고 있다는 것을 알게 된 것이 계기가 되었다"는 것이다. 〈페우레 우타리〉와 달리 〈우리들의 아이누 선언〉은 '도쿄 아이누' 젊은이들의 '평범함' 속 다양성을 보여주고, 이는 또 다른 변화를 제시하고 있다.

〈코탄의 사람들〉에서부터 약 40년이 흐른 뒤 젊은이들의 '귀속' 의식은 '종속'에서 '선언'으로 변화되었다. 하지만 이 '선언'이 향한 곳은 '타자'가 아니라 지금까지 지속적으로 부정해 온 또다른 자아, 자신 속의 새로운 '자신'이었다. 때문에 이들이 '아이누로 살아간다는 것'은 자신 안의 아이 누의 피와 아이누의 존재를 계속해서 자문함으로써 사회 속에서 잊혀 왔 던 각각의 목소리를 되찾아 가는 과정이라고 생각했다.

1997년 '아이누 신법'의 공표, 2007년 9월 13일 UN총회에서 '선주민 족의 권리에 관한 UN선언'의 채택에 이어, 2008년 6월 6일에는 일본 국 회에서 처음으로 아이누를 원주민족으로 인정하는 결의가 채택됐다. 이 런 변화 속에서 방송 제목이기도 한 '아이누 선언'은 귀속의식에 대한 호 소이며, 진부한 표현이 될 수 없다. 이들에게는 일본인 아닌 일본인으로서 차별받아 온 과거사의 잔해가 지금도 뿌리깊게 남아있기 때문이다. 아이누 귀속문제의 근본적 해결을 위해서는 아직 시간이 더 필요할 듯 하지만, 제2장에 제시된 일본사회와 '아이누'의 변화를 통해 그 방향성을 가늠해 볼 수 있었다.

제3장에서는 아이누를 소재로 한 다큐멘터리의 파라다임 전환을 시도한 〈환상의 이오만테〉를 고찰했다. 이 방송은 1950년대부터 반복되었던 아이누를 계승하면서도 아이누문화의 '재현'을 둘러싼 인식을 그 이전과는 전혀 다르게 제시하고 있다.

홋카이도의 여러 코탄에서 모인 아이누 사람들은 70년 이상 맥이 끊겼던 아이누의 대표적 의례 '이오만테'를 재현하기 위해 약 1년 간의 준비과정을 거쳐, 이틀 동안 성대한 의식을 치르게 된다.

그러나 '이오만테'의 유일한 경험자인 장로 후요는 이오만테의 재현을 '부족하다'고 평가한다. 문자를 가지지 못한 민족은 사라져가는 그들의 의례를 기억과 구전에 의존해 '창조된 전통'으로 연출할 뿐으로, 옛 아이누가 일상적 의례로 실천했던 '이오만테'는 아니었기 때문이다.

여기에 대해서는 좀더 구체적이고 비판적인 통찰이 요구된다. '민족에게 전통의식은 무엇인가', '문자가 없는 민족의 전통문화 보존방식은 무엇인가', '동화정책 아래 소수 문화의 금지와 동화, 망각의 역사에 의한 '변형'은 어떻게 설명할 수 있는가', '과연 '재현'은 가능한가', '특수한 경험(동화정책)을 가진 에스니시티에게 '재현'의 개념은 서로 다르지 않을까', ''재현' 개념의 재성립 논의가 필요한 것은 아닐까' 등이 그것이다. 〈환상의 이오만테〉는 기존 '일본인'과 '아이누'라는 단락적인 이항대립의 도식과 기존의 '차별' 담론에서 벗어나기 위해 새로운 아이누 표상을 구축하고 있다. 과연 '재현'은 '차별'을 넘어설 수 있을까.

비록 의식儀式의 순서를 정확히 알지 못하고, 전통춤과 노래를 기억하지 못하고, 민족의 언어로 대화할 수 없지만, '아이누'는 여전히 살아있다. 〈환상의 이오만테〉에 등장한 한 아이누 여성은 "마음 속에, 그리고 머리 속 어딘가에 어렴풋한 기억이기는 하지만 아이누로서의 기억의 파편을 무시할 수 없다"고 말한다. '문화'란 '망각하면서도 무시할 수 없는 기억의 파편들'의 결집인지도 모르겠다. 그리고, 이것이 '차별받던 에스니시티의 문화임에도 불구하고'가 아닌 '배제된 에스니시티의 문화이기 때문에', '배제되었지만 그럼에도 불구하고 계승된 기억이기 때문에', 이러한 의미에서 신중하게 받아들여야 한다고 생각했다.

이 다큐멘터리가 텍스트로서 높게 평가될 수 있는 것은 아름답게 구성된 '재현'의 기록때문이 아닌, 재현을 둘러싼 이러한 문제점을 사실적인 목소리로 쫓고자 한 자세가 있었기 때문이었다.

제4장에서는 아이누 해양선 '이타오마치프'의 복원과정을 영상에 담은 〈이타오마치프여 바다를 향해〉를 다루었다. 여기서는 제3장에 이어 아이누 전통문화의 '복원'과정의 현황과 문제점을 검토하였다. 〈이타오마치프여 바다를 향해〉는 전국방송이 아니라 지역방송으로 제작되었다. 일반적으로 지역방송이 주제와 등장인물, 편성 등이 '지역밀착형'으로 제작되는 경향이 있는데, 이 방송 또한 '지역밀착형'으로 제작되었다.

〈이타오마치프여 바다를 향해〉의 주인공 나리타 우타리안은 무명의 가난한 아이누 목공예자로 '이타오마치프'에 대한 아무런 지식도 인연도 없었다. 그는 '낭만적 기억'만을 가지고 복원에 도전하고 있는데, 장장 5개월 동안의 복원작업은 순조롭지 못했다. 이타오마치프의 '재현'이지만 현실적으로 현대적 기계와 기재를 사용해 그 모습을 '더듬어가며' 진행하는 과정은 상상 속 모형만들기와 유사했다. 44분이라는 방송 시간 동안 이러한 배의 복원 과정이 효과적으로 구성되지 않았다. 그러나 이 영상을 본 서에서 활용한 이유는 이것이야말로 '아이누문화 복원 재현의 현주소'일지도 모른다는 생각에서였다. 사실 아이누문화 복원은 제작자만의 책임이나 당시 복원에 참여한 아이누 사람들만의 책임이 아니라, 일본인 모두의 과제라는 점을 피력하고자 했다. 제3장에서 자문했던 해결되지 못한 많은 문제는 근대에서 현대에 이르기까지 우리 모두가 짊어져야 하는 책임과 과제라는 것을, 제4장 아이누 전통문화의 복원 과정 속 여러 갈등 사례를 통해 다시 제기하고자 했다.

제5장에서는 카라후토 아이누를 다룬 〈잃어버린 자장가(이훈케)〉를 대상으로 했다. 이 방송은 1990년대 초기에 제작되었는데 그 배경에는 1800년대 중반 이후 일본과 러시아의 정치적 역사가 자리잡고 있다. 유형자이자 인류학자 피우스츠키라는 혁명가가 아이누와 접점을 가졌고, 그의 손녀들이 홋카이도로 이주한 과거가 있었는데, 어릴적 그때의 기억이 남아 있는 이들이 사할린의 고향과 조상의 묘를 찾아 간다는 내용이었다.

살아있는 카라후토 아이누 사람들의 뿌리찾기 여정은 신선한 자극을 전해 주었다. 그러나 고향에는 아무것도 남아있지 않았고, 모든 것은 변해 있었다. 그 광경에 허무한 눈물을 흘리던 자매의 영상은 커다란 정치사 뒤편에서 회자되지 않은 채 살아 온 수많은 이들의 잔혹사로 영상화된다.

이 장에서는 '국가란 무엇인가', '정체성은 어떻게 형성되는가' 등의 질문을 통해 거시적인 역사에 의해 지워진 미시적인 이야기와 그 속에 다양한 역사적 간극, 사회 시스템의 모순을 바라보고 현대를 살아가는 사람들이 다시 한번 성찰하는 계기가 되기를 바랐다.

제6장에서는 시리즈 방송 〈세계가 주목한 아이누문화〉의 제3화 〈아이누 태평양을 건너다―미국〉을 대상으로 삼았다. 이 시리즈는 우선 기존의 아이누문화에 대한 '시선'을 해외로 이동시켰다는 점에서 아이누 관련 다큐멘터리 중에서 그 의미가 깊다고 할 수 있다. 그 중에서도 제3화는 9명의 아이누인들이 사상 최초로 미국 박람회에 참가한 사건을 소개하면서 그 일련의 역사적 유산과 기억의 현재적 계승을 되짚어 보았다.

하지만, 아이누의 코탄 니부타니의 사루가와에 댐이 건설되고 마을이 물 속에 가라앉은 것과 마찬가지로, 기념할 만한 아이누의 과거 사건은 '아무도 기억하지 못하는' 잃어버린 (혹은 아이누 자신이 지워버린) 역사가 되었다. 이와 함께 제6장에서는 당시 박람회에 아이누 전시를 기획했던 인류학의 오만함도 언급하고 있다. 미국으로 건너간 아이누 중에는 아이누가 아닌 아이도 있었다. 이 사실이 수십 년 뒤에 밝혀졌다. 당시 세인트루이스 박람회를 취재한 지역신문의 1면에는 '박람회의 주요 주제'로 미국을 방문한 아이누들에 대한 소개에 많은 지면을 할애했다. 특히 박람회에 참가한 아이누 중에서도 '아이누인 아이'로 큰 관심을 끈 사람이 '아이누가 아닌 아이'였다. 그 아이는 사실 아이누 부부에게 양녀로 입양된 아이로, 아이누 '인종'이 아니었다. 인류학이 전세계 인종을 전시할 수 있다는 생각과 이를 전했던 당시 미디어, 그리고 그곳에 참가했던 신체라는 3가지 시선은 서로 다른 욕망을 꿈꾸고 있었다.

존재하지 않는 아이누 대한 시선, 타자의 손에 의해 만들어진 아이누에 대한 시선이 낳은 문제는 표상의 상상력에 심각한 한계를 초래한다. 사회의 공공 공간은 오히려 '다수의 논리'로 고정되고 소수자는 묻혀버린다. 이처럼 왜곡된 표상의 흐름은 고정될 수 있다는 점을 잊어서는 안 된다.

<표 7-1> 각 다큐멘터리의 개요

장 (연대)	다큐멘터리	시대배경	등장인물	무대	텍스트장치
1 (1950)	〈코탄 사람들〉	홋카이도 개발, 홋카이도 관광붐, 박람회	'관광아이누', '농 업아이누', 치리 교수	홋카이도(시라 오이, 아칸, 삿포 로, 니부타니)	'관광아이누' 대 '농업아이누'
2 (1960)	〈페우레우타리〉	고향을 떠나 돈벌 기, 도쿄 아이누	이시카와, 카이 자와, 나시키, 아 라타	니부타니, 도쿄	아이누 젊은이 대 일본인(일본사회)
3~4 (1980)	〈환상의 이오만테〉	'오리엔탈리즘'의 파급, 모더니즘의 각성, 인류학에서 문화적 주체에 대한 회의	후요, 홋카이도 아이누	홋카이도 데시 카가 쿳샤로코	의례 대 자연보호, 전통 대 재현
	〈이타오마치프여 바다를 향해〉		나리타 우타리 안, 도쿠헤이	홋카이도(후라 노, 히다카, 쿠시 로)	아이누의 정열 대 박물관의 의뢰, 계 승 대 재현
5~6 (1990)	〈잃어버린 자장가〉	페레스트로이 카 정책(소련), 국 제선주민의 해 (1992), 아이누 신 법 제정(1997)	피우스츠키, 다 카하시 자매(나미 코 히토미)	사할린(본래 카 라후토)	전쟁 대 국경, 디 아스포라 아이누 (카라후토) 대 일본 국민
	〈아이누 태평양 을 건너다〉		미국을 방문한 9 명의 아이누, 키 쿠, 키쿠의 자손 (장남)	미국 세인트루 이스, 홋카이도 니부타니댐	인류학(자) 대 아 이누(양자), 전시 대 수몰
2 (2000)	〈우리들의 아이 누선언〉	UN선주민족권 리 가결(2007), 일 본국회 아이누 선 주민족결의 채택 (2008)	사카이, 아이누 레블스의 멤버	도쿄(오오테마 치, 하라주쿠, 시 부야)	아이누 젊은이 대 일본인(일본사회)

〈세계가 주목한 아이누문화〉는 일본을 넘어 극동 아시아, 러시아, 유럽,
그리고 미국 등 해외에서 아이누문화에 대한 평가를 찾아 왔다는 점에서
기존 아이누문화에 대한 시선과는 다른 새로운 질서를 구축하고자 했다.
당시 이러한 시도는 권력의 정치성과 역사 속 아이누에 대해 주목함으로

써 '정치적인 사상에 의해 '타자'에 대한 시선이 어떻게 변용되는가'를 말하고자 한 것이라고 평할 수 있다.

　이상 6장까지의 구체적 사례에 대한 분석을 총괄적으로 정리한 것이 〈표 7-1〉이다. 〈표 7-1〉에서 제시하고 있는 바와 같이, 다큐멘터리 안에 제시된 모순적 대립구도는 '관광 아이누'와 '농업 아이누'라는 아이누 사회 내부의 대립이나, '의례'와 '자연보호', '전승'과 '재현', '아이누의 정열'과 '박물관의 의뢰'라는 아이누문화와 그 표현에 관한 주제로, '젊은 아이누인'과 '일본인', '디아스포라 아이누'와 '일본국민', '인류학'과 '아이누' 등 아이누 민족의 정체성뿐 아니라 일본인의 정체성 자체를 반문하는 방식으로 확대되고 있다. 물론 이러한 방송표상의 변화는 홋카이도 개발과 홋카이도 관광 붐이 일었던 시대부터 국제 선주민의 해, '아이누 신법'의 제정, 'UN선주민족 권리선언'의 채택, 일본 국회 아이누 선주민족결의의 채택 등 시대에 따른 사회의 커다란 역사적 변화에 따른 것이다.

　한편 본서에서 다룬 다큐멘터리의 '표상으로서의 아이누'는 〈표 7-2〉에서 제시하고 있다. 〈표 7-2〉는 '아이누'의 타자성은 무엇인가를 둘러싼 심도 깊은 문제제기이다. 각 장에서 서술한 것은 1950년대의 '관광 아이누란 무엇인가'라는 직접적인 물음에서 출발해, '민족에게 전통의식이란 무엇인가', 그것은 재현 가능한가, '재현'과 문화의 '계승'은 어떤 차이를 보이는가 등 보다 깊은 문제로 이어지며, 나아가 전쟁과 국경의 문제와 디아스포라 아이누의 문제, '귀속의식이란 무엇인가'라는 물음에 이르러서는 매우 심도 깊은 논의로 이어졌다. 이는 1980년대부터 1990년대에 걸친 TV다큐멘터리가 도달한 인식의 깊이라고 할 수 있다.

〈표 7-2〉 아이누 관련 다큐멘터리의 논쟁과 고찰

장 (연대)	다큐멘터리	문제제기	고찰
1 (1950)	〈코탄 사람들〉	-'관광아이누'란 무엇인가 -'일본국민'으로 동화하는 것=행복이라는 담론의 보편화와 전쟁 전부터의 연속성이란	-'가짜' 아이누의 표상이 '관광'이라는 출구를 통해 분출되었다. -'관광아이누'라는 자학적 '보여짐'이라는 아이누의 신체적 경험과 식민지적 담론의 유래는 제국주의 시대의 박람회와 연속되고 있다. -'관광아이누'란, 결국 차별과 편견을 정당화하기 위한 '동화의 담론'이며, 그 주박呪縛을 강요 당한 아이누 민족의 표상이었다.
2 (1960)	〈페우레 우타리〉	-'젊은 동포'란 무엇인가 -'관광아이누'에 대한 반발과 '도쿄아이누'라는 이향離鄕 담론의 원인은 무엇인가	-1960년대 당시의 귀속이란 자주적인 귀속과는 전혀 다른 강제된 권력에 의해 종속될 수밖에 없었던 '상황적 귀속'이었다. -'동포'란 '종속'하는 아이누 젊은이들의 표상으로 그려지고 있다. -'도쿄아이누'라는 네오 디아스포라의 등장
3~4 (1980)	〈환상의 이오만테〉 / 〈이타오마 치프 여 바다를 향해〉	-민족에게 전통의식이란 무엇인가 -'쇠퇴한 민족문화'의 재현은 가능한가. 또한 그 의의는 무엇인가 -'재현'과 '계승'은 어떻게 다른가 -구전문화(목소리문화)와 문자문화의 과제는	-재현된 의례는 기억과 구전에 의지하여 '만들어진 전통'으로 연출은 가능할지 몰라도 예전 아이누가 일상적인 의식으로 행했던 '이오만테'와는 다른 것이었다. -기존의 '일본인' 대 '아이누'라는 단락적인 이항대립의 도식과 기존의 '차별'담론에서 탈구축, 새로운 아이누의 표상을 구축하고자 하는 변화를 읽을 수 있다. -배제되었음에도 불구하고 생존하는 사람의 기억에 남아있기 때문에 무시할 수 없다. -끊임없는 '복원'행위의 축적만이 현 시대 아이누에게 있어서 역사를 계승하는 방법일 것이다.
5~6 (1990)	〈잃어버린 자장가〉 / 〈아이누 태평양을 건너다〉	-전쟁과 국경, 국민의 문제 -카라후토의 디아스포라 아이누의 딜레마 -'지知'의 정치성과 '지知'의 폭력성 -'공공적 표상'과 '집합적 기억'의 원점에서	-커다란 이야기의 '역사' 뒷편, 이야기되지 않고 살아 온 많은 사람들의 잔혹한 이야기. 또 다른 오리엔탈리즘이라 할 수 있다. -역사의 다양한 간극과 사회 시스템의 모순. -인류학이라는 지知가 세계의 인종을 전시할 수 있다고 생각한 구도와 이를 전한 미디어, 그리고 그곳에 참가한 신체라는 3가지 시선은 각각 서로 다른 욕망의 끝을 꿈꾸고 있었다. 요컨테, 소위 '오리엔탈리즘' 시선의 혼재라 할 수 있다. -박람회와 다큐멘터리의 '공공적 표상'과 '부재하는 주체' -'정치적 의도에 따라 '타자'에 대한 시선이 어떻

			게 변용되는가'를 재확인할 수 있었다.
2 (2000)	〈우리들의 아이 누선언〉	– '귀속의식'이란 무 엇인가 – '선언'과 '침묵'이라 는 부자연스러운 선택지 사이 – 21세기 이제부터 의 일본사회는 어 디를 향해 가야하 는가	– '선언'한 것은 소위 '타자'가 아닌 지금까지 계속 부정해 온 자신 속 또다른 자신과 마주할 수 있 게 된 새로운 '자신'(내면화된 '차별'과 타자성의 '당 사자화') – '아이누로 살아가는 것'은, 자신 속에 몇 퍼센트 의 혼혈을, 그리고 자신 속 아이누의 존재를 지 속적으로 자문하면서 사회 시스템 속에서 잃어 버렸던 각각의 목소리를 다시 찾는 것이다(평범 함의 래디컬리즘). – '도쿄아이누'라는 네오 디아스포라의 등장

2. 타자성에 관한 3가지 위상의 구조적 이행

이상으로 본서에서 고찰한 각 장을 요약하고 이를 통해 밝혀진 부분을 확인했다. 여기서 대상으로 삼은 NHK의 다큐멘터리에 일관적으로 나타나고 있는 타자성의 3가지 위상과 그 변화를 확인할 수 있다. 서장에서 언급한 바와 같이 다큐멘터리를 통해 확인된 타자성에 관한 담론과 표상의 역사적 변용은 위상의 전환을 통해 부연적 구조로 파악할 수 있다.

첫째 서장에서 분석관점으로 설정했던 A1 '구제', A '단일민족', B1 '포섭', B '재현'의 각 담론은 각 다큐멘터리에 혼성적이고 중층적으로 나타나는 '타자성'을 충분히 설명하지 못하는 '도표道標'적 구분에 지나지 않는다. 또한 이러한 분석관점이 반드시 시각적이고 비례적인 수학적 이미지역시 아니라는 점도 분명히 두고자 한다.[3] 이러한 전제를 바탕으로 각 다큐멘터리를 분석하면서 아이누의 '타자성' 구축 프레임을 살펴보면, 〈그림 0-4〉가 제시하는 '3가지 타이폴로지의 관계도'와 같이 서로 다른 관점을 가진 중층적 시선을 발견할 수 있다.

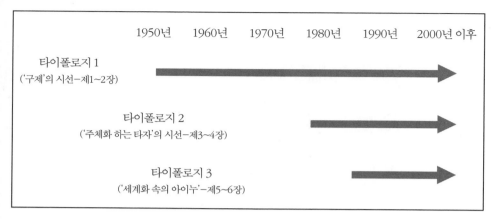

〈그림 0-4〉 3가지 타이폴로지의 관계도

역사적으로 이행하는 중층성이라는 말에는 분명 한계가 있지만 〈그림 0-1〉의 분석틀로 다큐멘터리에 타자로서의 아이누 표상과 담론을 둘러싼 시선의 변화를 검토하는 데 있어서는 유용하다. 소수자를 둘러싼 동일화와 이질화 이데올로기의 역사를 읽을 수 있기 때문이다. 이 검토를 통해 전쟁 전부터 현재에 이르기까지 아이누를 둘러싼 미디어 공간의 담론적 구조와 그 변화의 특징, 예컨대 기존의 국민통합과 단일민족주의 내셔널리즘의 구조적이고 지배적인 사회 시스템이 세계화에 따라 변질되면서 네오 내셔널리즘이 대두되고 확장되는 상황 등을 읽어낼 수 있다.

〈표 7-3〉은 대상 다큐멘터리를 중심으로 전쟁 전부터 아이누를 둘러싼 담론의 위상의 변화에 대해 검토한 것이다. 〈표 7-3〉은 1960년대부터 1970년대에 걸쳐 "지知'의 패러다임 지각변동기'를 설정하고, 텍스트로서의 다큐멘터리 방송 시기에 따라 연도별로 구분했다. 그 중에서도 먼저 1960년대부터 1970년대의 "지知'의 패러다임 지각변동기'를 살펴보고자 한다. 이 때 담론의 위상의 중층적이고 포괄적인 전환이 있었는데, 그 의미에 대한 설명에서부터 시작하고자 한다.

〈표 7-3〉 다큐멘터리 속 아이누 담론과 시선

시대	장	다큐멘터리	아이누의 표상	시선	타이폴로지
전쟁 전 (메이지) ↓		'개척사'의 설치(1869), '박 람회와 아이누', '이오만테', '홋카이도 구토인보호법' 제정(1899)	구경, 억압, 금지, 흥행, 여흥, 상연, 봉영, 행행, 야만, 생성, 미개, 신비, 차별	제국주의의 담론	1
1950~ 1960 ↓	1	〈코탄의 사람들〉	관광아이누, 농업 아이누, 차별, 비일 본인, 동화	구제救濟의 담론	
	2	〈페우레 우타리〉			
1970 ↓	아이누민족해방운동 활성화		'갇힌'표상의 공간, 일본사회와의 단절		
	'지知'의 패러다임 지각변동기				
1980 ↓	3 ~ 4	〈환상의 이오만테〉 〈이타오마치프여 바다를 향 해〉	의례와 민족, 의식 과 축제, 구전문화, 목소리문화와 문 자문화, 재현, 망각	자기성찰 의 담론	2
1990 ↓	5 ~ 6	〈잃어버린 자장가〉 〈아이누 태평양을 건너다〉	디아스포라 아이 누, 유형자, 혼혈, 아이누의 미국방 문, 박람회와 살아 있는 전시, 인류학 비판	회의懷疑적 담론	3
2000 ↓	2	〈우리들의 아이누선언〉	아이누 젊은이, 아 이누선언, 힙합과 아이누어, 귀속, 다 문화	혼재混濟적 담론	

(월경越境적 담론 spans 1980~2000 시선 column)

인류학은 서구와 근대라는 특정 시공간에서 제도화된 학문(栗原 2000a:234)인데, '타자'는 인류학의 연구 대상인 '미개'한 전통사회와 식민지, 그리고 소수자 커뮤니티로 창조되어 왔다.

하지만 주지하는 바와 같이 제2차 세계대전 후 기존의 대다수 식민지가 독립하면서 상황이 변하자 의식 역시 변하기 시작했다. 네오 식민주의와 1960년대 이후의 포스트 식민주의가 등장한 것이다. 이러한 전환기가 "지知'의 패러다임 지각변동기'와 깊은 관련을 가지고 있다.

포스트 식민주의의 '타자 표상'을 둘러싼 담론의 전환과 확대는 인종과 차별, 성, 언어뿐만 아니라 담론으로서의 인류학이라는 '지知' 그 자체에, 그리고 인류학의 주체로 소환되었던 '나 자신'의 경험에 대한 반성(栗原 2000a:241)으로, 이때의 자기비판적 관점은 '자기성찰'의 담론으로 이어졌다. '타자 표상'을 둘러싼 전환은 다큐멘터리가 '구제의 담론'에서 '월경적 담론'으로의 전환되는 것과 유사한 모습을 보인다.

〈표 7-3〉에서 읽을 수 있는 시대적 변용의 특징은 다음과 같다.

첫 번째, 아이누 관련 TV다큐멘터리사에서 1980년대는 '전환기'였다. 1950년대 아이누의 담론과 표상이 환상적인 '단일민족' 사상에 머물렀다면, 1980년대가 되어서야 아이누를 고유한 문화를 소유한 하나의 독립적인 '민족'으로 인정하고 그 '시선' 전환의 가능성을 일본인과 아이누 모두에게 물음으로써 기존 '아이누' 담론과 표상의 의미범주가 크게 확대되는 계기가 되었다. 아이누 장로 후요의 '호소'를 계기로 '이오만테의 재현'이라는 영상화에 그치는 대신 사라져가는 민족성에 대한 '기록'을 넘어, '배제되었던 소수민족의 구전口承문화란 무엇인가'라는 근본적인 의문을 가지게 되었다. 이는 이오만테의 재현 이후 3편의 방송이 제작됨으로써(제3장 참조) 철저하게 탐구되었다.

두 번째, 1950년대 말은 전쟁 전 제국주의 시선이 연속되고 있는데, 1960~1970년대에도 이러한 상황은 변하지 않았다. 예컨대 1960년대 TV 다큐멘터리는 〈일본풍토기〉(1961), 〈일본횡단〉(1961), 〈신일본횡단〉(1962),

〈신일본기행〉(1965~1967) 등 기행물이 주류를 이루었다. 그러나 당시 아이누 등의 소수자 관련 다큐멘터리는 질과 양 모두 저조했다. 부록, NHK 아카이브 목록에서 알 수 있듯, 1960년대 다큐멘터리 〈어떤 인생〉 시리즈 〈우리 우타리에〉에는 기독교 선교에 일생을 바친 아이누 남성의 모습이 그려진다. 여기에는 기독교 선교가 주로 다뤄지는데 어째서 아이누인이 개종을 했는지에 대해서는 다루지 않아 주제를 모호하게 한다. 나아가 〈우리 우타리〉와 같이 '젊은이의 표상'을 다룬 〈페우레 우타리－젊은 동포〉의 시선은 '차별받는 가여운 동포'로 한정된다. 즉 아이누에 대한 시선은 1950년대의 '구제의 시선'과 연속되고 있다. 1970년대는 '아이누 해방동맹' 등 민족해방운동이 왕성하게 이루어졌던 시기였다. 아이누 사이에서 중시되는 당시 상황과는 달리 NHK의 다큐멘터리는 일련의 아이누 민족운동을 다루는 대신 침묵했다. 다큐멘터리가 사회를 순환한다는 의미와는 달리, 문화과정에 있어서 이런 '닫힌' 시기에 대해 깊이 새겨야 할 것이다.

세 번째는 1990년대 아이누와 세계와의 관계 속에서 볼 수 있다. 이 시기에는 또다른 '오리엔탈리즘'의 시선을 찾을 수 있다. 제5장에서 언급한 일본과 러시아의 정치적 관계와 이에 따른 카라후토 아이누의 강제 이주로 디아스포라가 된 사람들이나 제6장에서 언급한 아이누 유물과 생활용품, 미술품 등이 유럽과 미국, 러시아 등 각국으로 유출되고, 아이누인들이 박람회의 전시품으로 전락해버린 지知의 폭력과 허구성에 대한 폭로에는 근대의 차별적 경계에 따라 형성된 '타자성'의 불균형을 일깨운다. 이러한 성찰은 일본 내에서 '오리엔탈리즘'에 대한 회의적인 성찰로 이어졌다. 이 점에서 1990년대의 다큐멘터리는 '모더니티'에 대한 발전된 성찰을 가져왔다고 할 수 있다.

네 번째, 사람의 이동이 급증하고, 21세기 세계화가 진전되자, 일본 내에 지금껏 인지되지 않던 다문화사회에 관한 인식이 대두되었다. 〈페우레 우타리―젊은 동포〉에서는 아이누 젊은이가 이제껏 숨겨온 '아이누'라는 정체성을 자신이 좋아하는 힙합음악을 통해 '선언'함으로써 아이누로 살아가겠다는 각오를 새롭게 다지고 있다. 이 텍스트의 담론과 표상은 미주 3의 〈야마나카의 '동화정책'과 사회학적 동화〉의 'III 계층화'와 유사하다고 볼 수 있다. 이와 함께 〈페우레 우타리―젊은 동포〉는 일본사회가 진심으로 마주해야하는 과제를 환기시킴으로써 세계화시대 다문화사회를 향한 일본의 미래를 제시한 것으로 볼 수 있다. 따라서 〈표 7-2〉와 같이 〈페우레 우타리―젊은 동포〉는 '평범함의 래디컬리즘'이라는 이데올로기 코드가 구축된 것으로 해석할 수 있다.

〈표 7-3〉을 통해 파악한 4가지 특징을 정리하면 서장에서 언급한 '텍스트를 둘러싼 3가지 '타자성'의 타이폴로지(1, 2, 3)―분석을 위한 가설적 구도'를 설명할 수 있다.

우선 '텍스트 속 3가지 타이폴로지(1, 2, 3)'에서 1950~1960년대의 타이폴로지 1은 '구제'의 시선으로 파악할 수 있다. 여기에서 아이누 표상은 전쟁 전부터 시선이 연속되는 경향이 뚜렷하다. 전쟁 전 제국주의에 따른 일본국민이라는 '단일민족' 담론은 1950년대 다큐멘터리에서 또다시 동화담론으로 이어지는데, 이는 '구제'해야만 하는 사람들인 '관광 아이누'라는 시선으로 연속되고 있다. 1960년대 다큐멘터리에서는 '관광 아이누'에 대항하는 관광 아이누와 차별을 피하기 위해 과감하게 고향을 등지는 도쿄의 젊은 아이누들의 표상은 '구제'해야만 하는 가여운 '동포'의 시선으로 연속되고 있었다.

타이폴로지 2는 1980년대인데, '주체화하는 '타자' 시선'으로 파악할 수 있다. 본서에서 언급한 1980년대 다큐멘터리 〈환상의 이오만테〉, 〈이타오마치프여 바다를 향해〉에서는 기존 일본인과 아이누라는 이항대립적 구도에서 벗어나 지금까지 '주변적'인 '아이누'가 스스로 주체가 되어 민족문화 재현에 나선다. 타이폴로지 2에는 이런 적극적이고 주체화된 아이누에 대한 시선이 표상되고 있다. 또한 이 당시 사회에서는 이제껏 금기시되었던 '아이누 민족'을 둘러싼 여러 문제를 일본인과 함께 토론하며 이를 미디어에 담는 등 획기적인 움직임도 엿볼 수 있다. NHK의 아이누 관련 다큐멘터리 중 1980년대 시선은 기존의 틀을 뛰어넘는 혁신적 '전환'이 시도된 것에 주목해야 한다는 점을 재차 강조해 두고자 한다.

이 전환의 배경에는 세 가지 요인이 있는 것으로 보인다. 첫째 '제작자'이다. 서장에서도 언급했지만 존 글리어슨은 "다큐멘터리는 현실의 창조적인 해석"이라고 말한 바 있다. 제작자는 다큐멘터리를 둘러싼 담론이 실천되는 것에 관여하는 주요인이다. 최초의 일본 TV 다큐멘터리가 성립될 수 있었던 배경에는 '요시다吉田直哉'의 공헌이 있었는데, 1980년대 아이누를 둘러싼 시선이 전환된 배경에는 제작 총괄자 '사쿠라이桜井均'가 있었다. 이들 제작자의 집요한 의욕과 투지야말로 TV다큐멘터리의 세계의 혁신을 불러 일으켰다.

두 번째는 '인류학'이다. 이러한 변화는 결코 우연이 아니다. 1970년대 세계적으로 '지知'의 지각변동이 일어났고, 이것이 전환의 배경으로 자리잡고 있다. 특히 인류학을 중심으로 한 지知의 패러다임 변화는 '아이누'에 대한 시선의 구축에도 영향을 미쳤다. 예컨대 제3장에서 소개한 〈환상의 이오만테〉의 아이누는 약 70년간 단절되었던 민족문화를 스스로 부활

(재현)시키고 지금껏 거의 잊혔던 민족의식儀式을 되찾으려는 '주체'로서의 정체성을 가진 것으로 표상되고 있다. 그리고 제4장에서 소개한 〈이타오마치프여 바다를 향해〉에서는 '아이누' 구전문화를 바탕으로 '이타오마치프'의 복원 과정을 그리고 있는데, 이때 복원과정의 다양한 곤란과 갈등이 표상되고 있다. 여기서 '아이누'는 일본인 대 아이누라는 이항대립이나 주종관계의 도식 대신 '갈등'과 '모순'은 내포하고 있지만 서로 새로운 길을 모색하는 '주체'로 표상되고 있다.

셋째 '아이누'이다. 1970년대 아이누 민족해방운동 등은 실패로 끝났다. 그러나 아이누 관련 단체와 아이누 개개인들의 다양한 문제제기와 활동들은 그 후로도 지속적으로 이어졌다. 제2장에서 소개한 〈우리들의 아이누 선언〉에서는 유우키 코지結城幸司라는 인물이 등장하는데, 유우키의 아버지는 1970년대 '아이누 해방운동'에 몸 담았던 유우키 쇼지結城庄司다. 여기서 당시 유우키 쇼지가 했던 운동에 대해서 상세히 거론하지는 않겠다. 다만 아이누와 인류학이 갈등하는 현실을 가까이에서 지켜 본 코지의 증언은 아버지의 운동과 이에 비판적인 사회 반응을 비교적 구체적으로 인식한 것으로 보인다.

〈우리들의 아이누 선언〉의 아이누 주인공 표상은 시부야를 거니는 젊은이다. 그는 아이누어와 힙합음악을 접목시킨 음악활동을 통해 '아이누 선언'을 하고 있는 '도쿄 아이누'였다. 일본의 '보통' 젊은이들이 가진 '평범함' 속에 그가 가진 다양성은 또다른 변화를 보여주는 것이다. 제2장에서 고찰한 바와 같이, 약 40년 동안 젊은 아이누들의 '귀속' 의식은 '종속'에서 '선언'이라는 담론실천의 변화로 나타난다. 1997년 '아이누 신법' 공표되고, 2007년에는 UN총회의 '선주민족의 권리에 관한 UN선언' 채택되었으며, 2008년에는 일본 국회가 아이누를 선주민족으로 인정하는 결의가 이어졌다. 이런 시대의 변화 속에서 아이누 스스로 아이누를 계승하고 재현하기 위한 다양한 활동이 이어졌다.

마지막으로 타이폴로지 3은 1990년대 '세계화 속의 '아이누''로 표상되는 시선이다. 제6장에서 고찰한 바와 같이 1990년대 다큐멘터리 〈아이누 태평양을 건너다─미국〉은 일본이 아닌 해외와의 접점을 모색하면서 새로운 아이누에 대한 시선을 표상화했다. 여기서 '해외'란 두 가지, 하나는 '카라후토樺太'이며 다른 하나는 '미국'이다(〈잃어버린 자장가〉, 〈아이누 태평양을 건너다─미국〉, 〈표 7─1〉참조). 이러한 시선의 변화는 1990년대 일본을 둘러싸고 세계화라는 거대한 변화와 소련이 붕괴되는 등의 배경이 있었다는 점을 잊어서는 안 된다. 이 시기의 표상을 하나의 타이폴로지로 묶은 이유는 은폐된 역사에도 세계와 다양한 접점을 가진 '아이누'가 존재했다는 점, 그리고 이러한 과거를 전면적으로 표상화함으로써 새로운 아이누에 대한 시선이 구축되었다고 볼 수 있었기 때문이다.

이상 세 가지 타이폴로지는 시기적으로 일시적이거나 순간적인 유행이 아니다. 그 기세가 조금 꺾이거나 새로운 시선이 중도에 나타나더라도 중층적 시선 속으로 잔존해 왔다는 것을 확인할 수 있었다(〈표 7─3〉).

아이누 관련 TV다큐멘터리 표상은 각 시대의 제작자들에 의한 이야기의 구축의 실천으로 볼 수 있다. 이를 실천하기 위해 다큐멘터리 제작자들은 제2차 세계대전 이후 일본사회가 근대의 산물 '국민'으로 통합된 아이누 표상을 어떻게 해석해야 하는가, 아이누를 소재로 하면서 무엇을 밝혀야만 하는가 등의 과제에 집중하고 있었다. 〈표 7─3〉에서 파악할 수 있는 것처럼 1950년대부터 2000년대까지의 TV다큐멘터리는 각각의 시대적 현실을 그대로 바라보지 않고, 다양한 해석을 통해 아이누 이미지를 새롭게 구축해 왔다. 다큐멘터리는 현실의 '해석'이며 그 텍스트는 읽는 사람에 의해 다시 '해석'된다. 물론 이 '해석'은 당연하게도 제작자가 의도대로 이루어지지는 않는다. 따라서 텍스트가 지속적으로 해석되는 사회는 공통 생활양식 문화를 공유하는 자장 속에 복수로 존재하는 '이상 공동체'가 구축되고 재생산되는 공간이라는 점을 잊어서는 안 된다.

이 중 특히 주목할 것은 1980년대를 경계로 표상에서 시선이 '전환'된 것이다. 이 전환을 기준으로 크게 두 가지의 담론으로 나눌 수 있는데, 1980년대 이전의 '구제담론'과 1980년대부터 등장하는 '월경적 담론'이 그것이다. 〈표 7-3〉에서는 '월경적 담론'을 '자기성찰의 담론'과 '회의적 담론', '혼재적 담론'의 3가지로 분류하고 있다. 이 '전환'은 세계화의 확장과 인류학 비판 및 반성에 따라 패러다임이 전환되고, 연구자들 사이에 성찰적reflective 사고가 확산되면서 외부에 존재하는 타자의 시선을 두는 대신 내부에 타자를 상대화시키는 시선으로 타자에 대한 묘사방식이 변화되었기 때문이다.

〈표 7-3〉에서 '아이누'의 모습을 살펴보면 '차별'과 '배제', '동화'와 '포섭', '분리' 그리고 '계층화'라는 담론을 발견할 수 있다. 또한 TV다큐멘터리 표상의 정치학 속에서 '아이누'는 현재도 변함없이 보이지 않는 차별 안에 존재한다. 그리고 〈우리들의 아이누 선언〉과 마찬가지로 차별의 원인을 아이누 내면의 문제로 '당사자화'시킴으로써 표면상 '아이누'는 결국 전혀 '보이지 않는' 민족이 되어 버렸다는 것도 확인할 수 있었다.

3. 본서의 의의와 향후과제

마지막으로 다음과 같이 본서의 의의를 들 수 있다.

첫 번째, 민족성과 미디어의 접점에 주목해 아이누 다큐멘터리 시선의 역사적 전환을 인문사회과학의 '지知'로 포착했다. 본서는 '아이누' 민족에 초점을 맞춰 일본 공영방송의 다큐멘터리에서 '아이누' 표상의 역사적 지속과 변용을 '지知'적 패러다임의 변화로 고찰했다. 서장에서 서술한 바와 같이 지금까지의 미디어 연구에서 아이누와 관련된 다큐멘터리를 다룬 연구는 거의 찾아볼 수 없다. 따라서 본서가 향후 민족성 표상문화와 영상인류학, 미디어론 분야의 연구에 적게나마 공헌된다면 연구의 목적이 일부 달성된 것이라고 생각한다.

두 번째, 학제적 연구방법을 활용했다. 본서의 주제는 미디어론과 인류학, 민족학, 역사학, 사회학 등 다양한 영역에 걸쳐 있기 때문에 주제를 고찰하기 위한 연구방법에 있어서도 학제적인 지식과 관점에 따른 접근방식이 필요했다. 이러한 접근방식은 다큐멘터리를 활용한 미디어론에 있어서 새로운 시도였다. 향후 이러한 학제적 관점에서 영상의 담론과 표상을 읽어내고, 문화의 사회적, 정치적 의미를 재해석하는 미디어 연구가 진행된다면 미디어 연구의 폭 또한 보다 다양하게 확대될 것이다.

세 번째, 일본 방송의 역사를 재평가했다. 본서가 시도한 '아이누 관련 다큐멘터리에 관한 역사, 문화연구'는 약 60년간의 방송역사를 돌아보면서 일본사회 아이누상의 구축과 변용을 총괄적으로 개관하는 작업이었다. 일본 TV방송 역사상 소수자의 관점을 가진 연구는 많지 않았다. 이는 역사와 문화, 산업, 교육, 정책, 법률 등 모든 방송연구 영역에 있어서도 공통적인 문제점이다.

또한 본서의 남겨진 과제로 다음의 5가지를 들고자 한다.

첫 번째, 이번 연구대상은 NHK라는 공영방송에 한정된 고찰이었지만 향후 민간방송과 지역방송국이 제작한 영상까지를 포함해 연구의 대상으로 삼을 필요가 있다. 서장에서도 언급한 것처럼 TV 담론분석에 관한 사례연구는 여전히 극히 부족한 상황이다. 연구대상이 넓어지면 연구실적의 확보에 그치는 것이 아니라 일본사회와 아이누 표상과의 관계성을 보다 광범위하고 명확하게 부연할 수 있을 것이다.

두 번째, 본서는 제작자의 측면에서 고찰을 진행했는데 향후 시청자 연구를 추가해 시청자의 반응을 포함해 '구축'되는 이미지와 '소비'되는 이미지의 차이와 간극, 규칙 등을 관찰할 수 있을 것이다. 본래 본서의 연구관점은 '다큐멘터리'를 '읽는 주체의 산물'로 파악하고 있으며, 다큐멘터리 텍스트에 대한 담론과 표상을 분석하는 방법론으로 접근하고 있다. 이 점을 보완해 향후 보다 완성도를 높여 연구하고자 한다. 물론 이를 위해서는 기존 아이누 관련 표상의 방송공간에 대한 검토와 비판, 그리고 당시 사회의 동향 등을 고려해야만 한다. 각각의 사유에 대한 궤적은 전후 방송 공간 속에서 연속적으로 변용되면서 형성되었기 때문에 시청자들을 대상으로 한 연구 결과 또한 시대와 배경에 따라 다른 양상으로 읽을 수 있을 것이다.

세 번째, 본서를 집필하면서 NHK와 민간방송, 지역방송의 다큐멘터리 약 백 편에 가까운 영상을 열람하고, 아이누 마을과 아이누인들을 대상으로 한 현장조사를 진행했는데, 수 년간에 걸친 홋카이도 현장조사가 연구 방법으로서 충분히 이어지지 못했다는 점은 반성할 부분이다. 다만 문헌 연구와 영상만을 참조해 기술하는 것은 피해야 한다고 인식했기 때문에 현장조사를 통해 얻은 경험과 기초 지식은 본 연구를 진행하는 데 유효한 간접적 참고자원으로 이어질 수 있었다. 향후 연구대상을 연령별, 지역별, 성별, 수입별, 학력별 등으로 분류해 구체적인 조사계획을 세워 현장의 목소리에 더욱 귀를 기울임으로써 실증적인 미디어론을 제시할 수 있었으면 하는 반성과 기대를 해 본다.

네 번째, 이번 연구대상은 아이누 민족성이었는데 향후 그 외(오키나와나 피차별부락 등)의 '민족'을 대상으로 하는 영상문화에 대한 해석을 진행하고자 한다. 정체성에 대한 교착과 비교를 통해 TV다큐멘터리의 민족성 연구가 지속적으로 이루어진다면 그 속에서 새로운 역사적이고 정치적인 담론과 표상의 문화 또한 엿볼 수 있을 것이다.

다섯 번째, 각각의 민족성을 중심으로 하는 자주 단체 회로의 구축이나 다양한 네트워크의 구축, 기존 소비자와 생산자의 경계를 월경하는 얼터네이티브 커뮤니케이션 회로와 새로운 비디오 저널리스트의 성장, 일상적인 미디어 실천의 탈구축과 공간의 재배치 등의 사례에 주목하는 것역시 중요한 과제가 될 것이다. 이는 세계적인 정치구조와 경제 시스템에 의해 큰 영향을 받는 경우가 많겠지만, 미디어 실천활동의 성패와 쇠퇴에 주목해 스스로 이러한 실천에 적극적으로 참가·전개·지원함으로써 향후 새로운 미디어 생태계의 구축과 풍요로운 미디어 커뮤니케이션 사회의 순환을 창출하는 힌트를 제시할 수 있을 것으로 본다.

한편, 최근 TV다큐멘터리에서는 아이누 등 민족성을 주제로 하는 방송의 제작 편수가 줄고 있는 것으로 보인다.[4] 그 이유로는 2011년 3월 동일본 대지진과 2013년 도쿄 올림픽 유치의 실현, 아베노믹스라 불리는 경제재건 등 사회적인 관심의 방향이 편중되고 있어서일지도 모른다. 그러나 방송국 내부의 체계적인 인재육성 시스템이 정비되어 있지 않은 것이

궁극적인 이유라고 할 수 있다. 현재 방송국 내부에서 다큐멘터리 제작을 담당하는 사람들은 대체로 독학으로 학습하면서 방송을 제작하는 현실이다. 이처럼 기존의 노하우를 체계적으로 학습할 만한 장이 없는 상황은 예전부터 계속되고 있는 문제이다. 그러나 기존의 축적된 지식과 경험, 사상을 체계적으로 다음 세대로 전승할 때 이후 다양한 시선을 갖춘 방송문화를 기대할 수 있을 것이다. 그리고 이는 TV다큐멘터리가 시대의 '화두句'만 관심을 가지는 것이 아니라 사회의 다양한 측면에 눈을 돌려 '지속적인 문제제기'를 할 수 있는 풍부한 방송문화의 장래를 위해서라도 개선이 필요한 사안이다.

이상으로 본서의 의의와 향후 과제에 대해 서술하였다. 일본 TV의 아이누 사람들에 대한 담론과 표상의 역사는 교훈과 반성의 반세기를 보여주고 있는 것이며, 또한 일본의 미래 존재방식을 보여주는 것이라 생각한다. 21세기 미디어사회를 살고 있는 우리는 '과거'에 대한 인식방법을 고민해야만 한다. 과거에 대한 이해 없이 현실에 대해 긍정할 수 없다. 현재를 충실하게 살기 위해서는 지금을 살고 있는 사람들의 '과거'를 서로 이해하는 것이 중요한 과제가 될 것이다.

1957년에 시작된 일본 TV다큐멘터리가 창조한 방송공간은 오늘날까지 사람들의 상상력을 자극해 왔다. 지금도 그 공간 속 일상의 상상력이 이야기 속 현실에 대한 해석의 영상적 개입에 지속적으로 주목할 것을 믿으면서 본서를 마무리하고자 한다.

▨▨ 미주

1 吉見俊哉(1992 : 179~217)를 참조.

2 海保洋子(1992 : 116~134)

3 본서 서장에서 '분석관점으로서의 텍스트에서 '타자성'을 둘러싼 담론'의 근거는 베네딕트 앤더슨이 말한 상상의 공동체로서의 '국민'이다. 1980년대 앤더슨은 "국민이란 이미지로서 마음에 그려진 상상의 정치공동체"라고 말했는데, 일본의 경우 '상상의 공동체'는 하나의 '신화'의 형태로 침투했다. 이 신화의 영역을 '단일민족'의 신화로 파악할 수 있다.

한편, '일본 단일민족'의 신화론을 비판한 오구마(小熊英二)는, '아이누와 일본인'의 관계에 대한 기존 연구자의 이론들을 제시하면서 '단일민족신화 및 혼합민족론의 한계'에 대해 논하고 있다(小熊英二, 1995 : 368). 예를 들어, 일본 동화정책론의 성질에서 주요한 조사연구로 소개하고 있는(小熊英二, 1995 : 368) 야마나카(山中速人)의 「일본 제국주의시대의 조선 동화정책과 미디어 논조의 분석」(山中速人, 1993 : 104)은 그 조사대상은 다르지만 '동화'의 담론에 관한 유사한 관점을 제시하고 있다.

야마나카는 일본의 전쟁 전 에스니시티관은 Ⅰ '동화'라는 수용적 자세를 취하면서 Ⅳ '분리'로 이어진 '이중 종속' 상태였는데, 유럽 제국주의와는 달리 아시아 유일의 근대국가 일본은 두 가지 시선의 동요 속에서 결과적으로 문화적 동일화와 사회적 차별화를 시도하며 Ⅲ '계층화'의 길을 택했다(中野, 1993 : 106~107). 야마나카의 논의에 대해 오구마는 '동화'가 밀턴 고든의 동화주의에, '분리'가 인종주의에 해당한다고 말했다(小熊英二, 1995 : 368).

〈그림 C〉 야마나카의 '동화정책'과 사회학적 동화 (小熊英二, 1993 : 104)

야마나카의 고찰과 관련해 오구마는 차원의 경계에서 조건설정에 주목했다(小熊英二 1995 : 368). 요컨대, 일본의 동화정책론에는 '동일화 차원'과 '이질화 차원'을 구분하는 것만으로는 설명할 수 없는, 예를 들어 통혼(通婚)과 일본어 강제 등의 문화적이고 사회구조적 차원의 정책이 다수 있었던 것이다.

이러한 오구마의 논의는 본서 TV다큐멘터리의 텍스트 분석에도 사용되고 있다. 가령 서장에서 제시한 〈그림 0-1〉 분석관점으로 '타자성' 담론과 지배적 이데올로기 각 영역의 담론이 과연 다큐멘터리의 해당 시대와 아이누만을 위한 담론이라고 할 수 있을까. '아이누'를 둘러싼 일본 동화정책의 애매함과 뿌리깊은 단일민족신화에 대한 주박(呪縛)은 '아이누'를 둘러싼 텍스트 담론을 중층화시키고 있으며 전체적으로 사실성이 떨어지는 애매함으로 이어지게 한 것은 아닐까.

한편 사회학자 후쿠오카(福岡安則)는 '일본인'의 유형을 8가지로 분류하였다(福岡安則, 1993 : 5). 후쿠오카는 혈통, 문화, 국적이 '일본'인 경우를 '+'로, 그렇지 않은 경우를 '-'로 하여 〈표 A〉와 같이 정리하였다. 유형 1은 '순수한 일본인'이며 유형 8은 '순수한 비일본인'이다. 후쿠오카는 아이누를 유형 7로 분류하고 있다.

오구마는 후쿠오카의 유형 분류를 통해 전쟁 전의 '혼합민족론'이 결코 '단일민족신화론'과 다르지 않으며, 이민족의 타자성을 잃게 하여 '모자란 일본인'이 되게 했다는 점을 파악했다(小熊英二, 1995 : 371~373). 오구마의 주장대로 TV다큐멘터리의 텍스트 담론도 유사한 점이 있으며, 비록 다큐멘터리에서 '포섭'과 '재현'으로 표상되고 있더라도 아이누를 다른 민족으로서 문화적, 사회구조적으로 그 성립을 인정하지 않는다는 '인종차별'적 담론의 사회적 구도는 연속되어 있다고 생각하였다.

〈표 A〉 후쿠오카(福岡安則)의 '일본인'부터 '비일본인'까지의 유형틀

유형	1	2	3	4	5	6	7	8
혈통	+	+	+	-	-	-	-	-
문화	+	+	-	+	-	+	-	-
국적	+	-	+	+	-	+	+	-

4 2001년부터 2011년까지 NHK에서 제작된 아이누 관련 다큐멘터리는 〈카야노시게루(萱野茂) 혼신의 메시지〉(2001.10)와 〈세계 내 마음의 여행―스코틀랜드―카야노 시게루〉(2002.2), 〈바다를 건넌 아이누를 찾아〉(2002.4), 〈치리 유키에(知里幸恵) 19살의 메시지〉(2003.5), 〈아이누의 맛은 내가 이어간다〉(2003.11), 〈어떤 인간(아이누)의 질문―카야노 시게루〉(2006.7), 본서 제2장에 등장하는 〈우리들의 아이누 선언〉, 〈일본의 현장―믹스루트 자부심을 가슴에 Hip Hap〉(2008.7), 〈미의 항아리―아이누 문양〉(2009.2), 〈배우 우카지 다카시(宇梶剛士)〉(2009.5), 〈어떤 댐의 이력서〉(2010.2) 등이다(권말 아카이브 자료 참조).

참고문헌

カラン・J. 朴明珍,『メディア理論の脱西欧化』, 勁草書房, 2003.

テッサ モーリス―鈴木,「文化・多様性・デモクラシー」,『思想』867. 1996.

_____,「植民地思想と移民―豊原の眺望から」,『岩波講座近代日本の文化史』6―大スルモダニティ1920～30年代2, 岩波書店, 2000.

_____, 大川正彦 訳,『辺境から眺める―アイヌか経験する近代』, みすず書房, 2000.

テッサ モーリス―鈴木・吉見俊哉 編,『グローバリゼーションの文化政治』, 平凡社, 2004.

テッサ モーリス―鈴木・姜尚中ほか 編,『日本はどこへ行くのか』, 講談社学術文庫, 2010.

ニコライブッセ, 秋月俊幸 訳,『サハリン島占領日記1853～54』, 平凡社, 2003.

バチェラー八重子,『若きウタリに』, 岩波現代文庫, 2003.

ホッキングス, ポール・牛山純一 編,『映像人類学』, 日本映像記録センター, 1979.

三木理史,『国境の植民地・樺太』, 塙選書, 2006.

上野俊哉,『ディアスポラの思考』, 筑摩書房, 1996.

上野千鶴子,『構築主義とは何か』, 勁草書房, 2001.

上野千鶴子 編,『脱アイデンティティ』, 勁草書房, 2005.

中岡成文,『ハーバーマス―コミュニケーション行為』, 講談社, 2003.

中島成久 編,『グローバリゼーションのなかの文化人類学案内』, 明石書店, 2003.

中村秀之,『映像/言説の文化社会学』, 岩波新書, 2003.

中河伸俊,『社会問題の社会学―構築主義のアプローチの新展開』, 世界思想社, 1999.

丹羽美之・吉見俊哉 編,『岩波映画の1―億フレーム』, 東京大学出版会, 2012.

井上達夫,『他者への自由―公共性の哲学としてのリベラリズム』創文社, 1999.

仁多見巖・飯田洋右 編,『ジョン・バチラー遺稿わが人生の軌跡―Steps by the way』, 北海道出版企画センター, 1993.

今村仁司,『ベンヤミンの〈問い〉』, 講談社, 1985.

今福龍太,『世界文学のフロンティア』1―旅のはざま, 岩波書店, 1996.

_____,『クレオール主義』, 筑摩書房, 2003.

今野勉,『テレビの嘘を見破る』, 新潮新書, 2004.

今野勉・萩元晴彦 ほか編,『お前はただの現在にすぎないテレビに何が可能か』朝日文庫, 2008.

_____,『テレビの青春』, NTT 出版, 2009.

伊藤俊治・港千尋 編,『映像人類学の冒険』, せりか書房, 1999.

伊藤守 編,『メディア文化の権力作用』, セリカ書房, 2002.

_____,『テレビニュースの社会学－マルチモダリティ分析の実践』, 世界思想社, 2006.

伊藤真美子,「1904年セントルイス万博博覧会と日露戦時外交」,『史學雜誌』第112編 9, 史学会, 2003.

佐々木利和,「イオマンテ攷」,『音と映像と文字による日本歴史と芸能－列島の神々』, 平凡社, 1992.

_____,『アイヌの絵誌の研究』, 草風館, 2004.

佐々木利和 編,『アイヌの工芸』, 至文堂, 1995.

_____,『アイヌの道』, 吉川弘文館, 2005.

佐々木史郎・加藤雄三 編,『東アジアの民族的世界－境界地域における多文化的状況と相互認識』, 有志舎, 2011.

佐々木史郎・大塚和義 編,『研究フォーラム－夷酋列像'と道東アイヌ』, 人間文化研究機構国立民族学博物館, 2008.

佐々木毅,『公共哲学』5, 東京大学出版会, 2002.

佐々木毅・金泰昌 編,『国家と人間と公共性』, 東京大学出版会, 2002.

佐藤健二,『読書空間の近代－方法としての柳田国男』, 弘文堂, 1987.

_____,『歴史社会学の作法－戦後社会科学批判』, 岩波書店, 2008.

佐藤勉,『コミュニケーションと社会システム』, 恒星社厚生閣, 1997.

佐藤慶幸 ほか編,『市民社会と批判的公共性』, 文真堂, 2003.

佐藤真,『ドキュメンタリー映画の地平 上・下－世界を批判的に受け止めるために』, 凱風社, 2001.

_____,『ドキュメンタリーの修辞学』, みすず書房, 2006.

佐藤忠男,『アメリカ映画』, 第三文明社, 1990.

佐藤忠男 編,『日本のドキュメンタリー』1 ドキュメンタリーの魅力, 岩波書店, 2009.

_____,『日本のドキュメンタリー』2 政治・社会編, 岩波書店, 2010.

_____,『日本のドキュメンタリー』3 生活・文化編, 岩波書店, 2010.

_____,『日本のドキュメンタリー』4 産業・科学編, 岩波書店, 2010.

_____,『日本のドキュメンタリー』5 資料編, 岩波書店, 2010.

佐藤義之,『レヴィナスの倫理』, 勁草書房, 2000.

内田樹,『レヴィナスと愛の現象学』, せりか書房, 2001.

別府三奈子,『ジャーナリズムの起源』, 世界思想社, 2006.

前川裕治,『ゾラ・ニール・ハーストンの世界』, 国書刊行会, 1999.

_____,『ゾラ・ニール・ハーストンの研究－解き放たれる彼ら』, 大学教育出版, 2001.

加納弘勝・小倉充夫 編,『国際社会 7－変貌する「第三世会」と国際社会』, 東京大学

　　　　　出版会, 2002.

北川隆吉, 『講座社会学』5－産業, 東京大学出版会, 1999.

北村日出夫, 『テレビ・メディアの記号学』, 有信堂, 1985.

北村皆雄・新井一寛・川瀬慈 編, 『見る, 撮る, 魅せるアジア・アフリカ！－人類
　　　　　学の地平線』, 新宿書房, 2006.

北海タイムス社, 『北海道大博覧会記念北海道の観光と産業』, 北海タイムス社,
　　　　　1958.

　　　　　　　　　, 『北海道大博覧会誌』, 北海タイムス社, 1958.

北海道ウタリ協会 編, 『アイヌ史－北海道アイヌ協会・北海道ウタリ協会活動
　　　　　史』, 北海道出版企画センター, 1994.

北海道大学アイヌ・先住民研究センター 編, 『アイヌ研究の現在と未来』, 北海道
　　　　　大学出版会, 2010.

北田暁大, 「歴史の政治学」, 吉見俊哉 編, 『カルチュラル・スタディーズ』, 講談社
　　　　　メチェ, 2001.

　　　　　, 『〈意味〉への抗い－メディエーションの文化政治学』, せりか書房,
　　　　　2004.

千田有紀, 「構築主義の系譜学」, 上野千鶴子 編, 『構築主義とは何か』, 勁草書房,
　　　　　2001.

卓南生, 『日本のアジア報道とアジア論』, 日本評論社, 2003.

厚東洋輔, 『社会認識と想像力』, ハーベスト社, 1991.

原暉之 編, 『日露戦争とサハリン島』, 北海道大学出版会, 2011.

双葉十三郎, 『アメリカ映画史』, 白水社, 1951.

古荘真敬, 『ハイデガーの言語哲学』, 岩波書店, 2002.

古谷嘉章, 『異種混淆の近代と人類学－ラテンアメリカのコンタクト・ゾーンか
　　　　　ら』, 人文書院, 2001.

吉岡政徳, 『反・ポストコロニアル人類学－ポストコロニアルを生きるメラネシ
　　　　　ア』, 風響社, 2005.

吉田光邦, 『改訂版　万博博覧会－技術文明史的に』, NHKブックス, 1970.

吉田光邦 編, 『図説万博博覧会史－1851～1942』, 思文閣出版, 1985.

　　　　　, 『万博博覧会の研究』, 思文閣出版, 1986.

吉田直哉, 『テレビその余白の思想』, 文泉, 1973.

　　　　　, 『私のなかのテレビ』, 朝日新聞社, 1977.

　　　　　, 『発想の現場から』, 文藝春秋, 2002.

　　　　　, 『映像とは何だろうか』, 岩波書店, 2003.

吉見俊哉, 『都市のドラマトゥルギー－東京・盛り場の社会史』, 弘文堂, 1987.

　　　　　, 『博覧会の政治学』, 中央公論新社, 1992.

　　　　　, 『メディア時代の文化社会学』, 新曜社, 1994.

　　　　　, 「祝祭, 境界侵犯, 文化の政治学」, 『ミハイル・バフチンの時空』, セリカ
　　　　　書房, 1997.

吉見俊哉・土屋礼子 編,『大衆文化とメディア』, ミネルヴァ書房, 2010.
吉見俊哉 編,『メディア・スタディーズ』, セリカ書房, 2004.
_____,『万博幻想－戦後政治の呪縛』, 筑摩書房, 2005.
_____,『ポスト戦後社会』, 岩波新書, 2009.
吉見俊哉,『カルチュラル・ターン, 文化の政治学へ』, 人文書院, 2003.
吉見俊哉 編,『一九三〇年代のメディアと身体』, 青弓社, 2002.
吉野耕作,『文化ナショナリズムの社会学－現代日本のアイデンティティの行方』,
　　　　名古屋大学出版会, 1997.
和田勉,『テレビ自叙伝－さらばわが愛』, 岩波書店, 2004.
和田春樹,『日露戦争－起源と開戦』上・下, 岩波書店, 2009.
国雄行,『博覧会の時代－明治政府の博覧会政策』, 岩田書院, 2005.
坂野徹,『帝国日本と人類学』, 勁草書房, 2005.
坂野徹・慎蒼健 編著,『帝国の視角/死角〈昭和期〉日本の知とメディア』, 青弓社,
　　　　2010.
坪井正五郎,「人類学当今の有様」,『東京人類学会雑誌』18, 東京人類学会, 1887.
_____,「アイヌ暦」,『理学協会雑誌』第6号, 1888.
_____,「風俗測定成績及び新案」,『東京人類学会雑誌』3－28, 東京人類学会,
　　　　1888.
_____,「アイヌの名」,『東洋学芸雑誌』84, 1889.
_____,「パリー通信」,『東京人類学会雑誌』4－43, 東京人類学会, 1889.
_____,「アイヌの生涯」,『社会』4, 1899.
_____,「アイヌの風俗」,『学窓余談』3－3, 1899.
_____,「アイヌの争論と決闘」,『中央公論』, 1900.10.
_____,「北海道舊土人」,『東京毎週新誌』, 1902.
_____,「人類学と人種地図」,『東洋学芸雑誌』20－259, 1903.
_____,「アイヌの家」,『中央公論』20－11, 1905.
_____,「カラフトの子供」,『日本の少女』, 1907.12.
埴原和郎,『日本人の起源』, 朝日新聞社, 1994.
_____,『日本人のなり立ち』, 人文書院, 1995.
_____,『日本人はどこから来たか』, 作品社, 2003.
堀井更生,「観光アイヌの背景」,『思想の科学』, 128号, 1962.4.
塩原良和,『ネオリベラリズム時代の多文化主義』, 三元社, 2005.
_____,『文化を転移させる』, 法政大学出版局, 2010.
_____,『変革する多文化主義へ－オーストリアからの展望』, 法政大学出版局,
　　　　2010.
壱岐一郎,『映像文化論・沖縄発』, 東洋企画, 2000.
多田治,『沖縄イメージ誕生』, 東洋経済新報社, 2004.
大塚和義,『アイヌ海浜と水辺の民』, 新宿書房, 1995.
_____,「国立民族学博物館におけるアイヌ研究と博物館活動の過去・現在・

未来」、『国立民族学博物館研究報告』36-1, 2011.

大森康宏 編,『20世紀における諸民族文化の伝統と変容 2-映像文化』ドメス出版, 2000.

大江志乃夫,『日本植民地探訪』, 新潮選書, 1998.

大沼盛男 編,『北海道産業史』, 北海道大学図書刊行会, 2002.

大胡欽一,『社会と象徴-人類学的アプローチ』, 岩田書院, 1998.

天野哲也,『クマ祭りの起源』, 雄山閣, 2003.

_____,「なぜクマ送りなのか」, 木村英明 編,『アイヌのクマ送りの世界』, 同成社, 2007.

太田好信,「文化の客体化-観光をとおした文化とアイデンティティの創造」,『民族學研究』57-4, 日本民族学会, 1993.

_____,『トランスポジションの思想-文化人類学の再想像』, 世界思想社, 1998.

_____,『民族誌的近代への介入-文化を語る権利は誰にあるのか』, 人文書院, 2001.

_____,『現代人類学の射程-人類学と脱植民地化』, 岩波書店, 2003.

太田好信・浜本満編,『メイキング文化人類学』, 世界思想社, 2005.

奥田隆 編,『社会学に何が出来るか』, 八千代出版, 1997.

奥野克巳・花渕馨也,『文化人類学のレッスン-フィールドからの出発』, 学陽書房, 2005.

姜尚中,『オリエンタリズムの彼方へ』, 岩波書店, 1996.

姜尚中・吉見俊哉,『グローバル化の遠近法』, 岩波書店, 2001.

姜尚中 編,『ポストコロニアリズム』, 作品社, 2001.

宇田川洋,『イオマンテの考古学』, 東京大学出版会, 1989.

宇田川洋 編,『クマとフクロウのイオマンテ-アイヌの民族考古学』, 同成社, 2004.

守屋毅 編, 悼忠夫 監修,『祭りは神々のパフォーマンス-芸能をめぐる日本と東アジア』, 力富書房, 1987.

安川一,『ゴフマン世界の再構築-共存の技法と秩序』, 世界思想社, 1991.

安田浩,「近代日本における民族観念の形成-国民・臣民・民族」,『季刊思想と現代』31, 1992.

宮下志朗・丹治愛 編,『書物の言語形態』, 東京大学出版会, 2001.

宮台真司・姜尚中,『挑発する知・暴力・思想・知識人』, 双風舎, 2003.

宮島喬,『講座社会学』7-文化, 東京大学出版会, 2000.

宮島喬・加納弘勝 編,『国際社会』2-変貌する日本社会と文化, 東京大学出版会, 2002.

宮島喬・梶田孝道 編,『国際社会』4-マイノリティと社会構造東京大学出版会, 2002.

宮本久雄・金泰昌編,『他者との出会い』, 東京大学出版会, 2007.

宮武公夫,「人類学とオリンピック-1904年セントルイス・オリンピック大会」,

『北海道大学文学研究科紀要』108, 2002.

_____,「博覧会の記憶−1904年セントルイス博覧会とアイヌ」,『北海道大学文学研究科紀要』118, 2016.

_____,『海を渡ったアイヌ−先住民展示と二つの博覧会』, 岩波書店, 2010.

小倉充夫・加納弘勝 編,『国際社会』6−東アジアと日本社会』, 東京大学出版会, 2002.

小倉充夫・梶田孝道 編,『国際社会』5−グローバル化と社会変動, 東京大学出版会, 2002.

小内透 編,『2009年北海道アイヌ民族生活実態調査報告書−現代アイヌの生活の歩みと意識の変容』, 北海道大学アイヌ・先住民研究センター, 2012

小川正人,『近代アイヌ教育制度史研究』, 北海道大学図書刊行会, 1997.

_____,「イオマンテの近代史」,『アイヌ文化の現在』, 札幌学院大学生活協同組合, 1997.

小川正人・山田伸一 編,『アイヌ民族, 近代の記録』, 草風館, 1998.

小林康夫,『表象の光学』, 未來社, 2003.

小林康夫・松浦寿輝 編,『表象のディスク』1〜6, 東京大学出版会, 2000.

小林直毅・毛利嘉孝 編,『テレビはどう見られてきたのか−テレビ・オーディエンスのいる風景』, せりか書房, 2003.

小林直毅 編,『'水俣'の言説と表象』, 藤原書店, 2007.

小林陽一 ほか編,『メディア・表象・イデオロギー』, 小沢書店, 1997.

小熊英二,『単一民族神話の起源−〈日本人〉の自画像』, 新曜社, 1995.

_____,『'日本人'の境界−沖縄・アイヌ・台湾・朝鮮植民地の支配から復帰運動まで』, 新曜社, 1998.

_____,『〈民主〉と〈愛国〉−戦後日本のナショナリズムと公共性』, 新曜社, 2002.

小田亮,『レヴィナ=ストロース』, 筑摩書房, 2000.

山下晋司・福島真人, 現代人類学のプラクシス−科学技術時代をみる視座』, 有斐閣, 2005.

山下晋司 編,『観光人類学』新曜社, 1996.

山中圭一,『ヤコブソンの言語科学』1, 勁草書房, 1989.

_____,『ヤコブソンの言語科学』2, 勁草書房, 1995.

山中速人,「近代日本のエスニシティ観−新聞の朝鮮報道を手掛かりに」, 中野秀一郎・今津孝次郎 編『エスニシティの社会学−日本社会の民族的構成』, 世界思想社, 1993.

山口昌男,『「挫折」の昭和史』, 岩波書店, 1995.

_____,『文化と両義性』, 岩波書店, 2000.

山室信一,『日露戦争の世紀』, 岩波新書, 2005.

山本武利,『新聞と民衆』, 紀伊國屋書店, 1973.

_____,『近代日本の新聞読者層』, 法政大学出版局, 1981.

山路勝彦・田中雅一,『植民地主義と人類学』, 関西学院大学出版会, 2002.

岡井崇之,「内容分析の展開」,『マス・コミュニケーション研究』64, 学文社, 2004.

岡村圭子,『グローバル社会の異文化論ー記号の流れと文化単位』,世界思想社, 2003.

岡田直之,『世論の政治社会学』,東京大学出版会, 2001.

岩渕功一 編,『沖縄に立ちすくむー大学を越えて深化する知』,せりか書房, 2004.

_____,『多文化社会の「文化」を問うー共生/コミュニティ/メディア』,青弓社, 2010.

崔銀姫,「儀礼と記憶」『社会情報学研究』16−1, 日本社会情報学会, 2012.

_____,「帰属意識とは何か」,『社会情報学研究』16−2, 日本社会情報学会, 2012.

_____,「観光アイヌとは何か」『社会情報学』, 1−2, 社会情報学会, 2012.

川本茂雄 監訳,『ローマン・ヤーコブソン 一般言語学』,みすず書房.

川村湊,『「大東亜民俗学」の虚実』,講談社, 1996.

川田稔,『「意味」の地平へ』,未來社, 1990.

工藤信彦,『わが内なる樺太ー外地であり内地であった「植民地」をめぐって』,石風社, 2008.

工藤康子,『ヨーロッパ文明批判序説ー植民地・共和国・オリエンタリズム』,東京大学出版会, 2003.

工藤雅樹,『古代蝦夷』,吉川弘文館, 2000.

市岡康子,『クラー貝の首飾りを探して南海をゆく』,コモンズ, 2005.

常本照樹,「アイヌ文化振興法の意義とアイヌ民族政策の課題」,北海道大学アイヌ・先住民研究センター 編,『アイヌ研究の現在と未来』,北海道大学出版会, 2010.

平村芳美,「アイヌとして生きるか? シャモに同化するか?」(『蝦夷の光』創刊号, 1930.10), 北海道ウタリ協会,『アイヌ史』, 1994.

成田龍一,『歴史はいかに語られるかー1930 年代「国民の物語」批判』,ちくま学芸文庫, 2010.

_____,『近現代日本史と歴史学ー歴史は書き替えられる』,中公新書, 2012.

戴エイカ,『多文化主義とディアスポラーVoices from San Francisco』,明石書店, 1999.

_____,「ディアスポラー拡散する用法と研究概念としての可能性」,『批判的ディアスポラ論とマイノリティ』,明石書店, 2009.

斎藤慶典,『力と他者ーレヴィナスに』,勁草書房, 2000.

日吉昭彦,「内容分析の展開」,『マス・コミュニケーション研究』64, 2003.

日本放送文化研究所 編,『放送メディア研究』8, 丸善出版, 2011.

春日直樹 編,『現実批判の人類学ー新世代のエスノグラフィー』,世界思想社, 2011.

木名瀬高嗣,「表象と政治性ーアイヌをめぐる文化人類学的言説に関する素描」,『民族學研究』62−1, 日本民族学会, 1997.

＿＿＿＿＿＿，「他者性のヘテロフォニーー現代のアイヌイメージをめぐる考察」
『民族学研究』63-2, 1998.

本橋哲也,『ポストコロニアリズム』, 岩波書店, 2005.

杉島敬 編,『人類学的実践の再構築ーポストコロニアル転回以後』, 世界思想社,
2001.

李光鎬,「メッセージ分析による送り手研究～主な研究事例と今後の課題」,『マス
・コミュニケーション研究』53, 三嶺書房, 1998.

李孝徳,『表象空間の近代ー明治「日本のメディア編成」』, 新曜社, 1996.

村上貞助,『蝦夷生計図説』, 北海道出版企画センター, 1990.

村山匡一郎,『映画は世界を記録するードキュメンタリー再考』, 森話社, 2006.

＿＿＿＿＿＿,『ドキュメンタリーーリアルワールドへ踏み込む方法』, フィリムア
ート社, 2006.

東村岳史,「状況としてのアイヌの思想と意義」,『解放社会学研究』14, 日本解放
社会学会, 2000.

＿＿＿＿＿＿,「戦後におけるアイヌの『熊祭り』1940 年代後半～1960 年代後半の新
聞記事分 析を中心に」,『解放社会学研究』16, 日本解放社会学会, 2002.

＿＿＿＿＿＿,「現代における『アイヌ文化』表象ー『文化振興』と『共生』の陰」,『実践の
フィールドワーク』, せりか書房, 2002.

＿＿＿＿＿＿,「現代のアイヌにおける現代の位相」,『解放社会学研究』18, 日本解放
社会学会.

＿＿＿＿＿＿,『戦後期アイヌ民族ー和人関係史序説ー1940年代後半から1960年代後
半まで』, 三元社, 2006.

＿＿＿＿＿＿,「呼称から考える『アイヌ民族』と『日本人』の関係ー名付けることと名
乗ること」,『国際開発研究フォーラム』34, 国際開発研究フォーラム,
2007.

＿＿＿＿＿＿,「アイヌの写真を撮る/見るまなざしー1950年代～70年代前半の写真
雑誌と掛川源一郎」,『国際開発研究フォーラム』39, 国際開発研究フォー
ラム, 2010.

松原正毅,『人類学とは何かー言語・儀礼・象徴・歴史』, 日本放送出版, 1989.

松本俊夫,『映像の発見ーアヴァンギャルドとドキュメンタリー』, 清流出版,
2005.

松田京子,『帝国の視線ー博覧会と異文化表象』, 吉川弘文館, 2003.

板倉史明,「アイヌ表象と時代劇映画」,『映画学的想像力～シネマ・スタディーズ
の冒険』, 人文書院, 2006.

柏木博・小林忠雄,『日本人の暮らしー20世紀生活博物館』, 講談社, 2000.

柳田國男,「史料としての伝説」,『柳田國男全集』4, ちくま文庫, 1989.

＿＿＿＿＿＿,「口承文芸史孝」,『柳田國男全集』8, ちくま文庫, 1989.

＿＿＿＿＿＿,「国語の将来」,『柳田國男全集』22, ちくま文庫, 1990.

栗原彬・小森陽一・佐藤学・吉見俊哉,『内破する知ー身体・言語・権力を編み

直す』, 東京大学出版会, 2000.

栗原彬・小森陽一・佐藤学・吉見俊哉編,『越境する知』1〜6, 東京大学出版会, 2000.

栗原彬 編,『人々の精神史第3巻60年安保1960』, 岩波書店, 2015.

桑原千代子,『わがマンロー伝−ある英人医師・アイヌ研究家の生涯』, 新宿書房, 1983.

梅木達郎,『脱構築と公共性』, 松籟社, 2002.

梶田孝道・宮島喬 編,『国際社会 1−国際化する社会』, 東京大学出版会, 2004.

梶田孝道・小倉充夫 編,『国際社会 3−国民国家はどう変わるか』, 東京大学出版会, 2004.

植田晃次・山下仁 編,『共生の内実−批判的社会言語学からの問いかけ』, 三元社, 2011.

椎名仙卓,『明治博物館事始め』, 思文閣出版, 1989.

樺太アイヌ史研究会 編,『対雁の碑−樺太アイヌ強制移住の歴史』, 北海道出版企画センター, 1992.

橋本和也,『観光人類学の戦略−文化の売り方・売られ方』, 世界思想社, 1999.

＿＿＿＿,『ディアスポラと先住民−民主主義・多文化主義とナショナリズム』, 世界思想社, 2005.

橋爪紳也・中谷作次,『博覧会見物』, 学芸出版社, 1990.

毛利嘉孝,「反転する抵抗−メディア・スタディーズはなぜ必要なのか」, 吉見俊哉編,『メディア・スタディーズ』, セリカ書房, 2004.

江渕一公,『文化人類学−伝統と現代』, 放送大学教育振興会, 2000.

江渕一公・伊藤亜人 編,『儀礼と象徴−文化人類学的考察』, 九州大学出版会, 1983.

江渕一公・小野澤正喜・山下晋司,『文化人類学研究−環太平洋地域文化のダイナミズム』, 放送大学教育振興会, 2002.

泉靖一 編,『世界名著 71−マリノフスキー; レヴィ＝ストロース』, 中央公論新社, 1967.

津田博史・中川麻子・小船井健一郎,『ドキュメンタリー−リアルワールドへ踏み込む方法』, フィルムアート社, 2006.

津金澤聰廣 編,『戦後日本のメディア・イベント[1945〜1960年]』, 世界思想社, 2002.

浅田彰,『構造と力』, 勁草書房, 1983.

浪川健治,「本州アイヌにおけるイオマンテ儀礼の可能性」,『北海道大学総合博物館研究報告』4, 2008.

海保洋子,『近代北方史−アイヌ民族と女性と』, 新栄堂, 1992.

清水康雄,『公共性を問う』, 青土社, 2005.

渡辺保 編,『表象文化研究−芸術表象の文化学』, 放送大学教育振興会, 2006.

港千尋,『記憶−「創造」と「想起」の力』, 講談社, 1996.

_____,『映像論-〈光の世紀〉から〈記憶の世紀〉へ』, 日本放送出版協会, 1998.

_____,『第三の眼-デジタル時代の想像力』, 廣済堂出版, 2001.

演劇,「人類館」, 上演を実現させたい会 編,『人類館-封印された罪』, アートワークス, 2005.

玄武岩,『コリアン・ネットワーク-メディア・移動の歴史と空間』, 北海道大学出版会, 2013.

田中智志・山名淳 編,『教育人間論のルーマン』, 勁草書房, 2004.

田辺繁治,『生き方の人類学～実践とは何か』, 講談社, 2003.

白水繁彦,『エスニック・メディア研究』, 明石書店, 2004.

知里幸恵 編訳,『アイヌ神謡集』, 岩波書店, 1978.

知里真志保,『アイヌ語入門-とくに地名研究者のために』, 楡書房, 1956.

_____,『分類アイヌ語辞典-植物編・動物編・人間編』, 平凡社, 1978.

石井孝利,『図解次世代IT』, 東洋経済新報社, 2000.

石森秀三 編,『観光の20世紀-20世紀における諸民族文化の伝統と変容3』, ドメス出版, 1996.

石田英敬,『記号の知 / メディアの知-日常生活批判のためのレッスン』, 東京大学出版会, 2003.

石田英敬・小森陽一 編,『シリーズ言語態』1-言語態への問い, 東京大学出版会, 2001.

石田英敬 編,『シリーズ言語態』5-社会の言語態, 東京大学出版会, 2002.

石田雄,『記憶と忘却の政治学-同化政策・戦争責任・集合的記憶』, 明石書店, 2000.

砂沢クラ,『クスクップオルシペ-私の一代の話』, 北海道新聞社, 1983.

砂田 弘,「『コタンの口笛』までの軌跡-石森延男小論」,『日本児童文学』31巻6号, 児童文学協会, 1985.

福岡安則『在日韓国・朝鮮人-若い世代のアイデンティティ』, 中央公論社, 1993.

福間良明,「異民族の博覧」,『メディア文化を読み解く技法』, 世界思想社, 2004.

稲上毅・川喜多喬,『講座社会学』6-労働, 東京大学出版会, 1996.

稲葉一将,『放送行政の法構造と課題』, 日本評論社, 2004.

竹沢泰子,『人種の表象と社会的リアリティ』, 岩波書店, 2009.

篠原徹 編,『近代日本の他者像と自画像』, 柏書房, 2001.

納富信留・溝口孝司 編,『空間へのパースペクティヴ』, 九州大学出版会, 1994.

網野善彦 ほか,『列島の神々-竹富島の種子取祭 上川地方のイヨマンテ』, 平凡社, 1992.

綾部恒雄 編,『文化人類学15の理論』, 中央公論新社, 1984.

羽島知之,『新聞の歴史』, 日本図書センター, 1997.

臼井隆一郎・高村忠明 編,『記憶と記録』, 東京大学出版会, 2001.

花崎皋平,『アイデンティティと共生の哲学』, 平凡社, 2000.

_____,『共生への触発』, みすず書房, 2003.

_____, 『静かな大地−松浦武四郎とアイヌ民族』, 岩波現代文庫, 2008.

花田達朗, 『公共圏という名の社会空間−公共圏, メディア, 市民社会』, 木鐸社, 1996.

花田達朗・吉見俊哉・コリン・スパークス 編, 『カルチュラル・スタディーズとの対話』, 新曜社, 1999.

花田達朗編, 『論争いま, ジャーナリズム教育』, 東京大学出版会, 2003.

荒山正彦・大城直樹, 『空間から場所へ−地理学的想像力の探求』, 古今書院, 1998.

菊池勇夫, 『アイヌ民族と日本人−東アジアの中の蝦夷地』, 朝日新聞社, 1994.

菊池勇夫 編, 『日本の時代史』19−蝦夷島と北方世界, 吉川弘文館, 2003.

萱野茂, 『萱野茂のアイヌ語辞典』, 三省堂, 1996.

藤井貞和・エリス俊子 編, 『創発的言語形態』, 東京大学出版会, 2001.

藤田弘夫, 『都市と文明の比較社会学』, 東京大学出版会, 2003.

藤田真文, 「内容分析における「量化の展開と批判」」, 『新聞研究所年報』38, 1992.

_____, 「テクストとディスクール」, 『人間科学』10−2, 1993.

_____, 「特集テーマをめぐって」, 『マス・コミュニケーション研究』64, 2004.

藤田真文・伊藤守, 「構造主義以降のコミュニケーション論」, 『新聞学評論』39, 1990.

藤田真文・伊藤守 編, 『テレビジョン・ポリフォニー−番組・視聴者分析の試み』, 世界思想社, 1999.

複数文化研究会, 『〈複数文化〉のために〜ポストコロニアリズムとクレオール性の現在』, 人文書院, 1998.

西井淳子・田辺繁治 編, 『社会空間の人類学−マテリアリティ・主体・モダニティ』, 世界思想社, 2006.

西川長夫・姜尚中・西成彦 編, 『20世紀をいかに越えるか−多言語・多文化主義を手がかりにして』, 平凡社, 2000.

西成彦・原毅彦編, 『複数の沖縄−ディアスポラからの希望へ』, 人文書院, 2003.

角田房子, 『悲しみの島サハリン』, 新潮社, 1994.

谷泰 編, 『文化を読む−フィールドとテクストのあいだ』, 人文書院, 1991.

貴志俊彦・川島真・孫安石, 『戦争・ラジオ・記憶』, 勉誠出版, 2006.

赤尾光春・早尾貴紀 編, 『ディアスポラの力を結集する−ギルロイ・ボヤーリ兄弟・スピヴァク』, 松籟社, 2012.

赤川学, 『構築主義を再構築する』, 勁草書房, 2006.

酒井直樹編, 『ナショナル・ヒストリーを学び捨てる』, 東京大学出版会, 2006.

_____, 『日本/映像/米国−共感の共同体と帝国的民主主義』, 青土社, 2007.

野口道彦・戴エイカ, 『批判的ディアスポラ論とマイノリティ』, 明石書店, 2009.

野口香代子・山下仁 編, 『正しさへの問い』, 三元社, 2009.

金井明人 編, 『映像編集の理論と実践』, 法政大学出版局, 2008.

金田一京助, 『アイヌ語研究』, 三省堂, 1960.

_____, 『アイヌ語』, 三省堂, 1993.

鈴木健二,『戦争と新聞』, 毎日新聞社, 1995.

鈴木尚,『骨ー日本人の祖先はよみがえる』, 学生社, 1960.

鈴木雅雄・真島一郎 編,『文化解体の想像力ーシュルレアリスムと人類学的思考の近代』, 人文書院, 2000.

長谷正人 編,『映画の政治学』, 青弓社, 2003.

関口由彦,『首都圏に生きるアイヌ民族ー「対話」の地平から』, 草風館, 2007.

関根政美,『エスニシティの政治社会学』, 名古屋大学出版会, 1994.

阿部幸太郎,「テレビドラマの構造分析・序説〜その方法と意義を中心に」,『マス・コミュニケーション研究』50, 三嶺書房, 1997.

青木保,『日本文化論の変容ー戦後日本の文化とアイデンティティ』, 中公文庫, 1999.

_____,『多文化世界』, 岩波書店, 2003.

_____,『儀礼の象徴性』, 岩波書店, 2006.

青木保 ほか編, 岩波講座文化人類学13『文化という課題』, 岩波書店, 1998.

青木保 編, アジア新世紀6『言論と表象の地政学』, 岩波書店, 2003.

飯田卓,「異文化のパッケージ化ーテレビ番組と民族誌の比較をとおして」,『文化人類学』巻1 69 号別冊, 日本文化人類学会, 2004.

_____,「昭和30年代の海外学術エクスペディションー『日本の人類学』の戦後とマスメディア」,『国立民族学博物館研究報告』31−2, 2007.

飯田卓・原知章 編,『電子メディアを飼いならすー異文化を橋渡すフィールド研究の視座』, せりか書房, 2005.

馬場靖雄,『ルーマンの社会理論』, 勁草書房, 2001.

駒込武,『植民地帝国日本の文化統合』, 岩波書店, 1996.

高倉新一郎,『アイヌ政策史』, 日本評論社, 1942.

_____,『北海道文化史序説』, 北方出版社, 1942.

_____,『蝦夷地』, 至文堂, 1959.

_____,『北海道』, 第一法規, 1974.

_____,『北海道史』, 北海道出版企画センター, 1995.

_____,『移民と拓殖』, 北海道出版企画センター, 1996~1997.

高坂健治・厚東洋輔,『講座社会学』1ー理論と方法, 東京大学出版会, 1998.

高島秀之,『デジタル映像論ー世紀を越えて』, 創成社, 2003.

高橋三枝子,『北海道の女たちウタリ』, 編北海道女性史研究会発行, 第一印刷, 1993.

高橋哲哉,『デリダー脱構築』, 講談社, 2003.

高橋徹,『意味の歴史社会学』, 世界思想社, 2002.

鳩沢佐美夫,『沙流川』, 草風館, 1995.

鵜飼哲ほか 編,『レイシズム・スタディーズ序説』, 似文社, 2012.

黒川みどり,『眼差される者の近代ー部落民・都市下層・ハンセン病・エスニシティ』, 解放出版社, 2007.

黒沢清 ほか編,『スクリーンのなかの他者』, 岩波書店, 2010.

齋藤純一,『公共性』, 岩波書店, 2000.

A. William Bluem, *Documentary in American Television*, New York : Hastings House, 1965.

Adam Kuper, 鈴木清史 訳,『人類学の歴史－人類学と人類学者』, 明石書店, 2006.

Alan Barnard, 鈴木清史 訳,『人類学の歴史と理論』, 明石書店, 2005.

Ali Rattansi, 本橋哲也 訳,「人種差別とポストモダニズム」上,『思想』868, 1996; 下『思想』870, 1996.

Anold van Gennep, 秋山さと子・彌永信美 訳,『通過儀礼』, 新思索社, 1977.

Anthony Giddens, 佐和隆光 訳,『暴走する世界－グローバリゼーションは何をどう変えるのか』, ダイヤモンド社, 2001.

Anthony Giddens, 松尾精文ほか 訳,『親密性の変容－近代社会におけるセクシュアリティ, 愛情, エロティズム』, 而立書房, 1995.

Anthony Giddens, 松尾精文・小幡正敏 訳,『国民国家と暴力』, 両立書房, 1999.

Anthony Giddens, 松尾精文・小幡正敏訳,『近代とはいかなる時代か?－モダニティの帰結』, 而立書房, 1993.

Anthony Giddens, 秋吉美都・安藤太郎・筒井淳也 訳,『モダニティと自己アイデンティティ－後期近代における自己と社会』, ハーベスト社, 2005.

Anthony Giddens, 藤田弘夫 監訳,『社会理論と現代社会学』, 青木書店, 1998.

Anthony Giddens・Ulrich Beck・Scott Lash, 松尾精文・小幡正敏・叶堂隆三 訳,『再帰的近代化－近現代の社会的秩序における政治, 伝統, 美的原理』, 而立書房, 1997.

Arjun Appadurai, 門田健一 訳,『さまよえる近代－グローバル化の文化研究』, 平凡社, 2004.

Art Silverblatt, *Media Literacy : An Instructor's Manual*, Praeger Publish Silverstone, 2001.

_____, 吉見俊哉・伊藤守・土橋臣吾 訳,『なぜメディア研究か』せりか書房, 2003.

Barbara Johnson, 大橋洋一・青山恵子・利根川真紀 訳,『差異の世界』紀伊國屋書店, 1990.

Benedict Anderson, 白石さや・白石隆 訳,『増補想像の共同体－ナショナリズムの起源と流行』, NTT 出版社, 1997.

Bernard Comment, 野村正人 訳,『パノラマの世紀』, 筑摩書房, 1996.

Bill Nichols, *Ideology and the Image : social representation in the cinema and other media*, Indiana University Press, 1981.

_____, *Representing Reality : Issues and Concepts in Documentary*, Indiana University Press, 1991.

Burgess Jacquelin・John R. Gold, 竹内啓一 監訳, 山田晴通 ほか訳,『メディア空間文化論－メディアと大衆文化の地理学』, 古今書院, 1992.

Carl R. Plantinga, *Rhetoric and Representation in Nonfiction Film*, Cambridge University Press, 1977.

Chantal Mouffe, 青木隆嘉 訳,『脱構築とプラグマティズム』, 平凡社, 2002.

Charles Taylor, 佐々木 毅 ほか訳,『マルチカルチュラリズム』, 岩波書店, 1996.

Charles Warren, *Beyond Document: Essays on Nonfiction Film*, Wesleyan University Press, 1996.

Chow Rey, 本橋哲也 訳,『ディアスポラの知識人』, 青土社, 1998.

Chow Rey, 本橋哲也 ほか訳,『プリミティヴへの情熱−中国・女性・映画』, 青土社, 1999.

Chris Barker · Dariusz Galasinski, *Cultural Studies and Discourse Analysis*, London : SAGE Publication, 2001.

Clifford Geertz, 吉田禎吾 訳,『文化の解釈学』, 岩波書店, 1987.

Clifford Geertz, 森泉 訳,『文化の読み方ー書き方』, 岩波書店, 1996.

Colin MacCabe, "Theory and Film : Principles of Realism and Pleasure", *Screen* 17, 1976.

_____, "Realism and the Cinema : Notes on some Brechian Theses", *Popular Television and Film*, London : Open University, 1981.

D. Anthony Smith, 巣山靖司 訳,『ネイションとエスニシティー歴史社会学的考察』, 名古屋大学出版会, 1999.

Daniel Chandler, *Semiotics : the basics*, Routledge, 2002.

Daniel J. Boorstin, 星野郁美 ほか訳,『幻影の時代』, 東京創元社, 1964.

Dan Sperber, 菅野盾樹 訳,『人類学とはなにかーその知的枠組を問う』, 紀伊國屋書店, 1984.

David Havey, *The Condition of Post modernity : An Enquiry into the Origins of Cultural Change*, Blackwell Publishers, 1991.

David Morey · Kuan−hsing Chen eds., *Stuart Hall : Critical Dialogues in Cultural Studies*, Routledge, 1996.

David Rowland Francis, *The Universal exposition of 1904*, Louisiana Purchase Exposition Company, 1913.

Debra Spitulnik, "Anthropology and Mass Media", *Annual review of anthropology* 22−1, Anthropology, 1993.

de Michel Certeau, 山田登世子 訳,『日常的実践のポイエティーク』, 国文社, 1987.

Derek Geogory, *Geographical Imaginations*, Blackwell Publishers, 1994.

Edgar Morin, du Seuil ed., 杉山光信 訳,『オルレアンのうわさ』, みすず書房, 1973.

Edgar Morin, du Seuil · Fernand Nathan ed., 秋枝茂夫 訳,『二十世紀からの脱出』, 法政大学出版局, 1991.

Edmund Ronald Leach, 青木保 · 宮坂敬造 訳,『文化とコミュニケーション』, 紀伊國屋書店, 1981.

Edward Wadie Said, 今沢紀子 訳,『オリエンタリズム』, 上・下, 平凡社, 1993.

Edward Wadie Said, 大橋洋一 訳, 『文化と帝国主義』1・2, みすず書房, 2001.

Edward Wadie Said, 中野真紀子 訳, 『遠い場所の記憶ー自伝』, みすず書房, 2001.

Edward Wadie Said, 中野真紀子・早尾貴紀 訳, 『戦争とプロパガンダ』, みすず書店, 2002.

Emmanuel L'evinas・Montpellier Fata Morgana ed., 原田佳彦 訳, 『時間と他者』, 法政大学出版局, 1986.

Emmanuel L'evinas・Fata morgana ed., 合田正人訳, 『外の主体』, みすず書房, 1997.

Eric Hobsbawm・Terence Ranger, 前川啓治・梶原景昭 ほか訳, 『創られた伝統』 紀伊國屋書店, 1992.

Erik Barnouw, 近藤耕人 訳, 『世界ドキュメンタリー史』, 日本映像記録センター, 1978.

Ernest Gellner, 加藤節 監訳, 『民族とナショナリズム』, 岩波書店, 2000.

Ernest Renan, 鵜飼哲 訳, 「国民とは何か」, 『国民とは何か』, 厚徳社, 1997.

Etienne Balibar・Immanuel Wallerstein, 若森章孝 ほか訳, 『人種・国民・階級ー揺らぐアイデンティティ』, 木村書店, 1997.

Fatimah Tobing Rony, *THE THIRD EYE : Race, Cinema, and Ethnographic Spectacle*, Duke University Press, 1996.

Frederick Starr, *The Ainu Group at Saint Louis exposition*, The Open court publishing company, 1904.

Gayatri C. Spivak, 上村忠男・本橋哲也 訳, 『ポストコロニアル理性批判』, 月曜社, 2003.

Gayatri C. Spivak, 上村忠男 訳, 『サバルタンは語ることができるか』, みすず書房, 1998.

Gayatri C. Spivak, 清水和子・崎谷若菜 訳, 『ポスト植民地主義の思想』, 彩流社, 1992.

Gayatri C. Spivak, 鈴木聡 ほか訳, 『文化としての他者』, 紀伊國屋書店, 1990.

Graham Allen, 森田孟 訳, 『文学・文化研究の新展開「間テクスト性」』, 研究社, 2002.

Guy Debord, 木下誠 訳, 『スペクタクルの社会』, ちくま書房, 2003.

Haroldo A. Innis, *The Bias of Communication*, University of Toronto Press, 1991.

Hayden White, *Metahistory : The Historical Imagination in Nineteenth-Century Europe*, Johns Hopkins University Press, 1975.

_____, *The Content of the Form : Narrative Discourse and Historical Representation*, Johns Hopkins University Press, 1990.

Brian Winston, *Misunderstanding media*, London : Routledge&Kegal Paul, 1983.

_____, *Claiming the real : the Griersonian documentary and its legitimations*, London : British Film Institute, 1995.

_____, *Technologies of seeing : photography, cinematography and television*, London : British Film Institute, 1996.

_____, *Media technology and society : a history—from the telegraph to the internet*, London ; New York : Routledge, 1998.

_____, *Claiming the real II : documentary—Grierson and beyond*, London : BFI, 2008.

Henri Lefebvre, Donaldo Nicholson Smith trans., 齋藤日出治 訳, 『空間の生産』, 青木書店, 2000.

Homi K. Bhabha, 本橋哲也 ほか訳, 『文化の場所ーポストコロニアリズムの位相』, 法政大学出版局, 2005.

Hubert L. Dreyfus・Rabinow Paul, 山形頼洋・鷲田清一 ほか訳, 『ミシェル・フーコー～構造主義と解釈学を越えて』, 筑摩書房, 1996.

Hylland Thomas Eriksen, 鈴木清史 訳, 『エスニシティとナショナリズムー人類学視点から(*Ethnicity and Nationalism*)』, 明石書店, 2006.

Isabella Bird, 高梨健吉 訳, 『日本奥地紀行』, 平凡社, 1973.

Jack C. Ellis, *The Documentary Idea : A Critical History of English-Language Documentary Film and Video, Prentice Hall*, N.Y. : Englewood Cliffs, 1989.

Jack C. Ellis・Besty A. Mclane, *A New History of Documentary Film*, Continuum International Publishing Group, 2005.

Jacques Derrida, Gayatri C. Spivak trans., 田尻芳樹 訳, 『デリダ論』, 平凡社, 2005.

Jacques Derrida, 林好雄 訳, 『声と現象』, 筑摩書房, 2005.

Jacques Derrida, 若桑毅 ほか訳, 『エクリチュールと差異』上・下, 法政大学出版局, 1997.

Jacques Derrida・Bernard Stiegler, 原宏之 訳, 『テレビのエコーグラフィーーデリダ哲学を語る』, NTT 出版, 2005.

James Clifford, 太田好信 ほか訳, 『文化の窮状ー二十世紀の民族誌, 文学, 芸術』, 人文書院, 2003.

James Clifford, 春日直樹 ほか訳, 『文化を書く』, 紀伊國屋書店, 1996.

James Clifford, 毛利嘉孝 他訳, 『ルーツー20世紀後期の旅と翻訳』, 月曜社, 2002.

James Clifford 星埜守之 他訳, 『人類学の周縁から～対談集』, 人文書院, 2004.

James Duncan・David Ley, *PLACE/CULTUER/REPRESENTATION*, Routledge, 1993.

James L. Baughnman, *The Republic of Mass Culture : Journalism, Filmmaking, and Broadcasting in America Since 1941*(2nd Ed.), Johns Hopkins University Press, 1997.

John B. Thompson, 山本啓・小川英司 訳, 『批判的解釈学』, 法政大学出版局, 1992.

John B. Thompso, *The Media and Modernity : A Social Theory of the Media*, Polity Press, 1995.

John Tomlinson, 片岡信 訳, 『文化帝国主義』, 青土社, 1993.

_____, 『グローバリゼーションー文化帝国主義を超えて』, 青

土社, 2000.

John Berger, 伊藤俊治 訳, 『イメージー視覚とメディア』, PARCO 出版, 1986.

John Corner, *The Art of Record : A Critical Introduction to Documentary*, Manchester University Press, 1996.

_____, *Critical Ideas in Television Studies*, Oxford University Press, 1996.

John Fiske, "Codes", Tobia L. Worth ed., *International Encyclopedia of Communication* 1, New York : Oxford University Press, 1989.

_____, 「ポストモダニズムとテレビ」, 『マスメディアと社会新たな理論的潮流』, 勁草書房, 1994.

_____, 伊藤守 ほか訳, 『テレビジョンカルチャーーポピュラー文化の政治学』, 梓出版社, 1996.

John Fiske · John Hartley, 池村六郎 訳, 『テレビを読む』, 未來社, 1991.

John Monaghan · Peter Just, *Social and Cultural Anthropology : A Very Short Introduction*, Oxford University Press, 2000.

John Urry, 加太宏邦 訳, 『観光のまなざしー現代社会におけるレジャーと旅行』, 法政大学出版局, 1995.

John Urry, 吉原直樹 ほか訳, 『場所を消費する』, 法政大学出版局, 2003.

Joshua Meyrowitz, *No Sense of Place : The Impact of Electronic Media on Social Behavior*, Oxford University Press on Demand, 1986.

Jurgen Habermas, 高野昌行 訳, 『他者の受容ー多文化社会の政治理論に関する研究』, 法政大学出版局, 2004.

Karl G. Heider, *Ethnographic Film*, University of Texas Press, 2006.

Katharine Hodgkin · Susannah RadStone, *Memory, History, Nation : Contested Pasts*, Transaction Publishers, 2005.

Kelly Michelle Askew · Richard R. Wilk ed., *Anthropology of Media : A Reader*, Blackwell Publishing Ltd., 2002.

L. Peter Berger · Thomas Luckmann, 山口節夫 訳, 『日常世界の構成ーアイデンティティと社会の弁証法』, 新曜社, 1977.

L. Smith Valene ed., 三村浩史 訳, 『観光・リゾート開発の人類学ーホスト&ゲスト論でみる地域文化の対応』, 勁草書房, 1991.

Louis Althusser, "Ideology and Ideological State Apparatuses", *Lenin and Philosophy and Other Essays*, Monthly Review Press, 1971.

Louis Althusser, 西川長夫 ほか訳, 『再生産についてーイデオロギーと国家のイデオロギー諸装置』, 平凡社, 2005.

Lucien Levy-Bruhl, 山田吉彦 訳, 『未開社会の思惟』上・下, 岩波書店, 1991.

M. George Fredrickson, 李孝徳訳, 『人種主義の歴史』, みすず書房, 2009.

Marin, Louis, Minuit ed., 梶野吉郎 訳, 『ユートピア的なものー空間の遊戯』, 法政大学出版局, 1995.

Marshall McLuhan, 栗原裕・河本仲聖 訳, 『メディア論ー人間の拡張の諸相』, み

すず書房, 1987.

Marshall McLuhan, 森常治 訳,『グーテンベルクの銀河系－活字人間の形成』, みすず書房, 1986.

Marshall McLuhan・Powers Bruce, 浅見克彦, 訳,『グローバルヴィレッジ－21世紀の生とメディアの転換』, 青弓社, 2003.

Max Horkheimer・Theodor W. Adorno, 徳永恂 訳,『啓蒙の弁証法』, 岩波書店, 2007.

Merwyn S. Garbarino, 木山英明・大平裕司 訳,『文化人類学の歴史－社会思想から文化の科学へ』, 新泉社, 1987.

Michael Renov ed., *Theorizing documentary*, New York：Routledge, 1993.

Michael Renov・Donald, James eds., *The SAGE handbook of film studies*, Los Angeles; London：SAGE, 2008.

Michael Renov・Jane Gaines eds., *Collecting visible evidence*, University of Minnesota Press, 1999.

Michel Foucaul, 中村雄二郎 訳,『知の考古学』, 河出書房新社, 1981.

Milton M. Gordon, "Toward a General Theory of Racial and Ethnic Group Relations", Nathan Glazer・Daniel P. Moynihan ed., *Ethnicity：theory and experience*, Harvard University Press, 1975.

NHK 札幌放送局日ソプロジェクト 編,『コースチャから北方領土へ－ひらかれるソビエト極東と北海道』, 中西出版, 1991.

Niklas Luhmann, 佐藤勉 訳,『社会システム理論の視座』, 木鐸社, 1985.

＿＿＿＿＿＿＿＿, 土方昭 訳,『社会システムと時間論』, 新泉社, 1986.

＿＿＿＿＿＿＿＿, 土方透・大澤善信 訳,『自己言及性について』, 国文社, 1996.

Norman Fairclough, *Critical discourse analysis：the critical study of language*, Longman, 1995.

＿＿＿＿＿＿＿＿, "Representations in documentary and news", *Media discourse*, Bloomsbury, 1995.

Norman Fairclough, 日本メディア英語学会 訳,『ディスコースを分析する－社会研究のためのテクスト分析』, くろしお出版, 2012.

Official photographic company, *The universal exposition beautiful illustrated：Official publication*, Official Photographic Company, 1904.

P. J. O'Connell, *Robert Drew and the Development of Cinema Verite in America*, Southern Illinois University Press, 1992.

Paul Gilroy, 上野俊哉・毛利嘉孝・鈴木慎一郎 訳,『ブラック・アトランティック－近代性と二重意識』, 月曜社, 2006.

Pierre Bourdieu, 石井洋二郎 訳,『ディスタンクシオン－社会的判断力批判』I・II, 藤原書店, 1990.

Pierre Guiraud, George Gross trans., 佐藤信夫 訳,『記号学－意味作用とコミュニケイション』, 白水社, 1972.

Renato Rosaldo, 椎名美智 訳, 『文化と真実』, 日本エディタースクール出版部, 1998.

Richard M. Barsam, *Nonfiction Film : A Critical History*, Indiana University Press, 1992.

Robert Coles, *Doing Documentary Works*, Oxford University Press, 1997.

Roberto De Gaetano, 廣瀬純・増田靖彦 訳, 『ドゥルーズ, 映画を思考する(*Il cinema secondo Gilles Deleuze, Bulzoni*)』, 勁草書房, 2000.

Robert W. Rydell, *All the World's a Fair : Visions of Empire at American International Expositions, 1876~1916*, Chicago ; London : University of Chicago Press, 1984.

Roland Barthes, 佐藤信夫 訳, 『モードの体系－その言語表現による記号学的分析』, みすず書房, 1972.

Roland Barthes, 宗左近 訳, 『表徴の帝国』, ちくま学芸文庫, 1996.

Roland Barthes, 沢崎浩平 訳, 『バルザック「サラジーヌ」の構造分析』, みすず書房, 1973.

Roland Barthes, 沢崎浩平 訳, 『第三の意味』, みすず書房, 1998.

Roland Barthes, 篠沢秀夫 訳, 『神話作用』, 現代思潮新社, 1967.

Roland Barthes, 花輪光 訳, 『明るい部屋－写真についての覚書』, みすず書房, 1985.

Roland Barthes, 蓮見重彦・杉本紀子 訳, 「イメージの修辞学バンザーニの広告について」, 『映像の修辞学』, 朝日出版社, 1980.

Roman Jakobson, "Closing Statement : Linguistics and Poetics", Thomas A. Sebeok ed., *Style In Language*, Cambridge Massachusetts : MIT Press, 1973.

Roman Jakobson・Morris Halle, 池上嘉彦・山中圭一 訳, 『言語とメタ言語』, 勁草書房, 1984.

Ron Scollon, *Analyzing public discourse*, Routledge, 2008.

Ruth Wodak・Michael Meyer, 野呂香代子 訳, 『批判的談話分析入門』, 三元社, 2010.

Sari Pietikainen, "At the Crossroads of Ethnicity, Place and Identity : Representations of Northern People and Regions in Finnish News Discourse, Media", *Culture&Society* 25−2, Media, Culture and Society, 2003.

Stanley J. Baran, *Introduction to Mass Communication 2001 : Media Literacy and Culture*, Mayfield Publishing Company, 2001.

Stuart Hall, *Representation : Cultural Representations and Signifying Practices*, London/ Thousand Oaks/New Delhi : SAGE Publications, 1997.

_____, "Encoding/Decoding", S. Hall・D. Hobson・A. Lowe・P. Willis eds., *Culture, Media, Language*, Routledge, 1980.

Stuart Hall ed., 宇波彰 訳, 『カルチュラルアイデンティティの諸問題－誰がアイデンティティを必要とするのか?』, 大村書店, 2001.

Stuart Hall, 酒井直樹・本橋哲也 訳, 「文化研究とアイデンティティ」, 『思想』

887, 1998.

Susannah Radstone ed., *Memory and Methodology*, Berg Publishing Ltd., 2000.

Susanne Weicker, *Anthropology and Television : Ethnographic-Ethnological Topics on German Television*, Visual Anthropology 6, The Comission On Visual Anthropology, 1993.

Teun Adrianus van Dijk, *Discourse and Context : a socio cognitive approach*, Cambridge University Press, 2008.

Trinh T. Minha, 竹村和子 訳, 『女性・ネイティブ・他者』, 岩波書店, 1995.

Victor Witter Turner, 冨倉光雄 訳, 『儀礼の過程』, 新思索社, 1996.

Vivien Burr, 田中一彦 訳, 『社会的構築主義への招待』, 川島書店, 1997.

W. J. Ong, 桜井直文 ほか訳, 『声の文化と文字の文化』, 藤原書店, 1991.

W. James Poter, *Media Literacy*(2nd ed.), Sage Publications, 2001.

Walter Benjamin, 佐々木基一 訳, 『複製技術時代の芸術』, 晶文社, 1999.

Walter Lippmann, 掛川トミ子 訳, 『世論』上・下, 岩波書店, 1987.

Wolfgang Schivelbusch, 加藤二郎 訳, 『鉄道旅行の歴史－19世紀における空間と時間の工業化』, 法政大学出版局, 1982.

아이누 관련 TV 다큐멘터리(NHK 아카이브)

방송일자	개시시각	방송명	부제
1959.8.30		일본의 민낯	코탄사람들(일본의 소수민족)
1961.8.25		특별방송	아이누 곰축제
1962.10.17	12:15:00	고향의 노래	코탄조사(홋카이도)
1963.4.11		아이누의 장례	
1963.4.27		아이누의 춤	
1963.8.4	7:45:00	검은 태양	
1964.3.31		기초자료(자체제작)	유카르의 세계, 제1부 홋카이도
1964.5.3		특별방송	유카르의 세계, 제2부 봄/여름나기
1964.5.3		특별방송	유카르의 세계, 제1부 겨울나기
1964.7.7		아침 한 때	고향소식, 마음 속에 남겨진 사람 킨다이치 쿄스케
1964.8.19	22:30:00	세월의 표정	이오만테의 호소, 아이누의 생활
1964.8.27		기초자료(자체제작)	유카르의 세계, 제2부 홋카이도
1964.11.26	13:20:00	부인의 시간	이 사람의 길, 킨다이치 쿄스케
1964.12.25		기초자료(자체제작)	유카르의 세계, 제3부 홋카이도
1964.12.27	21:30:00	어떤 인생	우리 우타리에게
1965.1.12	7:45:00	홋카이도의 백년	코탄에 살다, (2) 칸나리 마츠
1965.1.15		특별방송	유카르의 세계, 제3부 가을나기
1965.2.1	7:45:00	화제의 광장	마을 곳곳에서, 시라오이쵸
1965.2.26		현대의 영상	페우레 우타리-젊은 동포
1965.4.24	13:05:00	홋카이도의 백년	바체라, 야에코
1965.5.16		홋카이도의 창	시라오이 아이누 코탄 오픈
1965.10.15		영화 아이누 민족의 연어 어업	

방송일자	개시시각	방송명	부제
1965.10.15		영화 북방민족의 악기	
1967.12.1	0:00:00	문화재 수집영상	이나우, 아이누와 누사
1968.6.23		홋카이도의 창	10년 만의 이오만테
1968.8.1	0:00:00	문화재 수집영상	아이누 장식—의복과 생활
1969.7.7	13:05:00	북의 군상	코탄 숲의 친구들
1970.2.1	0:00:00	문화재 수집영상	신누라파—조상신 제사
1970.5.13		홋카이도의 창	영웅 샤쿠샤인상, 조각가와 4인의 설립위원
1970.12.17	7:20:00	홋카이도의 창	아칸베츠 평야의 전투
1971.1.21	19:30:00	일본의 자연	사슴
1971.4.10	0:00:00	문화재 수집영상	아이누의 결혼식
1971.5.20		특별방송	샤쿠샤인의 동상
1971.7.8	20:00:00	교양특집	치리 마시호—어느 아이누인 학자의 생애
1972.7.3	22:15:00	예능백선	기원과 예능, 카라후토 아이누/오로코/기리야크의 예능
1973.8.2	19:30:00	홋카이도 7:30	1935년의 아쿠와 함께한 곰축제
1974.2.1	0:00:00	문화재 수집영상	치세아카라, 우리집을 만들다(홋카이도히다카지방)
1974.10.26	7:20:00	홋카이도의 창	연어를 기르다
1975.7.2		문화전망	오로코의 기도, 히다카 아이누(예능백선)
1977.10.29		홋카이도 리포트	유카르를 전하다 (1)
1977.10.29		홋카이도 리포트	유카르를 전하다 (2)
1977.10.29		홋카이도 리포트	유카르를 전하다 (3)
1978.3.11	19:30:00	NHK 문화시리즈	미를 찾아서, 아이누 문양 (1)
1978.3.18	19:30:00	NHK 문화시리즈	미를 찾아서, 아이누 문양 (2)
1978.6.22	19:30:00	홋카이도 7:30	환상의 섬, 섬올뺴미
1978.9.27		동화의 방	머위아래 신령님(아이누 민화)
1978.11.27	20:00:00	NHK 문화시리즈	역사와 문명(민족학박물관을 찾아서) (3)—아이누 니부히 위르타의 세계
1979.1.24	22:00:00	신 일본기행	하얀 사루가와 강변에서—홋카이도/히다카

방송일자	개시시각	방송명	부제
1982.5.6	19:30:00	홋카이도 7:30	쿳샤로호에서 얼음융기(御神渡リ)를 보다, 얼음융기 관측준비/쿳샤로의 얼음융기 (2)
1982.10.25	21:25:00	방문 인터뷰	카야노 시게루, (1) 아이누 민구에는 카무이가 살아 있다
1982.11.22	20:00:00	NHK 교양세미나	고향 역사기행 '고찰재현', (3) 북방한계의 포교 홋카이도/에조산칸지
1983.3.10	20:00:00	NHK 교양세미나	일본어 재발견, 아이누어 지명을 걷다
1983.4.22	22:00:00	홋카이도 TEN	역사 다큐멘터리—이발소의 고고학자
1983.6.10	22:00:00	홋카이도 TEN	역사 다큐멘터리, 피우수트스키의 납관
1983.8.17	22:00:00	홋카이도 TEN	아이누어의 언령을 찾아—치리 마시호의 생애
1983.9.12	20:00:00	NHK 특집	도사/시만토강—맑은 물과 물고기와 사람
1984.4.8	21:00:00	NHK 특집	환상의 이오만테 —75년 만의 숲과 호수축제
1984.5.17	19:30:00	로컬아워	코탄 코로카무이의 시—섬올빼미에 매혹되어
1984.6.22	22:00:00	홋카이도 TEN	나부타니의 만로선생—아이누의 혼을 찾아
1984.6.25	20:00:00	NHK 특집	유카르/침묵의 80년—카라후토 아이누 납관비화
1984.7.30	20:00:00	NHK 교양세미나	75년 만의 이오만테, (1) 축제일까지
1984.7.31	20:00:00	NHK 교양세미나	75년 만의 이오만테, (2) 축제의 나날들
1984.12.16	21:00:00	NHK 특집	잠들어있던 일본의 미, 첫 공개/메트로폴리탄 미술관의 2만점
1985.1.1	0:00:00	문화재 수집영상	가미카와 지방의 이오만테
1985.3.6	22:00:00	다큐멘터리 인간열도	카무이의 대지에 목령이 울려 퍼지다, 조각가/스나자와 비키, 54세
1985.10.14	20:00:00	ETV8	카라후토 아이누, 망향의 목소리
1986.1.16	19:30:00	홋카이도 7:30	톤코리—전승/영원한 오현금
1986.6.1	6:15:00	고향과 네트워크	홋카이도 730, 톤코리 전승/영원한 오현금
1986.6.13	22:00:00	홋카이도 TEN	역사 다큐멘터리, 키타마에선 대항적
1986.6.22	6:15:00	고향과 네트워크	홋카이도 730, 유팔로 계곡은 우리의 고향, 홋카이도 유바리시

방송일자	개시시각	방송명	부제
1986.7.18	20:00:00	ETV8	문화저널, 유적의 조형보존 사라져가는 민속을 기록하며, 민족문화영상연구소 10년
1987.2.17	22:00:00	홋카이도 TEN	'환상의 명화'-마츠마에/카키자키 하쿄의 생애
1987.3.5	19:30:00	홋카이도 7:30	환상의 새, 섬올빼미가 위험하다
1987.3.8	9:00:00	일요 미술관	마츠마에/북방의 화가, 카키자키 하쿄
1987.9.10	20:00:00	홋카이도 도보여행	아부카산베 개천에서 황금을 찾아라-시즈나이쵸
1988.5.13	22:40:00	홋카이도 저널	히다카 계곡에 무쿠리가 울렸다, (1) 아이누 자연캠프의 카무이노미와 저녁식사
1988.5.22	6:15:00	고향과 네트워크	홋카이도 저널, 히다카 계곡에 무쿠리가 울렸다-아이누 자연생활캠프에서
1988.10.13	20:45:00	TV컬럼	일본의 말과 아이누어, 아사이 다케가 말하는 카라후토 아이누의 구승전설
1988.11.14	20:00:00	TV프론티어 홋카이도	홋카이도 프론티어 인물전, (1) '홋카이도를 명명한 남자'-탐험가/마츠우라 다케시로
1989.1.20	20:20:00	홋카이도 저널	어머니의 언어로 말하고싶다-아이누어 변론대회
1989.1.31	20:00:00	ETV8	지금도 남아있는 민요의 원형, (2) 호하이절
1989.2.3	22:20:00	홋카이도 저널	겨울/니부타니의 보고-댐개발과 그 파문
1989.3.22	20:00:00	ETV8	미지의 아이누 컬렉션
1989.7.6	20:00:00	홋카이도 줌업	머나먼 북방민족-아무르 사할린 기행
1989.7.14	22:30:00	역사탄생	북해의 보물창고를 향해-타누마 오키츠구의 에조 탐험대
1989.8.15		유카르 전승자/시라사와 나베	불의 신 유카르
1989.9.4	20:00:00	홋카이도 줌업	이타오마티프여 바다를 향해-되살아나는 아이누 해양선
1989.9.14	20:00:00	ETV8	되살아나는 아이누 해양선-이타오마티프 200년만의 복원
1989.10.21	21:00:00	대담/시대를 읽다	이문화를 어떻게 접할 것인가

방송일자	개시시각	방송명	부제
1989.11.4	13:50:00	TV프론티어 홋카이도	춤추는 북방의 사계/북방의 흔적-하마나스 체전/집단연기
1989.11.16	22:00:00	TV프론티어 홋카이도	홋카이도 프론티어 인물전, (2) 은빛 물방울-치리 유키에의 생애
1990.2.11	9:00:00	일요 미술관	스나자와 비키, 평야의 혼을 조각하다
1990.3.29	21:30:00	우리는 지구인	아이누 언어로 말하자
1990.9.21	20:00:00	일소 특집	북방영토-망향의 섬은 지금, 쿠나시로도의 레스토랑과 자영농가의 즈이코프
1990.9.21	20:00:00	일소 특집	북방영토-망향의 섬은 지금, 에토로후도의 박물관
1990.10.4	20:00:00	홋카이도 스페셜	어머니/키나라부크-전하지 못한 유카르
1990.11.14	20:00:00	TV프론티어 홋카이도	홋카이도 프론티어 인물전, 아츠시를 입은 판관-마츠모토 쥬로
1990.12.4	20:00:00	NHK세미나, 현대저널	구전되는 유카르
1991.2.2	18:10:00	일소 특집	캄차카-폐쇄된 거리는 지금, 페트로파브로프스크/캄차키시 박물관
1991.3.14	20:00:00	NHK세미나, 현대저널	문화정보, 1세기 전 아시아, 토리이 류조여 눈을 떠라, 쇼소인의 소리, 설교절, 와카마츠 와카타유
1991.6.1	18:10:00	일소 특집	홋카이도와 캄차카 -지금 북방교류를 말하다
1991.9.15	21:00:00	NHK스페셜	마사요 할머니의 천지, 하야치네 산기슭에 살며
1991.11.9	16:00:00	일본열도 고향발 스페셜	아무르강에 살다
1991.11.28	20:00:00	TV프론티어 홋카이도	일소 스페셜, (3) -카라후토 아이누/잃어버린 자장가(이훈케)
1991.12.17	20:00:00	현대저널	잃어버린 자장가(이훈케), 인류학자/피우수트스키와 카라후토 아이누
1992.1.26	8:00:00	일요일아침입니다홋카이도	사람/사람/대담-생활 클로즈업, 아이누문화
1992.2.17	20:00:00	홋카이도 스페셜	나의 마음 사루가와에 기대어-아이누/카이자와 타다시의 자서전-묘지에 묘표를 세우다
1992.4.30	19:30:00	홋카이도 스페셜	인간의 고요한 대지-아이누 민족과 홋카이도
1992.5.18	23:00:00	NHK미드나잇저널	핫저널. (특집)아이누 민족의 지혜와 마음
1992.7.30	20:15:00	홋카이도 스페셜	아이누 대표가 던진 질문-카야노 시게루의 선거전

방송일자	개시시각	방송명	부제
1992.9.19	14:00:00	재팬리뷰	아이누모시리-아이누민족과 홋카이도, 카이자와 타다시의 장례
1992.10.11	11:30:00	아시아/태평양, 춤과 노래의 제전	
1992.10.29	20:00:00	홋카이도 스페셜	와카사카나이,약속의마을-카라후토아이누는지금
1992.11.1	0:00:00	NHK스페셜, 처음 본 치시마 열도	시청, 일본비/발전소, 세벨로크릴리스크의 거리
1992.11.5	20:00:00	홋카이도 스페셜	이란카라푸테-당신의 마음에 살짝 닿을 수 있게 해 주세요
1992.12.6	11:30:00	신 일본탐방	반도의 끝에서, 시레토코 오코츠쿠 오두막
1992.12.8	20:00:00	ETV스페셜	시리즈 인권, (2) 세상의 열망과 인간의 영광을 위해 -스이헤이샤 선언을 지원하며
1992.12.12	18:10:00	앵글 홋카이도	선주민족이 본 홋카이도-아이누모시리의 보고
1993.1.18	20:00:00	현대저널	데이빗 스즈키, 잃어버린 숲을 찾아서-홋카이도, 아이누모시리 여행
1993.1.20	8:35:00	생활저널	쿠시로연안 지진에서 배우다-시민 100명 앙케이트, 시리즈 '북방대지에 살다', (1) 어머니의 언어로 말하고싶다
1993.2.7	10:45:00	핸섬우먼	홋카이도발, 우리는 자연과 우먼
1993.2.12	8:35:00	생활저널	민족의 마음을 전하고 싶다, 국제 선주민의 해를 아시나요
1993.2.16	22:00:00	프라임10	성스러운 토지를 돌려내라-오스트레일리아 선주민 애보리진
1993.2.20	18:10:00	앵글 홋카이도	아직 아이누는 살아있다-야마모토 타스케/88년의 생애
1993.2.24	22:00:00	프라임10	사로베츠의 끝에서, 아이누 가족 4세대의 마을
1993.3.22	20:00:00	시리즈 인권	국제 선주민의 해에, 인간의 대지에 살다-아이누 민족
1993.5.5	20:00:00	ETV특집	'시리즈/일본을 만든 일본인'-토리이 류조
1993.5.6	13:00:00	다양한 민족과 문화	국립 민족학박물관의 세계, (1) 네부타, 아이누 민족의 문화

방송일자	개시시각	방송명	부제
1993.6.22	20:00:00	ETV특집	시리즈 국제 선주민의 해란 무엇인가, 제2회 현대사 속의 아이누
1993.10.21	22:00:00	프라임10	토시 할머니의 옛이야기—한 노파가 전하는 아이누의 세계
1994.7.21	0:15:00	열도 릴레이 다큐멘터리	톤코리의 음색이 마음을 울리다—홋카이도 시즈나이쵸
1994.11.1	20:00:00	ETV특집	히메다 타다요시, 끝없는 기록의 여행 제1편 일본의 기층문화를 찾아서
1994.11.2	20:00:00	ETV특집	히메다 타다요시, 끝없는 기록의 여행 제2편 피레네 문화를 바라보다
1994.11.12	13:50:00	열도릴레이다큐멘터리특선	톤코리의 음색이 마음을 울리다, 연날리기, 커다란 목장은 빌딩숲, 쌓아 올리기를 허락해 주세요
1994.11.20	22:30:00	세계 속 우리 마음의 여행	캐나다 인디언/하이다 숲의 교훈, 여행가 각본가 쿠라모토 소우
1994.11.27	9:00:00	일요 미술관	아시안 아트의 저력을 찾아
1995.4.14	12:20:00	마이라이프	자연과 함께 인간답게—아이누문화 계승자, 토요오카 마사노리
1995.5.8	20:00:00	ETV특집	사할린, 시련의 400년 (13) 니부흐의 인류학자, 오래된 사할린의 영화/카라후토 아이누를 방문
1995.5.9	20:00:00	ETV특집	사할린, 시련의 400년 제2회 일본편 꿈은 영해로 사라지다
1995.5.10	20:00:00	ETV특집	사할린, 시련의 400년 제3회 선주민족편 그리고 한 사람의 아이누 여성이 남겨지다
1995.9.20	23:30:00	인간지도	아이누어여 강해져라
1995.11.20	20:00:00	ETV특집	민속학의 원로/스가에 마스미의 세계, 제1회 북방 일본으로의 여행
1995.11.22	20:00:00	ETV특집	민속학의 원로/스가에 마스미의 세계, 제3회 기록한다는 것의 생명
1996.3.16	18:10:00	시코쿠 프론티어 인물전	토리이 류조, 아시아를 누빈 가족
1996.4.6	18:10:00	홋카이도 클로즈업	댐 건설은 재고되었는가—검증/사루가와 유역개발
1996.4.10	22:30:00	시점/논점	아이누 신법을 생각하다

방송일자	개시시각	방송명	부제
1996.4.15	20:00:00	ETV특집	시리즈 조몬학 최전선, 제1회 조몬도시/산나이 마루야마의 시나리오
1996.5.4	13:00:00	열도 스페셜	대지여 조용히 말하라—아이누 시곡무도단 모시리
1996.5.20	22:00:00	홋카이도 스페셜	가로질러 북으로—오키나와 홋카이도 모시리 90일
1996.5.27	20:00:00	ETV특집	위대한 여행가의 유산, 시볼트 컬렉션 1
1996.5.28	20:00:00	ETV특집	'에도'의 선물, 시볼트 컬렉션 2
1996.6.10	20:00:00	ETV특집	시리즈 세계가 주목한 아이누문화, 제1편 머나먼 EZO
1996.6.11	20:00:00	ETV특집	시리즈 세계가 주목한 아이누문화, 제2편 유형수의 유산—러시아
1996.6.12	20:00:00	ETV특집	시리즈 세계가 주목한 아이누문화, 제3편 아이누 태평양을 건너다—미국
1996.7.15	22:00:00	홋카이도 스페셜	댐/잃어버린 자연의 가치—현 하천개발의 방식
1996.10.19	13:00:00	열도 스페셜	원조 아웃도어 라이프, 더 조몬 월드
1996.10.27	10:45:00	언어TV	'언어', 사람과 자연을 잇는 것
1996.11.17	19:00:00	고향의전승,아이누모시리홋카이도/니부타니의사계절	지진제, 아이누어 교실, 신축연, 조상신 기원
1996.11.24	19:00:00	고향의 전승, 카무이치에프 신의 물고기 이야기, 홋카이도 노보리베츠시	아이누어 교실, 작법의 습득, 라오마 지도만들기, 강변조성
1997.1.11	15:25:00	숲이여, 다시 한 번	어느 아이누 일족의 세월
1997.2.1	13:00:00	열도 스페셜	수렵인의 기술 바다를 건너다—마타기와 러시아/우데헤인
1997.2.8	13:00:00	열도 스페셜	토리이 류조—동아시아를 누빈 인류학자
1997.3.8	18:10:00	홋카이도 클로즈업	아이누 신법제정
1997.4.12	18:10:00	홋카이도 클로즈업	'위법한 댐'이 남았다—니부타니 댐 판결이 남긴 것
1997.5.26	19:58:00	텔레맵	CG로 되살아나는 아이누의 세계
1997.6.22	18:10:00	신 홋카이도 도보여행	은빛 빗방울이 떨어지는 마을에서—아사히카와시
1997.8.5	11:15:00	열도 릴레이 다큐멘터리	되살리고 싶은 어머니의 말씀—홋카이도/아사히카와시

방송일자	개시시각	방송명	부제
1997.8.22	22:45:00	금요포럼	아이누 민족의 자부심이 존중받는 사회를 위해
1997.9.8	21:25:00	멋쟁이 공방	아이누 여성의 수작업, 1 자수—이카라카라
1997.9.9	21:25:00	멋쟁이 공방	아이누 여성의 수작업, 2 뜨게질—사라니프
1997.10.13	11:15:00	역사탐험	홋카이도 개척
1997.10.16	14:20:00	10min 박스	세계의 선주민, 아이누
1997.11.23	9:00:00	대자연 스페셜	오호츠크에 솟은 원시섬—치시마열도/우시시루
1998.6.9	23:45:00	재미있는 학문인생	아시아인은 어디에서 왔는가?
1998.6.23	22:00:00	ETV특집	부활하라아이누의지혜,어느아이누여성의메시지
1998.9.15	22:00:00	당당한 일본사	북해의 보물을 찾아—다카타야 카헤이/부상의 길
1998.11.10	22:00:00	당당한 일본사	북의 대전, 막부를 비추다—샤쿠샤인의 싸움
1998.11.20	19:20:00	주간 어린이 수화	아이누 의장전 '일괄07'
1998.12.14	22:00:00	홋카이도 스페셜	불곰을 쫓아—아이누 수렵인에게 배우는 숲의 지혜
1998.12.24	20:00:00	일본 열도기행	'평상복 차림의 온천' 스페셜
1999.1.2	21:00:00	NHK스페셜	가도를 가다, 제2시리즈 제4회 오호츠크 가도(클린 MA)
1999.1.10	22:00:00	ETV특집	인디오의 목소리—숲의 철학자, 아유튼 클레낙 일본을 가다
1999.1.26	18:10:00	일본열도 작은 여행	코탄 숲의 장인들—홋카이도 시라오이쵸
1999.1.31	22:00:00	ETV특집	북방기록의 선인들, 마츠우라 다케시로 제1회 홋카이도편
1999.2.8	22:00:00	ETV특집	북방기록의 선인들, 마츠우라 다케시로 제2회 사할린편
1999.2.9	22:00:00	ETV특집	불곰을 쫓아—아이누 수렵인에게 배우는 숲의 지혜
1999.2.23	22:00:00	홋카이도 스페셜(대출금지, 복사사용금지)	홋카이도 영상의 20세기—개척의 빛과 그림자
1999.3.18	23:00:00	NHK스페셜, 가도를 가다	제10회 홋카이도의 길
1999.9.15	5:00:00	마음의 시대	종교/인생, 할머니가 들려주는 아이누의 신들
1999.11.7	21:00:10	세계/내 마음의 여행	캐나다, 나무를 심는 남자와의 대화, 여행자 애니메이션 영화감독 다카하타 이사오

방송일자	개시시각	방송명	부제
1999.12.2	21:45:00	일본 영상의 20세기(완프로D3테이프 복사금지)	홋카이도−전편
2000.1.8	22:45:00	일본 영상의 20세기(완프로D3테이프 복사금지)	홋카이도−후편
2000.1.15	22:45:00	일본 강변기행	마지막 정착할 곳은 맑은 물가−홋카이도/막카리가와
2000.1.18	11:30:00	홋카란도 212	도남기행 '마스미의 풍경', 제1부 (6) 오타/쿠도에서 아키타까지, 그리고 죽음
2000.3.6	16:50:00	북쪽 대지에 축제가 울려 퍼진다	
2000.9.2	13:30:00	가을산책 홋카이도	아칸코 호반산책
2000.9.30	11:30:00	홋카란도 212	도남기행 '마스미의 풍경', 제2부 (1) 오타 권화로의 여행과 마츠마에의 생활/우스산으로의 여행
2000.10.6	11:30:00	홋카란도 212	도남기행 '마스미의 풍경', 제2부 (3) 에산에서 미나미카야베를 거쳐 사와라까지
2000.10.20	11:30:00	홋카란도 212	도남기행 '마스미의 풍경', 제2부 (4) 모리에서 야쿠모까지
2000.10.27	7:30:00	상쾌한 창	아칸국립공원, 물들어가는 가을
2000.11.9	11:30:00	홋카란도 212	도남기행, '마스미의 풍경' 제2부 (5) 오샤만베에서 토요우라까지
2000.11.10	19:30:00	홋카이도 클로즈업	일터는 창출되었는가 −검증/도 5만명 고용대책
2000.11.10	11:30:00	홋카란도 212	도남기행(마스미의 풍경), 제2부 (6) 아부타에 도착, 우스젠코지에서 우스산으로
2000.11.17	20:00:00	홋카이도 스페셜	나의 우상−하코다테/다카타야 카헤이와 만나는 여행
2000.11.17	11:30:00	홋카란도 212	도남기행(마스미의 풍경), 제2부 (7) 스가에 마스미의 죽음과 그가 남긴 메시지
2000.11.24	23:00:10	북해의 용사, 다카타야 카헤이	유채꽃 피는 바다에서 오호츠크해로
2000.12.3	22:00:00	일요 스페셜	인연은 100년을 넘어−가족이 이어주는 일본과 폴란드

방송일자	개시시각	방송명	부제
2000.12.17	0:00:00	사랑해요 홋카이도	나의 20세기, 카야노 시게루/니부타니 아이누 자료관 관장
2000.12.26	0:00:00	신 일요미술관	풍설이라는 이름의 조각도−조각가/스나자와 비키
2001.6.3	18:00:00	천재 테리비군 와이드	천직/라이프 세이빙
2001.9.25	14:20:00	10min. 박스	아이누 민족
2001.10.5	20:00:00	홋카이도 스페셜	카야노 시게루, 혼의 메시지
2001.10.28	22:00:00	세계, 내 마음의 여행	스코틀랜드, 울려 전해지는 아이누의 마음 여행자 니부타니 아이누 자료관 관장 카야노 시게루
2001.10.28	20:00:00	홋카이도 스페셜	바다를 건넌 아이누를 찾아 −되살아나라 민족의 전통
2002.5.6	10:00:00	바다를건넌아이누를찾아서	되살아나라 민족의 전통
2002.11.20	12:40:00	되살아나는 작가의 목소리	다케다 타이준, '숲과 호수축제'
2003.5.23	20:00:00	홋카이도 스페셜	치리 유키에, 19살의 메시지−'아이누 신요집'의 세계
2003.6.17	21:15:00	프로젝트X, 도전자들	쿠시로 습지 카무이 새춤
2003.6.20	20:00:00	홋카이도 스페셜	시레토코, 영원한 대자연
2003.6.21	7:45:00	상쾌한 자연백선	홋카이도 치미케프호
2003.7.7	12:15:00	지구/신비한 대자연	빙하가 생물을 부른다, 히다카 산맥 천상의 낙원
2003.8.29	20:00:00	홋카이도 스페셜	홋카이도 산 기행
2003.9.13	7:45:00	상쾌한 자연백선	홋카이도 샤리타케 산기슭
2003.11.1	7:45:00	상쾌한 자연백선	홋카이도 쿳샤로코
2003.11.12	15:30:00	틴즈TV/내가 살아가는 길	아이누의 맛은 내가 전승한다
2004.3.15	19:30:00	아름다운 일본, 풍경백선	혹한, 청과 백의 세계, 홋카이도 마슈우코
2004.4.4	23:10:00	NHK아카이브	꿋꿋하게 살아가다
2004.4.5	19:30:00	아름다운 일본, 풍경백선	눈보라 치는 노도, 홋카이도/샤코탄 반도
2004.4.23	7:45:00	상쾌한 자연백선	시레토코, 출항
2004.7.23	21:00:00	일본 낚시여행	조용한 수면, 뛰어 오르는 홍송어, 홋카이도/치미케프호

방송일자	개시시각	방송명	부제
2004.12.5	19:45:00	NHK영상파일, 그 사람과 만나고 싶다	킨다이치 쿄스케
2004.12.13	19:30:00	아름다운 일본, 풍경백선	비단 빛 신비의 호수, 홋카이도 온네토코
2005.3.12	11:00:00	사랑해요 지구, 환경 신시대	거목은 말한다, 설원에 서다, 홋카이도 하루니레
2005.3.15	2:50:00	사랑해요 지구, 환경 신시대	거목은 말한다, 설원에 서다, 홋카이도 하루니레
2005.3.17	19:30:00	사랑해요 지구, 환경 신시대	거목은 말한다 '마지막회', 설원에 서다, 홋카이도 하루니레
2005.8.24	21:15:00	그 때, 역사가 움직였다	러일 충돌을 피하라, 다카타야카헤이 결사의 교섭극
2006.4.5	11:30:00	틴즈TV, 지구 데이터맵	잊혀져가는 언어
2006.4.23	23:15:00	NHK아카이브	NHK스페셜 '북으로, 머나먼 캄차카'
2006.4.29	10:30:45	특집 아이누 컬처 길잡이	
2006.5.12	19:30:00	홋카이도 클로즈업	'미래에 전하고 싶다' —카야노 시게루의 메시지
2006.5.28	5:00:00	마음의 시대—종교/인생	아카이브 '할머니가 들려준 아이누의 신들'
2006.6.10	10:30:45	홋카이도 클로즈업	미래에 전하고 싶다, 카야노 시게루의 메시지
2006.7.22	22:00:00	ETV특집	어느 인간(아이누)의 의문, 카야노의 메시지
2008.1.13	22:00:00	ETV특집	우리들의 아이누 선언—'민족'과 '자신' 사이에서
2008.1.20	18:00:00	일요 포럼	'아이누 민족의 자부심이 존중받는 사회로'
2008.3.23	22:00:00	ETV특집	'필드로! 이문화 지식을 개척하다'
2008.6.12	17:50:00	저녁 네트워크	도쿄 고향의 맛 순례, 아이누 요리
2008.7.19	22:25:00	다큐멘터리 일본의 현장	믹스 루트, 자부심을 가슴에 Hip Hap
2008.7.31	18:00:00	일본인이 모르는 일본으로	아이누/민족의 자부심을 노래로
2008.10.15	22:00:00	그 때, 역사가 움직였다	신들의 노래, 다시 대지에—아이누 소녀/치리 유키에의 싸움
2008.11.5	22:00:00	모두 살아있다	나의 카무이 유카르
2009.2.20	22:00:00	미의 항아리	아이누 문양, 마키리 전통무도 '학춤'
2009.5.20	22:00:00	나 어릴적에	배우, 우카지 다카시
2009.5.20	19:40:00	컬러풀! 세계의 어린이들	아이누어로 말하고 싶다

방송일자	개시시각	방송명	부제
2010.1.30	11:25:00	신 일본기행 다시 한 번	NHK아카이브, '꿈 이어가기, 코탄의 마을—홋카이도 니부타니'
2010.2.7	22:00:00	ETV특집	어느 댐의 이력서—홋카이도 / 사루가와 유역의 기록

코탄 사람들－일본의 소수민족

방송명－부제	코탄 사람들－일본의 소수민족
방송일	1959년 8월 30일(일)
방송시간	29분 42초
제작자	오구라 이치로(프로듀서)
요약	홋카이도에 많은 아이누 민족. 일본인에게 그 거주지를 빼앗겨 본래는 수렵민족이었지만 구토인보호법에 의해 강제적으로 농경에 종사하게 된 역사를 가진다. 그 대부분은 생활 자체가 순조롭지 않으며 차별과 편견에 고통받는 등 아이누라는 사실을 숨기려는 사람도 많다. 또한 아이누 전통문화도 관광으로 왜곡된 형태로 이용되는 경우가 적지 않다. 한편 아이누 민족의 입장에서 농업에 종사하며 공동체를 만드는데 노력하는 사람들도 있다. 방송에서는 아이누 민족의 한 사람인 홋카이도 대학의 치리 마시호 교수와의 대담과 함께, 아이누 민족의 역사와 현실을 전하고 있다.

페우레 우타리－젊은 동포

방송명－부제	페우레 우타리－젊은 동포
방송일	1965년 2월 26일(금)
방송시간	28분 52초
제작자	나카타니 히데요(디렉터)

환상의 이오만테－75년 만의 숲과 호수축제

방송명－부제	환상의 이오만테－75년 만의 숲과 호수축제
방송일	1984년 4월 8일(일)
방송시간	49분
제작자	사쿠라이 히토시(프로듀서)
요약	아이누는 올빼미의 신을 코탄 코로 카무이, 인간의 촌락을 지키는 신이라 부르며 민족 수호신으로 숭상했다. 코탄 코로 카무이의 영을 천국으로 돌려 보내는 축제가 75년 만에 부활했다. 올해로 87세가 되는 테시베 후요는 지금부터 75년 전 같은 장소에서 올빼미 이오만테를 경험했다. 하지만 지금은 그 때의 기억을 온전히 가지고 있는 사람이 후요 단 한 사람뿐이다. 그 오랜 세월의 기억을 가슴에 품고 후요는 축제를 준비한다.

장로들 또한 그 누구도 75년 전의 마지막 이오만테를 보지 못했다. 세부적인 의식에 대해서는 장로들의 기록에 후요의 기억을 더하고, 이에 아이누 서정시 유카르(아이누서사시) 등을 참고로 하여 75년 전 이오만테를 재현하게 되었다.

　11월 12일 저녁, 후반에는 기온도 훌쩍 떨어졌다. 집 안에서는 이오만테 전야제가 시작되었다. 전야제에는 각지에서 모인 친인척과 손님들이 함께 즐거운 시간을 보낸다.

　드디어 본 축제. 제단 앞에 모여 신들에게 이오만테의 성공을 기원한다. 의식에 정통한 장로들의 지시에 따라 신들에게 바치는 이나우가 연이어 걸렸다. 그 순서와 기원자에 있어서도 엄격한 룰이 존재한다. 마지막으로 최후의 활시위를 당긴다. 화살을 맞은 올빼미신은 제단 앞쪽의 신 뒤편에 놓여진다. 이 때, 여자와 아이들은 멀리 물러서게 한다. 그리고 새 모양을 한 이나우로 목을 누르고 숨통을 끊는다. 숨이 끊긴 올빼미의 해부가 끝나면 장로들은 일제히 인사를 한다.

　하지만, 의식이 끝나자 "부족하다"며 후요는 말한다. 후요의 이 한마디에는 75년이라는 세월 동안, 아이누 민족이 얼마나 많은 것들을 잃어 왔는지, 그 비참함이 서려 있었다.

이타오마치프여 바다를 향해-되살아나는 아이누 해양선

방송명-부제	이타오마티프여 바다를 향해-되살아나는 아이누 해양선
방송일	1989년 9월 14일(목)
방송시간	45분
제작자	미네노 하루히코(프로듀서)
요약	환상의 배, 이타오마치프. 커다란 통나무배 선연으로 판을 덧댄 아이누 해양선, 이타오마치프. 홋카이도 아이누인들은 이 배에 연어와 모피를 싣고 일본본토와 사할린, 츠시마 등지로 교역을 떠났다. 북방 해역을 아이누인들이 자유로이 넘나들었던 시대가 있었다. 아이누인들이 연근해 항해에 사용했다고 전해지는 환상의 배가 200년 만에 복원되려고 한다. 　방송에서는 원시림의 원목벌채에서 쿠시로 습지 한 켠으로 이동해 진행되는 조선공정, 그리고 쿠시로가와의 진수까지를 나리타 우타리안을 중심으로 장기취재. 여전히 단일민족 신화가 지배적인 일본사회에서 아이누 정체성을 찾아 악전고투하는 사람들의 모습을 조명함과 동시에 소수자로서 짊어질 수밖에 없었던 부정의 역사를 뒤집기 위한 이들의 생기 넘치는 현장을 전하고 있다.

잃어버린 자장가(이훈케)

방송명—부제	잃어버린 자장가(이훈케)
방송일	1991년 12월 17일(화)
방송시간	44분 50초
제작자	오노 켄지(프로듀서)
요약	카라후토의 자장가 이훈케, 지금 이 노래는 사할린 땅에서 불려지지 않는다. 이 자장가를 녹음한 것은 폴란드인 인류학자 블로니스와프 피우수트스키이다. 지금부터 100여년 전, 유형수로 사할린에 보내진 피우수트스키는 그곳에서 만난 카라후토 아이누인 여성과 결혼했다. 피우수트스키가 사랑한 카라후토 자장가 이훈케. 이번 가을, 일본에 살고 있는 피우수트스키의 손자들이 사할린, 본래의 카라후토를 방문했다. 다카하시 나미코와 다카하시 히토미, 카라후토 출생의 두 자매에게는 43년 만의 귀향이었다. 예전 시라하마에는 40호 정도의 가옥이 늘어서 있었다. 주민 대부분은 카라후토 동해안 각지에서 강제로 이주한 아이누인들이었다. 다이쇼 시대, 카라후토청은 민족정책의 일환으로 시라하마를 시작으로 9개 지역에 아이누 거류지를 설치하고 카라후토의 개척을 진행했다. 시라하마에는 교육장이 설치되어 철저한 일본어 교육이 실시되었다. 부모들도 아이들 앞에서는 아이누어를 사용할 수 없었다. 살아 생전에 한 번은 찾고 싶었던 고향. 하지만, 43년 만에 찾은 고향의 풍경은 너무 외롭고 슬픈 모습이었다. 나미코와 히토미의 사할린 여행은 끝났다. 히토미 55세, 나미코 60세. 고향은 소녀시절의 기억과 너무나도 다른 것이었다. 낡은 납관 속에 잠든 아이누 자장가 이훈케. 그것은 엄마가 아이에게 들려 전해줄 수 없었던 슬픈 아이누의 현실을 보여주고 있는 것이다.

세계가 주목한 아이누문화—제3화 아이누, 태평양을 건너다—미국

방송명—부제	세계가 주목한 아이누문화/제3화 아이누 태평양을 건너다—미국
방송일	1996년 6월 12일(수)
방송시간	44분
제작자	요네하라 히사시(프로듀서)
요약	본격적인 서부개척 100년을 기념하여 박람회가 개최되었다. 세인트루이스 박람회의 기획 중 하나가 [살아있는 민족박물관], 즉 전 세계 소수민족을 박람회 전시장에 모아 일상생활의 모습을 관객들에게 보인다는 것이다. 그 속에 홋카이도에서 온 아이누인 9명이 있었다. 미지의 민족이라 불린 아이누가 이 때 처음

으로 바다를 건너 서양사회에 그 모습을 보인 것이다. 1904년 세인트루이스, 그곳은 다양한 만남의 기억으로 채색되었다.

이야기는 지금부터 93년 전, 1903년 여름으로 거슬러 올라간다. 세인트루이스 박람회에 미지의 민족이라 불리는 아이누를 데리고 왔으면 한다. 이런 의뢰를 받은 남자가 있었다. 시카고 대학에서 인류학을 담당하는 프레드릭 스타 박사였다. 세계 각지를 돌며 조사여행을 했던 경험이 스타 박사를 기용한 이유였다. 시카고 대학에는 스타 박사가 여행 중에 기록한 필드노트와 신문 스크랩 등이 남겨져 있다.

3월 18일, 9명은 요코하마항을 출항. 아이누는 태평양을 건너게 된다. 역사상 처음이었다. 세인트루이스 박람회는 1904년 4월, 500헥터를 넘는 광대한 부지를 무대로 개막했다. 5000만 달러, 당시로는 엄청난 거액을 투자하여 인류의 밝은 미래를 열어 가고자 한 시도였다.

세인트루이스 박람회는 1904년 11월, 성황리에 그 막을 내렸다. 9명의 아이누인들은 홋카이도로 다시 돌아왔다. 그 후, 9명의 생사에 관한 기록은 전혀 남겨져 있지 않다.

예전, 아이누의 윤택한 생활과 문화를 낳았던 사루가와(사루江). 지금 이 사루가와에 커다란 변화가 찾아 오려고 한다. 지금도 많은 아이누인들이 살고 있는 니부타니에 댐이 건설된 것이다. 댐은 아이누문화를 파괴한다며 반대하는 목소리. 지역경제진흥에 공헌하는 것이라며 환영하는 목소리. 다양한 논의가 진행되는 가운데 금년 4월 2일, 댐이 완성되었으며 수문은 굳게 닫혔다.

우리들의 아이누 선언–'민족'과 '자신' 사이에서

방송명–부제	우리들의 아이누 선언–'민족'과 '자신' 사이에서
방송일	2008년 1월 13일(일)
방송시간	59분
제작자	아라이 타쿠(프로듀서)
요약	1997년 아이누문화의 진흥책을 규정한 새로운 법률이 제정되었으며 정부와 지자체에는 아이누문화의 진흥을 위해 노력해야 할 책임이 부과되었다. 하지만 법률의 대상은 문화적 측면에 머물고 있으며, 선주민족으로서의 권리를 보장한다는 문구는 포함되지 않았다. 2007년 9월, 세계적으로 선주민족의 권리에 대해 20년 이상 논의되어 왔던 선주민족의 권리에 관한 UN선언이 UN총회에서 압도적 다수의 찬성으로 채택되었다. 전체 46조로 구성된 이 선언은 국가가 보장해야 하는 선주민족의 권리를 폭넓게 규정하고 있다. 방송의 중심인물들이 속한 그룹인 아이누레블스는, 도쿄 주변에 살고 있는 20

~30대 젊은이 16명 정도의 그룹이다. 멤버 대부분은 홋카이도 출신인데, 일과 학업을 위해 도쿄에서 생활하고 있다. 부모/조부모 세대와는 달리 눈에 띄는 차별을 받은 경우가 거의 없어 아이누라는 것을 의식하지 못한 채 살아 온 세대지만, 일본정부는 여전히 아이누를 선주민족으로 인정하지 않고 있어 지금까지 많은 젊은이들은 차별과 편견을 우려해 스스로 출신을 밝혀오지는 못했다. 그룹 아이누레블스의 리더인 아츠시와 멤버들은 독자적인 언어와 문화를 키워 온 아이누 민족의 후손으로서 아이누어로 힙합을 노래하고 아이누의 춤을 공연에 도입하는 등 활동에 매진하고 있다.

방송은 아이누레블스의 활동을 소개하면서 아이누 젊은이들의 고뇌를 신선한 형태로 보여주고 있는데, 21세기의 세계화와 다문화 조류 속에서 일본사회의 향후 방향성에 대해 묻고 있다.

텔레비전 초창기부터 키워온 독특한 텔레비전 다큐멘터리의 방송 공간이 존재한다. 그 공간의 한 구석에는 아이누의 갈등과 고뇌, 모색의 역사가 있다. 이 책의 목적 중 하나는 '텔레비전을 보는' 일상적 행위에서 '텔레비전을 읽는' 문화적 실천에의 초대이다. (…) 또 한 가지 목적은 이 책에서 말하고 있는 시대인 '전후'에 대한 이해이다. 여기에는 3가지의 의미가 포함되어 있다. 첫 번째는 '시대'이다. 이 책의 소재가 텔레비전 다큐멘터리이기 때문에 1950년대부터 시작된 일본의 텔레비전 방송의 역사를 시간의 축으로 검토한다는 단락적인 출발점의 경계로서의 '전후'를 의미한다. (…) 두 번째는, '민족성'이다. 이 책의 주된 연구 대상인 아이누 관련 미디어란 저작물이나 신문, 잡지 등 매체가 아니다. 전후에 탄생한 전후의 일본 사회의 가장 중심적인 일상 생활의 미디어인 텔레비전 영상미디어에서 다루어진 아이누 민족으로서의 '전후'인 것이다. 다시 말해 '전후'에 등장한 텔레비전이라는 영상미디어 속에서 아이누를 고찰하는 것으로 '전후'의 일본 사회에 있어서의 '민족성'의 해석에 도전하고자 했다. 세 번째는, '공공성'이다. 이 책에서는 과거 약 50년간의 NHK 다큐멘터리 중에서 엄선한 7개의 프로그램을 중심적으로 고찰했다. 이러한 영상문화, 즉 NHK라고 하는 일본의 공공방송이 쌓아왔을 전후의 공공적인 방송 공간의 유효성으로서의 '전후'의 의미가 포함되어 있다.

값 24,000원

93330

9 791159 052903
ISBN 979-11-5905-290-3